신·일본 회사법

제2판

河本一郎·川口恭弘 저 | 권용수 역

박영사

역자서문

회사법은 회사를 상정한 첫걸음부터 마지막까지를 규율하고 그 경영기반을 정하는 법률로서 우리 경제를 뒷받침하는 하나의 요소가 된다. 이 점에서 회사법을 이해하는 것은 법학자뿐만 아니라 경제계에 종사하는 모든 이들에게 중요한 의미를 지닌다.

회사법을 바람직한 방향으로 발전시켜 나가는 데는 기본적으로 우리나라의 경제 사정을 제대로 이해하는 것이 중요하나, 해외의 입법례를 적절히 참고하는 것도 필요하다. 예컨대 우리나라에 많은 영향을 준 일본의 회사법은 참고의 가치가 크며, 실제 법 개정 시 일본의 입법례를 참고하는 예가 적지 않다. 이를 고려해 필자는 첫 발간 작업으로 일본 회사법 번역서 발간을 계획하였다. 일본 회사법 책은 다양하며, 각각의 책마다 특성이 있다. 그러한 책 중에서 필자는 동지사대학 가와구치 교수님의 「신 · 일본 회사법」 제2판을 선택하였다. 이 책을 선택한 것은 필자의 지도 교수님이 쓰신 책이라는 이유도 있었지만, 이보다는 다음과 같은 이유가 있었다.

첫째, 이 책은 일본 회사법의 내용을 경제적 배경 등과 함께 해외에 소개하고자 쓴 「일본 회사법日本の会社法」을 전신으로 하는 책이다. 그 결과 단순히 일본 회사법 규정에 관한 설명만이 담겨 있는 것이 아니라, 특정 규정이 오늘에 이르게 된 배경까지 담겨 있다. 따라서 이 책을 보면 일본의 풍토나 정치, 역사적 배경 등과 더불어 일본이 왜 지금과 같은 회사법 규정을 두게 되었는지를 이해할 수 있다. 이는 비교법적 관점의 연구 시 매우 중요한 의미를 지닐 수 있고, 법학을 전공하지 않은 자들의 흥미도 유발할 수 있다.

둘째, 이 책은 많은 통계자료를 사용한 데 더해, 동지사물산 주식회사라는 가공의 회사를 활용해 회사법 규정과 실제 회사의 정관이 어떤 상호작용을 하는지 보여 주는 등 다른 책에 견줘 독자를 많이 배려하고 있다. 「신 · 일본 회사법」의 저자이신 가와구치 교수님은 책의 독자로 기업 내에서 회사법 지식이 필요한 사회인이나 폭넓은 범위의 회사법 초학자를 염두에 두고, 법학을 배우지 않는 학생도 이해할 수 있도록 내용을 쉽게 설명하는 데 노력했음을 서문에 언급하기도 하였다. 한편, 회사법이 정하는 규율과 그 작동 실태를 각종 통계를 활용해 소개하는 것은 우리나라의 독자가 일본 회사의 사정을 제대로 이해하는 데 도움이 되리라 생각한다.

2020년 5월부터 번역 작업을 시작해 책의 3분의 2 정도를 번역한 상태에서 가와구치 교수님과 번역서 출판에 관한 이야기를 나누었다. 교수님이 번역서 발간을 흔쾌히 허락해 주셨고, 마침 2019년 회사법 개정을 반영한 「신 · 일본 회사법」 제2판 발간 작업을 하고 계셔서 이번 번역서에 최신 회사법 개정까지 담을 수 있었다.

우리나라의 법학 전공서 번역 출판 시장은 매우 열악한 상황이다. 이 때문에 번역자와 출판사 모두가 법학 연구나 출판문화 발전에 이바지한다는 마음으로 자신의 손해를 감수하고 번역서를 출판하고 있다. 이러한 사정을 알고 일본 출판사 상사법무 측이 이번 번역서 출판에 관한 권리를 포기해 주셨고, 이를 가와구치 교수님이 도와주셨다. 이 자리를 빌려 감사의 말씀을 드린다. 또한 번역서 발간을 흔쾌히 맡아준 박영사 측과 실무 작업을 도와준 김한유 대리님, 정은희 선생님께도 감사의 말씀을 드린다. 그리고 바쁘신 중에도 번역서 발간 작업을 지도 · 응원해 주신 건국대학교 법학전문대학원 권종호 교수님, 선문대학교 곽관훈 교수님, 상장회사협의회 전규향 박사님께 감사의 말씀을 드린다.

2021년 3월 10일

권용수

차 례

제 1 장 총설

제 2 장 기업금융(corporate finance)

제 3 장 기업 경영과 통치(기업 지배구조)

제 5 장 기업재편과 기업의 변동

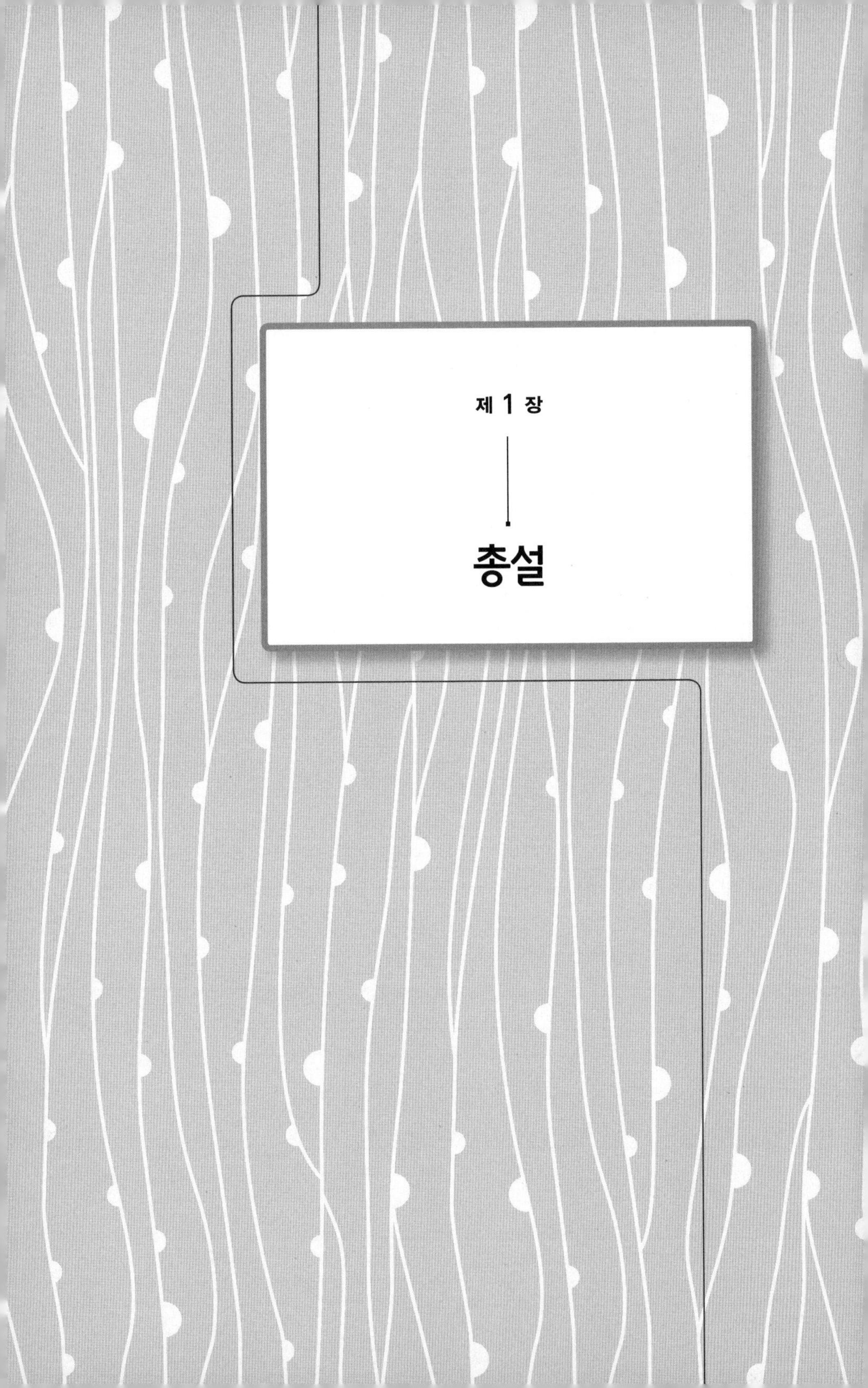

제 1 장

총설

제 1 절 일본 경제와 회사의 실태

1. 일본경제의 발전과 기업

(1) 데이터에 의한 국제 비교

[1] 2018년 일본의 명목 국내총생산Gross Domestic Product: GDP(일본인이 그 연도에 국내에서 생산한 재화 · 서비스를 그 연도의 가격으로 표시한 값. 이에 대해 물가상승으로 부풀려진 부분을 제한 값으로 표시한 것을 실질 GDP라고 한다)은 4조 9,564억 달러였다. 세계 GDP에서 차지하는 비율은 미국이 23.9%인데 반해, 일본은 5.7%이다. 일본의 비율은 점차 낮아져 2005년에 10% 아래로 떨어졌다. 반면에 중국의 명목 GDP는 2010년에 일본을 넘어섰다. 이는 중국이 눈부신 경제성장을 이루는 동안, 일본의 경제성장률이 저하한 결과이다.

〈주요국의 명목 GDP와 1인당 명목 GDP〉

(10억 달러)

	2000년	2005년	2010년	2015년	2018년
미국 (세계에서 차지하는 비율, %) 1인당 순위	10,284.8 (30.7%) 5위	13,036.6 (27.4%) 7위	14,992.1 (22.6%) 9위	18,224.8 (24.3%) 5위	20,580.2 (23.9%) 6위
중국	1,198.2 (3.6%) –	2,286.0 (4.8%) –	6,087.2 (9.2%) –	11,015.6 (14.7%) –	13,894.9 (16.1%) –
일본	4,730.1 (14.1%) 4위	4,578.1 (10.0%) 14위	5,700.2 (8.6%) 13위	4,390.0 (5.9%) 20위	4,956.4 (5.7%) 20위

	2000년	2005년	2010년	2015년	2018년
독일	1,947.2 (5.8%) 15위	2,845.7 (6.0%) 17위	3,396.4 (5.1%) 16위	3,360.5 (4.5%) 15위	3,947.6 (4.6%) 13위
이탈리아	1,548.6 (4.6%) 9위	2,538.7 (5.3%) 9위	2,475.2 (3.7%) 18위	2,928.6 (3.9%) 11위	2,855.3 (3.3%) 16위
프랑스	1,368.4 (4.1%) 17위	2,196.1 (4.6%) 18위	2,642.6 (4.0%) 17위	2,438.2 (3.3%) 18위	2,777.5 (3.2%) 19위

(内閣府「国民経済計算年次推計」)

[2] 국민 1인당 GDP는 과거 일본이 세계 제1위였다. 그러나 순위가 1990년대부터 점차 낮아져 2015년에는 20위가 되었다. 일본이나 독일은 중화학공업을 중심으로 한 제조업 대국으로 우수한 제품 수출을 통해 성장해 왔다. 그러나 최근 IT[정보통신기술]가 경제 활동을 이끌어나가기 시작하면서, 종래 제조업 대국이 아니었던 국가가 IT 관련 신산업을 개척함으로써 비약적인 성장을 보이기 시작하였다.

[3] 이러한 상황이긴 하나, 일본 경제는 미국, 중국에 이어 제3위를 유지하고 있다. 미국 경제지 『포춘[Fortune]』의 「Fortune Global 500」(기업의 총수입을 근거로 세계 기업 순위를 정한 것)(2019년 판)을 보면, 개별 기업 수에서는 미국 121개사, 중국 119개사 등에 이어 일본이 52개사였다. 일본기업 중에는 도요타자동차가 제10위에 이름을 올렸다(제1위는 미국의 Wal-Mart, 제2위는 중국의 Sinopec Group, 제3위는 네덜란드의 Royal Dutch Shell이었다).

〈Fortune Global 500에 이름을 올린 일본기업 10개사〉

(2019년)

세계 순위	국내 순위	회사명	업종 · 사업	총수입 (백만 달러)	이익 (백만 달러)	자산 (백만 달러)
10	1	도요타자동차	자동차	272,612	16,982	469,296
33	2	미쓰비시상사	상사 · 도매	145,243	5,328	149,388

세계 순위	국내 순위	회사명	업종 · 사업	총수입 (백만 달러)	이익 (백만 달러)	자산 (백만 달러)
34	3	혼다 기연공업	자동차	143,302	5,504	184,505
52	4	일본우정	우편 · 금융	115,221	4,324	2,585,802
64	5	일본전신전화 (NTT)	통신	107,147	7,708	201,456
65	6	이토추상사	상사 · 도매	104,627	4,514	91,251
66	7	닛산 자동차	자동차	104,391	2,878	171,251
98	8	소프트뱅크 그룹	통신	86,605	12,728	326,163
102	9	히타치제작소	전기기계	85,508	2,007	86,984
105	10	JXTG홀딩스	석유	82,733	2,907	76,604

[4] 일본은 아시아대륙 동단東端을 따라 점재點在하는 작은 섬나라이다. 총면적은 37만 7,780km^{2}인데, 이는 세계 총면적의 0.3%에 불과한 것이다. 게다가 국토의 73%는 산지로 이루어져 있으며, 자원이 적은 국가이다. 특히 에너지 자급률이 매우 낮으며, 1차 에너지 자급률은 9.5%에 불과하다(資源エネルギー庁「エネルギー白書」(2019)). 이는 OECD 회원국(35개국) 중 34위 수준이었다(미국은 92.6%, 영국은 68.2%, 프랑스는 52.8%, 독일은 36.9%였다(IEA Energy Balances of OECD Countee)). 국토가 좁고 자원이 적은 일본에서는 기업활동에 의한 경제 활동이 국민의 생활을 뒷받침하는 원동력이었다.

[5] 일본은 세계 유수의「무역입국」이다. 2017년 일본의 무역수입액은 82조 7,033억 엔, 무역수출액은 81조 4,788억 엔으로 각각 세계 195개국 중 제4위였다. 이 금액은 같은 해 일본 국가 예산(약 97조 엔)에 필적하는 것이다. 자원이 부족한 일본은 원유 등 연료 자원이나 공업원료 등을 해외로부터 수입하고, 그것을 기업이 제품화하여 수출하는 가공무역으로 경제성장을 이루었다. 이처럼 일본 경제를 뒷받침한 것은 제조업이었다. 다만 엔고 현상이 나타난 데 더해, 더 저렴한 인건비 · 재료비 등을 이유로 특히 아시아 각국에 공장을 건설해 현지 생산을 하는 일본

〈일본의 무역상대국과 주된 수출품 · 수입품〉

(2018년)

수출국

(단위: 100억 엔)

순위	국가명	총액(비중)
1	미국	1,590(19.5%)
2	중국	1,547(19.0%)
3	한국	579(7.1%)
4	대만	468(5.7%)
5	홍콩	383(4.7%)
6	타이	356(4.4%)
7	싱가포르	258(3.2%)
8	독일	231(2.8%)
9	오스트레일리아	189(2.3%)
10	베트남	181(2.2%)

수입국

(단위: 100억 엔)

순위	국가명	총액(비중)
1	중국	1,919(23.2%)
2	미국	901(10.9%)
3	오스트레일리아	505(6.1%)
4	사우디아라비아	373(4.5%)
5	한국	355(4.3%)
6	아랍에미리트	305(3.7%)
7	대만	300(3.6%)
8	독일	287(3.5%)
9	타이	277(3.4%)
10	인도네시아	238(2.9%)

수출품

(단위: 억 엔)

순위	품명	총액(비중)
1	자동차	123,072 (15.1%)
2	반도체 등 전자부품	41,502(5.1%)
3	자동차부품	39,909(4.9%)
4	철강	34,412(4.2%)
5	원동기	29,488(3.6%)
6	반도체 등 제조장치	27,286(3.3%)
7	플라스틱	25,574(3.1%)
8	과학광학기기	23,141(2.8%)
9	전기회로 등 기기	20,776(2.5%)
10	유기화합물	20,513(2.5%)

수입품

(단위: 억 엔)

순위	품명	총액(비중)
1	원유 · 조유(粗油)	89,063 (10.8%)
2	액화천연가스	47,389(5.7%)
3	의류 · 동부속품	33,067(4.0%)
4	통신기	30,868(3.7%)
5	의약품	29,622(3.6%)
6	반도체 등 전자부품	28,165(3.4%)
7	석탄	28,121(3.4%)
8	석유제품	20,740(2.5%)
9	전자계산기류	20,290(2.5%)
10	비철금속	19,997(2.4%)

(財務省「貿易統計」)

기업이 증가하였다. 통계상에 나타나는 미국이나 중국 등에 대한 자동차부품 수출은 일본기업(일본계 기업)이 자동차를 현지 생산하기 위한 것이다. 또한 전기기기나 화학제품 수출도 아시아를 대상으로 하는 것이 태반이며, 현지로 제조거점을 옮긴 일본계 기업의 공장에서 제품을 조립하기 위함이다. 해외로 생산거점을 옮긴 기업은 대기업만이 아니다. 중소기업도 적극적으로 해외 진출을 하는 움직임을 보인다. 이러한 현상으로 국내산업이 해외로 이전하고, 국내산업의 공동화空洞化가 진행한다는 우려도 있다.

(2) 경제구조와 기업

[6] 일본에서 사업 활동을 하는 기업 수는 385만 6,457개사였다. 그중에 법인이 48.7%, 개인 사무소가 51.3%였다. 다만 매출액은 법인이 전체의 98.2%를 차지하였다. 법인 중 회사는 기업 수 기준으로 42.2%, 매출액 기준으로 86.3%를 차지하였다. 회사를 자본금으로 구분한 분류를 보면, 자본금 1억 엔 이상의 회사는 수로는 전체의 1.8%에 불과하였지만, 매출액은 전체의 66.0%를 차지하였다. 산업별로는 제조업(24.4%), 도매업 · 소매업(30.8%), 금융업 · 보험업(7.7%) 매출이 많았다.

〈경영조직별 · 자본금 규모별 기업(등) 수, 매출 및 부가가치액〉

경영조직	기업 수	합계에서 차지하는 비율(%)	매출 (100만 엔)	합계에서 차지하는 비율(%)	부가가치액 (100만 엔)	합계에서 차지하는 비율(%)
합계	3,856,457	100.0	1,624,714,253	100.0	289,535,520	100.0
법인	1,877,438	48.7	1,595,338,037	98.2	277,116,043	95.7
회사기업	1,629,286	42.2	1,402,408,015	86.3	244,181,161	84.3
회사 이외 법인	248,152	6.4	192,930,022	11.9	32,934,882	11.4
개인경영	1,979,019	51.3	29,376,216	1.8	12,419,477	4.3

자본금 규모	기업 수	합계에서 차지하는 비율(%)	매출 (100만 엔)	합계에서 차지하는 비율(%)	부가가치액 (100만 엔)	합계에서 차지하는 비율(%)
합계	1,576,364	100.0	1,397,668,010	100.0	243,246,305	100.0
1,000만 엔 미만	886,919	56.3	70,725,227	5.1	20,482,671	8.4
1,000~3,000만 엔	546,245	34.7	187,691,190	13.4	42,098,688	17.3
3,000만 엔~ 1억 엔 미만	114,705	7.3	216,298,228	15.5	39,936,483	16.4
1억 엔 이상	28,495	1.8	922,953,365	66.0	140,728,463	57.9

務省統計局「平成28年経済センサス－活動調査」5·7頁)

[7] 산업별 기업 수를 보면, 법인의 비율이 높은 분야는「전기·가스·열공급·수도업」(97.2%),「정보통신업」(94.9%),「금융업·보험업」(81.5%) 등이다. 대규모 사업을 추진함에는 주식회사 제도가 적합하다(→20). 이에 반해 개인경영 비율이 높은 분야는「생활 관련 서비스업, 오락업」(82.4%),「숙박업, 음식서비스업」(80.9%),「교육·학습 지원업」(75.0%) 등이었다. 종업원 수를 보면「도매업, 소매업」이 20.8%,「제조업」이 15.6%,「의료, 복지」가 13.0%로, 상위 3분야의 산업 비중이 대략 50%에 이르렀다. 또한 제3차 산업에서 77.3%를 차지하였다.

〈산업분야별 기업 수, 매출 및 종업원 수〉

산업대분류	기업 수	산업별 기업 수에서 차지하는 비율(%)		매출 (100만 엔)	산업별 매출에서 차지하는 비율(%)		종업원 수 (명)	합계에서 차지하는 비율(%)
		법인	개인		법인	개인		
합계	3,856,457	48.7	51.3	1,624,714,253	98.2	1.8	56,872,826	100.0
농림어업(개인경영 제외)	25,992	–	–	4,993,854	–	–	363,024	0.6
광업, 채석업, 모래자갈채취업	1,376	91.2	8.8	2,044,079	99.8	0.2	19,467	0.0
건설업	431,736	67.1	32.9	108,450,918	97.9	2.1	3,690,740	6.5
제조업	384,781	65.5	34.5	396,275,421	99.6	0.4	8,864,253	15.6

산업대분류	기업 수	산업별 기업 수에서 차지하는 비율(%)		매출 (100만 엔)	산업별 매출에서 차지하는 비율(%)		종업원 수 (명)	합계에서 차지하는 비율(%)
		법인	개인		법인	개인		
전기, 가스, 열공급, 수도업	1,087	97.2	2.8	26,242,446	100.0	0.0	187,818	0.3
정보통신업	43,585	94.9	5.1	59,945,636	100.0	0.0	1,642,042	2.9
운송업, 우편업	68,808	76.9	23.1	64,790,606	99.8	0.2	3,197,231	5.6
도매업, 소매업	842,182	50.1	49.9	500,794,256	98.0	2.0	11,843,869	20.8
금융업, 보험업	29,439	81.5	18.5	125,130,273	100.0	0.0	1,530,002	2.7
부동산업, 물품임대업	302,835	54.2	45.8	46,055,311	97.7	2.3	1,462,395	2.6
학술연구, 전문 · 기술서비스업	189,515	46.8	53.2	41,501,702	95.1	4.9	1,842,795	3.2
숙박업, 음식서비스업	511,846	19.1	80.9	25,481,491	85.4	14.6	5,362,088	9.4
생활 관련 서비스업, 오락업	366,146	17.6	82.4	45,661,141	96.5	3.5	2,420,557	4.3
교육, 학습지원업	114,451	25.0	75.0	15,410,056	97.7	2.3	1,827,596	3.2
의료, 복지	294,371	42.8	57.2	111,487,956	94.9	5.1	7,374,844	13.0
복합서비스사업	5,719	42.3	57.5	9,595,527	99.8	0.2	484,260	0.9
서비스업(별도로 분류되지 않은 것)	242,588	80.6	19.4	40,853,581	98.7	1.3	4,759,845	8.4

(総務省統計局「平成28年経済センサス－活動調査」2 · 6頁)

[8] 일본의 농업취업인구는 168만 명이며, 10년 전에 견줘 35%나 감소하였다(농업종사자의 고령화와 관련이 있다〔평균 연령 66.6세〕). 농업경영체 수는 137.7만 개로 5년 전과 비교해 18% 감소하였다. 농업경영체를 조직형태별로 보면, 법인화한 것은 1만 8,857개이다. 구체적으로 농사조합법인이 5,163개, 회사가 1만 2,115개, 각종 단체가 810개이다. 회사에서는 주식회사가 그 대부분을 차지하고 있다. 농업을 영위하는 회사는 5년 전과 비교해 44.3% 증가하였다. 법인 경영체 증가로 인해 농산물 판매금액 전체에서 차지하는 법인 경영체의 판매금액 비중은 27%가 되었

다. 이는 10년 전 15%에서 많이 증가한 것이다. 농업생산에서 법인 경영체의 존재감이 커지고 있다(農林水産省「農林業センサス(2015)」).

〈농업사업체의 조직형태별 법인경영체 추이〉

	2005년	2010년	2015년
농사조합법인	1,663	3,077	5,163
회사	6,016	8,395	12,115
각종 단체	643	652	810
기타	378	387	769
합계	8,700	12,511	18,857

(農林水産省「農林業センサス(2015)」)

[9] 일본에서는 주식회사의 농지 소유나 농업경영이 제한되었다. 이는 농지 개혁 이후, 자작농을 창설하는 것에 힘을 쏟아 왔기 때문이다. 그러나 위와 같이 농업종사자는 감소하고, 고령화 경향에 있다. 경작을 포기하는 농지도 증가하고 있다. 이러한 배경으로 주식회사의 농지 소유나 임대를 허용하고, 농업에 대한 참가를 널리 인정해야 한다는 의견이 제기되었다. 2000년 농지법 개정에서 주식회사 등이 농업생산법인으로 농지를 소유하는 것이 인정되었다. 다만 주식회사에 대해서는 다음과 같은 요건이 정해져 있었다. 주식의 양도제한이 부여될 것(→311), ① 구성원 요건으로서 농업관계자(상시종사자, 농지를 제공한 개인, 지방공공단체, 농협 등)의 의결권이 3/4 이상일 것, ② 임원 요건으로서 (가) 그 과반이 농업에 상시 종사하는 구성원일 것, (나) 그 상시종사자인 임원 과반이 농작업에 종사하고 있을 것 등이 그것이다. 2016년 시행 개정 농지법에서는 ①의 요건을 1/2 초과로 완화하였고, ②의 요건 중 (나)에 대해 임원 또는 중요한 사용인(농장장 등) 중 1명 이상이 농작업에 종사하고 있으면 되는 것으로 하였다. 이러한 개정으로 주식회사의 농업 참여가 한층 더 가속하는 것이 기대되고 있다.

[10] 그런데 주식회사에 의한 학교경영은 인정되지 않았다(학교교육법). 교육에는 일정 수준 이상의 것이 평등하게 안정적 · 계속적으로 공

급될 필요가 있고, 영리를 목적으로 하는 기업의 참가는 문제가 있다는 지적이 있었다(中央教育審議会大学分科会「株式会社等による学校経営への参入について(検討メモ)」[平成15年11月26日]). 그러나 2003년 구조개혁특별구역법 개정으로, 특별구에서는 내각총리대신의 인가를 전제로 주식회사에 의한 학교 경영이 가능해졌다. 다만 사학조성금 교부가 없는 등 재정적으로 불리한 점이 있어, 주식회사의 학교교육사업 참가는 원활히 이루어지지 않았다(대부분은 통신제 고등학교라는 현황에 있다).

- **산업의 도쿄 집중화**

[11] 일본에서는 인구가 도쿄권으로 집중하는 경향이 있다. 총무성의 인구이동 상황에 관한 조사에 따르면, 2018년 도쿄권(도쿄, 사이타마, 지바, 가나가와)에서는 전입자가 전출자를 13만 9,868명 웃돌았다(전입초과는 23년 연속). 연령별로는 「15세에서 29세」가 전체의 90% 이상을 차지하였다. 2014년 도쿄도의 사업소 수는 전국의 12.3%였다. 또한 도쿄도의 종업원 수는 15.5%를 차지하였다. 경제의 도쿄 집중과 아울러, 지방의 과소화와 산업 쇠퇴가 문제되고 있다.

[12] 본사 기능을 도쿄로 이전하는 기업도 증가하고 있다. 예를 들어, 대형 은행의 합병 등이 추진되고, 재편 후 기업의 본점을 오사카에서 도쿄로 이전하는 움직임이 있었다(스미토모 은행 → 미쓰이스미토모은행, 산와은행 → 미츠비시 도쿄 UFJ 은행). 또한 마루베니, 스미토모상사, 산토리 등도 본사 기능을 도쿄로 이전하고 있다.

2. 회사의 종류와 수

(1) 회사의 종류

[13] 생산, 서비스 그 밖의 경제 활동을 계속적이고 계획적으로 수행하기 위해 기업은 존재한다. 국민경제 전체의 관점에서 보면 수에서

도 생산량에서도 사기업, 즉 민간기업의 비중이 압도적으로 높다. 사기업은 사업에 실패하면 도산한다. 현대 경제사회는 경쟁에 따른 압박과 사업의 손익은 자기가 부담한다는 자기 책임 아래 사기업의 활동이 이루어지고, 그 결과 국민경제 전체가 발전하는 체제로 이루어져 있다.

[14] 사기업은 개인기업과 공동기업으로 나눌 수 있다. 개인기업은 사기업 중에서도 가장 단순한 기업형태이다. 개인기업에서는 사업위험이 사업자인 개인에게 귀속한다. 그 때문에 사업 규모를 확대함에는 한계가 있다. 또한 개인기업은 사업자의 사망으로 그 존재 기반을 상실하게 되므로, 영속적인 기업형태로서도 적절하지 않다고 할 수 있다. 이러한 배경으로 공동기업이 탄생하게 되었다. 공동기업에서는 다수가 자금을 추렴하고, 실패한 때도 손실을 분담할 수 있으므로 대규모 사업이 가능하다.

[15] 현대사회에서 공동기업 형태의 전형이 되는 것이 회사이다. 회사는 영리를 목적으로 하는 기업이다(영리성 → 158). 회사법상 회사는 「주식회사」(회사법 제2편)와 「지분회사」(회사법 제3편)로 나뉜다. 지분회사에는 합명회사, 합자회사 및 합동회사가 있다. 회사의 출자자는 「사원」이라고 한다(일상적으로 사용되는 용어와 다르다는 점에 주의가 필요하다). 지분회사인 3종류의 회사의 차이는 주로 사원의 책임(유한책임 · 무한책임)에 있다.

[16] 합명회사는 원칙으로서 각 사원이 업무를 집행하는 권리를 가지고, 의무를 부담한다. 정관으로 정하면 일부 사원을 업무집행사원으로 하는 것도 가능하다(제590조 제1항). 업무집행은 사원 과반수 또는 업무집행사원 과반수의 결의로 한다(동조 제2항). 일상업무는 각 사원이 단독으로 할 수 있다(동조 제3항). 회사 채권자에 대해서는 각 사원이 직접 연대하여 무한책임을 진다(제580조 제1항)(무한책임사원). 사원의 의사만으로 퇴사가 인정되며(제606조 제3항), 퇴사한 사원에게는 출자의 환급이 이루어진다(제611조). 그 반면 지분의 양도에는 다른 사원 전원의 승낙이 필요하다(제585조 제1항).

[17] 위와 같은 법적 특징을 지닌 합명회사에서는 각 사원, 즉 각 자본 소유자가 그 소유에 기초해 각각 다른 경영방침을 주장할 가능성이 있다. 그것은 그 자체로서 하나의 통일적 경영 의사를 가져야 하는 회사의 원만한 경영을 저해하고, 결국에는 사원의 퇴사에 의한 회사해체를 불러올 위험성이 있다. 이러한 위험을 회피하기 위해서는 혈연이나 신뢰할 수 있는 지인 중에서 출자자를 모집하는 수밖에 없다.

[18] 합자회사에는 무한책임사원 외에, 유한책임사원이 존재한다(제576조 제3항). 유한책임사원은 회사의 채권자에 대해 직접 연대책임을 지지만, 그 책임은 출자액을 한도로 한다(제580조 제2항). 무한책임사원이 경영하는 기업에 유한책임사원이 출자하고, 이익 분배에 참여하는 것이 합자회사이다. 합자회사에는 소유와 경영의 분리라는 싹이 보인다. 그러나 합자회사도 사원의 결합에 있어 인간관계가 중시되므로, 무한책임사원의 지분 양도에 제한이 있다(제585조 제1항). 유한책임사원의 지분 양도도 완화되었다고는 할 수 있으나 제한이 있다(동조 제2항).

[19] 합동회사는 유한책임사원만으로 이루어진 회사이다(제576조 제4항). 이 점에서 주식회사와 공통의 특징을 가진다. 사원이 유한책임이란 혜택을 누리기 때문에, 배당규제나 채권자 보호 절차가 법에 정해져 있다. 한편, 회사 내부관계나 사원 간의 관계에 대해서는 민법상의 조합과 같은 규율이 적용된다. 기관설계, 사원의 권리관계에 강행규정이 거의 존재하지 않고, 폭넓은 계약 자유의 원칙이 타당하다. 이 점에서 합명회사나 합자회사에 유사하다.

[20] 주식회사의 특징은 ① 주주의 유한책임, ② 주주의 출자 환급 금지, ③ 주식양도의 자유 및 ④ 자본 다수결 원칙이다. 주식회사의 주주는 그 보유하는 주식의 인수가액을 한도로 책임을 질 뿐이다(①). 주주는 회사의 채권자에 대해서는 책임을 부담하지 않기 때문에 채권자에게 중요한 것은 회사의 재산뿐이다. 이 점에서 주주에 대한 출자의 환급으로 회사재산이 감소하지 않도록, 원칙으로서 주주의 퇴사는 인정하지 않는다(②. 자

기주식의 취득 → 352). 그 대신에 주식양도에 의한 환금 방법이 보증되고 있다(③). ①을 통해 주식회사는 사회에 산재하는 자본을 모을 수 있다. 출자자로서의 주주는 회사의 실질적인 소유자이다. 주주는 주주총회에서 의결권을 행사함으로써 회사 경영에 관여한다. 그때 각 주주는 각각 1개의 의결권을 가지는 것이 아니라 보유하는 주식 수에 상응하는 수의 의결권을 가진다(④).

[21] 주식회사에서는 주주총회에서 이사가 선임된다. 3명 이상의 이사로 이사회가 조직된다(이사회를 두지 않는 회사도 허용된다 → 462, 464, 607). 이사회에서 회사의 대표기관인 대표이사가 선임된다. 회사법은 회사의 의사결정 권한을 주주총회, 이사회 및 대표이사에게 분배하고 있다. 이사의 행위를 감시하는 기관으로, 주주총회에서 감사가 선임된다. 이러한 일반적인 회사와 크게 다른 지배구조 체제를 가지는 지명위원회등설치회사나 감사등위원회설치회사의 채용도 가능하다(→ 28-2, 718—755).

[22] 2005년 회사법 제정 전, 유한회사법(1938년 법률 제74호)에 따른 유한회사 제도가 있었다. 유한회사는 상법상의 회사는 아니었지만, 실질적으로 상법상의 회사와 다르지 않았다. 그래서 상법 이외의 법률에서는 상법상의 회사로 보았다(구 유한회사법 제89조). 유한회사는 사원이 유한책임을 진다는 점에서 주식회사와 유사하다. 그러나 유한회사는 설립절차 및 그 기관이 주식회사에 견줘 간이화되어 있고, 사원의 수가 제한되는 등 회사의 폐쇄성이 강조되었다. 유한회사는 소규모 기업의 경영형태로서 이용하는 것이 예정되어 있었다.

[23] 회사법 제정과 함께, 유한회사법이 폐지되었다. 회사법을 시행할 때, 유한회사법에 따라 설립되어 있던 유한회사(구 유한회사)는 주식회사로서 존속하는 것으로 하였다(회사법 시행에 따른 관계 법률 정비 등에 관한 법률 제2조 제1항). 회사법에서는 소규모 주식회사의 존재를 인정하고, 그 규율을 유한회사법과 비슷하게 하는 것으로 하였다. 그러나 회사법의 규

율이 유한회사법과 같은 것은 아니었다. 그래서 구 유한회사를 배려하는 차원에서, 유한회사법 특유의 규율 적용을 유지하는 특별한 수단을 마련하였다(회사법 시행에 따른 관계 법률 정비 등에 관한 법률 제3조~제44조). 이러한 특별 규율의 적용을 선택한 유한회사(특례유한회사)는 통상의 주식회사와 구별하기 위해 상호 중에 「유한회사」란 문자를 사용해야 한다(회사법 시행에 따른 관계 법률 정비 등에 관한 법률 제3조 제1항). 특례유한회사는 정관변경을 통해 주식회사로 상호변경(등기)을 함으로써 통상의 주식회사로 조직변경할 수 있다(회사법 시행에 따른 관계 법률 정비 등에 관한 법률 제45조, 제46조).

(2) 회사의 수

[24] 주식회사는 그 본점 소재지에 설립등기를 함으로써 성립한다(제49조)(→ 916, 945). 주식회사의 등기는 사업등기부 중 주식회사등기부에 한다(상업등기법 제6조 제5호). 상업등기부에 등기된 주식회사 중에는 사업을 전혀 하지 않는 회사가 포함되어 있다. 이러한 회사를 「휴면회사」라고 한다. 휴면회사는 회사법 규정에 따라 정리된다. 즉, 일정 기간 전혀 등기를 하지 않은 주식회사는 정해진 절차를 거친 후에 해산한 것으로 본다(제472조 제1항)(→ 975).

[25] 이처럼 상업등기부에 등기된 회사 수에는 휴면회사가 포함되어 있으므로, 그 숫자로는 활동하고 있는 회사의 수를 알 수 없다. 활동 중의 회사 수는 세무통계를 통해 알 수 있다. 그에 따르면 일본의 회사 수는 ① 주식회사 255만 4,582개사, ② 합명회사 3,371개사, ③ 합자회사 1만 4,170개사, ④ 합동회사 9만 8,652개사이다. 주식회사의 수는 다른 회사를 압도한다(93.3%를 차지하고 있다). 다만 그 대부분은 소규모 주식회사이다. 자본금이 1,000만 엔 이하인 주식회사는 모든 주식회사 수의 85.9%를 차지한다. 반면 자본금 1억 엔 초과 회사는 0.8%에 불과하다.

〈회사 종류와 규모별 수〉

	1,000만 엔 이하	1,000만 엔 초과 1억 엔 이하	1억 엔 초과 10억 엔 이하	10억 엔 초과	합계	구성비
(조직별)	사	사	사	사	사	%
주식회사	2,195,273	338,461	15,174	5,674	2,554,582	93.3
합명회사	3,197	151	9	14	3,371	0.1
합자회사	13,666	502	–	2	14,170	0.5
합동회사	97,865	672	101	14	98,652	3.6
기타	50,230	16,438	676	430	67,774	2.5
합계	2,360,231	356,224	15,960	6,134	2,738,549	100.0
구성비(%)	(86.2)	(13.0)	(0.6)	(0.2)	(100)	–

(国税庁長官官房企画課「平成30年度分会社標本調査 –調査結果報告–税務統計からみた法人企業の実態」(令和2年5月)14頁)

[26] 주식회사는 주주의 유한책임이나 주식양도의 자유가 인정되기에(→ 20), 본래 대규모 기업에 적합하다. 그러한 조직을 무슨 이유로 소규모 기업이 즐겨 선택하는가가 문제이다. 개인기업 소유자는 절세를 위해 그 기업을 법인화하는 경향이 있다(일본에서는 「法人成り」라고 한다). 사업소득이 같다면, 일반적으로 개인기업보다 법인기업의 세 부담이 줄어드는 경우가 있다. 주식회사, 합명회사, 합자회사 및 합동회사는 모두 법인이다(제3조)(→ 163). 따라서 세 부담 경감을 원한다면 위의 4가지 회사 형태 중 하나를 선택해도 좋을 것이다. 2005년 회사법 제정 전까지 유한회사법에 따른 유한회사가 존재하고 있었다(→ 22). 소규모 사업의 사업주가 출자자로서 유한책임이란 혜택을 누리고자 하는 때에는 유한회사를 선택할 수 있었다(다만 현실에서는 채권자가 사업자의 개인보증을 요구하므로 유한책임을 누리는 것이 어렵다). 그런데도 일본에서는 소규모 기업이 주식회사 형태를 즐겨 선택하였다. 그 이유는 첫째, 법률 제도의 불비에 있고, 둘째, 일본 경영자의 사회적 의식에 있다.

[27] 1990년 개정 전, 유한회사에 대해서는 최저 10만 엔의 자본금이 필요하다는 정함이 있었다. 그러나 주식회사에 대해서는 최저자본

금에 관한 정함이 없었다. 다만 주식회사를 설립하려면 7명 이상의 발기인이 각각 1주 이상을 1주당 5만 엔 이상의 발행가격으로 인수하여야 했다. 따라서 주식회사를 설립하려면 최저 35만 엔이 필요하였다(현행법에서 발기인은 1명으로 족하다 → 919). 1982년 10월 1일 전에는 1주당 발행가격은 500엔 이상이면 되었기에 3,500엔으로 주식회사를 설립할 수 있었다. 회사 설립 시에 필요한 자본액이 위와 같은 수준이라면 주식회사와 유한회사 중 어느 것을 선택할까 하는 판단을 할 때, 필요한 자본액의 차이는 큰 의미가 없다. 「주식회사」라는 명칭이 사회적으로 더 좋은 이미지를 가지므로, 본래 유한회사에 적합한 소규모 기업까지 주식회사 형태를 선택하였다.

[28] 유한회사와 달리, 주식회사는 더 엄격한 규정(예컨대, 계산서류의 공고 규정)을 준수해야 한다. 그러나 소규모 회사 대부분은 이를 준수하지 않았다. 규정을 준수하지 않으면 벌칙이 부과된다는 것도 소용없었다. 주식회사 형태의 남용 결과로서 일종의 무법지대가 출현한 것이다. 1990년 개정에서는 이러한 주식회사 형태의 남용을 바로잡기 위해 주식회사의 최저자본금을 1,000만 엔으로 정하고(개정 전 상법 제168조의4), 동시에 유한회사의 최저자본금도 10만 엔에서 300만 엔으로 인상하였다(구 유한회사법 제9조). 그러나 1,000만 엔이라는 자본금은 대규모 회사와 소규모 회사를 구분하는 기준으로서 적절하다고 할 수 없다. 회사법에서는 최저자본금 제도가 철폐되었다(→ 800-802). 그 결과 1엔의 자본금으로 회사를 설립할 수 있다. 나아가 회사법에서는 이러한 법률과 실태의 괴리 문제를 시정하기 위해 유한회사를 주식회사로 일원화하고, 소규모 주식회사 법제를 정비하였다(→ 129).

[28-2] 일본 주식회사는 원칙으로써 기관설계를 선택할 수 있다(→ 456)(특정 기관을 설치하는 것이 의무화되는 예도 있다 → 458-461). 종래는 감사 · 감사회설치회사가 주류였다. 2002년 개정에서 현재의 지명위원회등설치회사가 제정되었다(→ 718). 나아가 2014년 개정에서 감사등위원회설치회

사 제도가 창설되었다(→ 743). 지명위원회등설치회사를 채용하는 수는 소수에 머물러 있다. 그러나 감사 · 감사회설치회사에서 감사등위원회설치회사로 이행하는 회사가 증가하고 있다(→ 746).

〈회사법상의 기관설계 선택 현황〉

(사)

	연도	회사수	지명위원회등설치회사	감사등위원회설치회사	감사회설치회사
시장 제1부	2019	2,148	63(2.9%)	576(26.8%)	1,509(70.3%)
	2018	2,099	60(2.9%)	512(24.4%)	1,527(72.7%)
	2017	2,021	65(3.2%)	440(21.8%)	1,516(75.0%)
시장 제2부	2019	488	4(0.8%)	163(33.4%)	321(65.8%)
	2018	511	3(0.6%)	161(31.5%)	347(67.9%)
	2017	523	2(0.4%)	156(29.8%)	365(69.8%)
마더스	2019	291	5(1.7%)	75(25.8%)	211(72.5%)
	2018	259	4(1.5%)	48(18.5%)	207(79.9%)
	2017	241	3(1.2%)	39(16.2%)	199(82.6%)
JASDAQ	2019	712	4(0.6%)	187(26.3%)	521(73.2%)
	2018	729	4(0.5%)	169(23.2%)	556(76.3%)
	2017	752	4(0.5%)	163(21.7%)	585(77.8%)
全상장회사	2019	3,639	76(2.1%)	1,001(27.5%)	2,562(70.4%)
	2018	3,598	71(2.0%)	890(24.7%)	2,637(73.3%)
	2017	3,537	74(2.1%)	798(22.6%)	2,665(75.3%)

(東京証券取引所「東証上場会社における独立社外取締役の選任状況及び指名委員会 · 報酬委員会の設置状況」(2019 · 2018 · 2017))

3. 회사의 주주

(1) 지주비율

[29] 도쿄증권거래소에 상장된 회사 수는 3,714개사이다(2020년 6월 말 기준). 일본에는 도쿄증권거래소 외에, 나고야증권거래소(상장회사 수 291개사(그중에서 67개사가 단독상장)), 후쿠오카증권거래소(상장회사 수 110개사(그중에서 25개사가 단독상장)), 삿포로증권거래소(상장회사 수 58개사(그중에서 16개사가 단독

상장))가 있다.

[30] 전국 상장회사의 주식을 보유하는 개인주주 수는 약 5,619만 명이었다. 다만 개인주주가 소유하는 주식 수는 다 합쳐도 20% 미만이다. 이에 반해 금융기관(은행, 보험회사 등), 사업법인, 증권회사(금융상품거래업자)의 소유주식 수를 합하면 53.6%가 된다. 상장회사의 사업보고서에 기재하는 대주주 리스트 중에는 극히 드문 가족회사의 경우를 제외하고 개인의 이름은 찾아볼 수 없다.

〈상장회사 주주 수와 보유비율〉

	주주 수 · 인 (비율)	지주비율
합계	58,181,824(100%)	100.0%
① 정부 · 지방공공단체	1,341(0.0%)	0.1%
② 금융기관	96,380(0.2%)	29.5%
a 도시은행 · 지방은행 등	14,448(0.0%)	2.9%
b 신탁은행	41,643(0.1%)	21.7%
(a+b 중 투자신탁)	10,706(0.0%)	8.7%
(a+b 중 연금신탁)	11,295(0.0%)	1.0%
c 생명보험회사	20,058(0.0%)	3.2%
d 손해보험회사	3,847(0.0%)	1.0%
e 그 밖의 금융기관	16,384(0.0%)	0.7%
③ 증권회사	87,426(0.2%)	2.0%
④ 사업법인 등	759,125(1.3%)	22.3%
⑤ 외국법인 등	510,419(0.9%)	29.6%
⑥ 개인 · 기타	56,727,133(97.5%)	16.5%

(東京証券取引所ほか「2019年度株式分布状況調査」)

[31] 일본에서는 은행이나 사업회사가 상호 주식을 보유하는 관행이 있었다. 이러한 관행이 생긴 것은 적대적 기업매수로부터 회사를 지키기 위함이었다. 그러나 보유주식을 시가로 평가하는 제도가 도입된 것이나 거품 붕괴 후 경기 악화를 배경으로, 각 회사에서 상호보유주식을 매각하는 움직임이 활발해졌다. 과거 상호보유주식은 상장회사 주식 시가총액의 50%를 웃돌았지만, 2018년도 말에는 그 비율이 약 9.2%까

지 떨어졌다(2019년 9월 4일 일본경제신문). 또한 2015년 6월 1일부터 도쿄증권거래소에서 기업 지배구조 코드(→ 50)의 적용이 시작되었다. 이에 따라 상장회사는 정책적으로 보유하는 주식에 대해 그 기초가 되는 방침을 공시할 필요가 생겼다. 이사회는 이익과 위험 등을 토대로 중장기적인 경제 합리성이나 장래 전망을 검증하고, 이를 반영한 보유 목적과 합리성에 관해 설명할 필요가 생겼다(기업 지배구조 코드 원칙 1-4)(→ 907-2).

[32] 외국법인에 의한 지주비율은 29.6%였다. 거래량을 보면 외국법인 등에 의한 거래가 전체의 70%에 육박하였다. 일본 경기 회복에 대한 높은 기대감 등을 배경으로, 외국법인은 적극적으로 일본주에 투자하였다.

[33] 일본 상장회사 중에는 외국인 지주비율이 50%를 넘는 기업도 있다. 이에는 외국기업의 일본법인이나 관련 법인 외에, 기관투자자 등이 투자 목적으로 보유하는 기업도 있다. 이러한 기관투자자 가운데는 주주총회 의결권행사를 통해 회사 경영자에 대한 압력을 높이는 것이 있다.

〈외국인 지주비율이 높은 회사 예〉

(2020년 7월 7일 기준)

사명	외국인 지주비율(%)
LINE	94.50
일본 오라클	89.60
넥슨	86.60
주가이제약	77.90
샤프	67.50
닛산자동차	65.50
도시바	62.90
HOYA	62.80
맥도날드	59.20
소니	56.70
후지쓰	51.00
닌텐도	50.90

(Stock Weather Web 사이트)

[34] 영국에서는 기관투자자가 자금 운용을 위탁하는 자에 대한 책임을 충분히 다하고 있느냐는 문제의식으로부터, 기관투자자가 다해야 할 역할을 7가지 원칙으로 정리하였다(스튜어드십 코드. 스튜어드십이란 용어는 중세 영국에서 장원 영주에게 고용되어 그 토지를 관리하는 자를 스튜어드라고 불렀던 것에서 유래되었다). 일본에서도 2014년 2월에 금융청이 『「책임 있는 기관투자자」의 제원칙 〈일본판 스튜어드십 코드〉 ~투자와 대화를 통해 기업의 지속적 성장을 촉진하기 위해~』를 책정 · 공표하였다. 이것은 기관투자자와 투자대상기업 간에 건설적인 「목적을 가진 대화」가 이루어지는 것을 촉진하는 것이다. 다만 그 자체에 법적 구속력은 없고, 코드에 찬동하여 따를 용의가 있는 기관투자자에 대해 그 표명을 기대하는 형식으로 채용하였다. 2020년 6월 30일 기준으로 코드 이행 의사를 표명한 기관투자자는 총 284개사에 이른다.

[34-2] 기관투자자 가운데는 신탁은행, 보험회사, 증권회사 등 특정 기업과 밀접한 관계에 있는 것도 적지 않다. 기관투자자는 자금의 수탁자로서 위탁자를 위해 그 자금을 운용해야 한다. 보유하는 주식에 관한 의결권행사에 대해서도 마찬가지이다. 다만 특정 기업과의 관계로부터 적절하게 의결권행사가 이루어지고 있는지 의문도 있었다. 2017년 스튜어드십 코드 개정에 따라 기관투자자는 의결권행사 결과를 개별 투자기업 및 의안마다 공표하는 것으로 되었다(스튜어드십 코드 지침 5-3). 이러한 공시는 기관투자자의 적절한 의결권행사를 독려하는 효과를 기대할 수 있다.

● 그림자 대주주

[34-3] 연금적립금관리운용독립행정법인Government Pension Investment Fund: GPIF은 후생연금과 국민연금의 적립금을 관리 · 운용하는 세계 최대규모의 자금 운용기관이다(운용자산은 약 160조 엔). 연금적립금에 대해서는 장기적인 관점에서 안전하고 효율적으로 이를 운용하는 것이 요청된다. 종래에는 비교적 안전한 국내채권 등을 위주로 운용되었는데, 아베 정권에서는 주식 운용 비율을 증가시

켰다(현재는 국내채권 25%, 국내주식 25%, 외국채권 25%, 외국주식 25%라는 포트폴리오가 짜여 있다). GPIF는 신탁은행이나 자산운용회사에 운영을 위탁하고 있기에 직접 주식을 보유할 수는 없지만, 실질적으로 많은 회사의 대주주가 되고 있다. 나아가 일본은행이 일본 주식에 투자하는 상장지수펀드ETF를 적극적으로 매수하고 있다. 여기서도 일본은행이 실질적으로 회사의 대주주가 되고 있다(보유잔고는 31조 엔이다. 이는 도쿄증권거래소 시장 제1부의 시가총액 6% 정도를 차지한다(일본경제신문 2020년 5월 21일)). GPIF와 일본은행은 실질적으로 국내 최대주주이다. 이러한 동향은 주가를 인상하는 요인이 되고 있다(달리 말하면 인하를 억제한다). 또한 주주로서의 경영 감시 결여라는 기업 지배구조상의 문제도 있다.

● 의결권자문사

[34-4] 기관투자자는 위험 회피 수단의 하나로 그 자금을 분산투자한다. 그 때문에 기관투자자(특히 해외 기관투자자의 경우)는 투자기업의 개별 의안을 충분히 검토할 시간이 없다. 또한 검토에 드는 비용을 부담할 인센티브가 없는 경우가 많다. 이러한 기관투자자에 대해 개별 기업의 의안에 관해 의결권행사를 자문하는 존재로 의결권자문사가 있다. 의결권자문사에는 미국의 ISSInstitutional Shareholder Services, 글라스 루이스Glass Lewis 등이 있다. 이러한 회사는 의결권행사 지침을 공표하고 있다. 기관투자자가 의결권자문사의 자문에 따를 의무는 없지만, 사실상 그 자문 내용이 일본 회사의 주주총회 결과에 큰 영향을 미치고 있다.

[34-5] 의결권자문 시장은 몇몇 회사의 과점 상태에 있다. 또한 의결권자문사 자신도 개별 의안을 충분히 조사할 시간이 없다. 나아가 회사에 대해 컨설팅 업무를 하고 있다는 점에서 이해상충 우려도 있다. 이 때문에 적절한 자문이 이루어지고 있는지 의문이 제기되었다. 2017년 스튜어드십 코드 개정에서는 「의결권자문사는 업무 체제나 이해상충 관리, 자문 책정 프로세스 등에 관해 자신의 대책을 공표해야 한다」라고 정하였다(스튜어드십 코드 지침 5-5).

의결권자문사의 영향력이 커지는 가운데, 그 규제 방식이 문제가 되고 있다.

(2) 기업 그룹

[35] 제2차 세계대전 전까지는 재벌이 일본경제를 지배하였다. 제2차 세계대전 후, 이러한 재벌은 해체되었다(→ 889). 그 후 미쓰이三井, 미쓰비시三菱, 스미토모住友란 과거 재벌계 기업집단과 대형도시은행이 일본경제 고도성장기에 거래처기업을 중심으로 결성한 후요芙蓉, 산와三和, 제일권업第一勧銀이란 은행계 기업집단이 탄생하였다(6대 기업집단이라고 한다). 이러한 기업집단에서는 집단 내 기업이 상호 주식을 보유함으로써 강한 결합을 유지하였다. 기업집단 내 주식 상호보유는 적대적 기업매수(→ 63)를 방지하는 효과도 있었다.

[36] 경제성장 과정에서 6대 기업집단은 일본경제에 큰 영향력을 미쳤고, 경쟁질서에 미친 영향도 무시할 수 없었다. 그러나 거품 경제 붕괴 후, 금융기관이나 사업법인에 의한 주식 상호보유율은 감소하였다. 나아가 6대 기업집단의 중핵을 이룬 은행의 재편이 진행되면서 기업집단도 크게 달라졌다. 합병 등으로 미쓰이스미토모, 미쓰비시UFJ, 미즈호란 3대 메가뱅크Mega Bank가 탄생하였다. 금융 그룹은 금융지주회사가 각 업태의 금융기관을 자회사 등으로 하는 것에서 형성되었다(미쓰이스미토모 파이낸셜 그룹은 그룹 명칭이 아니라, 금융지주회사의 상호로서 사용되고 있다).

[37] 기업집단은 주식 상호보유라는 횡적 관계뿐만 아니라, 의결권 보유 등에 따른 경영에 대한 영향력 행사란 종적 관계에 의해서도 구축된다. 상장회사가 제출하는 유가증권보고서에는 「관계회사의 현황」에 연결자회사와 지분법 적용회사가 기재된다. 연결자회사는 주주총회 의결권을 50% 넘게 보유하는 등 경영방침에 적극적으로 관여할 수 있는 회사를 말하며, 이 경우 모회사에 자회사의 재무제표상 모든 항목이 합산된다(전부 연결). 이에 반해 경영 결정권을 가졌다고 볼 수는 없지

만, 영향력을 가질 만큼의 의결권을 보유하는 경우(예를 들어, 20% 초과)에는 대상회사 지분비율의 순자산만을 연결하는 것으로 하고 있다(일행 연결). 도요타자동차의 연결자회사는 히노 자동차(도요타자동차의 의결권 보유비율은 50.29%), 다이하츠 공업(同비율은 100.00%) 등 500개사 이상에 달한다. 종업원은 도요타자동차 본체를 포함해 연결로 37만 명을 웃돈다. 지분법 적용회사는 덴소デンソー(同비율은 24.57%), 도요타 자동직기(同비율은 24.92%), 아이신정기(同비율은 24.96%), 도요타 통상(同비율은 22.05%) 등 57개사였다(도요타자동차 2019년 3월기 유가증권보고서 참고). 이러한 회사 중에는 많은 연결자회사와 지분법 적용회사를 가진 회사도 있다(예컨대, 덴소는 150개사를 넘는 자회사와 70개사를 넘는 지분법 적용회사를 가지고 있다). 이러한 형태로 도요타자동차를 정점으로 거대한 기업집단이 구축되고 있다(기업집단의 내부통제 시스템 구축 의무 → 588).

● 자회사 상장

[38] 자회사가 증권거래소에 그 주식을 상장하는 예가 있다. 대형 전기회사나 종합상사 등의 자회사가 상장하는 사례가 많았다. 도쿄증권거래소「기업 지배구조 백서 2019」에 따르면, 모회사가 있는 회사의 84.1%(전체의 8.7%)는 모회사도 상장회사이다(과거 '모회사 등이 도쿄증권거래소의 상장회사일 것'이 자회사의 신규상장 요건이었던 것이 큰 이유이다). 모회사는 자회사의 주식 일부를 투자자에게 매각함으로써 새로운 자금조달이 가능해진다. 또한 자회사를 상장기업으로 함으로써 인재 확보나 종업원의 동기 부여 향상이 도모된다. 그러나 자회사는 모회사가 실질적으로 그 경영을 지배하고 있다. 그 때문에 자회사가 기업 지배구조 측면에서 문제가 있다는 지적이 있다. 즉, 자회사의 대주주인 모회사와 자회사의 소수 주주(일반투자자) 간에 이해상충이 생길 위험성이 있다. 도쿄증권거래소는 자회사의 상장을 인정할 때, ① 사실상 모회사 등의 일부 사업 부문으로 인정되는 상황이 아닐 것, ② 자회사에 불이익이 되는 거래행위를 강제 · 유인하지 않을 것, ③ 파견자의 수용 상황이 모회사 등에 과도

하게 의존하고 있지 않으며 계속적인 경영활동을 저해하는 것이 아니라고 인정되는 것을 요구하고 있다(상장심사 등에 관한 가이드라인).

(3) 회사의 민영화

[39] 제2차 세계대전 후 일본경제의 재건 · 부흥을 위해서는 국토개발, 교통망 정비, 산업 진흥이 불가결하였다. 그러나 민간기업에 이를 위임하는 것은 자금이나 채산성 면에서 어려움이 있었기 때문에, 정부의 업무로서 이를 할 수밖에 없었다. 그래서 업무 · 재무 · 인사 등 각 부문의 관리에 민간의 수법을 도입하고, 효율적인 업무 운영이라는 측면에서 정부 행정조직과 분리된 독립한 법인격을 가진 특수법인에 이러한 업무를 담당하도록 하였다.

[40] 특수법인에 대해서는 국가의 감독이 엄격하기에 자립성 · 자주성이 없다는 것, 사업이 비효율적이라는 것, 경영 내용이 불투명하다는 것, 경영책임 체제가 불명확하다는 것 등의 결점이 지적되었다. 국가행 · 재정의 간소 · 합리화가 필요해짐과 함께, 행정개혁의 하나로 특수법인의 개혁이 주장되었다. 이렇게 해서 우선은 특수법인의 대표 격이었던 일본국유철도, 일본전신전화공사, 일본전매공사 3 공사의 민영화가 이루어졌다.

[41] 1985년에 일본전신전화공사와 일본전매공사가 민영화하여 각각 일본전신전화 주식회사NTT 및 일본담배산업 주식회사JT가 되었다. NTT는 1987년에, JT는 1994년에 각각 주식을 상장하였다. 나아가 NTT는 1999년에 순수지주회사가 되고, NTT 동일본, NTT 서일본, NTT 커뮤니케이션즈, NTT 도코모 등은 그 자회사가 되었다. 또한 1987년 일본국유철도도 민영화하여 6개의 여객철도 주식회사JR와 1개의 화물철도 주식회사가 되었다. JR 동일본은 1993년에, JR 서일본은 1996년에, JR 동해는 1997년에 각각 주식 상장을 하였다. 그 후 단계적으로 3개사를 합쳐 824만 주의 정부보유주가 모두 매각되었다.

〈NTT 그룹의 개요〉

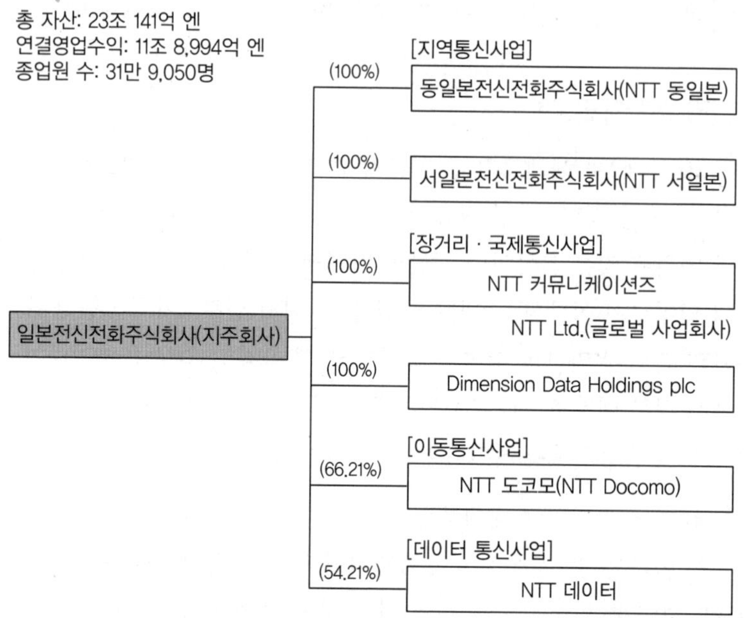

(NTT 웹 사이트 참고(2020년 3월(말))

[42] 우정사업은 우정성郵政省의 담당 아래 국영으로 운영되었다. 우정사업은 우편, 저금 및 간이보험 3분야가 중심이며, 전국 우체국이 그 창구 기능을 하였다. 우체국은 특정우체국, 보통우체국 및 간이우체국이 있었지만, 모든 우체국(약 2만 4,000)의 약 4분의 3이 특정우체국이었다. 우정사업 민영화에는 특정우체국장을 지지기반으로 두는 자민당, 우정郵政계 노동조합을 지지기반으로 두는 민주당, 게다가 우정성 관료 등 강력한 반대세력이 있었다. 고이즈미 내각 아래 중의원의 이른바 「우정 해산」이 이루어지고, 총선거에서 여당이 압승하면서 우정사업 민영화는 탄력을 받기 시작하였다.

[43] 2005년 「우정사업 민영화법 및 우정사업 민영화 등의 시행에 따른 관계 법률 정비 등에 관한 법률」이 국회를 통과하고, 같은 해 10월 21일에 공포되었다. 이에 근거해 2007년 10월에 정부가 전액 출자하는

① 일본우정 주식회사(지주회사)가 설립되고, 그 아래 ② 우편사업 주식회사(일본우편), ③ 우체국 주식회사(우체국), ④ 우편 저금은행(유초은행), ⑤ 우편 보험회사(간포생명보험)라는 주식회사가 설립되었다. 2005년 10월부터의 준비 기간, 2007년 10월부터의 이행 기간을 거쳐 최종적인 민영화 실현은 2017년 10월이 될 예정이었다. 그러나 2009년 중의원 선거에서 민주당이 승리하고, 연립정당인 사회민주당 · 국민신당은 우정주식매각동결법을 성립시켰다. 이로 인해 ①의 주식(정부가 보유)과 ④ 및 ⑤의 주식(일본우정 주식회사가 보유)은 별도로 법률에 정하는 날까지 처분할 수 없게 되었다. 그런데 2012년 4월 자민당 정권 아래 우정사업 민영화법 개정안이 가결 · 성립하였다. 이에 따라 ②와 ③이 합병해 ⑥「일본우편 주식회사」로 통합되고, ④와 ⑤의 주식매각을 동결한 우정주식매각동결법이 폐지되었다. 이로써 정부는 보유하는 ①의 주식을 3분의 1 넘게 보유하는 것이 의무화되었지만, 그 외에 대해서는 되도록 빨리 처분하는 것으로 되었다. 더욱이 ①은 ④와 ⑤의 주식을 2017년 9월 말까지 완전히 처분하는 것으로 되었는데(완전 민영화), 그 후 2개사의 경영상태, 전국 서비스 확보에 대한 영향을 고려해 구체적인 기한은 폐지되었다. 한편, ⑥에 대해서는 모든 주식 보유를 계속하는 것으로 되었다.

〈우정사업 민영화〉

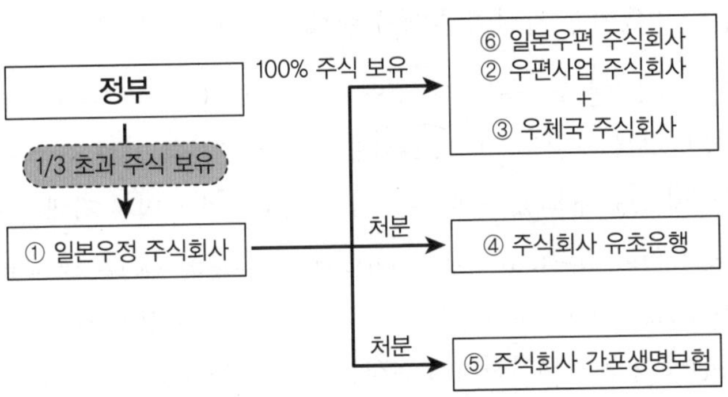

4. 회사의 경영자

(1) 경영자 지배

[44] 미국의 법률학자 벌리A. A. Berle와 경제학자 민즈G. C. Means는 1932년에 「근대기업과 사유재산」이라는 유명한 고전적 업적을 발표하였다. 그 내용으로 벌리=민즈는 1929년 말 미국의 경제력 집중, 주식소유의 분산 및 소유와 지배의 분리 사실을 실증적으로 논증하였다. 거기서는 수로는 얼마 안 되는 대규모 회사가 주식회사 자본 대부분을 차지하기에 이른 것을 분명히 하고, 나아가 회사가 크면 클수록 그 주식소유는 공중 간에 분산한다고 결론지었다. 주식 분산도가 커지면 회사를 지배할 정도의 주식을 가진 개인이나 집단은 존재하지 않게 되며, 이와 관련해 소유와 지배 간의 분리가 생긴다. 소유와 지배가 분리되면 최소한의 소유에 기초해 회사재산을 지배하는 것이 가능해지고, 끝끝내 소유가 전혀 없어도 지배가 가능해진다. 즉, 「지배 없는 부의 소유 및 소유 없는 부의 지배가 주식회사 발전의 논리적 귀결로서 출현한다」는 것이다. 위의 내용으로부터 벌리=민즈는 대규모 회사에 있어 경영자 지배가 실현한다고 설명하고 있다. 소수의 주식밖에 소유하지 않은 주주는 주주총회에서의 의결권행사에 흥미가 없으므로 의결권 자체를 행사하지 않거나 경영자에 의해 선출된 위원회에 그 행사를 위임해 버리기 때문에, 결국 경영자는 자신이 후계자를 사실상 지명할 수 있다.

[45] 1929년 조사를 보면 경영자 지배 회사는 그 수에서 44%, 자산액에서 58%를 차지하였다. 그런데 1963년 조사를 보면 그 비율이 각각 84.5% 및 85%가 되었다. 이는 대규모 회사에서 경영자 지배가 확립한 결과로 평가되고 있다(Larner, Ownership and Control in the 200 Largest Nonfinancial Corporations, 1929 and 1963, 6 Am. Econ. Rev.777). 다만 그 후 미국에서는 연금기금, 투자신탁 등 기관투자자가 소유하는 주식 비율이 높아지고 있다. 공적 연금기금의 주주로서의 행동은 1990년대에 들어와 활발해졌다. 그 내용은 1970년대에 쟁점이 된 기업의 사회적 책임을 추궁하는 것은 아니었고,

업적 부진 기업을 대상으로 이사회 지배구조를 개선하고 주주를 위해 경영진 감독을 더욱 적정하게 수행하려는 것이었다.

[46] 종래 공적연금은 그 소유하는 주식 발행회사의 경영이나 업적에 불만이 있는 경우 소유하는 주식을 시장에 매각하는 방식으로 대응하였다(이를 「월스트리트룰」이라고 한다). 그러나 소유주식 수가 증가함과 함께, 시장에 영향을 주지 않고 소유주식을 매각하는 것이 어려워지면서 기업의 경영 개선을 요구하는 방향으로 돌아섰다. 이 점에서 미국 경영자도 주주를 무시한 경영을 할 수 없게 되었다.

[47] 일본에서도 주식회사의 소유 분산이 진행함과 함께, 법인에 의한 지주비율은 높은 수준이다(법인화 현상 → 30). 미국과 달리 일본에서는 은행의 주식 보유가 인정되고(독점금지법상의 규제는 존재한다 → 903), 주식의 상호보유나 안정주주공작에 의한 보유도 이루어져 왔다. 대규모 회사에서 개인 대주주가 사라지고, 개인소유의 분산이 진행하는 점은 미국과 다르지 않다. 상호보유주식이나 안정주주공작에 의한 보유주식에 대해서는 경영자의 의향에 반한 의결권 행사가 이루어지는 것을 상상하기 어렵다. 그 때문에 일본 대규모 회사에서는 법인 지배이긴 하지만, 경영자 지배인 것에 변화는 없었다. 일본에서 이사는 주주총회에서 선임된다(→ 547). 다만 앞서 설명했듯이 특수한 주주 구조 때문에 경영자 측이 제출한 의안은 그대로 주주총회에서 가결되는 것이 통상이다. 따라서 회사의 차기 경영자는 현 경영자가 사실상 지명하는 관행이 이어져 왔다.

[48] 대규모 주식회사에서 무엇에도 통제되지 않는 경영자 지배가 성립할 수 있다고 하면, 이와 관련해 지배적 경영자의 폭도를 막기 위한 배려가 필요하다. 한편으로 일본경제의 발전은 회사가 뒷받침해 온 것이 사실이며, 그 과정에서 경영자의 무책임주의 발생이 억지된 측면이 있다. 일반적으로 회사 경영자의 자기 규율이 작동하는 것은 부정할 수 없다. 더욱이 경제부흥과 고도성장에 필요한 자금은 은행 차입이 주류

이며(간접금융 → 191), 자금제공자인 은행의 심사가 외부규율로서 작동하였다(회사 내부에서도 투자판단을 할 때 엄격한 심사에 의한 규율이 작동하였다〔내부규율〕). 또한 일본의 회사는 종업원 내부승진형이 태반이며, 회사에 대한 강한 귀속의식이 있었다. 종업원의 수입 상승 기회는 회사의 발전에 관계하므로, 종업원의 의식은 경영자의 무책임 체제 발생을 억지하는 유력한 원인이 되었다.

[49] 그런데 이러한 회사 운영에 대한 규율 체제가 1980년대에 크게 변화하였다. 대규모 회사의 자금조달로서 증권발행이 이루어지고(→ 193), 그와 함께 회사 운영에 대한 은행의 타율他律 기능은 약해졌다. 최근에는 종업원이 기량을 증가시킨 후 다른 회사로 이직하는 것도 흔한 일이 되었다. 회사법은 경영자 감시 시스템으로서 감사제도(→ 681-717)나 주주대표소송제도(→ 654)를 규정하고 있다. 다만 주주총회의 형해화(→ 466)로 인해, 주주총회에서 선임되는 감사에게 반드시 충분한 기대를 할 수 없는 상황에 있다(감시를 받는 경영자가 자신을 감시하는 감사를 사실상 선임하고 있다. 감사 포지션을 사내 인사이동의 하나로 생각하는 회사도 적지 않다). 또한 주주대표소송은 임무를 게을리한 이사에게 민사책임을 묻는 것이지만, 그 대응은 사후적인 것이 될 수밖에 없다. 일본에서는 기업 지배구조를 둘러싼 논의가 활발히 이루어지고 있다. 그 핵심은 경영자 지배하에서 주식회사의 운영을 어떻게 규율할 것인가였다.

[50] 이에 대해 최근「공격적인 지배구조攻めのガバナンス」가 강조되고 있다(불상사 방지책 등은「방어적인 지배구조守りのガバナンス」라고 한다). 거기서는 일본기업의「수익력稼ぐ力」, 즉 중장기적인 수익성 및 생산성을 높이기 위한 기업 지배구조 강화가 중요시되고 있다. 도쿄증권거래소는 2015년 6월 1일 기업 지배구조 코드를 상장규정에 포함하였다. 이 코드는 실효적인 기업 지배구조 실현을 통해 경영자의 기업 정신 발휘를 독려하는 것을 목표하는 것이다. 관련해 코드에서는 ① 주주의 권리, ② 주주의 평등한 취급, ③ 주주 이외 이해관계자의 역할, ④ 공시와 투

명성, ⑤ 이사회의 책임이란 항목에 대해 원칙적인 사고방식을 표시하였다. 다만 회사의 지속적 성장과 중장기적인 기업가치 향상이라는 관점에서 어떤 지배구조가 최적인가는 각 회사의 상황에 따라 다를 수 있다. 그래서 코드는 규제중심rule base의 규율로 특정 지배구조를 일률적으로 강제하는 것이 아니라, 원칙을 명시한 후 그 원칙을 준수하든지, 준수하지 않으면 그 이유를 설명하도록 하는 수법을 채용하였다('원칙 중심 Principle base의 규율' 및 '원칙준수 예외설명Comply or Explain').

(2) 사외임원(사외이사와 사외감사)

[51] 일본 회사법에서는 이사의 행위를 감시하는 기관으로 감사제도를 두고 있다. 3명 이상의 감사로 감사회를 설치하는 회사도 있다. 감사회설치회사에서는 감사의 반수 이상이 「사외감사」이어야 한다(→ 689). 이는 일본의 회사 감사가 이사나 종업원 중에서 선임되는 현실을 생각할 때, 이사를 감시하기 위해서는 사외의 자를 넣을 필요가 있다고 판단되었기 때문이다. 나아가 최근 들어 감사설치회사 · 감사회설치회사에서도 「사외이사」 설치를 의무화하는 움직임이 활발해지고 있다.

[52] 도쿄증권거래소는 2009년 12월 상장회사에 1명 이상의 「독립임원」 설치를 의무화하는 규칙 개정을 하였다. 「독립」의 정의는 회사법의 「사외」보다도 엄격한 요건으로 구성되었다. 그 배경에는 임원의 독립성은 회사법의 「사외」요건으로는 불충분하다는 판단이 있었다. 다만 「독립」이란 요건을 만족하는 한, 임원은 이사여도 감사여도 좋았다. 그 후 2014년 회사법 개정에서는 일정 회사(공개회사면서 대회사로 유가증권보고서 제출 회사인 감사회설치회사)에 대해 사외이사를 두지 않는 경우 정기주주총회에서 사외이사를 두는 것이 상당하지 않은 이유를 설명하도록 하였다(동시에 「사외」의 정의도 개정하였다 → 553-555). 이는 사외이사 설치를 법률이 의무화하는 것은 아니다. 그러나 사외이사를 「두는 것이 상당하지 않은 이유」의 설명이 요구되는 것으로부터, 많은 경우 사외이사 설치를 강제하

는 효과가 있었다. 그 후 2019년 개정에서 위의 회사에 대해 사외이사 선임을 의무화하는 개정이 이루어졌다(→ 550 · 551).

[53] 상장회사 등에서는 사외이사 설치가 급속도로 확산하고 있다. 나아가 복수의 사외이사를 둘 것을 요구하는 움직임도 있다. 도쿄증권거래소는 기업 지배구조 코드를 통해 독립사외이사를 2명 이상 선임할 것을 요구하고, 선임하지 않는 때에는 그 이유를 (기업 지배구조 보고서를 활용해) 공시하도록 하였다(→ 139). 그 결과, 시장 제1부 상장회사 가운데 2명 이상의 독립사외이사를 선임하는 상장회사의 비율이 90%를 넘었다. 나아가 독립사외이사가 이사의 3분의 1 이상을 차지하는 상장회사 비율도 43.6%로 40%를 넘어섰다.

〈2명 이상의 독립사외이사를 선임하는 상장회사(시장 제1부) 비율 추이〉

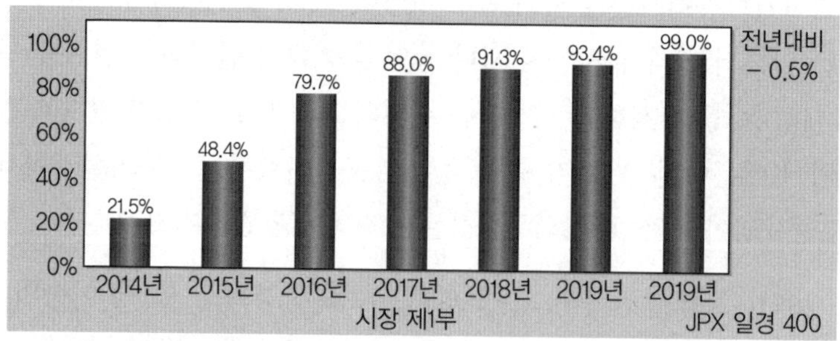

〈3분의 1 이상의 독립사외이사를 선임하는 상장회사(시장 제1부) 비율 추이〉

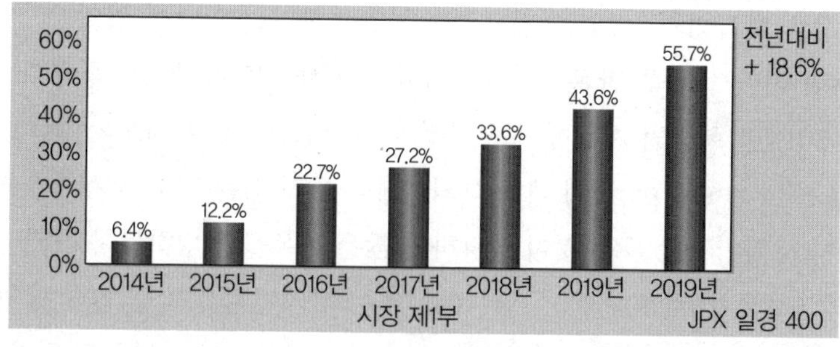

(東京証券取引所「東証上場会社における独立社外取締役の選任状況及び指名委員会・報酬委員会の設置状況」(2020年9月7日))

[54] 한편, 회사 임원으로 여성을 적극적으로 등용할 것을 요청하는 움직임도 있다. 일본 상장회사의 여성 이사 비율은 4.1%로, 세계 전체에서 보면 낮은 비율에 머물러 있다(2019년 9월 기준. 내각부 웹 사이트 참고). 경제 성장전략의 하나로 여성의 활약을 드는 아베 신조 정권은 상장회사에 최소 1명 이상의 여성임원 선임을 요구하고 있다. 해외에서는 임원 중 여성이 차지하는 비율을 일정 수준 이상 요구하는 제도(쿼터제)를 채용한 국가도 있다. 일본에서는 기업 지배구조 코드에서 「이사회는 그 역할 · 책무를 실효적으로 다하기 위한 지식 · 경험 · 능력을 균형 있게 갖추고, 성별이나 국제성 면을 포함한 다양성과 적정 규모를 양립시키는 형태로 구성되어야 한다」라고 규정하였다(기업 지배구조 코드 원칙 4-11). 또한 기관투자자의 의결권행사에 큰 영향을 미치는 의결권자문사(→34-4) 중에는 이사 등의 후보자에 여성이 1명도 없는 회사에 대해 주주총회에서 회장 · 사장이 되는 이사 선임 의안에 반대를 권고하는 예도 있다(예를 들어, 글라스 루이스 · 의결권행사에 관한 자문방침 2018).

〈상장기업 여성임원 수의 추이〉

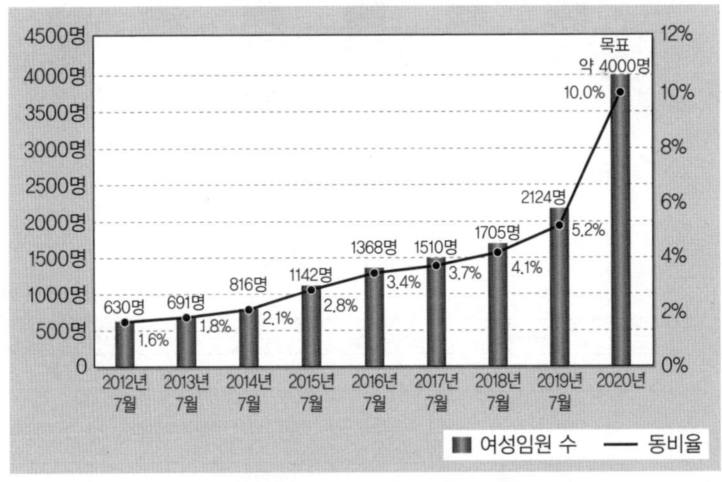

(内閣府男女共同参画局「上場企業における女性役員の状況」(2018年8月3日))

(3) 경영자의 보수

[55] 금융상품거래법 규칙(공시부령) 개정에 따라, 일본에서는 2010년 3월 결산기부터 보수가 1억 엔 이상인 임원의 성명과 보수액의 개별 공시가 의무화되었다(유가증권보고서). 이에 따라 임원 보수 1억 엔 이상을 공시한 기업은 280개사, 인원수는 570명이었다. 글로벌 인재 확보를 위해 보수 고액화도 진행하고 있다.

〈임원 보수 1억 엔 이상 공시기업〉

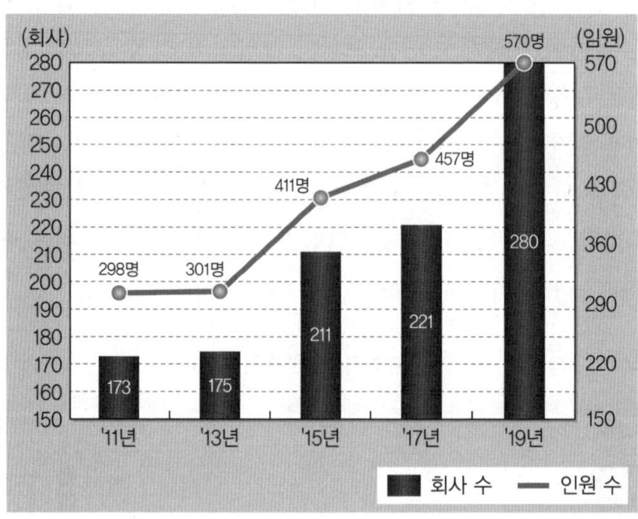

(東京商工リサーチ調査)

〈임원 보수 공시 인원수〉

(2019년 3월기)

순위	회사명	업종	인원수(전년)
1	미쓰비시전기	전기기기	21(22)
2	히타치제작소	전기기기	17(18)
3	화낙(ファナック)	전기기기	10(10)
4	도쿄 일렉트론	전기기기	9(10)
5	미쓰비시 UFJ 파이낸셜 그룹	은행업	8(9)
5	미쓰비시 상사	도매업	8(7)

순위	회사명	업종	인원수(전년)
5	반다이남코 홀딩스	기타 제품	8(7)
8	다이와하우스 공업	건설업	7(9)
8	미쓰이 물산	도매업	7(8)
8	다이토건탁	도매업	7(6)
8	소프트뱅크 그룹	정보 · 통신업	7(6)

(東京商工リサーチ調査)

[56] 미국 기업의 임원 보수는 고액으로 알려져 있다. 이러한 고액 보수는 회사의 업적 향상에 따른 주가 상승에 기인한 것이 많다. 그 전형적인 것이 스톡옵션Stock Option 권리행사에 의한 것이다. 스톡옵션은 주식을 살 수 있는 권리로, 주가가 사전에 정한 행사가격을 웃돌 때 권리를 행사함으로써 이익을 얻을 수 있는 것이다. 이 점에서 업적연동형 보수의 하나라고 할 수 있다.

〈미국기업의 임원 보수 예(2018년)〉

순위	회사명	성명	보수액 (억 엔)
1	월트디즈니	Robert A. Iger	26.08
2	컴캐스트	Brian L. Roberts	19.74
3	알트리아 그룹	Martin J. Barrington	19.48
4	타임워너	Jeffrey L. Bewkes	18.54
5	옴니콤 그룹	John D. Wren	16.30
6	애플	Timothy D. Cook	14.11
7	피델리티 내셔널 인포메이션 서비스	Gray A. Norcross	13.76
8	21세기폭스	James Rupert Murdoch	12.31
9	굿이어타이어앤드러버	Richard J Kramer	12.17
10	인터퍼블릭 그룹 오브 컴퍼니스	Michael Isor Roth	11.50

(「米国会社四季報」で読み解くアメリカ優良企業(2018年5月28日)東洋経済オンライン)

[57] 최근에는 주식 그 자체를 부여하는 형태의 보수 체계가 이용되고 있다. 예를 들어, Restricted Stock Plan에서는 일정 기간 양도가 제한된 주식(주식의 양도제한 → 311)이 보수로 교부된다. 또한 Performance

Share Plan은 사전에 설정한 업적 목표를 달성한 경우에 그 달성도에 따라 현물 주식이 교부되는 것이다. 이러한 보수 체계는 주식을 매각할 때에 주가가 높을수록 더 큰 이익을 얻을 수 있다는 점에서는 스톡옵션과 같지만, 주가가 하락하더라도 시장가격에 상응하는 보수는 확보되는 점에서 스톡옵션과 다르다(스톡옵션의 경우에는 주가가 권리행사가격을 밑돌면 권리는 무가치가 된다). 나아가 통상의 스톡옵션에서는 주가가 권리행사가격을 웃돌지 않는 경우, 임원은 권리행사를 미루게 된다. 이 경우 임원은 그 이상의 위험을 부담하지 않으므로 주가 하락 국면에서는 업적달성을 위한 인센티브 기능이 제대로 작동하지 않는다. 이러한 이유로 주식 자체를 보수로 하는 제도가 보급하고 있다.

[58] 일본의 경우 이사의 보수는 주주총회 결의 또는 정관의 정함에 따른다(→ 617). 다른 한편 미국에서는 임원 보수는 주주총회의 결의를 거칠 필요는 없다(사외이사가 중심이 되는 보수위원회가 그 내용을 결정하는 시스템이 있다). 미국에서는 기업 간 인재 획득 경쟁이 심화해 유능한 인재를 확보하기 위해, 나아가 자사로부터 유능한 경영진 유출을 방지하기 위해 보수를 높게 설정한다는 사정도 있다. 그러나 근년 임원 보수 고액화에 비판이 높아지고, 주주에 의한 감시를 강화하는 움직임이 보인다. 예를 들어, 2010년 금융규제개혁법(도드-프랭크법)을 통해 「Say on Pay」로 불리는 제도가 도입되었다. 이는 이사회 등이 결정한 임원 보수에 대해 주주가 주주총회에서 찬부를 표명할 수 있는 제도이다. 결의의 법적 구속력은 없지만, 경영진에게 일정 압력으로 작용하는 것이 기대된다.

[59] 일본기업의 임원 보수는 미국 기업에 견줘 많지는 않다. 일본기업 경영자에게 스톡옵션 부여에 의한 보수 지급도 이루어지고 있지만(신주예약권(→ 385) 부여), 임원이 그 재임 중에 권리행사를 통해 취득한 주식을 매각하는 경우는 많지 않다. 이러한 차이가 일본과 미국 기업의 보수 차이에 영향을 미치고 있다. 매출 1조 엔 이상의 미국 기업 경영자는 평균적으로 16억 2,000만 엔의 보수를 받지만, 일본기업의 경영자는 1억

3,000만 엔에 그친다는 통계가 있다. 다만 업적이나 주가에 영향을 받지 않는 기본보수를 보면 미국 기업 경영자의 경우 1억 4,500만 엔, 일본기업 경영자의 경우 7,400만 엔으로 그 차이가 크게 줄어든다(딜로이트 토마츠 컨설팅 News Release(2020년 7월 20일)). 또한 일본기업의 경영자 보수에서는 고정보수의 비율이 높지만, 업적 악화 등의 경우에는 책임이란 관점에서 그 금액을 삭감하는 경우가 적지 않다. 그 결과 일본 경영자의 보수는 「부負의 업적연동」이 되고 있다(업적이 향상하여도 그다지 보수는 증가하지 않고, 업적 악화의 경우에 보수가 감액된다). 이는 사업 실패를 우려해 사업 위험을 부담하지 않는 소극적인 경영을 낳을 수 있다(神田秀樹ほか編著『日本経済復活の処方箋 役員報酬改革論(増補改訂第2版)』〔商事法務, 2018〕305頁).

[60] 일본에서도 새로운 보수 체계가 모색되고 있다. 종래 일본의 임원 보수는 ① 정액 보수, ② 상여 및 ③ 퇴직위로금으로 구성되는 경우가 많았다. 이는 회사 임원(이사)의 경우 사내 종업원에서 승격하는 자가 많아(내부승진형. 그 때문에 샐러리맨 중역이라고도 한다), 임원 보수도 종업원 보수와 같은 시스템으로 지급해 온 결과이다. 그러나 근년 ③을 폐지하고(→ 629), 업적연동형보수를 도입하는 기업이 증가하고 있다. 특히 상장회사에서 기업가치 향상을 위해 경영진에 인센티브를 부여하는 목적으로 업적연동형보수를 도입하는 움직임이 활발해지고 있다. 연결매출이 많은 회사, 외국인 주식 소유비율이 높은 회사일수록 업적연동형보수제도를 채용하는 회사의 비율이 높다(東京証券取引所「東証上場会社コーポレートガバナンス白書2019」76頁).

〈인센티브 부여에 관한 정책 실시 상황(상장회사)〉

	스톡옵션	업적연동보수	기타
전체	33.6%	31.7%	19.1%
JPX 일경 400	37.6%	60.7%	30.6%
시장 제1부	32.0%	43.5%	23.7%
시장 제2부	20.4%	20.4%	16.4%
마더스	85.5%	5.9%	5.5%
JASDAQ	28.9%	15.1%	12.3%

(東京証券取引所「東証上場会社コーポレートガバナンス白書2019」75頁)

[61] 일본의 임원이 내부승진형이었던 점에서 고액의 임원 보수는 뭔가 모를 이질감이 있었다. 그러나 기업업적의 호조 영향으로 임원 보수는 증가 경향에 있으며, 임원 보수 정도의 증가가 보이지 않는 종업원 급여와의 격차는 확대 추세에 있다. 다만 미국과 비교해 양자의 격차는 적은 수준에 머물러 있다. 미국에서는 임원 보수가 지나치게 높다는 비판을 받아 앞서 언급한 금융규제개혁법으로 상장기업에 대해 종업원의 연간급여 중간치와 CEO(→ 545) 보수액에 대한 비율pay ratio을 표시하는 데이터 공시를 의무화하였다. 이에 따르면, 2018년 pay ratio 중간치는 254배였다(Financial Times 전자판 2019년 4월 16일).

〈임원과 사원의 연수年收 격차가 큰 회사〉

순위	회사명	연수격차	임원평균보수	종업원평균급여
1	넥슨	59.59배	3억 3,133만 엔	556만 엔
2	소니	53.92배	5억 4,625만 엔	1,013만 엔
3	프로스펙트(プロスペクト)	47.86배	4억 3,700만 엔	913만 엔
4	LINE	45.06배	3억 2,220만 엔	715만 엔
5	도쿄일렉트론	41.77배	4억 4,840만 엔	1,076만 엔
6	패스트 리테일링	30.34배	2억 4,000만 엔	791만 엔
7	후소화학공업	29.84배	2억 500만 엔	687만 엔
8	사카이 홀딩스	27.84배	1억 775만 엔	387만 엔
9	SANKYO	27.82배	1억 9,333만 엔	695만 엔
10	츠치야 홀딩스	26.74배	1억 4,200만 엔	531만 엔

(「社員と役員の年収格差が大きいトップ500社」 東洋経済オンライン(2018年9月17日))

5. 회사의 M&A

(1) 국내외 기업 매수

[62] 회사는 규모의 확대, 신규사업 진출 등을 위해 다른 회사의 취득을 목표하기도 한다. 기업매수M&A는 일본 회사 간에 이루어지는 것(IN–IN이라고 한다) 외에, 외국 기업이 일본 회사를 매수하는 예도 있다

(OUT-IN이라고 한다). 또한 해외 진출을 목표로 일본 회사가 외국의 기업을 매수하는 예도 적지 않다(IN-OUT이라고 한다). IN-OUT M&A는 아시아 기업을 상대로 하는 것이 전체의 40%를 차지하며, 특히 중국 기업을 대상으로 하는 것이 많다. 이러한 현황에서도 중국의 높은 성장력이 나타나고 있다.

〈M&A 건수와 금액〉

	2017년		2018년		2019년	
	건수	금액(100만 엔)	건수	금액(100만 엔)	건수	금액(100만 엔)
IN-IN	2,180	2,326,838	2,814	2,969,260	3,000	6,029,271
IN-OUT	672	7,675,414	777	18,360,453	826	10,401,395
OUT-IN	198	3,607,878	259	8,004,744	262	1,481,180

(MARR 2020年8月号 14 · 16頁)

〈IN-OUT 지역별 건수와 구성비〉

	2017년		2018년		2019년	
	건수	구성비	건수	구성비	건수	구성비
북아메리카	241	35.9%	276	35.5%	258	31.2%
유럽	144	21.4%	176	22.7%	195	23.6%
아시아	221	32.9%	259	33.3%	303	36.7%
기타	66	9.8%	66	8.5%	70	8.5%
합계	672	100.0%	777	100.0%	826	100.0%

(MARR 2020年8月号 18頁)

(2) 우호적 매수와 적대적 매수

[63] 기업매수의 수단으로 합병(→ 833), 사업양도(→ 860), 주식(의결권) 취득(공개매수 → 877) 등이 있다. 합병 및 사업양도에는 회사 간의 계약이 필요하다. 따라서 기본적으로 대상회사의 경영진이 반대하는 매수(적대적 기업매수)는 실현하지 않는다(우호적 기업매수). 다른 한편, 주식 취득은 대상회사 경영진의 의향에 반하여 추진하는 것도 가능하다. 그러나 시장에서 주식을 매집하는 방법은 비용이 상승하므로 실패로 끝날 가능성

이 크다. 이에 대해 주식공개매수TOB는 취득 비용을 확정한 가운데 주식 취득을 할 수 있으므로(공고에 의해 매수가격, 매수 예정 수량 등을 공시한 후에 매도 권유를 한다), 적대적 기업매수에 이용하는 것이 가능하다.

[64] 주식공개매수를 활용한 적대적 매수 실현에 대항하기 위해, 이른바 매수방어책을 두는 회사도 많다. 일본에서는 사전경고형 매수방어책을 채용하는 회사가 많다. 이는 대상회사가 사전에 매수자가 대규모 매수행위를 준비하는 경우에 지켜야 할 규칙을 책정 · 공표하고, 매수자가 이 규칙을 지키지 않으면 대항 조치를 한다는 것을 경고하는 것이다. 방어수단으로 신주예약권(→ 385)을 사용하는 경우가 많다. 일본에서 과도한 매수방어책은 경영진의 보신保身으로 이어질 위험성도 있다. 이러한 이유로 주주총회에서 매수방어책의 계속에 반대하는 움직임도 보인다. 기업 지배구조 코드는 매수방어책이 경영진의 보신을 목적으로 하는 것이어서는 안 된다며, 그 도입 · 운용에 대해 필요성 · 합리성을 검토하고 주주에게 충분한 설명을 해야 한다고 하였다(기업 지배구조 코드 원칙 1-5).

〈매수방어책(사전경고형)〉

			2013년	2014년	2015년	2016년	2017년	2018년	2019년
절차	도입시	이사회결정형	14	15	14	11	9	7	4
		주주총회승인형	493	475	459	432	396	374	317
		(중 정관변경 수반)	(216)	(215)	(211)	(199)	(188)	(176)	(159)
	발동시	이사회결정형	199	186	174	153	125	108	84
		(위원회설치형)	(193)	(181)	(170)	(149)	(121)	(105)	(82)
		주주의사확인형	51	49	43	43	39	39	37
		(위원회설치형)	(26)	(24)	(23)	(25)	(26)	(27)	(29)
		절충형	257	255	256	247	241	234	200
		(위원회설치형)	(250)	(248)	(251)	(243)	(237)	(231)	(198)
내용	매수자 기준	15%~	10	10	9	9	7	6	2
		20%~	490	473	457	428	393	370	314
		25%~	7	7	7	6	5	5	5
	평가 기간	원칙 90일까지	500	484	467	437	400	376	319
		원칙 90일 초과	7	6	6	6	5	5	2
	대항 조치	신주예약권만	189	184	186	179	167	153	126
		기타	318	306	287	264	238	228	195
유효 (갱신) 기간	1년		27	23	19	15	13	12	12
	2년		35	30	29	26	22	20	15
	3년		435	426	415	395	366	347	294
	기타		10	11	10	7	4	2	0
도입사수			507	490	473	443	405	381	321

(MARR 2019年6月号 31頁)

[65] 주식 취득 방법에서는 모든 주식을 매수하는 것은 어렵다(기존 주주는 공개매수에 응할 의무가 없다). 그래서 다른 회사를 완전자회사화하려는 경우에는 공개매수를 통해 주주총회 특별결의를 가결할 수 있는 수의 주식을 취득하고, 그 후 주주총회 특별결의로 전부취득조항부주식으로의 전환 등을 한 다음에 모든 주식을 취득하는 방법이 취해졌다(→ 246). 2014년 개정에서는 소수주주 축출을 쉽게 하는 제도가 창설되었다(Cash out 법제 정비 → 247).

[65-2] 그런데 회사 경영자 등이 공개매수로 그 회사 주식을 매수

하는 예가 있다. 이러한 거래를 MBOManagement Buyout라고 한다. MBO는 상장회사가 상장폐지를 목적으로 하는 예도 많다(→ 341). MBO를 실시할 때, 단기적인 이익을 추구하는 주주의 의향을 배제하고 장기적인 경영전략을 수립할 필요성이 강조된다. 한편, MBO에는 일반 주주가 존재하지 않게 되며, 시장의 감시가 작동하지 않게 된다는 문제가 지적된다. 나아가 MBO에서는 주식 매수자가 이사이기 때문에, 매도자인 주주와의 관계에서 이해상충이 발생하는 것이 우려된다. 매매에서는 매수자(싼 가격에 매수하길 원한다)와 매도자(비싼 가격에 매도하길 원한다) 간에 이해상충이 생긴다. MBO에서는 매수자가 회사 내부자로 그 실정을 잘 아는 이사이고, 매수가격이 공정한 것이 되지 않을(주주의 이익이 침해된다) 위험성이 있다(이사의 책임 → 645-2).

〈MBO 건수와 금액 추이〉

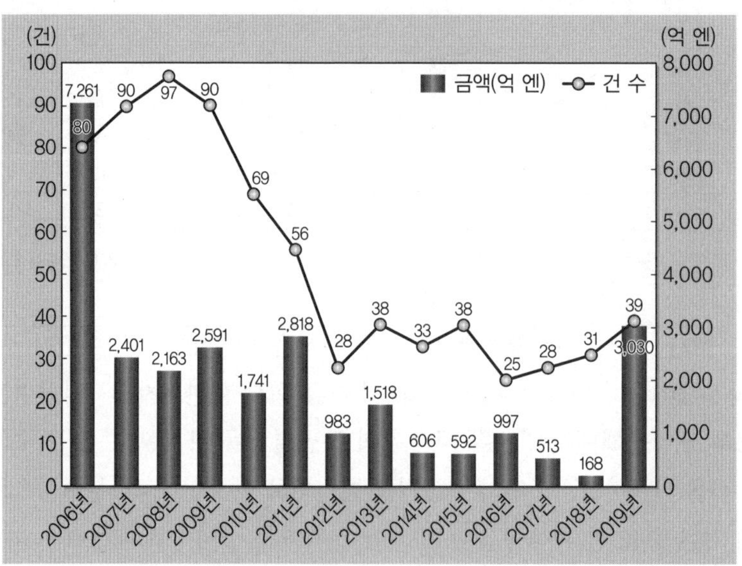

(MARR 2020年6月号 27頁)

제 2 절 일본 경제 · 사회의 발전과 회사법의 변천

1. 상법 제정과 그 후 개정

(1) 자본주의 경제로의 이행과 회사 제도의 도입

[66] 메이지明治 시대 이전의 일본에서는 기업이 개인 형태로 운영되었다. 메이지 시대의 시작과 함께, 경제체제는 봉건 경제에서 자본주의 경제로 이행하였다. 그것을 위해서는 근대적 기업형태인 회사 제도를 도입하는 것이 필요하였다. 회사 제도를 법적으로 처음 승인한 것은 1872년明治 5년의 국립은행 조례이다. 이는 미국의 국법은행national bank 제도를 참고한 것이었다.

[67] 메이지 정부는 일본을 근대국가로 만들어 내기 위해 전력을 다하였다. 맨 처음에는 섬유산업을 중심으로 공업화를 추진하였다. 그 후 1897년에는 근대적 제철업을 시작하기 위해 관영 야하타제철소八幡製鉄所를 설립하였다. 이러한 경제 발전에 따라 모든 업종에 적용되는 일반 회사법이 1890년 구 상법전에 의해 최초로 제정되었다. 이 법전은 독일인 헤르만 뢰슬러Hermann. Rösler에 의해 작성되었다.

[68] 구 상법전의 내용은 예로부터 내려온 일본의 관행을 전혀 배려하지 않았다. 그 때문에 국내 평판은 나빴고, 그 시행은 몇 번이나 연기되었다. 그러나 경제계의 실정을 생각하면 회사법은 하루빨리 제정해야만 했었다. 그래서 일본 정부는 구 상법 중 회사법 부분을 어음법 및 파산법 부분과 함께 분리해 1893년부터 시행하였다.

- **1890년明治 23년 상법(구 상법)**

[69] 「상사회사 총칙」, 「합명회사」, 「합자회사」, 「주식회사」, 「벌칙」, 「공산상업조합共算商業組合」으로 구성된다. 주식회사 설립에는 정부의 면허가 필요하였다(신 상법에서는 면허를 요하지 않는 준칙주의가 채용되었다). 뢰슬러에 의한 초안에서는 이사는「頭取」, 감사는「取締役」, 정관은「申合規則」, 결산은「清算」이란 용어를 사용하였으나, 구 상법에서는 이들 용어를 현재의 용어로 수정하였다.

[70] 1899년에 구 상법전을 대신하여 신 상법전이 시행되었다(1899년 3월 9일 법률 제48호). 그 제2편이 회사법이며, 내용은 상당 부분 정비되었다. 이 상법전은 2005년에 회사법이 제정되기까지, 일본 회사에 관한 근본적인 규율을 정하고 있었다.

(2) 근대 주식회사법의 정비

[71] 일본에서는 러일전쟁 전후로 철강업의 비약적인 발전과 화학공업의 발흥勃興을 보였다. 그러나 이 전쟁 후에 자본기초가 모호한 기업泡沫会社도 많이 발생하였다. 그 원인으로서 회사법, 특히 주식회사법의 결함이 지적되었다. 그 때문에 1911년 상법 회사편의 대대적인 개정이 이루어졌다. 개정에서는 발기인, 이사, 감사의 민사책임을 명확히 함과 함께, 이러한 자의 형사책임에 관한 규정이 새롭게 마련되었다.

[72] 그 후 제1차 세계대전은 일본 경제에 비약적인 발전을 가져왔다. 그러나 1927년의 금융공황을 거쳐 독점이 진전함과 함께, 회사법 개정 운동이 일어났다. 1938년에는 상법 개정법이 성립하고, 1940년부터 시행되었다. 이 개정의 주요 특징은 주주총회 권한 확대를 통한 이사의 권한 제약과 이사의 민사 · 형사책임 강화에 있다. 나아가 기업금융의 방법 확충으로서 무의결권주, 전환주식, 전환사채를 인정하였다. 계산규정의 개선, 회사에 대한 법원의 관여 확충, 특별청산 제도 채용이

이루어진 것도 이 개정에서이다. 한편, 같은 해 독일법을 참고한 유한회사법도 시행되었다.

[73] 일본의 주식회사법은 1899년에 성립하였고, 1911년과 1938년 개정으로 주주총회를 중심으로 하는 「근대 주식회사법」의 형태를 갖추게 되었다.

2. 제2차 세계대전 후의 개정

(1) 미국 점령 아래의 개정

[74] 제2차 세계대전 후에 일본의 자본주의 틀을 만든 것은 일본을 점령한 연합국군총사령부, 실질적으로는 미국이다. 미국은 농지해방, 교육개혁, 노동조합 보호 · 육성, 군대 · 재벌 해체를 철저히 추진하였다. 특히 회사법과 관계가 깊은 것은 재벌 해체이다. 전쟁 전, 지주회사를 통해 대기업을 지배해 온 재벌 본사는 해산하고, 그 지주는 민간에 방출되었다. 이로 인해 회사의 소유와 경영의 분리가 빠르게 진전하였다. 또한 1947년에 제정된 독점금지법은 지주회사 설립을 금지하였다(1997년이 되어서야 순수지주회사의 설립이 해금되었다. → 890). 게다가 대기업의 분할도 이루어져 주요기업의 임원 약 3,000명 이상이 추방되면서 경영자의 세대교체가 단숨에 이루어졌다.

[75] 위와 같은 기본 틀 아래, 궤멸적 손해를 입은 일본경제의 재건이 시작되었다. 관련해 회사 경영의 법적 틀을 제공한 것은 1950년 상법 개정이었다. 앞서 설명했듯이 일본 회사법은 본래 독일법을 참고한 것이었다(→ 67). 그러나 제2차 세계대전 후 미국의 점령 아래, 일본법도 확연히 미국법과 유사해졌다.

[76] 1950년 개정에서는 특히 이사회 제도 도입이 중요하다. 회사의 경영(지배)과 소유 분리 현상 심화에 대응하기 위해 종래 최고이자 만

능의 기관이었던 주주총회의 권한을 대폭 축소하고(법률 · 정관으로 정하는 사항에 한한다), 일반적인 업무집행 결정은 이사회에 위임하였다. 이사회가 결정한 업무집행의 실행은 이사회에 의해 선임된 대표이사가 하는 것으로 하였다. 이사회는 업무집행 결정을 할 뿐만 아니라, 대표이사의 직무집행을 감독하는 것으로 하였다. 이러한 권한 분배 체제는 일본의 기업지배구조의 근간을 이루는 것이 되었다(→ 585, 591).

[77] 더욱이 기동적인 자금조달을 실현하기 위해, 일정 범위 내의 신주발행은 원칙으로서 이사회의 권한이 되었다(수권자본제도 → 254). 또한 사채 발행도 이사회의 결정으로 할 수 있게 되었다(→ 425).

● 1950년 개정

[78] 1950년 개정에서는 이사의 권한이 확대되었다. 이에 대응하여 주주의 권한이 강화되었다. 즉, 주주에게 이사의 책임을 추궁하기 위한 대표소송 제기권을 인정한 것(→ 654) 외에, 이사의 위법행위 유지권(→ 676), 회계장부 열람권(→ 506), 이사해임청구권(→ 566), 회사해산청구권(→ 974) 등의 권리가 인정되었다. 이사회에 대표이사의 직무 감독 권한을 부여한 한편, 감사의 권한을 회계감사로 축소하였다. 나아가 주주의 투자자로서의 이익을 보호하기 위해 주식양도의 절대 자유 원칙을 정하였다. 또한 합병 등에 반대하는 주주에게 주식매수청구권을 인정하였다(→ 846). 주주의 신주인수권 유무 또는 제한을 반드시 정관에 정하도록 하였다. 이 규제는 1955년 개정에 따라 주주가 원칙으로서 신주인수권을 가지지 않는 것으로 되기까지 이어졌다.

[79] 1950년 개정의 특징은 사외이사를 중심으로 한 이사회가 대표이사를 감독한다는 미국식의 기업 지배구조 제도 도입을 도모한 것이다. 그러나 일본의 기업사회에는 종업원 중에서 절차탁마切磋琢磨하여 이사로 출세한다는 관행이 정착해 있다. 이 점에서 미국식의 이사회는 뿌

리내리기 어려웠다. 그래서 그 후 감독 권한은 감사에게 부여하는 방향으로 돌아섰고, 일본 회사법은 감사(회)의 권한을 최대한으로 강화하는 길을 걸었다. 일본에서 재차 미국식의 독립사외이사를 도입하고, 이사회에 의한 감독 강화로 방향을 전환한 것은 최근의 일이다(→ 51).

● 1962년과 1966년 개정

[80] 1962년 개정에서는 계산규정이 크게 개정되었다. 회계학의 성과를 대폭 반영하고, 기간손익계산을 가능하게 하였다. 그 이듬해에는 「주식회사의 대차대조표, 손익계산서, 영업보고서 및 부속명세서에 관한 규칙」이 제정되고, 이에 의해 계산서류의 기재 방법이 자세히 정해졌다.

[81] 1966년 개정으로 주식의 양도제한 제도가 도입되었다. 1950년 개정에서는 주식양도의 절대 자유 원칙이 규정되었다(→ 78). 1966년 개정에서는 이를 폐지하고, 정관으로 주식의 양도에 이사회의 승인을 요하는 뜻을 정할 수 있도록 하였다(현행법에서는 종류주식의 하나로서 정해져 있다 → 235). 이는 일본 주식회사 대부분을 차지하는 중소기업의 폐쇄성 유지 요망에 응한 것이다. 그 밖에 1966년 개정에서는 기명주권 양도 시의 배서 폐지(유가증권의 종류로서는 무기명증권이 되었다), 주권불소지제도의 채용, 의결권 불통일 행사의 승인 등이 이루어졌다(→ 492).

(2) 고도 경제성장과 분식결산 방지

[82] 1950년 6 · 25전쟁 발발勃發에 따른 특별한 수요 발생을 계기로, 일본경제는 1953년 후반에 접어들어 패전 전의 수준을 회복하였다. 1955년부터 1973년에 걸쳐서는 성장률 10%의 고도 경제성장을 달성하였다. 에즈라 보겔Ezra Vogel의 「재팬 · 아즈 · 넘버원」이 발간된 것이 1979년이었다(본서는 広中和歌子, 木本彰子에 의해 「ジャパン · アズ · ナンバーワン/Japan as No.1/アメリカへの教訓」이란 표제로 같은 해 일본에서도 출판되었다). 이 책의 표제가 상징하듯이 일본은 1968년 국민총생산GNP이 미국에 이어 제2위가

되었다. 이러한 경제성장을 뒷받침한 것은 기본적으로 왕성한 설비투자였다. 그러나 1964년 무렵부터 설비투자가 도를 넘어 불황에 빠졌고, 같은 해 선웨이브サンウエーブ와 일본특수강(현재 대동특수강大同特殊鋼)이 도산하였다. 그리고 이듬해에는 산요특수강山陽特殊鋼이 도산하였다. 이러한 도산기업 대부분이 분식결산을 한 것으로 밝혀졌다.

[83] 분식결산을 방지하기 위해서는 관계자에게 민사책임을 묻는 것이 효과적이라고 생각되었다. 그 때문에 1971년 증권거래법 개정을 통해 유가증권신고서의 허위기재에 책임이 있는 회사 임원, 공인회계사 등에게 손해배상책임을 물을 수 있는 규정을 마련하였다(규제는 지금까지 이어지고 있다. 금융상품거래법 제21조 제1항 제1호, 제2항 제2호).

[84] 또한 1974년 상법 개정에서는 분식결산을 방지하기 위해 1950년 개정으로 한때 사라졌던 이사의 업무집행에 대한 감사의 감사권한을 부활시켰다. 즉, 회계감사에 한정되어 있던 감사의 권한이 이사의 모든 업무 감사로 확대되었다(→ 681). 나아가 「주식회사 감사 등에 관한 상법 특례에 관한 법률」(상법특례법)을 제정하고, 대회사에서는 회계감사인(공인회계사 또는 감사법인)을 선임하여 회계감사를 맡기도록 하였다. 한편, 소회사의 경우에는 감사의 권한이 종래와 같이 회계감사로 한정되고, 회계감사인을 두지 않아도 무방하였다.

(3) 기업의 사회적 책임론의 고조高調

[85] 1974년 개정 시에 중의원 법무위원회는 그 부대결의(1973년 7월 3일)에서 「정부는 기업의 사회적 책임, 대 · 소회사의 구별, 주주총회의 체제, 이사회의 구성 및 1주의 액면금액 등에 대해 필요한 개정을 하루빨리 검토해야 한다」라고 결의하였다. 또한 참의원 법무위원회(1974년 3월 19일)는 「현행 주식회사의 실태를 고려하여 소규모 주식회사에 대해서는 개별 제도를 신설하여 그 업무 운영의 간소 · 합리화를 도모하고,

대규모 주식회사에 대해서는 그 업무 운영을 엄정 · 공평하게 하며 주주, 종업원과 채권자 보호 강화를 도모한다. 아울러 기업이 사회적 책임을 다할 수 있도록 주주총회와 이사회 제도의 개혁을 추진한다. 이를 위해 정부는 조속히 필요한 법률안을 준비하여 국회에 제출한다」라고 결의하였다. 1974년 개정(→ 84)을 다룬 그 국회가 계속해서 더 근본적인 회사법 개정 준비를 정부에 권장한 배경에는 다음과 같은 사회 · 경제적 사정이 있었다.

[86] 1972년 무렵부터 기업의 사회적 책임에 관한 기사가 매일같이 신문에 실렸다. 그 배경에는 기업의 토지매점이나 카르텔 체결 등 반사회적 행동 때문에 지가나 물가의 급등이 초래되었다는 지적이 있었다. 이러한 비판과 함께, 1971년 말 총선거에서 공산당이 약진을 보이면서 재계 전체의 위기의식이 높아진 영향으로 기업의 사회적 책임에 대한 실로 많은 논의가 이루어졌다. 개별 기업도 사회적 책임이라는 명목 아래 업무의 사전평가기능 강화, 환경 지도指導 작성, 지역사회부서 신설, 행동기준 작성, 지역주민에 대한 회사시설 개방 및 학술을 위한 기부나 재단 설립 등 다양한 행동을 하였다. 이리하여 일본에도 기업의 사회적 책임론이 정착한 것으로 생각되었다.

(4) 기업 불상사와 재발 방지

[87] 그런데 기업의 사회적 책임론 정착을 완전히 부정하는 듯한 불상사가 연이어 발생하였다. 제1차 석유 위기에 따른 일부 대기업의 반사회적 행동이 잇따라 폭로된 것이다. 1974년 2월에는 공정거래위원회가 석유업계의 위법 카르텔 사건(東京高判昭55 · 9 · 26高刑33 · 5 · 511에 의해 유죄)을 고발하였다. 1974년 2월 5일부터는 중의원 예산위원회에서 상사, 석유 관련 기업의 대표자를 참고 증인으로 불러 물가 문제 집중심의가 이루어졌고, 석유 위기에 편승한 생활필수품의 매석賣惜이나 가격 인상 등의 실태 추궁이 이루어졌다.

[88] 그런데도 그 후 일본경제가 장기적 불황에 빠짐과 함께, 더욱 더 악질적인 사건이 발생하였다. 1974년 7월에 수사를 받은 일본열학日本熱学의 도산, 1975년 도쿄시계東京時計, 토호산업東邦産業의 분식결산 및 코진興人의 도산, 그 이듬해 동양밸브東洋バルブ의 도산 등 주식회사 관리기구의 결함이 분명히 드러났다.

[89] 위와 같은 사정을 배경으로 법무성은 1974년 9월부터 회사법의 근본 개정 작업에 착수하였다. 그러나 1979년 7월에 종래의 일괄 전면개정 방침을 변경하고, 일부 내용부터 조속히 개정한다는 방침을 확정하였다. 갑작스러운 방침 변경의 원인이 된 것은 1978년 2월에 드러난 항공기 수입에 얽힌 의혹 사건(더글라스 · 그라만 사건)이었다. 이러한 사건의 재발을 방지하기 위해 「정치 윤리 확립」, 「행정의 공정 확보」와 더불어 「기업의 부정 지급 방지를 위한 확인 기능 정비 강화」가 필요해졌다. 회사법 개정 작업에서도 이를 실현하기 위한 제도 정비를 서둘러 달라는 정부의 요청이 강해졌다. 1981년 개정은 이러한 요청에 따라 이루어진 것이다. 그 상당수는 현행 회사법에 이어져 그 바탕을 이루고 있다고 말해도 좋다.

● 1981년 개정

[90] 1981년 개정은 여러 갈래에 걸친다. 우선 이사회에 이사의 직무 집행 감독 권한이 있다는 점을 분명히 하였다(→ 591). 이러한 감독 기능은 종래 법 해석상 당연히 인정되었지만, 일본의 이사에게는 자신이 대표이사를 감독한다고 하는 의식이 부족하였다. 이러한 이유로 이사회의 감독 권한을 명확히 하기 위해 조문 규정을 마련하였다.

[91] 또한 감사의 감사 기능을 한층 더 강화하는 규정을 마련하였다. 대회사에 대해서는 2명 이상의 감사를 두어야 하며, 그 중 적어도 1명은 상근일 것을 요구하였다. 그 밖에 감사의 권한 강화 및 그 독립성 확보를 위한 규정을 신설하였다(사용인에 대한 영업 보

고청구권(→ 705), 이사회소집청구권(→ 703)). 감사의 독립성을 보장할 목적으로 그 보수는 이사의 보수와는 별도로 정관 또는 주주총회에서 정하도록 하였다(→ 699). 회계감사인은 1981년 개정 전까지 이사회에 의해 선임되었지만, 그 독립성을 확보하기 위해 주주총회에서 선임하는 것으로 하였다(→ 756).

[92] 주주총회에 있어 주주의 이사 · 감사에 대한 설명청구권(→ 515), 주주제안권(→ 481)을 인정함으로써, 주주총회의 이사에 대한 감독 기능을 강화하였다. 또한 주주의 의사를 직접 총회에 반영하기 위해 서면투표 제도를 도입하였다(→ 500).

[93] 그런데 일본 주식회사의 주주총회를 형해화해 온 가장 큰 요인의 하나는「총회꾼」이었다. 이 총회꾼을 없애기 위해 회사의 계산으로 총회꾼에게 재산상의 이익을 공여하는 것을 금지하고, 위반에 대해서는 형사제재를 과하는 것으로 하였다(→ 468). 그 후 벌칙 강화 및 철저한 법 집행을 통해 총회꾼은 거의 자취를 감추었다(→ 470).

[94] 주주의 권리를 강화함과 동시에, 극히 영세한 주주를 없애기 위해 신설회사가 발행하는 액면주식 1주의 최저금액을 5만엔으로 인상하였다. 기존의 회사에는 잠정적 제도로서 단위주 제도를 도입하였다. 그 후 2001년 개정에서 액면주식을 없애고 무액면주식만을 인정하고, 단위주 제도 대신에 영구적 제도로서 단원주 제도를 신설하였다(→ 219–223).

[95] 대회사의 주주총회 실태를 생각할 때, 대차대조표 및 손익계산서의 심의처럼 전문적 · 기술적 지식이 있어야 하는 사항은 주주총회 의제로 적당하지 않다. 그 때문에 감사와 회계감사인의 적법의견이 있는 때는 이러한 계산서류는 이사회의 승인만으로 확정하는 것으로 하고, 주주총회의 승인을 불요로 하였다(→ 787).

[96] 마지막으로 일본 경제의 발전과 함께, 개인주주의 총수는 증가하였다. 그러나 그 소유하는 주식 비율은 내림세를 이어갔다. 한편 회사 소유의 주식 비율은 높아져 70%를 넘어섰다. 그

런데도 회사 간의 주식 상호보유가 증대하였다. 이처럼 회사 간의 주식 상호보유가 진행되면, 주식회사 각 기관의 체크 앤드 밸런스 checks and balances 기능이 작동하지 않는 등 각종 폐해가 생길 수 있다. 1981년 개정은 회사 간의 주식 상호보유를 규제하기 위해 자회사에 의한 모회사 주식 취득을 금지하였다(→ 906). 나아가 상호보유주식의 의결권에 제한을 두었다(A 회사가 B 회사의 발행주식 총수의 4분의 1을 초과하는 주식을 소유하는 경우, B 회사는 그 소유하는 A 회사의 주식에 대해 의결권을 행사할 수 없다. → 906).

(5) 대 · 소회사 구분 시도

[97] 1981년 개정은 본래 회사법의 전면개정을 목표하고 있었다. 그러나 일본의 사회 · 경제를 뒤흔든 심각한 불상사 발생을 이유로 일부 개정이 이루어졌다(→ 89). 그래서 그 후 전면개정 과제 중 남겨진 개정사항에 대한 심의가 시작되었고, 1990년 개정이 이루어졌다. 이 개정에서 주식회사의 최저자본금 제도가 도입되고, 주식회사 설립에 최저 1,000만 엔의 자본금이 요구되었다. 유한회사의 최저자본금은 300만 엔으로 인상되었다. 이에 따라 비교적 규모가 큰 회사는 주식회사 형태를, 규모가 작은 회사는 유한회사 형태를 이용하는 것이 기대되었다. 그러나 이러한 입법 정책은 2005년 회사법에 따라 완전히 폐기되었다(→ 802).

(6) 거품 발생 · 붕괴와 미일구조문제협의

[98] 쇼와 50년대(1975~1984년) 일본의 경제성장은 일본형 고용시스템(장기고용, 연공임금, 기업별 조합)이나 주식 상호보유 등을 특징으로 하는 「일본형 자본주의」 아래 세계적인 모범이 되었다. 일본의 번영은 심상치 않은 지가와 주가의 급등으로 나타났다. 그런데 헤이세이平成 시대에 들어와 지가나 주가가 급락하기 시작하였고, 1992년 무렵에는 경제 침체가 심각해지면서 앞선 호황이 거품이었다는 사실을 알 수 있었다. 이러

한 거품이 어떻게 발생했는가가 문제이다.

[99] 일본과 미국의 무역 마찰은 과열되고, 미국연방의회에서는 대일 강경파가 많아졌다. 미일안전보장체제가 경제로 인해 흔들릴 수 있는 상황에 이르렀다. 이러한 위기를 앞에 두고 일본 정부는 1985년 9월 22일 뉴욕에서 열린 5개국 재무장관 회의(G5)에서 이루어진「플라자합의」에 따라, 엔고円高(엔고 = 달러 가치가 하락하면 일본에서 미국으로 수출하는 것이 곤란해진다) 유도 방침을 확정하였다. 이 방침 아래, 외환시장에 대한 협조개입이나 협조 금리 인하로 플라자합의 전 1달러 240엔이었던 엔시세는 1986년 152엔으로 상승하였다. 이 결과 일본 경제는 엔고불황에 빠졌다. 그러나 일본의 수출산업은 대대적인 합리화를 통해 이 위기를 극복하였다.

[100] 이처럼 환시세조정만으로는 일본의 수출이 감소하지 않는다는 것이 분명해졌고, 일본과 미국의 무역 마찰은 단계적으로 확대하였다. 미국은 일본에 대해 더 효과적인「내수확대」를 요구하였고, 이에 대응해 1986년 봄에 발표된 것이 일본은행 총재 마에카와 하루오前川春雄가 집필을 책임진「마에카와 리포트前川リポート」였다. 이를 통해 일본은 세계에 대해 내수확대와 시장개방으로 무역수지 흑자를 축소하겠다고 공약하였다. 이 공약을 실행하기 위해 나카소네 내각中曽根内閣은 1987년 5월에 5조 엔이라는 유례없는 재정출동(공공사업 확대)에 의한 내수확대책을 발표하였다. 한편, 플라자합의 이후 일관된 저금리정책과 내수확대를 위한 재정출동으로 국내에 유동자금이 넘치게 되었다. 이 유동자금이「주식」과「토지」에 집중하였고, 국내에 거품이 발생한 것이다.

[101] 거품은 반드시 붕괴한다. 헤이세이 원년 1989년 대납회에서 일경평균주가가 최고치인 3만 8,915엔을 찍은 후, 주가는 단숨에 붕락崩落하였다. 토지는 절대로 값이 내리지 않는다는 토지 신화도 붕괴하였다. 도쿄 상업권의 지가는 정점이었던 1991년부터 80% 이상 하락하였다.

[102] 거품 붕괴에 수반하여 대기업에 얽힌 대형 불상사가 세상에 드러났다. 1990년 6월에는 대형 증권회사 4개사를 비롯해 준대형 · 중견 증권회사 13개사의 큰손 고객에 대한 손실보전 사실이 드러났다. 이러한 불상사와 관련해 감사제도의 강화를 요구하는 목소리가 여러 분야에서 커졌다. 그것을 뒷받침한 것이 1989년에서 1992년에 걸쳐 이루어진 미일구조문제협의(이하 「협의」)였다.

[103] 협의가 이루어진 배경에는 당시 일본 경제의 눈부신 발전이 있었다. 1989년에는 소니가 미국 영화사 컬럼비아를 매수하고, 미쯔비시지쇼三菱地所가 뉴욕 중심의 록펠러 센터를 매수하였다. 이러한 일본의 금융력 증대(실제 이것은 거품이었지만)에 미국은 위협을 느꼈다. 미국은 경상수지에 있어 일본의 흑자, 미국의 적자가 계속하는 것은 엔円이 부당하게 싸기 때문이며, 이러한 대미흑자를 줄이기 위해 문제가 있는 일본의 「구조」 그 자체를 변경하라고 일본에 요구하였다. 그중에는 회사법에 관한 것이 포함되어 있었다. 미국이 협의 중에 일본의 회사법 개정을 요구한 것은 일본 회사에 투자하는 미국 주주의 이익을 보호하기 위함이었다. 미일 교섭 후 1993년 개정에서는 감사의 권한 강화 등의 개정이 이루어졌다.

- **미일구조문제협의와 1993년 개정**

[104] 미국은 일본 회사법 개정 사항으로 다음의 사항을 요구하였다.

① 주주의 회계장부에 대한 접근 개선 – 열람청구를 할 수 있는 주주의 지주요건 완화(발행주식 총수의 10%를 1%로)

② 주주총회 소집통지 발송기한 연장(2주간을 1개월로)

③ 증권거래소 상장기준으로 사외이사로 구성되는 감사위원회 설치를 의무화

④ 주식 상호보유를 해소하기 위한 자기주식취득 · 보유 완화

⑤ 비거주자인 주주의 의결권행사를 실질적으로 보장하기 위한 제

도 확립

[105] 일본은 위와 같은 미국의 요구 중 ②와 ⑤에 대해서는 개정을 거절하고, 다음의 점에 대한 개정을 하였다. 우선 ①에 대해서는 회계장부 열람 · 등사를 위한 주주의 지주요건을 발행주식 총수의 3%로 완화하였다(→ 506). ③과 관련해서는 '사외이사로 구성되는 감사위원회 설치 의무화' 대신에 감사의 기능을 강화하는 개정을 하였다(즉, 감사의 임기를 2년에서 3년으로 연장하고, 대회사의 감사 수를 2인 이상에서 3인 이상으로 늘렸다. 그리고 감사회 제도를 신설하였다). ④에 대해서는 주식 상호보유 해소와는 직접 결부시키지 않고, 1994년 개정으로 일본 독자의 입장에서 자기주식 취득 규제 완화가 이루어졌다(→ 350).

[106] 또한 1993년 개정에서는 다음의 개정도 이루어졌다. 주주대표소송은 재산권상의 청구가 아닌 청구에 관한 소로 간주하고, 소송비용을 8,200엔(현재는 1만 3,000엔)으로 통일하였다(→ 658). 이는 미국이 요구한 것은 아니지만, 종래 대표소송의 활성화를 위해 일본이 독자적으로 검토한 것을 이 기회에 실현한 것이다.

[107] 나아가 1993년 개정에서는 오랜 시간 과제였던 사채법 개정이 회사법의 다른 부분과 분리하여 이루어졌다. 사채법 개정을 이 시기에 한 것은 1993년 4월 1일부터 시행된 일본의 금융증권 제도의 근본적 개혁(→ 114)에 대응하기 위함이었다. 사채 발행을 통한 기업자금 조달의 필요성이 커졌고, 이에 대처하기 위해 사채발행 한도액에 관한 정함을 철폐하였다(→ 446). 한편, 무제한으로 사채를 발행할 수 있게 됨으로써 생기는 사채권자의 위험을 방지하기 위해 사채관리회사(현재 사채관리자)의 설치를 강제하였다(→ 441). 종래 사채 수탁회사인 은행이 사채발행 단계에서 사채의 내용에 대해서까지 간섭하는 경우가 있었기 때문에, 사채관리회사의 권한은 발행 후 사채의 관리에 한하는 것을 분명히 하였다(→ 442).

(7) 기업결합법제의 정비

[108] 1997년 개정에서 여러 해 현안이었던 합병 법제의 정비가 이루어졌다. 이에 따라 흡수합병의 보고총회 및 신설합병의 창립총회가 폐지되었다. 이는 종래 실무계로부터 무용의 절차로서 폐지가 요구된 것이다.

[109] 1997년에 독점금지법이 개정되었다. 사업지배가 과도하게 집중하는 경우를 제외하고 순수지주회사가 해금되었다. 그러나 종래 상법에서는 완전모회사를 만들 때 현물출자, 사후설립 절차 등을 밟아야 하는 등 불편함이 있었다. 그래서 1999년 개정에서는 주식교환 또는 주식이전에 의해 완전모회사를 원활히 만들 수 있는 절차를 마련하였다(→ 893-900).

● 1997년과 1999년의 개정

[110] 1997년에는 합병 법제와 관련해 실무계에서 합리화가 강하게 요구된 채권자보호절차의 개정이 이루어졌다. 즉, 채권자에 대한 공고를 관보 및 공고방법으로 정관에 정한 일간신문에 게재한 때는 채권자에 대한 각별의 최고를 요구하지 않는 것으로 하였다(→ 853). 소규모합병이 신설되었다(→ 851). 한편, 합병에 관한 공시를 충실화하기 위해 사전비치서류의 충실을 도모하고(→ 840), 사후공시 제도를 창설하였다(→ 855).

[111] 주식교환 · 주식이전 제도의 창설로 완전모회사, 특히 순수지주회사의 설립이 증가하면, 주주는 자회사에 대한 직접 감독 · 시정권을 상실하게 된다. 그래서 1999년 개정에서는 모회사 주주에게 자회사의 주주총회 의사록, 이사회 의사록, 정관 등, 계산서류 및 회계장부의 열람 · 등사를 청구할 수 있는 권리를 부여하였다(→ 899). 나아가 모회사 감사의 자회사 조사권이 강화되었다(→ 706).

[112] 2000년 개정으로 회사분할 법제가 정비되었다(→ 866). 일본의 회사가 수익개선을 목표로 기업재편을 하기 위한 법 제도는 앞서 설명한 합병 법제의 정비와 회사분할 제도의 창설로 일단 정비되었다.

(8) 「잃어버린 10년(15년)」과 규제 완화

[113] 거품 붕괴 후 10년 혹은 15년(20년이라고도 한다)은 「잃어버린 10년(15년)」이라고 한다. 일본의 실질 GDP 성장률은 1992년에 1%를 밑돌았고, 1997년 이후 마이너스 성장이 되었다. 이처럼 일본경제가 좀처럼 회복되지 않는 한편, 미국경제가 이 시기에 견실한 성장을 이룬 배경에는 규제의 차이가 있었다. 일본에는 미국에 존재하지 않는 규제가 있었다. 이러한 배경으로 경제부흥에는 규제 완화가 필요하다고 하는 규제 완화론이 일본을 지배하였다.

● 1998년 금융시스템 개혁

[114] 기업 법제에 관해 규제 완화가 이루어진 것으로 금융시스템 대개혁(금융빅뱅)이 있다. 1998년 4월에는 개정 외국환 및 외국무역법이 시행되고, 대외금융 · 자본거래가 완전히 자유화되었다. 6월에는 금융시스템 개혁법(「금융시스템 개혁을 위한 관계 법률 정비 등에 관한 법률」)이 성립하였다. 이에 따라 종래의 호송선단방식이라고 불린 금융 행정을 대전환하고, 철저한 금융 자유화를 시행하였다. 구체적으로 증권업을 면허제에서 등록제로 변경함으로써 증권업에 대한 신규진입 장벽을 낮춰 새로운 금융상품 개발, 판매를 가능하게 하였다. 또한 증권거래소의 주식매매 수수료의 자유화 등 증권분야의 규제를 완화했을 뿐만 아니라, 은행이나 보험회사 등의 업무규제를 되도록 없애 효율적인 금융시장 육성을 목표하였다.

[115] 회사법에 관한 규제 완화로 자기주식 취득 규제 완화가 있다. 일본에서는 자기주식 취득이 금지되며, 예외를 인정하는 형태로 점

차 규제가 완화되었다. 1994년 개정에서 이러한 예외가 대폭 확대되었다. 이 개정으로 회사는 사용인에게 양도하기 위해 또는 이익소각을 위해 자기주식 취득을 할 수 있게 되었다. 나아가 1997년 개정으로 스톡옵션 제도가 도입되었다. 이에 따라 회사는 이사 또는 사용인에게 부여할 목적으로 최장 10년간 자기주식을 취득할 수 있게 되었다. 이 개정에서 특필해야 할 것은 스톡옵션에 관한 상법 개정이 의원입법으로 갑작스럽게 이루어졌다는 것이다. 이는 법제심의회 상법부회의 심의를 거치지 않고 상법 개정이 이루어진 최초의 입법으로 입법절차에 있어 매우 이례적이었다. 그러나 그 후 경제계의 요망에 응하는 형태로 의원입법을 통한 중요한 법 개정이 이루어지게 되었다.

[116] 자기주식에 관해서는 많은 개정이 이루어졌다. 그 내용은 자기주식 취득 금지의 예외를 확대하는 것이었다. 그런데 2001년 6월 개정으로 자기주식 취득 규제가 원칙금지 · 예외허용에서 원칙허용으로 바뀌었다. 즉, 종래 원칙적으로 취득을 금지해 온 자세를 바꿔 주주총회 결의를 거치면 이사회 재량으로 자기주식을 매수할 수 있도록 하고, 무기한으로 보유할 수 있도록 하였다(「금고주」 허용). 금고주의 승인은 재계의 강한 요망과 자유민주당의 지지로 실현하였다. 그 목적은 주가대책과 기업재편의 촉진을 도모하는 것에 있었다.

〈상법 시대의 자기주식 취득 규제 연혁〉

(조문은 당시의 조문)

	법 개정	내용
전면금지 시대	1899년 상법 제정	자기주식의 취득 · 질취 전면금지(제151조 제1항)
원칙금지 · 예외 허용 시대	1938년 상법 개정	금지 예외를 규정 ① 주식소각을 위하여(제210조 제1호) → 지체 없이 실효(제211조) ② 합병 · 영업 전부 양수(제210조 제2호) → 상당 시기에 처분(제211조) ③ 권리 실행 시 목적달성에 필요한 경우(제210조 제3호) → 상당 시기에 처분(제211조)

	법 개정	내용
원칙금지 · 예외 허용 시대	1950년 상법 개정	예외 추가 ④ 주식매수청구(합병 · 영업양도)에 따른 것(제210조 제4호) → 상당 시기에 처분(제211조, 그 후 조직재편절차 개정에 따라 추가)
	1981년 상법 개정	자기주식 질취 허용(발행주식총수의 20분의 1까지, 제210조 본문)
예외허용 확대 시대	1994년 상법 개정	예외 확대 ⑤ 양도제한회사의 양도인 등으로부터의 매수(제210조 제5호) → 상당 시기에 처분(제211조) ⑥ 양도제한회사의 상속인으로부터의 매수(제210조의3) → 상당 시기에 처분(제211조) ⑦ 사용인에게 양도하기 위하여(종업원 지주제도 운용을 원활히 하기 위하여, 제210조의2) → 6월 이내에 사용인에게 양도(제211조) ⑧ 이익소각을 위하여(정기주주총회 결의에 따라)
	1997년 상법 개정	예외 확대〈의원입법〉 ⑦* '이사에 양도하기 위하여'를 추가(스톡옵션을 위하여, 제210조의2) → 스톡옵션의 경우, 권리행사 기간(10년간) 내에 처분(제211조, 한도 확대 3% → 10%)
	1997년 주식 소각특례법 제정	예외 확대〈의원입법〉 ⑧* 이익소각이 정관 수권에 따라 이사회 결의로 가능하도록(특례법 제3조)
	1998년 주식 소각특례법 개정	예외 확대〈의원입법〉 ⑧** 자본준비금을 원자(原資)로 한 이익소각이 가능하도록(특례법 제3조의2)
	1999년 토지 재평가법 개정	예외 확대 토지 재평가차익에 의한 소각이 가능하도록
원칙금지 에서 원칙 허용 시대	2001년 (6월) 상법 개정	취득 · 처분 자유화를 위한 법 개정〈의원입법〉 • 자기주식의 취득(제210조 전면개정) 목적 · 수량 · 보유기간 제한 철폐 → 금고주 해금(처분의무 없음) (절차규제 · 재원규제) 자회사로부터의 취득(제211조의3 전면 개정) • 자기주식의 처분(종래 특별한 규정 없음, 제211조 전면 개정) 이사회 결의에 따른다, 신주발행 규정을 준용 • 이사회결의에 의한 임의소각 허용(제213조 전면 개정) 정기주주총회 결의에 따른 소각 제도 폐지 주식소각특례법 폐지

	법 개정	내용
원칙금지에서 원칙 허용 시대	2003년 상법 개정	이사회에 의한 취득 허용(정관수권)(제211조의3 부분 개정)〈의원입법〉(소각목적의 유무에 관계없이 허용)

2001년 개정

[117] 2001년에는 세 차례의 개정이 이루어졌다. 2001년 6월 개정에서는 금고주의 허용 외에, 그때까지 잠정적 제도였던 단위주 제도 대신에 영구적인 제도로서 단원주 제도를 도입하였다(→ 219). 또한 종래 그 의의에 의문이 있던 액면주식을 폐지하고, 무액면주식으로의 통일을 도모하였다.

[118] 나아가 6월 정기국회에 의원입법으로 제출 · 계속 심의된 주주대표소송 등에 관한 개정이 12월 임시국회에서 성립하였다. 이 개정에는 감사의 숙려기간 연장(30일이 60일로 → 655), 회사의 이사 측 보조참가 허용(→ 664) 등이 포함되었다. 자유민주당은 주주대표소송에 있어 이사의 책임경감을 인정해야 한다고 제창提唱하였다. 2001년 12월 개정에 따라 이사의 배상책임 한도를 보수의 4년분(대표이사는 6년분)으로 하는 것이 가능해졌다(→ 647). 또한 당시 개정에서는 감사제도의 강화가 이루어졌다(감사회의 감사 반수는 사외감사이어야 한다는 것(→ 689), 임기를 3년에서 4년으로 연장하는 것(→ 695) 등). 재계는 이사의 책임경감을 입법화하기 위해 위와 같이 감사의 권한 강화안을 받아들인 것으로 이해된다. 이로 인해 감사제도는 거의 극한까지 강화되었다.

[119] 그 외에, 법제심의회 상법부회의 검토를 거쳐 2001년 11월 개정에서 주식 제도를 재검토한 내용이 실현하였다. 그때까지 무의결권주는 우선주로만 발행할 수 있었다. 개정에서는 무의결권주를 보통주로도 발행할 수 있도록 하였다. 나아가 결의사항 일부에 대해서만 의결권을 부여하는 것도 인정하였다. 이는 의결권제한주식으로서 종류주식의 하나로 취급되었다(→ 232). 그 밖에 주주총회 또는 이사회 결의사항 전부 또는 일부에 대해, 종류주주

총회 결의를 요하는 것을 정관으로 정할 수 있도록 하였다(→ 249)(거부권부주식). 강제전환조항부주식이 법정되었다(→ 239).

[120] 또한 신주예약권이라는 개념이 도입되었다(→ 385). 스톡옵션 부여는 신주예약권 발행을 통해 이루어지는 것이 되었다. 그리고 종래의 신주인수권부사채(→ 419)나 전환사채(→ 417)에 상당하는 것으로 신주예약권부사채가 창설되었다.

(9) 모니터링 모델 도입

[121] 2002년 개정에서는 주식회사의 기업 지배구조에 관한 개정이 주목받았다. 그 결과 사외이사 제도를 중핵으로 하는 미국형 기업통치 시스템이 도입되었다. 종래 이사회 · 대표이사 · 감사(감사회)로 이루어지는 제도 외에, 사외이사가 과반수를 차지하는 위원회(지명위원회, 보수위원회, 감사위원회)를 포함하는 이사회와 업무집행을 담당하는 집행임원으로 이루어지는 제도(위원회등설치회사. 현재는 지명위원회등설치회사)가 창설되었다(→ 718). 회사는 기존의 제도와 새로운 제도를 선택할 수 있게 되었다.

[122] 2001년 개정에서 감사제도를 극한까지 강화한 한편(→ 118), 2002년 개정에서 감사제도와 배척 관계에 있는 지배구조 체제를 법률상 마련하였다. 그 주요 이유는 다음의 점에 있다. 우선 감사의 권한을 강화해도 불상사를 방지할 수 없었다. 이 점에서 감사제도의 한계가 지적되었다. 나아가 감사제도는 일본 특유의 제도로 외국 투자자의 이해를 얻는 것이 어렵다. 그래서 일본의 회사에서도 미국형 기업통치 시스템을 채용하고 싶으면 채용할 수 있도록 법률상 근거를 마련하였다. 그러나 그 이용은 저조하였고(→ 720), 2014년 개정에서 그 변형이라고도 할 수 있는 감사등위원회설치회사 제도가 추가로 마련되었다(→ 743).

〈감사제도에 관한 주요 개정〉

법 개정	내용
구 상법 제정 (1890년)	• 감사제도 법정(당시는 「이사」로서 규정) (업무집행이 법률, 명령, 정관, 주주총회 결의에 적합한가를 감시하는 기관) • 감사의 자격을 주주로 한정
신 상법 제정 (1899년)	• 감사의 권한을 규정(업무감사와 회계감사를 하는 기관으로 위치) • 감사의 겸임을 규제(이사 · 지배인 겸무금지) • 회사와 이사 간의 소송에 대해 감사가 회사를 대표한다고 규정(소송대표권)
1924년 개정	• 감사의 자격을 주주로 한정하는 규정을 배제
1950년 개정	• 이사회 제도 창설과 함께, 감사의 권한을 회계감사로 한정 • 감사에 이사에 대한 보고징구권을 부여 • 이사 · 지배인 · 지배인 이외 사용인과의 겸임 금지 • 소송대표권 폐지
1974년 개정	• 감사는 이사의 직무를 감사하는 기관이라고 규정(「감사」라는 용어를 처음으로 사용) • 감사의 업무감사권한 · 소송대표권이 부활 • 감사에 이사회에의 출석권 · 의견진술권을 부여 • 감사의 임기를 2년으로 • 감사에 이사의 위법행위유지권을 부여 • 감사의 겸임 규제 확대(자회사 이사 · 사용인으로 확대)
상법특례법 제정 (1974년)	• 회계감사인에 의한 감사를 의무화(대회사)(감사의 회계감사는 2차적인 것으로) • 소회사 감사의 권한을 회계감사로 한정
1981년 개정	• 감사의 결격사유를 규정(이사 규정 준용) • 2명 이상의 감사 · 상근감사 설치를 의무화(대회사)(상법특례법 개정) • 감사의 보수 결정을 이사와 구별해 주주총회 결의로 결정 • 감사에 이사회 소집청구권을 부여 • 감사에 사용인에 대한 보고청구권을 부여 • 감사비용 청구 용이화
1993년 개정	• 감사의 임기 연장(2년에서 3년으로) • 사외감사제도 도입(상법특례법 개정) • 감사회제도 창설(대회사에 의무화)(상법특례법 개정) • 감사 인수를 3명 이상으로(상법특례법 개정)

법 개정	내용
2001년 개정	• 감사의 임기 연장(3년에서 4년으로) • 감사 인수를 3명으로 하고 반수 이상을 사외감사로(대회사)(상법특례법 개정) • 감사회에 감사 선임 동의권 · 제안권 부여 • 감사의 동의 안건을 확대 – 회사의 피고 이사 보조 참가 – 이사의 책임경감(의안 제출 · 책임한정계약 등)
회사법 제정 (2005년)	• 상법특례법 폐지 • 대회사 이외에도 회계감사인 설치를 허용(대회사에는 강제) • 공개회사 이외 회사의 감사 직무를 회계감사로 한정하는 것을 인정(정관 규정에 따른다)
2014년 개정	• 감사에 회계감사인 선임 · 해임의안 결정권한을 부여

● 2002년부터 2004년의 개정

[123] 이 시기 상법은 해마다 개정되었다. 2002년 개정에서는 위원회등설치회사 도입 외에, 주주총회 특별결의 정족수 완화, 소집절차 간소화 등의 개정이 이루어졌다. 나아가 모회사 주주의 이익을 보호하기 위해 모회사 주주에 대한 자회사의 업무 내용 공시 충실을 도모하였다. 회사의 계산 관계에 관해, 계산서류 기재사항의 법무성령에 대한 위임 및 상법특례법상의 대회사에 대한 연결계산서류제도(→ 796) 도입도 실현하였다. 소재불명주주의 주식매각제도(→ 330) 창설 등 주식에 관한 사항도 개정되었다.

[124] 2003년 개정에서는 정관 수권에 따라 이사회 결의로 자기주식을 취득하는 것이 허용되었다. 이는 기동적인 자기주식 이용을 바라는 실무계의 요망에 따라 의원입법으로 실현하였다. 또한 중간배당 한도액 계산방법의 재검토가 이루어졌다. 상법에서는 배당, 중간배당 등에 대해 각기 다른 재원규제를 두고 있었다. 다만 현행 회사법에서는 주주에 대한 금전 등의 분배는 주주에 대해 잉여금을 환급하는 행위라는 점에서 다르지 않으므로 같은 재원규제를 적용하고 있다(→ 815).

[125] 2004년 개정 전에는 주식회사가 정관의 정함에 따라

행하는 공고는 관보나 시사에 관한 일간신문에 하는 것으로 되어 있었다. 2004년 개정은 이에 더해 인터넷 웹 사이트 공고를 인정하였다(전자공고 → 792). 고도정보화 사회의 진전에 대응한 저렴하고 간편한 공고방법을 허용한 것이다. 나아가 회사법에서는 공고방법이 정관의 절대적 기재사항에서 제외되었다. 한편 주식회사는 회사 성립 후 주권 발행 의무가 있었는데, 주권 발행은 발행회사에 비용을 발생시키고 주주에게도 도난 · 분실 등의 위험이 있다. 그래서 2004년 개정에서는 회사가 정관의 정함에 따라 주권을 발행하지 않을 수 있도록 하였다(→ 210). 이 개정에서는 주권을 발행하는 것이 원칙이었지만, 회사법에서는 주권을 발행하지 않는 것이 원칙이 되었다(→ 211).

3. 회사법 제정과 개정

(1) 회사법제의 현대화

[126] 일본 상법(회사법)은 법무성의 소관이다. 법무성은 회사법을 개정할 때, 법제심의회(그 아래 설치되는 부회)를 통해 신중한 심의를 거친 후 법 개정을 해 왔다. 다만 최근에는 재계의 압력에 따른 의원입법을 통한 법 개정 움직임도 눈에 띈다(자기주식 취득 규제 완화, 이사의 책임경감 등이 그 대표적 예이다). 나아가 새로운 움직임으로서 주목되는 것은 일본경제의 생산성 저하라는 현실 아래, 경영자원의 효율적인 활용을 통해 생산성 향상을 실현하고자 당시 통산성(현재 경제산업성)에 의한 특별입법이 잇따른 것이다. 예로 신사업창출촉진법(1999년 시행. 그 후 「중소기업의 새로운 사업 활동 촉진에 관한 법률」로 통합되었다), 산업활력재생특별조치법(1999년 시행. 현재는 「산업활력재생 및 산업활동 혁신에 관한 특별조치법」으로 법률명이 개정되었다) 등이 있다.

● 신사업창출촉진법에 따른 1엔 자본금 회사의 허용과 회사법의 최저자본금 폐지

[127] 2003년 2월 신사업창출촉진법 일부가 개정되었다(중소기업도전지원법). 이에 따라 상법이나 유한회사법상의 최저자본금(주식회사 1,000만 엔, 유한회사 300만 엔) 준비 없이도 주식회사 또는 유한회사를 설립할 수 있는「최저자본금 규제 특례 제도」가 창설되었다. 특례 제도는 창업자(사업을 하지 않는 개인이 새로 회사를 설립하고, 설립한 회사에서 사업을 개시하려고 하는 경우로 2월 이내에 사업을 개시하는 구체적인 계획을 세운 자) 중, 경제산업대신의 확인을 받은 자가 설립하는 주식회사 또는 유한회사에 대해서는 그 설립일로부터 5년간 자본금이 최저자본금 미만이어도 문제 삼지 않는 것이었다. 이처럼 특례 제도는 회사설립에 따른 창업을 쉽게 하기 위한 것이고, 회사설립 5년 후에는 법률에서 정하는 최저자본금을 준비할 필요가 있었다. 다만 2005년 회사법 제정으로 최저자본금 제도 자체가 폐지되었기 때문에, 이러한 특례를 정할 필요가 없어졌다. 그래서 특례 제도는 회사법 시행과 함께 폐지되었다.

[128] 2002년 이후 법제심의회에서는「회사법제의 현대화」를 상정한 대개정에 대한 심의가 심도 있게 이루어졌다. 이는 ① 가타카나 문자체로 표기되는 상법 제2편이나 유한회사법 등의 각 규정을 히라가나 구어화 하는 것, ② 용어를 정비함과 함께 해석 등의 명확화를 위해 필요에 따라 규정 정비를 하는 것, ③ 상법 제2편, 유한회사법, 상법특례법 등의 각 규정을 하나의 법전으로 정리해 알기 쉽게 재편성하는 것을 통해 회사법제의 현대화를 도모하려는 것이었다. 이에 맞춰 회사에 관계된 제도의 규율 불균형 시정 등을 함과 함께, 최근의 사회 · 경제정세 변화에 대처하기 위한 제도 재검토가 이루어졌다. 그 결과 2005년 6월 29일「회사법안」및「회사법 시행에 따른 관계 법률 정비 등에 관한 법률안」이 국회에서 가결되었다.

[129] 회사법 개정의 주요 특징 중 하나는 소규모주식회사를 정면으로 인정한 것에 있다. 이로 인해 주식회사와 유한회사가 하나의 회사 유형(주식회사)으로 통합되었다. 유한회사 제도는 폐지되고, 기존의 유한회사는 주식회사가 되었다(→ 23). 주식회사 설립 시의 최저자본금 제도가 폐지되었다(→ 802). 또한 새로운 회사형태로서 합동회사(→ 19)가 창설되었다. 합명회사, 합자회사, 합동회사는 조합적인 특징을 가지는 점에서 공통부분이 있고, 모두「지분회사」(→ 15)로 많은 부분에 있어 같은 규율을 따르게 되었다.

● 2005년 개정

[130] 2005년 개정에서는 조직재편규제가 재검토되고 합병 등 대가의 유연화(→ 842), 약식조직재편제도의 신설 등이 이루어졌다(→ 850). 주식 제도에 관한 개정으로서 주식 양도제한에 대한 정관자치 확대 등이 이루어졌다(→ 311). 잉여금 배당 규제에 대해서는 횟수 제한을 철폐하고, 일정 요건 아래 이사회에서 잉여금 배당을 결정하는 것도 허용하였다(→ 818). 이사의 책임에 대해서는 위원회설치회사(현재의 지명위원회등설치회사)와 그 밖의 회사 간에 정합성을 고려한 개정이 이루어졌다(→ 644).

[131] 주주대표소송에 대해서는 원고가 주식교환 등으로 주주의 지위를 상실하더라도 원고적격을 유지하는 것으로 하였다(→ 659). 대회사에 내부통제 시스템 구축이 의무화되었다(→ 588). 주로 소규모회사를 염두에 두고 계산서류의 적정성을 확보하기 위해 회계참여(공인회계사 또는 세무사 자격을 가진 자)를 기관으로서 설치하였다(→ 771). 회계감사인 제도가 모든 주식회사에 인정되었다(→ 756). 특별청산 제도의 재검토도 이루어졌다(→ 995).

[132] 회사법 및 정비법은 2006년 5월에 시행되었다. 회사법에서는 합병 등을 하는 경우에 소멸회사 주주에게 존속회사 등의 주식 이외의 재산교부를 인정하였다(합병 등 대가의 유연화 → 842). 이 규정의 시행은 1년 연기되었다. 이는 회사가 적대적 기업매수에

대비하기 위해, 정기주주총회에서 정관변경을 요하는 기업매수방어책을 채용할 기회를 보장하고자 취해진 조치였다.

(2) 일본경제의 재흥과 회사법제의 개혁

[133] 민주당 정권 아래, 법제심의회는 2010년 2월 24일 「기업통치 방식이나 모자회사에 관한 규율 등을 재검토할 필요가 있다고 생각되므로 그 요강을 제시하고 싶다」라는 관점의 자문 요청을 받았다. 이러한 자문 요청을 받고 법제심의회는 회사법제부회를 설치하였다. 민주당 정권 당시 발의에 의한 개정 논의다운 것으로 「감사 일부를 종업원 대표로부터 선임한다」는 안이 일본노동조합총연합회 대표에 의해 주장되었다. 그러나 이는 많은 위원의 찬성을 얻을 수 없었다. 2011년 12월 7일에 공표된 회사법 개정 중간시안에는 종업원 대표 감사에 관한 사항은 일절 언급되지 않았다. 2012년 9월 7일 법제심의회는 「회사법제 재검토에 관한 요강」을 정리하고, 법무대신에게 제출하였다.

[134] 이처럼 회사법 개정 요강이 완성된 것은 민주당 정권 당시였다. 다만 「요강」이 법안이 되어 국회에 제출된 것은 자유민주당이 정권을 탈환하고, 아베 신조 정권이 된 2013년 11월 29일이다. 동법의 성립은 2014년 6월 20일이며, 2015년 5월 1일부터 시행되었다.

[135] 아베 정권은 「일본생산재생플랜」에서 기업 지배구조의 강화를 목표하고, 공격적인 회사 경영을 독려하기 위해 사외이사 기능을 적극적으로 활용하는 방침을 내세웠다(『日本再興戦略 −JAPAN is BACK−』(平成25年6月14日)). 구체적으로는 회사법 개정안 등에서 적어도 1인 이상의 사외이사 확보를 위한 대책 강화를 요구하였다.

[136] 그러나 사외이사 설치 의무화에 관해서는 회사법부회에서 격론이 있었고, 재계가 강하게 반대하였다. 그 때문에 사외이사를 두지 않는 회사는 「사외이사를 두는 것이 상당하지 않은 이유」를 사업보고서에 명시하도록 하였다. 그러나 자민당법무부회에서 사외이사 선임을 좀

더 독려하는 방향의 수정을 요구하였다. 그래서 회사법 규정에서는 사외이사를 두지 않는 경우 정기주주총회에서 그것을 「두는 것이 상당하지 않은 이유」를 설명하도록 하였다(→ 551).

[137] 그런데 일본에서는 금융상품거래소 규제로 사외이사의 도입이 추진된 점이 주목된다. 도쿄증권거래소는 그 상장규정에 「〔상장회사는〕 이사인 독립임원을 적어도 1명 이상 확보하려고 노력해야 한다」라고 정하였다(상장규정 제445조의4 신설). 이는 법제심의회(및 회사법부회)가 회사법 개정에 관한 요강을 작성할 때, 금융상품거래소 규제에 같은 규율을 마련할 필요가 있다는 부대결의를 한 결과이다. 법제심의회는 사외이사 설치를 법으로 직접 강제하는 것은 단념하고, 금융상품거래소 규제 이른바 소프트 로(soft law)에 의한 규제에 위임한 것이다.

[138] 그 후 금융상품거래소 규제로 2명 이상의 사외이사를 설치하는 움직임이 가속하였다. 도쿄증권거래소는 2015년 6월 1일에 기업 지배구조 코드를 책정 · 실시하였다. 코드에서는 「독립사외이사는 회사의 지속적인 성장과 중장기적인 기업가치 향상에 이바지하도록 역할 · 책무를 다해야 하며, 상장회사는 그러한 자질을 충분히 갖춘 독립사외이사를 적어도 2명 이상 선임해야 한다」라고 하였다(기업 지배구조 코드 원칙 4-8).

[139] 상장회사는 기업 지배구조 코드의 취지 · 정신을 존중하고 기업 지배구조 충실에 힘써야 한다(상장규정 제445조의3). 한편, 코드의 각 원칙 중에 개별 회사의 사정에 비추어 실시하는 것이 적절하지 않다고 생각되는 원칙이 있으면, 그것을 「실시하지 않는 이유」를 충분히 설명함으로써 일부 원칙을 실시하지 않는 것도 상정된다(원칙준수 예외설명Comply or Explain → 50). 그 때문에 독립사외이사를 2명 이상 선임하지 않는 경우는 그 이유를 기업 지배구조 보고서에 설명하는 것이 요구된다(상장규정 제436조의3).

● 2014년 개정

[140] 2014년 개정에서는 위의 사항 외에도 중요한 개정이 이루어졌다. 우선 새로운 기업 지배구조 체제로서 감사등위원회설치회사가 창설되었다(→ 743). 감사(감사회)설치회사, 지명위원회등설치회사, 감사등위원회설치회사의 선택은 회사의 자유이다.

[141] 또한 모자회사법제도 정비되었다. 모회사 주주 보호를 위해 다중대표소송 제도(특정책임추궁소송)(→ 665) 및 '구주주에 의한 책임추궁의 소' 제도(→ 660) 창설 외에, 새로운 Cash out 제도가 마련되었다(→ 247). 회사분할 등에 있어 채권자 보호를 위해 사해적인 회사분할에 대응하는 규정을 마련하였다(→ 875). 지배권의 이동을 수반하는 주식 발행 등의 경우에 총의결권수의 10분의 1 이상의 의결권을 보유하는 주주가 반대하면, 주주총회 승인이 필요하게 되었다(→ 273). 또한 책임한정계약을 체결할 수 있는 임원의 범위 개정(→ 651), 반대주주의 주식매수청구 등에 관한 개정 등이 이루어졌다.

(3) 기업통치 등에 관한 회사법제 재검토

[141-2] 2014년 회사법 개정에서는 그 부칙에 「정부는 이 법률 시행 후 2년을 경과한 시점에 사외이사 선임상황 그 밖의 사회 · 경제정세 변화 등을 고려해, 기업통치에 관계된 제도에 대해 검토를 하고 필요가 있다고 인정하는 때는 그 결과를 토대로 사외이사를 두는 것의 의무화 등 소요 조치를 마련하는 것으로 한다」(제25조)라고 규정하였다. 이 규정의 취지에 따라 법제심의회 회사법제(기업통치등 관계) 부회에서 심의가 이루어졌고, 2019년 12월 개정법안이 임시국회에서 가결되었다.

[141-3] 2019년 개정의 주요 항목은 우선 주주총회에 관한 규율과 관련해 주주총회 자료 전자제공제도를 신설한 것(→ 478-3~6), 주주제안권의 남용적인 행사를 제한하기 위해 주주가 제안할 수 있는 의안 수를 제한한 것(→ 484-2)이다. 또한 이사 등에 관한 규율로서 이사 등에게 적

절한 인센티브를 부여하는 제도가 창설되었다. 이에는 이사 개인별 보수 등의 내용 결정에 관한 방침 결정 의무화(→ 618-2), 회사보상제도 정비(→ 653), D&O 보험에 관한 절차 법정(→ 653-2) 등이 포함되었다. 한편, 앞서 설명했듯이 2014년 개정으로 사외이사를 설치하지 않는 때에는 사외이사를 두는 것이 상당하지 않은 이유를 설명할 필요가 생겼다(→ 136). 2019년 개정에서는 상장회사 등에 대해 사외이사를 두는 것을 의무화하였다(→ 550). 다만 일본 상장회사에서는 사외이사를 선임하는 것이 확산하고 있기에(→ 53), 이 개정의 실무상 영향은 크지 않다.

● **경제산업성에 의한 「지침」**

[141-4] 경제산업성은 2005년 5월에 법무성과 함께 「기업가치 · 주주 공동의 이익 확보 또는 향상을 위한 매수방어책에 관한 지침」을 공표하였다. 이는 적대적 기업매수가 활발해지는 가운데, 적법성 및 합리성 높은 매수방어책(평시도입형)을 제시함으로써 기업매수에 대한 과잉방어를 방지함과 함께, 기업매수에 관한 공정한 규칙 형성을 촉진할 목적으로 책정되었다. 나아가 경제산업성은 2007년 9월에 경영자에 의한 기업매수MBO에 관한 공정한 규칙을 제시하기 위해 「기업가치 향상 및 공정한 절차 확보를 위한 경영자에 의한 기업매수MBO에 관한 지침」「MBO 지침」을 공표하였다. 그리고 2019년 6월 MBO 지침을 개정해 「공정한 M&A에 관한 지침 -기업가치 향상과 주주 이익 확보를 위해-」를 공표하였다. 개정 지침에서는 MBO와 같은 이해상충 구조를 수반하는 지배주주에 의한 종속회사 매수도 대상으로 하고, 특별위원회 운영 등 공정성을 담보하는 데 필요한 조치 등을 상정한 제언이 이루어지고 있다. 나아가 같은 해 6월에는 「그룹 지배구조 시스템에 관한 실무지침」을 공표하였다. 이는 일본기업에서 과제가 되는 그룹 경영에서의 실효적인 지배구조를 나타낸 것이다. 이러한 지침 자체는 법적 구속력을 가진 것은 아니다. 그러나 MBO 지침이 대법원에서 참고된 예도 있고, 실무에 미치는 영향은 상당히 크다고 할 수 있다.

제 3 절 회사법 총론

1. 회사법의 의의

(1) 회사를 둘러싼 사적이익 조정

[142] 회사법은 사인私人 간의 이익을 조정하는 법률(사법이라고도 한다)의 하나이다. 사법의 일반법으로서 민법이 있다. 그러나 상거래나 기업의 조직에 있어 민법의 일반규정만으로는 불충분한 경우가 있다. 그래서 민법의 특별법으로서 상법(광의)이 존재한다. 상법(광의) 중에서 회사에 관한 사항을 정하는 것이 회사법이다. 회사법은 회사를 둘러싼 경제주체 간의 사적이익 조정을 도모하는 법률이다. 여기서 말하는 회사를 둘러싼 경제주체에는 주주, 회사채권자 및 이사 등 회사 임원 등이 포함된다.

[143] 이사는 주주총회에서 선임되며(→ 547), 회사 경영을 담당한다. 다만 선임 후, 이사가 주주의 기대에 반하는 경영을 할 수도 있다. 일반적으로 이사가 회사의 이익을 희생하면서 사적 이익을 도모하는 경우는 많지 않다. 그러나 부주의나 임무 해태 등으로 회사에 손해를 입히는 것은 생각할 수 있다. 그 때문에 주주와 이사의 이익 조정을 도모할 필요가 있다. 이와 관련해서는 주주를 위해 이사의 행위를 감시하는 시스템이 필요하다(예를 들어, 감사제도〔→ 681 이하〕, 주주대표소송제도〔→ 654 이하〕 등).

[144] 또한 주주 간의 이익 충돌도 있다. 주식회사에서는 원칙적으로 주주가 주주총회에서 의결권행사를 통해 자신의 의사를 표명한다.

주주총회 결의는 1주 1의결권(→ 491)(또는 1단원 1의결권 → 219)에 의한 다수결로 결정된다(자본다수결 원칙). 다수의 참가자가 다수결로 특정 사항을 결정하는 것은 민주주의 기본이다. 또한 출자액이 많은 주주에게 많은 의결권을 부여하지 않으면, 주주로부터 더 많은 출자를 모으는 것이 곤란해진다. 그 때문에 주주총회 결의에서도 자본다수결은 불가결이다. 이 경우 소수주주는 의안에 반대해도 다수주주의 찬성에 따라 채결 결과에 구속되게 된다. 그런데 의안의 내용에 따라서는 이러한 다수결 원리를 관철함으로써 소수주주 보호에 심각한 문제를 초래할 수 있다. 이를 고려하여 회사법은 일정 조건 아래 소수주주를 보호하는 규정을 두고 있다(예를 들어, 합병에 반대하는 주주의 주식매수청구권〔→ 846〕 등).

[145] 나아가 주주와 회사채권자의 이익이 충돌하는 때도 있다. 예를 들어, 은행 등의 회사채권자는 회사의 이익과 관계없이 약속한 원리금을 받을 수 있다. 다만 이것은 회사의 이익이 많더라도 약정한 원리금을 받는 것에 그침을 의미한다. 회사 경영이 실패하면 원리금을 받을 수 없게 될 위험성도 있다. 이 점에서 기본적으로 채권자는 회사의 과도한 위험 감수에 소극적이다. 한편, 주주의 이익은 회사의 이익이 크면 클수록 증가한다. 회사 경영이 실패하면 출자액 전부를 상실할 수도 있지만, 주주의 유한책임(→ 20)으로 인해 회사 채무에 대해 추가로 책임을 부담하는 것은 없다(손실은 출자액이 상한이 된다). 이 점에서 주주는 회사의 이익을 확대하기 위해 위험이 있는 업무에 뛰어드는 것을 지지하는 경향이 있다. 이처럼 회사 경영에 있어 주주와 회사채권자 간에 이익 충돌이 생길 수 있다. 회사 경영을 하는 것은 이사이다. 이사는 주주에 의해 선임된다는 점에서, 회사 경영은 주주의 의향에 따르는 형태로 이루어지는 것이 예상된다. 그러므로 회사채권자 보호가 필요하다(회사채권자는 주주처럼 회사의 업무집행에 관여할 수 없다). 나아가 주주가 회사재산으로부터 먼저 배당을 받을 수 있다면, 회사채권자를 해하는 것도 생각된다. 그 때문에 회사채권자를 보호하기 위한 조치가 필요하다(예컨대 배당규제〔→ 820 이하〕 등).

● **주주와 회사채권자의 이익 충돌**

[146] 예를 들어, 회사가 주주 출자 5,000만 엔 및 은행 융자 5,000만 엔(연이자 10%)으로 사업을 시작했다고 하자. 1년 후에 사업이 성공해 회사의 자산이 10억 엔이 된 경우, 회사는 은행에 원리금 5,500만 엔을 지급할 필요가 있다. 한편, 주주는 9억 4,500만 엔의 가치를 손에 넣을 수 있다. 그러나 1년 후에 사업이 실패해 기업가치가 5,000만 엔이 된 경우, 회사는 출자자를 뒷순위로 하고 우선 차금을 지급해야 한다. 그러면 은행은 5,000만 엔을 손에 넣게 된다(이자는 받을 수 없다). 은행에 대한 지급 후 회사의 자산은 0이 되므로, 주주는 한 푼도 받을 수 없다. 주주의 이익은「0」이므로 주주는 '모 아니면 도'인 고위험 고수익 사업추진에 적극적이게 된다. 기업가치가 5,000만 엔이 된 단계에서 회사채권자는 5,000만 엔의 회수가 가능하였지만, 회사가 고위험 사업에 뛰어들면 그 사업 실패 시 융자 전부를 회수할 수 없는 위험성도 발생한다. 나아가 은행에 대한 융자 변제에 앞서 주주에게 3,000만 엔의 배당을 한 경우, 남은 회사 자산은 2,000만 엔이 되기에 은행은 융자 금액을 회수할 수 없게 된다. 이러한 장면에서도 주주와 회사채권자의 이해가 첨예하게 대립한다.

[147] 회사의 거래에서는 특히「거래의 안전」이 중시된다. 이사회설치회사에서는 이사회에서 선임된 대표이사가 회사를 대표한다(→ 595 · 598). 한편 회사법은 일정 중요사항에 대해서는 주주총회나 이사회 등의 결의를 요구하고 있다(→ 586). 그러나 대표이사가 이러한 결의를 거치지 않거나 그 결의 내용과 다른 업무집행을 할 위험성도 있다. 법률이 이사회 등의 결의를 요구하는 것은 주주의 이익을 보호하기 위함이다. 따라서 법률의 절차를 무시한 행위는 무효로 해야 한다. 그러나 대표이사의 행위가 무효가 되면, 대표이사의 행위를 회사의 행위로 믿고 거래한 상대방이 예상치 못한 손해를 입게 된다. 외견상 회사의 행위로서 행

해진 것이 실은 내부 절차의 문제로 나중에 무효가 되면, 거래의 안전이 심각하게 훼손된다. 그러므로 관련 거래의 안전도 보호 대상으로 해야 한다(신주발행 절차에 하자가 있는 경우, 신주발행의 효력이 그 전형적인 예라고 할 수 있다. → 296).

[148] 거래의 안전은 거래 상대방 보호를 위한 것이다. 거래 상대방이 회사채권자인 경우, 이때 이루어져야 할 이익 조정은 주주와 회사채권자의 이익 조정이라고 할 수도 있다. 나아가 거래의 안전을 도모하지 않으면 회사채권자가 그 회사와의 거래를 회피하게 되고, 결과로서 회사의 이익도 저해될 수 있다는 점에도 유의가 필요하다. 이미 이루어진 일을 거슬러 올라가 뒤집으면 혼란이 큰 경우에는 범위를 특정한 가운데 특정 관계자에게 희생을 요구해 기성既成 사실을 존중하는 경향이 있다(위의 예에서는 절차를 위반한 대표이사의 행위를 유효로 한다. 그 후 위법행위를 한 이사의 책임을 문제 삼음으로써 위법행위를 억제하려고 한다). 재판 등에서는 회사의 법적 안정성 유지를 존중하는 경향이 강하다.

[148-2] 최근 회사법 개정에서는 기업활동에 활용하기 좋은 법제도 도입이 도모되고 있다. 이는 지금까지 서술한 각 경제주체의 이익을 보호하면서 기업의 수익력을 강화하기 위함이다. 이에는 자금조달을 손쉽게 하기 위한 종류주식의 다양화(→ 224 이하), 완전자회사화를 실현하기 위한 Cash Out 법제 정비(→ 247) 등이 포함된다. 나아가 사외이사제도의 도입 등(→ 51, 550), 정부 주도로 지배구조 체제를 일정 방향으로 이끄는 움직임(공격적인 지배구조 → 50)도 두드러지고 있다(사외이사는 애초 경제계가 그 도입을 희망한 것은 아니었다).

[149] 회사법에는 일정 위반행위에 대한 벌칙이 규정되어 있다(회사법 제8편「벌칙」에서는 제960조에서 제975조까지 형벌, 제976조에서 제979조까지 과태료에 관한 규정을 정하고 있다). 형벌의 대상이 되는 것은 대개 주식회사에 관한 위법행위이다. 현대 기업사회에서 주식회사의 활동이 일본경제에 큰 영향을 미치고 있으며, 그 활동이 사회의 중대 관심사가 되고 있다(사회의「공

기公器」라고도 한다). 또한 특히 대규모주식회사에서는 주주의 감시가 충분하지 않은 것으로부터 회사의 위법행위가 발견되지 않기 쉽고, 회사의 파탄은 주주나 회사채권자뿐만 아니라 일반회사에 중대한 영향을 미칠 우려가 있다. 이상으로부터 회사법에서는 벌칙을 통해 위법행위의 억지를 도모하려고 하고 있다.

● 특별배임죄

[150] 회사법의 벌칙(형벌)은 크게 ① 회사재산을 침해하는 죄, ② 회사 운영의 건전성을 해하는 죄로 구분된다. ①로서 특별배임죄(제960조 ~ 제962조)가 있다. 형법은 타인을 위해 그 사무를 처리하는 자가 자기 · 제삼자의 이익을 도모하거나 본인에게 손해를 입힐 목적으로 임무에 반하는 행위를 하여 본인에게 재산상의 손해를 입힌 때, 5년 이하의 징역 또는 50만 엔 이하의 벌금에 처한다고 규정하고 있다(배임죄. 형법 제247조). 이에 대해 회사법에서는 이사 등이 자기 · 제삼자의 이익을 도모하거나 회사에 손해를 입힐 목적으로 임무에 반하는 행위를 하여 회사에 재산상 손해를 입힌 때, 10년 이하의 징역 또는 1,000만 엔 이하의 벌금에 처하거나 이를 병과한다고 정하고 있다(제960조). 이처럼 회사법에서는 형법상의 배임죄보다 중한 형사벌을 정하고 있다. 특별배임죄의 법정형은 1980년대 후반부터 이어진 회사불상사를 계기로 점차 가중되었다. 한편, 회사재산을 관리하는 자가 회사 자금을 사적으로 유용한 경우 업무상 횡령죄가 성립한다(형법 제253조). 특별배임죄는 권한의 남용 장면에서 적용되며, 업무상 횡령죄는 권한의 일탈 장면에서 적용된다. 최근 사례에서는 거품 붕괴 후에 발생한 불량채권에 대해 그 융자책임을 면하기 위해 부정융자를 계속한 경우에, 자기보신保身 목적에 의한 특별배임이 인정된 예가 있다. 또한 카지노에서의 유흥비를 위해 자회사로부터 약 55억 엔을 무담보로 차입한 사건에서 오너의 지위를 남용한 것으로 특별배임죄(징역 4년 실형 판결)가 인정된 예도 있다(다이오제지大王製紙 사건).

(2) 회사법의 법원

[151] 회사법은 광의의 상법의 하나이다. 협의의 상법은 1899년에 제정된 상법전을 의미한다. 상법전에는 2005년 개정 전까지 상법 제2편「회사」가 규정되어 있었다. 이 외에 1974년에 상법특례법(주식회사의 감사 등에 관한 상법 특례 등에 관한 법률)이 대회사, 소회사 특례를 정하고 있었다. 나아가 1938년에 제정된 유한회사법이 있었다. 2005년 개정으로 이들 법률이 통합되어 회사법으로 제정되었다(상법특례법, 유한회사법은 폐지되었다). 상법은 제2편「회사」가 삭제되고, 제1편「총칙」(상법총칙), 제2편「상행위」, 제3편「해상」으로 되었다.

[152] 상법총칙에는 상법 적용에 대한 공통의「통칙」이 규정되어 있다. 2005년 개정 시까지 주식회사 등 회사에 대해서도 상법 제1편「총칙」규정이 적용되었다. 다만 같은 해 개정에서 상법총칙 규정 중 회사에 적용되는 사항은 회사법 총칙(회사법 제1편「총칙」)에서 규정하는 것으로 하였다(따라서 현행법에서 상법총칙은 회사 이외의 상인에 적용되는 것이다).

[153] 실질적 의의의 회사법에는 제정법, 상관습법 및 개별 회사의 상사자치 규범인 정관이 있다. 제정법에는 회사법 외에, 특별법으로서 사채 · 주식 등의 대체에 관한 법률(2001년 법률 제75호), 담보부사채신탁법(1905년 법률 제52호), 상업등기법(1963년 법률 제125호) 등이 있다. 특별 사업을 하는 회사에 대한 특별법도 있다(예컨대, 은행법 등). 나아가 회사법은 상세를 법무성령에 위임하고 있다. 이에는 회사법 시행규칙(2006년 법무성령 제12호), 회사계산규칙(2006년 법무성령 제13호), 전자공고규칙(2006년 법무성령 제14호)이 있다.

[154] 주식회사에 있어 특히 중요한 의미를 지니는 법률로서 금융상품거래법(1948년 법률 제25호)과 사적독점금지 및 공정거래 확보에 관한 법률(독점금지법. 1947년 법률 제54호)이 있다. 금융상품거래법은 1948년에 제정된 증권거래법을 개편하는 형태로 정해졌다(2006년 개정). 금융상품거

래법은 금융상품거래업(과거 증권업)을 규율하는 「업법」이기도 하다. 다른 한편으로 이 법이 정하는 정보공시규제disclosure(→ 284 이하)나 불공정거래 금지 규제(내부자거래 규제 등 → 344 이하) 등은 주식회사 일반에 있어서도 중요한 것이다. 이 점에서 금융상품거래법은 광의의 회사법을 구성하는 요소가 된다.

[155] 독점금지법에는 합병 규제 등 회사법과 공통하는 규제가 존재한다. 회사법에서는 주주나 회사채권자 등의 이익을 조정하기 위한 제도를 정하고 있다(합병에 주주총회 결의를 요하는 것〔→ 844〕, 채권자 이의절차〔→ 853〕를 두고 있는 것 등). 이에 반해 독점금지법은 사적독점을 금지함으로써 국민 전체의 이익을 확보하기 위한 규제를 정하고 있다(시장 과점화를 방지하는 관점에서 공정거래위원회의 인가를 요하는 것〔→ 836〕 등).

[155-2] 상장회사는 증권거래소가 정하는 규칙을 준수해야 한다. 입법에 따라 정해지는 규칙이 「하드로hard law」로 불리는 데 반해, 증권거래소 등 자주규제기관이 정하는 규칙은 「소프트로soft law」로 불린다. 상장회사는 증권거래소가 정하는 상장규정(유가증권상장규정)에 따르는 것이 요구된다. 상장규정에서는 회사정보의 적시 공시timely disclosure 외에, 기업 지배구조 보고서 제출이 의무화된다. 나아가 상장규정에는 제3자 배정 준수사항, 매수방어책 도입, 지배주주와의 중요한 거래 등에 관한 준수사항이 규정되어 있다(기업행동 규범). 한편, 기업 지배구조 코드(→ 50)는 도쿄증권거래소의 유가증권상장규정에 규정되어 있다.

(3) 회사법의 체계

[156] 회사법은 모두 8편으로 구성된다. 회사법상의 「회사」는 ① 주식회사, ② 합명회사, ③ 합자회사, ④ 합동회사 4가지이다(제2조 제1호)(→ 15). 회사법은 ①을 제2편 「주식회사」, ②③④를 제3편 「지분회사」로서 규정하고 있다. 2005년 개정 전까지 사채 발행은 주식회사에만 허

용되었다. 그 때문에 사채에 관한 규정은 주식회사의 규제로 정해져 있었다. 그러나 회사법에서는 위의 모든 회사에 사채 발행을 인정하였다. 그 때문에 회사법에서는 「사채」에 관한 규정을 제4편 「사채」로서 제2편 「주식회사」 및 제3편 「지분회사」 뒤에 규정하고 있다. 제1편 「총칙」과 제4편 이하는 주식회사 및 지분회사의 공통 규정이다. 주식회사는 지분회사로, 지분회사는 주식회사로 조직변경을 할 수 있다. 이처럼 조직변경을 위한 절차를 제5편에 규정하고 있다. 이 밖에 제5편에서는 합병(흡수합병, 신설합병), 회사분할(흡수분할, 신설분할), 주식교환 및 주식이전에 대한 규정을 정하였다(조직변경과 함께 7종류의 조직재편행위를 인정하고 있다). 나아가 주주총회 결의 취소에 관한 규정, 주주대표소송에 관한 규정은 제7편 「잡칙」에 규정하고 있다.

〈회사법의 체계와 본서에서의 해설 개소箇所(주요 내용)〉

편	장	본서의 장 · 절
제1편 총칙 (제1조~제24조)		
제2편 주식회사 (제25조~ 제574조)	제1장 설립(제25조~제103조)	[제5장 제4절]
	제2장 주식(제104조~제235조)	[제2장 제2절]
	제3장 신주예약권(제236조~제294조)	[제2장 제3절]
	제4장 기관(제295조~제430조)	[제3장 제1절~제6절]
	제5장 계산 등(제431조~제465조)	[제4장 제2절~제3절]
	제6장 정관변경(제466조)	
	제7장 사업양도 등(제467조~제470조)	[제5장 제2절 1]
	제8장 해산(제471조~제474조)	[제5장 제5절 1]
	제9장 청산(제475조~제574조)	[제5장 제5절 2]
제3편 지분회사 (제575조~ 제675조)	각 장의 항목은 생략	[제1장 제1절 2(1)]

편	장	본서의 장 · 절
제4편 사채 (제676조~ 제742조)	제1장 총칙(제676조~제701조) 제2장 사채권자(제702조~제714조) 제3장 사채권자집회(제715조~제742조)	[제2장 제4절]
제5편 조직변경, 합병, 회사분할, 주식교환 및 주식이전 (제743조~ 제816조)	제1장 조직변경(제743조~제747조) 제2장 합병(제748조~제756조) 제3장 회사분할(제757조~제766조) 제4장 주식교환 및 주식이전(제767조~제774조) 제5장 조직변경, 합병, 회사분할, 주식교환 및 주식이전 절차(제775조~제816조)	[제5장 제1절~제3절]
제6편 외국회사 (제817조~ 제823조		[제1장 제3절 4(4)]
제7편 잡칙 (제824조~ 제959조)	제1장 회사의 해산명령 등(제824조~제827조) 제2장 소송(제828조~제867조) 제3장 비송(제868조~제906조) 제4장 등기(제907조~제938조) 제5장 공고(제939조~제959조)	[각소(各所)]
제8편 벌칙 (제960조~ 제979조)		[제1장 제3절 1(1)]

[157] 회사법에는 정의 규정이 마련되어 있다(제2조). 다만 이 외에도 정의 규정이 마련되어 있음에 주의가 필요하다(예컨대 「임원」의 정의는 제329조 제1항에, 「임원 등」의 정의는 제423조 제1항에 정해져 있다). 또한 회사법에서는 정면으로 소규모주식회사를 용인하였다(→ 129). 그 때문에 「주식회사」의 범주로 소규모폐쇄회사부터 대규모 공개회사까지가 규율되고 있다. 다만 필요한 규제는 회사의 규모나 폐쇄성 등에 따라 다양하다. 회사법은 비교적 간소한 규제를 맨 앞에 배치하고(디폴트 규칙으로서), 복잡한 규제를 그 뒤에 연이어 두는 형태로 조문을 구성하고 있다(예를 들어, 주주총회의 권

한으로서 제295조 제1항에서「주식회사에 관한 일절 사항에 대해 결의를 할 수 있다」라고 규정한 다음에, 제2항에서「전 항의 규정에도 불구하고 이사회설치회사에서는 … 이 법률에 규정하는 사항 및 정관에 정한 사항에 한해 결의를 할 수 있다」라고 정하고 있다)(→ 485).

2. 주식회사의 성질

(1) 영리성

[158] 주식회사는 그 사업 활동을 통해 얻은 이익을 주주에게 분배하는 것을 목적으로 해야 한다. 그 분배 방법은 잉여금 분배 방법(→ 814-816)에 따른 것 및 잔여재산 분배 방법에 따른 것이 있다. 주식회사를 청산할 때, 회사는 그 채무를 변제하고 마지막에 남은 재산을 주주에게 분배한다(잔여재산 분배). 다만 회사 청산이 이루어진 경우, 회사에 잔여재산이 남는 것을 생각하기는 어렵고 주주에게 그 분배가 이루어지는 것은 기대할 수 없다.

[159] 주식회사는 회사 자체에 이익이 생길 수 있는 사업을 영위해야 한다. 따라서「사회복지에 대한 출비出費」,「장기근속 퇴직종업원 부조扶助」또는「회사 및 업계의 이익을 위한 출비와 정치헌금」등을 목적으로 회사를 설립할 수는 없다. 그 밖에 변호사, 세무사처럼 일정 자격이 있는 자만이 그 사업을 할 수 있다고 되어 있는 사업을 목적으로 회사를 설립할 수 없다.

[160] 2005년 개정 전 상법 제52조(구 유한회사법 제1조도 같다)에서는 회사를「영리를 목적으로 하는 사단」으로 정하였다. 회사법에는 이러한 규정은 없다. 주주에게는 잉여금 배당청구권, 잔여재산분배청구권이 인정되므로, 회사의 이익을 주주에게 분배한다는 의미의「영리를 목적으로 하는」이라는 규정을 정할 필요성이 없다고 여겨졌다. 한편, 보험업을 하는 회사 형태로서 보험업법상「상호회사」가 존재한다(보험사업은 주식

회사 또는 상호회사 형식으로 이루어져야 한다. 보험업법 제5조의2). 상호회사 형식의 보험회사 사원은 보험계약자이다. 보험계약자가 지급하는 보험료가 상호회사에 대한 출자에 해당한다. 상호회사 형식의 보험회사는 이익 추구를 하지만, 그 이익을 사원(보험계약자)에게 분배하는 것을 목적으로 하는 것은 아니다. 이 점에서 같은 영리 목적이 인정되는 것이어도 주식회사와 상호회사에 차이가 존재한다.

(2) 사단성

[161] 사단이란 사람의 집합체를 의미하는 것이다. 한편 재단은 재산의 집단을 의미한다. 사단에 대한 상대개념으로서 조합이 있다. 조합에서는 출자자인 구성원이 계약관계를 통해 직접적으로 상호 관계를 맺는다. 이에 반해 사단에서는 구성원이 단체와 사원 관계를 통해 간접적으로 이어진다. 주식회사가 주주(개인이든 법인이든)의 집합체라는 관점에서 보면, 주식회사는 사단이라고 할 수 있다. 그런데 사단을 사람의 집합체를 의미하는 것으로 이해하면, 사단은 복수인을 가지고 구성해야 할 것이다. 주주나 사원이 1명인 회사를「1인회사」라고 한다. 관련해 회사의 사단성으로부터 1인회사가 인정되느냐가 문제 된다. 완전자회사를 설립함에는 1인회사를 인정할 필요가 있다(완전자회사는 모회사를 유일한 주주로 하는 1인회사이다). 1인회사여도 주주나 사원이 주식이나 지분을 양도하면 주주나 사원이 복수가 될 가능성이 있다는 점에서 사단성은 유지된다고 해석되고 있다.

[162] 2005년 개정 전까지 회사는「사단」이라고 규정되어 있었다. 그러나 사단에 관한 여러 법률관계는 법률상 명기되어 있으므로 사단성을 논할 실익이 없어졌다. 회사법에서는 이 규정을 삭제하였다.

(3) 법인성

[163] 회사는 모두 법인이다(제3조). 그 덕에 회사는 그 이름으로 계약을 체결하고, 그 이름으로 권리를 취득하고 의무를 부담할 수 있다. 또한 그 권리 · 의무를 위해 그 이름으로 소송당사자가 될 수 있다. 회사를 법인으로 함에 따라, 발생하는 다양한 법률관계의 처리를 간명하게 할 수 있다. 나아가 회사가 법인인 것의 중요한 효과는 회사에 제공된 재산이 주주의 개인재산으로부터 분리되는 것이다. 이로써 주주에 대한 채권자는 회사재산으로부터 변제를 받을 수 없게 된다.

[164] 일본에는 영세한 개인기업이 주식회사 조직으로 경영을 하는 경우가 다수 존재한다. 이러한 회사의 경우, 회사를 독립한 법인으로 취급하는 것이 부당한 때가 있다. 그래서 판례 및 다수설은 그 주식회사의 존속은 인정하면서 특정 사안의 해결을 위해 회사의 독립성, 즉 법인격을 부정하고 회사와 그 배후에 있는 주주를 동일시하는 법리를 인정하고 있다. 이러한 법리를 「법인격 부인의 법리」라고 한다. 법인격 부인은 거래 상대방인 제삼자를 보호하기 위한 것이다. 그러므로 회사 또는 주주가 제삼자에 대해 주장하는 것은 인정되지 않는다.

[165] 법인격 부인의 법리는 민법 제1조 제3항의 권리남용금지의 원칙을 근거로 한다고 생각한다. 판례에 따르면 법인격 부인의 법리가 적용되려면 ① 법인격이 법률의 적용을 회피하기 위해 남용될 것(남용 사례), ② 법인격이 형해화形骸化될 것(형해화 사례)이 필요하다(最判昭44 · 2 · 27民集23 · 2 · 511〔百選3事件〕). 다수설은 이 판례의 견해를 긍정한다.

- **법인격 부인의 법리 적용 사례**

[166] ① 남용 사례는 회사를 마음대로 이용하는 주주가(지배 요건) 위법 · 부당한 목적을 위해(목적 요건) 회사의 법인격을 이용하는 것이다. 지금까지 법인격 남용을 인정한 사례로써 (i) 경업피지 의무를 부담하는 자가 경업행위를 하는 회사를 설립함으로써 자기

의 경업피지의무를 회피하려고 한 사례(법률상 · 계약상 의무 회피 사례), (ii) 조합활동가를 해고하기 위해 회사를 해산한 사례(부당노동행위 사례. 이 사례에서는 모든 종업원을 해고한 후에 새로 회사를 설립하여 조합활동가 이외의 자를 재고용하려고 하였다), (iii) 도산 위기에 직면한 영세기업의 경영자가 회사 채무 지급을 회피할 목적으로 신회사를 설립하고, 신회사에 구회사 재산을 이전하여 사업을 계속하려고 한 사례(채권자 사해 사례)(강제집행을 회피하기 위해 법인격이 남용되는 경우에 대해 最判平17 · 7 · 15民集59 · 6 · 1742〔百選4事件〕) 등이 있다.

[167] ② 형해화 사례는 회사의 실태가 실제 개인사업이라고 인정되는 것이다. 예컨대, 실질적으로 주주가 회사를 지배하는 사실뿐만 아니라, 회사와 주주 개인에 대해 그 재산이 혼합된 경우, 그 사업 활동이 계속하여 혼동되는 경우, 그 회계 · 장부 조직의 구별이 결여한 경우, 이사회 · 주주총회가 개최되지 않는 경우 등을 종합하여 법인의 형해화가 판단된다.

3. 주식회사의 능력

[168] 주식회사는 법인으로서의 성질상 당연히 자연인을 전제로 하여 인정되는 권리 의무(예로 생명권, 친권, 부양의 의무 등)의 주체가 될 수 없다. 나아가 주식회사는 법률에 따라 설립된 법인이므로, 그 권리능력은 법령에 의해 제한된다. 예를 들어, 해산 후 회사 및 파산선고를 받은 회사는 청산 또는 파산의 목적 범위 내에서만 권리를 가지고 의무를 부담한다(제476조). 따라서 청산 중의 회사는 회사의 사업을 새로 행할 수 없다.

(1) 「정관 소정의 목적」에 의한 제한

[169] 주식회사는 그 사업 목적(회사의 목적)을 정관에 기재하고(→ 930), 그것을 등기하여야 한다(제27조 제1호, 제911조 제3항 제1호). 판례는 주

식회사의 정관에 기재되어 있는 목적 조항의 의미를 매우 엄격히 해석하고, 정관 목적 사항의 문언만을 가지고 어느 행위가 목적 범위 내 행위인지를 결정한 시기가 있었다. 그러나 점차 정관의 목적 사항을 확대해 탄력적으로 해석하였고, 목적을 수행하는 데 필요한 행위 또한 목적 범위 내에 있다고 해석하기에 이르렀다(大判大元 · 12 · 25民録18 · 1078). 나아가 목적을 수행하는 데 필요한 행위의 판단기준에 대해서는 거래의 안전을 보호한다는 관점에서(목적 수행상 실제로 필요하였느냐고 하는 내부사정은 외부자가 정확히 알 수 없다. 이러한 사정을 조사한 후가 아니면 거래할 수 없다고 한다면 제삼자는 안심하고 거래에 들어갈 수 없다) 행위의 객관적 성질에 따라 추상적으로 판단해야 한다는 결론에 이르렀다(大判昭13 · 2 · 7民集17 · 50, 最判昭27 · 2 · 15民集6 · 2 · 77〔百選1事件〕).

[170] 회사의 권리능력이 정관 소정의 목적에 의해 제한되지 않는다고 해석하는 학설도 유력하게 주장되었다. 그 논거로서는 ① 회사의 목적이 등기에 의해 공시되고 있다고 하더라도 거래 상대방인 제삼자가 거래 때마다 이를 확인하는 것은 사실상 기대할 수 없다는 것, ② 목적에 의한 제한은 회사에 불리한 거래를 한 경우에 책임을 회피하는 수단으로써 이용되는 것을 들고 있다. 다만 이러한 학설에서도 회사의 능력은 정관 소정의 목적에 의해 제한되지 않지만, ① 회사에 공통적인 영리목적에 의해 제한된다고 해석하는 설과 ② 회사 목적은 대표기관의 권한을 제한하는 것이라고 해석하는 설 등이 있었다. 회사의 권리능력은 무엇에 의해서도 제한되지 않는다는 견해도 있었다(이 경우에도 정관 소정의 목적에 반하는 이사의 행위는 주주에 의한 유지청구〔제360조 제1항〕, 회사에 대한 배상책임〔제423조 제1항〕의 원인이 된다).

[171] 2006년 민법 개정으로 주식회사를 포함한 법인에 대해「법령의 규정에 따라 정관 그 밖의 기본규약에 정해진 목적 범위 내에서 권리를 가지고 의무를 부담한다」라고 정해졌다(민법 제34조). 이로 인해 주식회사의 권리능력이 정관 소정의 목적에 의해 제한되는 것이 분명해졌

다. 이 점에 대해 종래 회사법의 유력학설을 무시한 입법이란 비판이 강했다. 다만 이미 기술한 바와 같이 현재에는 대부분 행위가 회사의 목적범위 내라고 해석되기에(나아가 회사의 정관에는 회사 목적 끝부분에 「기타 전 호에 부대하는 모든 사업」 등이라고 기재하는 것이 통상이다. 〈→ 정관 제2조 참고〉), 실질적으로는 회사의 권리능력이 정관 소정의 목적에 의해 제한되지 않는 것과 별반 차이가 없다.

(2) 회사의 정치헌금

[172] 정치헌금은 정부나 정당 등 특정 정책을 지지, 추진하기 위한 수단이며, 정치 활동의 하나이다. 일본국 헌법은 국민에게 참정권과 사상 및 양심의 자유를 인정하고(헌법 제15조, 제19조), 표현의 자유를 보장하고 있다(헌법 제21조 제1항). 사회적 실재나 그 기능에 비추어 법인에 헌법상의 인권향유 주체성을 승인하는 것이 헌법학의 통설적 지위에 있는 듯하다. 다만 법인에 대해 인권보장이 미친다고 해도 정치적 행위의 자유가 자연인과 같은 수준으로 인정되어야 하는가에 대해서는 논란이 있다. 자연인은 각각 정치적 사상이나 신조에 따라 자신이 소유하는 재산을 가지고 정치헌금을 한다. 법인인 회사도 회사가 소유하는 재산을 이용해 정치헌금을 한다. 그러나 회사의 재산은 회사의 실질적 소유자인 주주가 갹출하는 자금으로 형성되는 것이다. 주주 중에는 다양한 정치적 의견을 가진 주주가 존재함을 부정할 수 없고, 회사의 정치헌금은 개인적인 정치적 신조와 다른 정치적 지원을 주주에게 강제한다는 문제가 있다. 나아가 회사는 큰 금액의 정치헌금이 가능하므로, 그것을 통해 적극적으로 정치 의사 형성에 참여할 수 있다. 이것은 국민의 참정권을 침해하는 것 아니냐는 점이 지적되고 있다.

[173] 주식회사가 사회공헌사업 등에 기부행위를 하는 것에 대해서는 기부행위가 회사의 목적달성에 간접적으로 이바지한다는 것 또는 현대사회에서 회사가 사회적 역할을 다하는 것이 요구되는 것 등을 이

유로, 이를 사법상 합법적인 행위로 인정하는 것이 일반적인 견해이다. 그러나 정치헌금이 기부행위와 마찬가지로 회사 정관의 목적 범위 내의 행위인가에 대해서는 논란이 있다. 이 문제에 대한 주요 판례인 야하타 제철八幡製鉄 사건 대법원판결(最大判昭45 · 6 · 24民集24 · 6 · 625〔百選2事件〕)은 「정치자금 기부는 객관적 · 추상적으로 관찰하여 회사의 사회적 역할을 다하기 위해 이루어진 것으로 인정되는 한, 회사 정관 소정의 목적 범위 내 행위라고 해도 무방하다」라고 하였다(회사의 규모, 경영실적 그 밖의 사회적 · 경제적 지위 및 기부의 상대방 등 제반 사정을 고려해 합리적인 범위 내에서 금액을 결정해야 한다고 하였다). 다른 판결에서도 기본적으로 회사의 정치헌금은 회사의 목적을 달성하는 행위로서 정관 소정의 목적 범위에 포함된다고 해석하였다. 학설도 이러한 판례의 태도를 지지하는 것이 많다. 다만 정치헌금은 주주 전원의 동의에 기초해 이루어진 것이 아닌 한, 헌법 또는 민법(민법 제90조)의 관점에서 무효로 해석하는 설도 주장되고 있다.

[174] 정치헌금에 대해서는 공직선거법(1950년 법률 제100호)이 특별한 이익을 수반하는 정치헌금을 금지하고 있다. 나아가 정치자금규정법(1948년 법률 제194호)이 회사 등의 정치헌금 규제를 정하고 있다. 회사는 정당과 정치자금단체 이외의 자에게 정치 활동에 관한 기부를 하는 것이 금지된다(정치자금규정법 제21조 제1항). 정치자금단체는 정당을 위해 자금상의 원조를 수행할 목적을 가지는 단체이며(동법 제5조 제1항 제2호), 정당은 각각 하나의 단체를 해당 정당의 정치자금단체 역할을 담당할 단체로 지정할 수 있다(동법 제6조의2 제1항). 정당은 이러한 지정을 한 때는 즉시 그 뜻을 총무대신에 신고해야 한다(정치자금규정법 제6조의2 제2항). 이러한 제한은 정치부패사건 대부분이 회사 등의 단체기부가 원인이었던 것을 토대로 한 것이다. 정치헌금을 받을 수 있는 자를 정당과 정치자금단체로 한정함으로써 자금 흐름의 투명성을 도모하고 있다.

정당 · 정치단체에 대한 정치자금의 흐름

개인						기업 노동조합 등
개인	A 형식 [정당 · 정치자금 단체에 대한 기부 한도] 연간 합계 2,000만 엔 이내	한도 범위 내에서 개별 제한 없음	정당	한도 범위 내에서 개별 제한 없음	A 형식 [정당 · 정치자금 단체에 대한 기부 한도] 연간 합계 750만 엔 이내 ~ 1억 엔 이내	기업 노동조합 등
		한도 범위 내에서 개별 제한 없음	정치 자금 단체	한도 범위 내에서 개별 제한 없음		
	B 형식 [기타 정치단체 · 공직 후보자에 대한 기부 한도] 연간 합계 1,000만 엔 이내	연간 150만 엔 이내	자금 관리 단체 [공직 후보자가 1개 단체를 지정]	일절 금지	일절 금지 [기타 정치단체 · 공직 후보자에 대한 기부는 일절 금지]	
		연간 150만 엔 이내	기타 정치단체	일절 금지		

* 개인 기부 중 공직 후보자가 자신의 자금관리단체에 대해 기부하는 것 및 유증에 의한 것에 대해서는 특례가 있다.

(総務省自治行政局選挙部政治資金課「政治資金規正法のあらまし」13頁)

● 정치자금규정법의 규제

[175] 정치자금규정법의 규제 대상이 되는「기부」는 금전, 물품 그 밖의 재산상 이익 공여 또는 교부로 당비나 회비 기타 채무 이행 이외의 것을 말하며(동법 제4조 제3항), 비서 파견이나 자동차 제공 등 편익 제공도 포함된다. 이처럼 금지되는 기부를 권유, 요구하는 것도 금지된다(동법 제21조 제3항). 위의 사항을 위반한 자는 1년 이하의 금고 또는 50만 엔 이하의 벌금에 처하는 것 외에(동법 제26조), 공민권 정지 사유도 된다(동법 제28조). 정부로부터 보조금 등의 교부를 받은 회사, 3 사업연도 이상에 걸쳐 계속하여 결손이 생긴 회사 등은 정치 활동에 관한 기부를 할 수 없다(동법 제22조의3, 제22조의4). 회사가 정당, 정치자금단체에 대해 하는 기부 한도액(총액)은 자본 규모에 따라 정하고 있다(750만 엔에서 3,000만 엔. 동법 제21조의3 제1항 제2호).

[176] 일본에서는 1990년 회사의 정치헌금이 100억 엔을 넘었다. 당시에는 경제단체연합회가 자동차 기업 · 전기電機 기업 등이 설립한 단

체마다 정치헌금액을 정하고, 그 단체가 각 회사에 할당하는 제도를 채용하였다. 그러나 이러한 제도는 국민의 비판을 받았고, 결국 1994년 중지되었다. 그 후 일본에서는 세금으로 정당을 지원하는 정당 조성금 제도가 창설되었다. 국민 1인당 연간 250엔의 세금(합계 약 320억 엔)이 정당 조성금으로 사용되며, 국회의원 수와 선거에서의 투표수에 따라 각 정당에 분배하고 있다(2018년도 교부액은 총 317억 7,368만 2,000엔이며, 이중 자유민주당은 174억 8,989만 6,000엔이었다. 総務省「報道資料」(令和元年9月27日)). 그런데 2014년 경제단체연합회가 정치헌금에 대한 관여를 재개한다는 방침을 결정하였다. 이에 따라 경제단체연합회는 각 기업에 대해 정치헌금 요청을 개시하였다. 총무성이 공표한 정치자금수지보고서(2017년)에 따르면, 자유민주당의 정치자금단체에 약 23억 9,182만 엔의 기업 · 단체헌금이 이루어졌다. 경제단체연합회는 민주정치를 적절히 유지하려면 상응하는 비용부담이 불가결하고, 기업의 정치헌금은 사회공헌의 하나로서 중요하다고 강조한다. 그러나 이러한 움직임은 시대에 역행하는 것이라는 비판도 강하다.

4. 주식회사의 분류

(1) 대회사와 공개회사

[177] 최종 사업연도에 관한 대차대조표에 자본금으로 계상한 금액이 5억 엔 이상 또는 부채의 부에 계상한 금액이 200억 엔 이상인 주식회사를 대회사라고 한다(제2조 제6호). 2005년 개정 전까지 「주식회사 감사 등에 관한 상법 특례에 관한 법률」(상법특례법)이 있었고, 대회사에 대해 상법의 특별규정을 정하고 있었다. 100만 개사 이상의 주식회사 중에는 대규모 회사부터 가족적 경영을 하는 소규모회사까지 여러 회사가 있었다. 다양한 주식회사를 상법 규정만으로 규제하는 것은 적절치 않아 1974년 상법특례법이 제정된 것이다. 회사법에서도 대규모 회

사에 대해 특별한 규정을 둘 필요가 있다. 그래서 2005년 개정 전까지와 거의 같은 기준을 이용해 대규모 회사를 정의하고, 대회사란 개념을 사용하는 것으로 하였다(상법특례법상은 자본금이 5억 엔 이상 또는 최종 대차대조표의 부채의 부에 계상한 금액의 합계액이 200억 엔 이상인 회사를 대회사로 규정하였다. 이에 따르면 사업연도 중에 자본금이 증감한 경우의 복잡한 경과조치에 대한 규정을 둘 필요가 있었다). 한편, 상법특례법하에서는 주식회사 중 자본금이 1억 엔 이하이며 부채총액이 200억 엔 미만의 회사(소회사)에 관해, 감사의 권한 등에 대해 특별한 규제를 하고 있었다(회계감사권한에 한한다). 다만 지배구조의 관점에서는 회사 규모와 관계없이 감사에게 업무감사권한을 부여하는 것이 바람직하다. 또한 회사법하에서는 대회사와 그 이외의 회사 구분에 더해, 회사 규모에 따라 차이를 둘 실익은 크지 않았다. 그래서 회사법에서는 소회사에 대한 규정을 두지 않았다.

[178] 그런데 공개회사는 일반적으로 그 발행하는 주식 등을 거래소 등에 상장하는 회사를 말한다(주식 상장 → 341). 회사법에서는 모든 종류의 주식에 대해 양도제한이 있는 주식회사 이외의 주식회사를 공개회사로 규정하고 있다(제2조 제5호)(주식의 양도제한 → 311). 일부 종류주식에 대해서만 양도제한이 있는 회사도 공개회사가 된다. 소규모회사에서는 주식에 관해 양도제한을 하는 것이 통상이라고 생각된다. 한편, 지주회사의 자회사 등 대규모 회사이면서 폐쇄성을 유지하는 회사도 있다.

[179] 공개회사는 주주 수가 다수에 이르며, 소유와 경영의 분리가 진행하는 것이 상정된다. 그래서 공개회사에서는 회사 경영 체제를 정비할 필요가 있고, 이사회 설치가 의무화된다(→ 458). 한편 대회사에서는 회사 규모가 크고, 거래 상대방 등 채권자가 다수에 이르는 것이 생각된다. 그 때문에 채권자 등의 보호를 위해 회계감사인 설치가 의무화된다(→ 460). 회사법에 있어 회사는 ① 공개회사 + 대회사, ② 공개회사 이외의 회사(주식양도제한회사) + 대회사, ③ 공개회사 + 대회사 이외의 회사(중소회사), ④ 공개회사 이외의 회사 + 대회사 이외의 회사로 분류되

며, 각각 선택할 수 있는 기관설계가 정해져 있다(→ 457 이하).

(2) 모회사와 자회사

[180] 회사는 그 사업에 대해 자회사를 이용해서 하는 경우가 적지 않다. 순수지주회사뿐만 아니라, 회사가 특정 사업을 자회사를 통해서 하는 경우가 있다. 현대사회에서는 이러한 회사 실태로부터 회사 단위에 대한 규제뿐만 아니라, 기업 그룹에 대해서도 적절한 규제를 취할 필요가 있다. 2005년 개정 전 상법에서는 주식회사가 다른 주식회사 또는 다른 유한회사의 의결권 과반수를 가지는 경우 그 다른 주식회사 또는 유한회사를 「자회사」로 정하고, 이 경우에 있어 과반수의 의결권을 가지는 주식회사를 「모회사」로 정하였다(개정 전 상법 제211조의2, 구 유한회사법 제24조 제1항). 개정 전 상법에서는 의결권 수라는 형식적 기준이 이용되었다. 회사법에서는 총의결권의 과반수라는 기준에 더해, 실질적 지배 관계의 여부에 따라 모자관계를 판단하는 것으로 하였다. 관련 기준은 법무성령에서 정하고 있다(제2조 제3호 · 제4호).

● 모회사 · 자회사의 정의

[181] 다른 회사 등의 재무 및 사업 방침 결정을 지배하고 있는 회사가 모회사이며, 지배되고 있는 회사가 자회사가 된다. 「재무 및 사업 방침 결정을 지배하고 있는」이란 다음의 경우를 말한다(회사법 시행규칙 제3조 제3항).

① 의결권 소유 비율이 50%를 넘는 경우

② 의결권 소유 비율이 40% 이상인 경우로

(i) (a) 자기 계산으로 소유하고 있는 의결권, (b) 자기와 출자, 인사, 자금, 기술, 거래 등에 있어 밀접한 관계가 있는 자로 자기의 의사와 같은 내용의 의결권을 행사하는 것이 인정되는 자가 소유하고 있는 의결권, (c) 자기의 의사와 같은 내용의 의결권을 행사하는 것에 동의한 자가 소유하고 있는 의결권의 합계가 50%를

넘는 경우

(ii) 이사회 기타 이에 준하는 기관의 구성원 총수에 대한 (a) 자기 임원, (b) 자기 업무를 집행하는 사원, (c) 자기의 사용인, (d) (a) 내지 (c)였던 자의 수 비율이 50%를 넘는 경우

(iii) 중요한 재무 및 사업 방침 결정을 지배하는 계약 등이 존재하는 경우

(iv) 자금조달액 총액에 대한 융자액 등의 비율이 50%를 넘는 경우

(v) 그 밖에 재무 및 사업 방침 결정을 지배하는 것이 추측되는 사실이 존재하는 경우

③ ①② 외에, 의결권 소유 비율이 50%를 넘는 경우로 ②의 (ii) 내지 (v)의 어느 하나의 요건에 해당하는 경우

(3) 일반법상의 회사와 특별법상의 회사

[182] 회사법의 적용을 받는 회사를 일반법상의 회사라고 하며, 특별법의 규정에 따르는 회사를 특별법상의 회사라고 한다. 특별법에는 국제전신전화주식회사법(1952년 법률 제301호), 전원개발촉진법(1952년 법률 제283호), 일본담배산업주식회사법(1984년 법률 제69호), 일본전신전화주식회사 등에 관한 법률(1984년 법률 제85호), 여객철도주식회사 및 일본화물철도주식회사에 관한 법률(1986년 법률 제88호)과 같은 특정 회사를 위한 특별법과 은행법(1981년 법률 제59호), 신탁업법(2004년 법률 제154호), 보험업법(1995년 법률 제105호), 철도사업법(1986년 법률 제92호) 등과 같이 특정 종류의 사업을 목적으로 하는 회사에 공통으로 적용되는 특별법이 있다.

(4) 외국회사

[183] 회사법에서는 외국회사를, 외국 법령에 준거하여 설립되는 법인 그 밖의 외국단체로 회사와 동종의 것 또는 회사에 유사한 것을 말한다고 정하고 있다(제2조 제2호). 외국회사는 그 외국법상 가지는 권리능

력을 일본에서도 가진다. 즉, 법인인 외국회사는 일본법에 따라 설립된 동종의 회사와 같은 권리를 누릴 수 있다(민법 제35조 제2항 본문).

[184] 외국회사가 일본에서 계속하여 거래하려고 하는 때는 일본에서의 대표자를 정하고, 그 회사에 관해 등기할 필요가 있다(제817조, 제933조). 일본의 대표자 중 1명 이상은 일본에 주소를 가진 자이어야 한다(제817조 제1항). 일본의 모든 대표자가 퇴임하는 경우에 자본감소에 있어 채권자 보호와 같은 절차가 요구된다(제820조 제1항). 그 절차 종료 후에 퇴임 등기를 하는 것으로 퇴임의 효력이 발생한다(동조 제3항). 이러한 규제는 외국회사가 일본에 미지급 채무를 남긴 상태로 국내 보통재판적을 상실하는 것을 방지하는 데 효과가 있다.

[185] 주식회사와 동종 또는 가장 유사한 외국회사는 일본 주식회사와 마찬가지로 일본의 최종 대차대조표와 동종 · 유사한 것 또는 그 요지를 정기주주총회에 의한 승인과 동종 · 유사한 절차를 거친 후 바로 공시해야 한다(제819조 제1항). 법이 정하는 일정 사유(불법적인 목적의 사업, 사업 등기 후 1년 이상 사업 불개시 등)가 있는 경우에 법원은 법무대신 또는 주주, 채권자 기타 이해관계인의 청구에 따라, 외국회사가 일본에서 계속하여 거래하는 것을 금지하는 명령 및 영업소를 폐쇄하는 명령을 내릴 수 있다(제827조 제1항). 그 경우에는 일본의 회사재산에 관해 청산 개시를 명할 수 있다(제822조). 내국 채권자를 보호하기 위해 이른바 속지 청산**屬地清算**이 인정되고 있다.

● 유사외국회사

[186] 외국회사는 본래 일본 회사법의 지배를 받지 않는다. 그러나 일본 회사법의 적용을 회피하려고 의도적으로 외국법에 따라 외국회사를 설립하고, 나아가 그 본점을 일본에 설치하거나 일본을 주된 영업지로 하는 탈법적인 행위가 이루어지는 것을 방지할 필요가 있다. 2005년 개정 전 상법은 이러한 외국회사(유사외국회

사)가 내국회사와 같은 규정의 지배에 따라야 한다고 정하고 있었다(개정 전 상법 제482조, 구 유한회사법 제76조). 이와 관련해 같은 규정의 의미에 대해서는 학설이 나누어졌다. 판례(大決大7 · 12 · 16民録24 · 2326)와 통설은 설립에 관한 규정도 포함된다고 해석하였다. 이에 의하면 그러한 회사는 일본법에 따라 다시 설립되어야 하며, 그대로는 외국회사로서 등기할 수 없다. 따라서 유사 외국회사의 법인격이 인정되지 않고, 그 거래에 대해서는 대표자가 책임을 부담하는 것으로 되었다.

[187] 회사법은 일본에 본점을 설치하거나 일본에서 사업을 하는 것을 주된 목적으로 하는 외국회사는 일본에서 계속하여 거래할 수 없다고 규정하고 있다(제821조 제1항). 관련 규정을 위반해 거래를 한 자는 상대방에 대해 외국회사와 연대하여 그 거래로 인해 발생한 채무를 변제할 책임을 진다(동조 제2항). 회사법은 거래 상대방 보호의 관점에서 유사외국회사의 법인격을 부정하지 않는 것으로 하였다. 대신에 외국회사를 이용하여 일본의 회사법제를 잠탈하는 것을 방지하기 위해, 오직 일본에서의 사업을 목적으로 설립된 외국회사는 일본에서 거래를 계속할 수 없도록 하였다.

제 2 장

기업금융(corporate finance)

제 1 절 회사의 자금조달

1. 내부자금과 외부자금

[188] 주식회사는 그 사업 활동을 위해 자금조달을 한다. 회사 자금에는 내부자금과 외부자금이 있다. 내부자금은 회사의 사업 활동으로 스스로가 만들어내는 자금이며, 이익 내부유보, 감가상각비가 이에 포함된다. 내부유보는 당기 이익에서 주주에 대한 잉여금 배당금, 세금 등을 뺀 것이다. 감가상각은 회사가 설비투자를 한 경우에 그 취득에 든 비용을 자산(감가상각자산)으로 계상하고, 일정 기간(내용연수耐用年數) 그 비용(감가상각비)을 배분하는 회계 처리이다.

자금조달 추이

(단위: 억 엔, %)

구분 \ 연도	2014년		2015년		2016년		2017년		2018년	
		구성비		구성비		구성비		구성비		구성비
자금조달	835,464	100.0	641,254	100.0	484,502	100.0	1,125,452	100.0	929,449	100.0
외부조달	△33,099	△4.0	△42,494	△6.6	△371,931	△76.8	116,160	10.3	173,645	18.7
증자	△69,929	△8.4	△78,574	△12.2	△566,129	△116.8	△37,615	△3.3	15,461	1.7
사채	3,736	0.4	1,811	0.3	94,772	19.5	64,365	5.7	56,704	6.1
차입금	33,094	4.0	34,269	5.3	99,427	20.5	89,409	7.9	101,480	10.9
장기	51,089	6.1	4,159	0.6	110,295	22.7	33,230	2.9	65,383	7.0
단기	△17,995	△2.1	30,110	4.7	△10,868	△2.2	56,179	5.0	36,097	3.9
내부조달	868,563	104.0	683,748	106.6	856,433	176.8	1,009,292	89.7	755,803	81.3
내부유보	492,171	58.9	286,205	44.6	476,085	98.3	627,561	55.8	375,310	40.4
감가상각	376,392	45.1	397,544	62.0	380,347	78.5	381,731	33.9	380,494	40.9

(財務省「法人企業統計調査」〔資金調達の達成(フローベース)〕(令和元年9月2日)13頁)

● **감가상각**

[189] 건물이나 기계 등의 고정자산은 취득 시에 많은 자금이 필요하다. 취득금액을 한 번에 전액 비용 계상하면 그 연도 결산은 큰 적자를 기록할 가능성이 있다(적자를 기록하지 않는 때에도 재무내용의 연도별 비교 가능성이 크게 훼손된다). 또한 투자 효과는 그 연도만이 아니라, 다음 연도 이후 회사의 생산 · 판매에 나타난다. 그래서 각 연도에 나눠 비용과 수익을 대응시키는 것이 필요하다(「비용 · 수익대응의 원칙」이라고도 한다). 이 점에서 일정 기간(내용연수) 취득 비용을 나누어 계상하는 회계 처리가 이루어진다(감가상각비. 회계연도 첫 기수期首에 100만 엔의 자동차를 구매한 경우〔내용연수는 5년으로 법정 되어 있다〕, 매년 비용〔감가상각비〕을 20만 엔〔100만 엔 ÷ 5년〕계상한다). 나아가 이러한 자산은 장기간에 걸쳐 사용하는 것이다. 그 기간 자산의 경제적 가치는 감소한다. 그래서 자산의 가치에 대해서도 일정 기간(내용연수) 가치 하락을 반영한 금액으로 자산 계상한다(감가상각자산. 위의 예로 생각하면, 매년 자산으로서의 가치를 20만 엔 감액하여 계상한다).

[190] 회사는 매년 감가상각비를 계상한다(손익계산서의 판관비 · 제조경비로서). 그러나 실제 금전은 고정자산 구매 시에 지급을 마친다. 그래서 그 연도에 계상된 감가상각비는 현금지출이 없는 비용이 된다. 비용은 생산 · 판매 활동을 통해 회수된다(판매액). 그래서 계산상 감가상각비에 상당하는 현금cash이 수중에 남는 것이 된다.

[191] 외부자금은 주식, 사채 등 증권발행 수령액, 은행으로부터의 차입금 등이 포함된다. 증권발행을 통한 자금조달을 직접금융, 은행차입을 통한 자금조달을 간접금융이라고 한다. 외부자금에 있어 종래 일본에서는 간접금융에 대한 의존도가 압도적으로 높았다. 이에 대해서는 ① 제2차 세계대전 후 정부가 저금리 정책을 펼친 것, ② 은행과 회사 간에 긴밀한 관계(메인뱅크 제도)가 구축되어 온 것, ③ 증권시장이 발달하지 않은 것 등이 이유로 언급되었다. 나아가 고도경제 성장시대에는 회사의 왕성한 설비투자 의욕으로 자금 수요가 증대하고, 이에 수반하

는 자금 부족이 은행으로부터의 차입금으로 충당되었다. 그러나 경제가 안정성장시대에 접어들면서 회사는 설비투자를 억제하고 경영 효율화를 도모하였다. 이와 더불어 자금조달 방법의 다양화가 실현되었다. 특히 내외 증권시장을 통해 자금조달을 하는 움직임이 활발해졌다. 다만 증권시장을 통한 자금조달이 가능한 기업은 대기업에 한정되었고, 많은 중소기업은 여전히 은행 차입에 의존하였다.

2. 자금조달 실태

(1) 거품 경제와 에퀴티 파이낸스equity finance

[192] 1980년대 일본은 이른바 「거품 경제」로 들끓었다. 주가는 점차 상승하고, 주식시장은 활황을 보였다. 주가 상승을 기대한 투자자는 신규로 발행되는 주식을 적극적으로 사들였다. 회사는 주식발행으로 모은 자금을 본업에 사용하지 않고, 다른 회사 주식 및 부동산에 투자하였다. 이로 인해 주가는 한층 더 상승하였고, 또한 부동산 가격도 급등하였다. 회사가 잉여자금을 본업 이외의 투자로 운용하는 이른바 「재테크」라는 개념이 유행한 것도 이 시기이다.

[193] 이 시기에 은행은 활발히 에퀴티 파이낸스(주식 발행을 수반하는 자금조달)를 실시하였다. 이는 국제결제은행BIS이 정하는 자기자본비율규제((자기자본/총자산)을 일정 수준으로 향상하는 규제(BIS 규제))를 달성하기 위한 것이었다. 1989년 금융 · 보험업의 유상증자액은 3조 8,088억 엔으로 전체의 50.3%를 차지하기에 이르렀다. 나아가 1987년에 창설된 기업어음CP 시장이 급속히 확대하고(CP → 421), 기업은 단기자금 차입에도 자본시장을 이용하게 되었다. 이러한 상황으로 회사의 은행 차입에 대한 의존도(레버리지비율leverage ratio)는 저하하였다.

[194] 1989년 12월 29일 도쿄증권거래소 제1부 일경평균주가는

사상 최고인 3만 8,915엔을 기록하였다. 그러나 1990년에 들어서면서 갑자기 주가가 하락 경향을 보였고, 1990년 유상증자 총조달액은 전년에 견줘 91.2% 감소하였다. 나아가 1992년 3월 16일에는 일경평균주가가 2만 엔 아래로 떨어졌다. 그 후에도 주식시장 침체가 계속되었고, 회사에 있어 에퀴티 파이낸스를 행하는 것이 곤란한 상황이 이어졌다. 일본은 거품 붕괴로 「잃어버린 10년(15년)」 또는 「암흑의 15년」으로 불리는 시대를 맞이하였다.

일경평균주가 장기 추이

(日経平均プロフィール)

[195] 거품 경제 시기에 회사는 전환사채(현재의 전환사채형 신주예약권부사채)를 활발히 발행하였다. 전환사채는 주식으로의 전환권이 부여된 사채이다. 주가가 사전에 정한 가격(전환가격)을 웃돌면, 전환권을 행사하여 이익을 얻을 수 있다(주식으로 전환하여 그 주식을 시장에 매도함으로써 이익을 얻을 수 있다). 그러나 거품 경제 붕괴로 회사의 주가가 주식으로의 전환가격을 밑도는 상황이 이어졌다. 그 때문에 전환권 행사가 이루어지지 않았다. 발행회사는 만기에 전환사채를 그대로 상환해야 할 상황에 몰렸다. 주

식으로의 전환이 이루어지면 상환자금은 필요치 않다. 주가 상승 경향 중, 주식으로의 전환이 이루어지는 것을 기대했던 발행회사는 상환자금 염출로 고생하였다.

[196] 회사는 신주인수권부사채(현재의 신주예약권부사채) 발행도 하였다. 이는 주식을 사는 권리(당시는 신주인수권이라고 하였다)가 부여된 사채이다. 신주인수권이 행사되어도 사채 부분이 남는다는 점에서 전환사채와 다르다. 신주인수권부사채에는 사채 부분과 신주인수권 부분(워런트 warrant라고 한다)을 분리할 수 있는 것이 있었다. 후자는 단독으로 거래의 대상이 되었다. 거품 경제 붕괴 후에 회사의 주가가 신주인수권 행사가격을 밑도는 상황이 되고, 워런트는 무가치가 되었다(투자자는 행사가격보다 낮은 가격으로 주식을 시장에서 살 수 있기 때문이다). 거품 경제 시대에 증권회사가 이러한 워런트 판매를 적극적으로 하였다. 그것을 산 일반 투자자의 손실이 사회문제가 되었고, 증권회사를 상대로 많은 소송(이른바 워런트 소송)이 제기되었다.

(2) 자금조달방법의 다양화

[197] 신주예약권부사채는 주가 상승이 기대되지 않는 경우 투자자에 의한 구매 인센티브가 작동하지 않는다. 거품 경제 붕괴 후에 주가가 침체하면서 신주예약권부사채 발행은 둔화하였다. 현행법하에서는 신주예약권을 단독으로 발행하는 것도 가능하다(→ 385). 신주예약권은 회사의 임원 등에 대한 스톡옵션 부여를 위해 발행된다. 주가가 상승하면 신주예약권을 행사하여 주식을 취득하고 그 주식을 높은 가격으로 매각할 수 있다. 그 때문에 인센티브 보수의 하나로 활용할 수 있다(→ 56). 나아가 신주예약권은 적대적 매수의 방어책으로도 이용된다. 사전에 모든 주주에게 신주예약권을 무상으로 교부해 두고, 적대적 매수자가 나타난 때에 적대적 매수자 이외의 신주예약권 행사에 의한 주식 취득을 허용함으로써 매수자의 지주비율을 낮출 수 있다(이른바 불독소스 사

건에서는 주식을 매집한 스틸파트너스에는 현금을 교부하고, 그 이외의 주주에게 주식을 교부한 것이 문제가 되었다. → 399).

[198] 나아가 최근에는 rights offering으로 신주예약권이 이용되고 있다. rights offering은 기존의 주주에게 그 보유주식 수에 따라 신주예약권을 무상으로 배정하는 방법으로 이루어진다(신주예약권 무상배정 → 394). 증권회사가 행사되지 않은 신주예약권을 인수하는 계약이 있는 것(코미트먼트형rights offering)과 그러한 계약이 없는 것(논코미트먼트형rights offering. 행사되지 않은 신주예약권은 실권한다)이 있다. 주식을 공모(→ 260)나 제3자 배정(→ 261)에 따라 발행하는 경우 기존주주의 지주비율이 변동한다. 특히, 제3자 배정의 경우 기존주주의 지주비율이 대폭 희석화될 위험성이 있다. 기존의 지주비율을 변동시키지 않기 위해서는 지주비율에 따라 신주를 배정하는 방법이 있다(주주배정 → 259). 다만 이 경우 주주는 배정된 주식에 대한 지급이 사실상 강제되게 된다. 이에 반해 rights offering에서는 신주예약권을 행사하여 주식을 취득하는 것 외에, 권리행사를 하지 않고 신주예약권을 시장에 매각할 수 있다. 주주는 지주비율의 희석화는 피할 수 없지만, 신주예약권 매각을 통해 그에 상응하는 경제적인 보충을 할 수 있다.

〈rights offering 개요〉

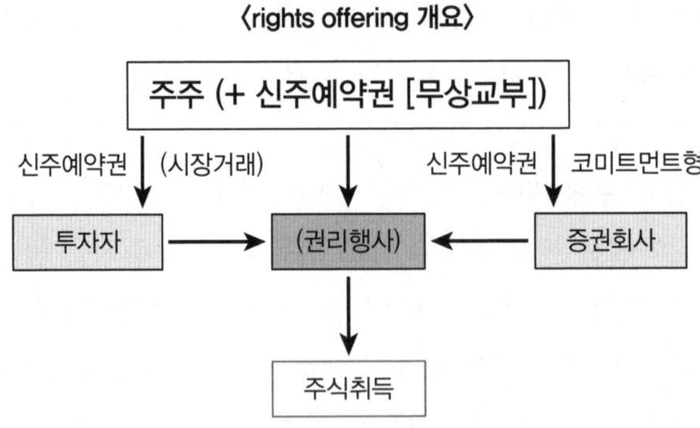

[199] 「자산유동화」는 유동성이 낮은 자산을 유동성 높은 자산으로 전환하는 것을 말한다. 자산유동화는 회사가 보유하고 있는 자산(채권 등)을 증권화하여 투자자에게 매각하는 것으로 이루어진다. 회사는 특정목적회사SPC 등에 자산을 양도한다. SPC 등은 이 자산을 기초로 증권(자산담보증권ABS)을 발행한다. 채권에는 채무불이행 위험성이 있다. 증권화는 채무불이행 위험성을 투자자에게 전가하는 구조이다. 채권자는 채권을 SPC에 유상 양도함으로써 채무불이행 위험을 회피하는 한편, 투자자는 유용한 투자기회를 얻게 된다. 이 구조를 실현하기 위해 자산유동화법 등 특별법이 존재한다. 특히, 은행 등의 금융기관이 보유하는 부동산이나 대부채권을 본체로부터 분리하고, 자기자본비율을 증가시키는 목적으로 채권 유동화가 이루어진다(자기자본비율 규제(→193)에 있어 분모를 압축한다). 또한 사업회사가 이 수법으로 매출채권의 유동화를 하는 예도 있다.

〈SPC를 활용한 자산(채권) 유동화 개요〉

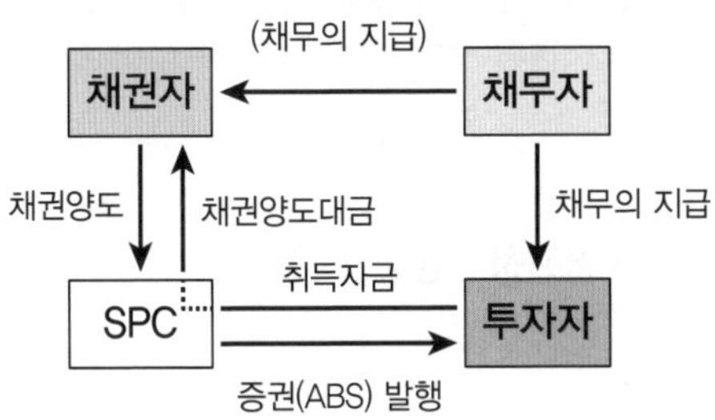

[200] 기업 재건 수단의 하나로 데트 · 에퀴티 스왑debt-equity swap, DES이 이용된다. 이는 채무debt와 지분equity을 교환swap하는 것이다. 구체적으로는 채무(차입 등)와 교환하여 주식이 발행되는 예가 많다. DES의 방법으로서 대부채권 등의 채권을 현물출자(→948)하는 방식과 금전출자와 채무 변제를 짜 맞춘 신주납입방식(제3자 배정(→261)으로 신주발행을 하고, 납입된 자금을 변제에 충당한다)이 있다. 차입채무 등이 있는 회사는 그것을 줄임

으로써 재무 체질을 개선할 수 있다. 또한 유이자부채 감소에 따른 금리 부담을 경감하는 것도 가능하다. 한편 채권자도 채권 일부를 주식으로 교환해 둠으로써 채권 포기를 회피하면서 재건계획이 성공한 경우에 주식매각이나 배당수입을 얻는 것을 기대할 수 있다. 주주로서 경영에 관여하는 것도 가능하다.

〈DES의 개요〉

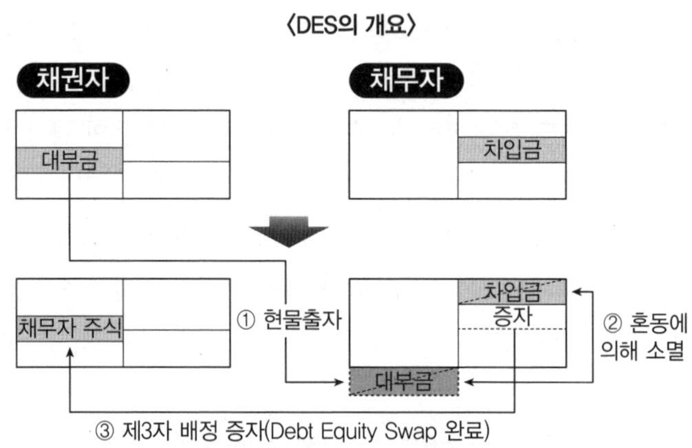

(事業再生に係るDES(Debt Equity Swap: 債務の株式化)研究会=経済産業省経済産業政策局産業再生課「事業再生に係るDES(Debt Equity Swap: 債務の株式化)研究会報告書」(平成22年1月)10頁)

3. 자금조달과 경영의 건전성 · 효율성

(1) 자기자본비율

[201] 회사 경영이나 재무내용을 평가하는 지표에는 여러 가지가 있다. 자기자본비율은 총자본(부채 + 순자산 등) 중에 순자산(주주자본)이 차지하는 비율을 말한다. 자기자본비율이 높은 경우 총자본 중 갚아야 하는 부채(타인자본)에 의해 조달된 부분이 적다는 점에서 재무 건전성이 높다고 할 수 있다.

[202] 일본 회사(제조업)의 자기자본비율은 제2차 세계대전 직후인 1948년에는 11.8%라는 낮은 수준이었다. 전시 체제 아래, 설비투자 확

대가 은행 차입으로 강행된 것이 주된 이유였다. 1955년 일본 회사의 자기자본비율은 40.1%로 상승하였다. 이는 여러 차례에 걸쳐 이루어진 자산재평가를 통해 회사 자산을 시가로 재평가하여 장부가격을 인상한 결과이다. 그러나 그 후에 자기자본비율은 내림세를 이어갔고, 1975년에는 16.6%라는 종전 직후 상태에 근접한 수치까지 떨어졌다. 그 이유는 일본 회사의 자금조달 대부분이 주식 발행에 의하지 않고, 은행으로부터의 차입에 의존한 것에 있다(간접금융 우위의 시대). 일본의 경제성장을 높이고, 구미 수준에 가까워지기 위해서는 방대한 자금공급이 필요하였다. 그것을 위해 전시 체제하에서 취해진 간접금융방식이 다시 채용되었다. 이에 따라 정부가 장기자금을 공급하는 은행에 대한 행정을 통해 회사에 큰 영향을 줄 수 있는 체제가 만들어졌다.

[203] 일본 대기업(제조업)의 자기자본비율은 상승으로 돌아섰다. 2017년 기준 모든 산업의 평균 자기자본비율은 41.7%(이 중 제조업은 48.6%)를 기록하였다(財務省「法人企業統計年報特集」(平成29年度)). 대기업의 자기자본비율이 높아진 것은 회사가 은행 차입 대신에, 에퀴티 파이낸스(→192)에 의한 자금조달을 대폭 활용했기 때문이다. 일본 회사의 성장과 증권시장의 발전이 이를 가능하게 하였다(간접금융에서 직접금융의 시대로).

[204] 과거 고도성장시대에는 매출 급상승을 기대할 수 있었고, 기업의 파탄 위험은 나타나지 않았다. 그 때문에 이른바 지렛대효과leverage에 의해 회사 순이익이 증가한다고 기대되는 한, 차금을 해도 경영을 확대하는 쪽이 유리하였다. 그러나 저성장시대에는 안정적 기반을 가진 회사가 더 높은 수익이 전망되는 투자를 활발히 하는 것이 기대된다. 이 안정성은 자기자본비율에 따라 좌우된다. 이것이 높은 회사일수록 도산 위험이 적고, 그만큼 신제품 · 신기술 개발(이에는 위험이 따른다)을 목표해 나갈 수 있다.

[205] 한편, 현대 일본 회사는 경영자 지배가 확립된 상황이다(→44-47). 이러한 상황에서 자기자본비율이 높아진다는 것은 경영자의 지

배적 지위를 재정적 면에서 점점 강화하는 효과를 가진다는 것에 주의가 필요하다. 자기자본은 주주가 갹출하는 자본(주주자본)이지만, 실질적으로는 경영자의 자유가 되는 것이다. 이처럼 재정적으로도 자립한 경영자의 행동을 어떻게 타율적으로 규율하느냐는 회사법이 안고 있는 과제라고 할 수 있다.

(2) 자기자본이익률ROE

[206] 자기자본이익률이란 당기순이익의 순자산에 대한 비율을 말한다. 주주로부터 조달한 자금과 내부유보한 자금에 의해 어느 정도의 이익을 얻고 있는지를 보는 척도로써 사용된다. 자기자본이익률은 일반적으로 ROEReturn On Equity라고 한다. 한편, 이익의 총자본에 대한 비율을 총자본이익률이라고 한다. 총자본이익률은 회사의 종합적인 수익성을 보는 척도로써 사용된다. 총자본이익률은 일반적으로 ROAReturn On Assets라고 한다.

[207] 근년 ROE 개선을 경영목표로 하는 상장회사가 증가하고 있다. ROE는 주주로부터 조달한 자금이 유효하게 이용되고 있는가를 표시하는 것이다. 다만 지금까지 일본 회사의 ROE는 세계적으로 보아 높은 수준에 있다고는 말할 수 없었다. 그러나 기관투자자 등에게 주주총회에서의 의결권행사를 조언하는 회사(의결권자문사 → 34-4)가 ROE가 낮은 회사에 대해 이사 선임 의안에 반대하도록 주주에게 조언하는 움직임 등이 있고, 회사의 자세가 주목받고 있다.

〈자기자본비율, 자기자본이익률, 총자본이익률 계산식〉

$$\text{자기자본비율} = \frac{\text{순자산}}{\text{총자본(부채 + 순자산)}} \times 100$$

$$\text{자기자본이익률} = \frac{\text{당기순이익}}{\text{순자산(기수(期首)} \cdot \text{기말 평균)}} \times 100$$

$$\text{총자본이익률} = \frac{\text{이익}}{\text{총자본(부채 + 순자산)(기수} \cdot \text{기말 평균)}} \times 100$$

$$= \frac{\text{이익}}{\text{매출}} \times \frac{\text{매출}}{\text{총자본(기수} \cdot \text{기말 평균)}} \times 100$$

(→ 매출이익률) (→ 총자본회전율)

제 2 절 주식

1. 주식의 의의

(1) 주식과 주권

[208] 주식회사의 구성원(사원)인 주주의 회사에 대한 지위를 주식이라고 한다. 주식은 세분화된 지분equity이다(주식발행을 수반하는 자금조달을 에퀴티 파이낸스라고 한다). 지분을 세분화함으로써 회사는 다수의 출자자로부터 많은 자금을 모을 수 있다. 또한 출자자도 그 목적 또는 자금력에 상응하는 수의 주식을 취득할 수 있다. 주주는 그 보유하는 주식 수에 비례하는 수의 주주의 지위를 가진다(지분복수주의). 이에 반해 지분회사(→ 15)에서는 각 사원이 각각 크기가 다른 하나의 지분을 가진다(지분단일주의).

[209] 주식을 다시 분할하여 부분적인 주식을 만드는 것은 허용되지 않는다. 다만 주식을 복수인이 공유하는 것은 인정된다. 주식에 대해 공동상속이 개시하는 경우, 주식은 당연히 분할되지 않고 상속인 전원이 준공유자가 된다(주식은 상속인 전원에게 공동으로 귀속한다). 공유자는 주식에 대해 권리를 행사하는 자 1인을 정하고 회사에 대해 그 성명 · 명칭을 통지하지 않으면 권리행사를 할 수 없다(제106조 본문). 권리행사가 인정되지 않는 때에 준공유자는 주주총회 결의 부존재 확인의 소(→ 535)의 원고적격을 가지는가가 다투어진 사례가 있다(最判平9 · 1 · 28判時1599 · 139〔百選11事件〕은 이를 부정〔유한회사 사례〕, 最判平2 · 12 · 4民集44 · 9 · 1165〔百選10事件〕은 특별한 사정이 있는 경우에 그것을 인정하였다).

[209-2] 공유자가 회사에 대해 통지를 하지 않은 경우라도 회사가 동의한 경우는 주주로서의 권리행사를 할 수 있다(제106조 단서). 권리자의 지정 · 통지는 회사의 사무 처리상 편의를 위한 것이다. 따라서 회사가 그 방법에 따르지 않고 공유자가 권리행사를 하는 것에 동의한 것이라면, 이를 금할 이유는 없다. 다만 회사가 일부 주주와 결탁을 하고, 공유주식 전부에 대해 다른 주주를 해하려는 권리행사를 할 위험성이 있다. 그 때문에 이 경우도 권리행사는 민법 규정에 따라야 한다(最判平27 · 2 · 19民集69 · 1 · 25〔百選12事件〕. 예를 들어, 공유물의 관리에 관한 사항은 원칙적으로 각 공유자의 지분 가격에 따라 그 과반수로 결정한다〔민법 제252조〕).

[210] 2004년 개정 전까지 회사는 주식에 대해 주권을 발행해야 하였다(→ 125). 주권은 주식을 표창하는 유가증권이다. 주권 발행은 주주의 회사에 대한 권리관계를 명확히 하기 위해 의무화되었다. 이는 주식의 양도를 손쉽게 하기 위한 것이기도 하였다(주권 점유자는 주식에 대한 권리를 적법하게 가지는 자로 추정되며〔제131조 제1항〕, 주권을 교부함으로써 주식 양도가 인정된다〔제128조 제1항〕→ 306). 그러나 중소기업에서는 주식 양도가 빈번하게 이루어지지 않는다. 나아가 상장회사에 있어 주권 교부를 수반하는 양도는 오히려 유통성을 저해하는 것이 된다. 이로부터 2004년 개정에서는 회사가 정관에 정함을 두면 주권을 발행하지 않는 것을 인정하였다(주권불소지제도). 주권 발행에 대해 판례는 주주에게 교부된 단계에서 효력이 발생하는 것으로 보고 있다(교부시설**交付時說**. 最判昭40 · 11 · 16民集19 · 8 · 1970〔百選25事件〕). 이에 대해 회사가 주권을 작성하고 어느 주권이 어느 주주인지를 확정한 시기에 효력이 발생한다는 견해(작성시설**作成時說**)도 유력하다.

[211] 회사법하에서는 회사가 그 주식에 관계된 주권을 발행하는 뜻을 정관에 정할 수 있다(제214조). 위의 주권불소지제도는 예외적으로 주권을 발행하지 않는 것을 인정하는 것이다. 지금은 회사가 주권을 발행하지 않는 것이 원칙이며, 주권 발행을 정관에 정한 때에만 주권을 발행하면 된다. 주권을 발행하는 뜻을 정관에 정한 회사를 「주권발행회사」

라고 한다. 주권발행회사도 공개회사 이외의 회사는 주주의 청구가 있을 때까지 주권을 발행하지 않을 수 있다(제215조 제4항). 상장회사에 대해서는 2009년 1월 5일 이후 주권 그 자체가 폐지되고(주권을 발행하는 뜻의 정관 규정을 폐지하는 정관변경결의를 한 것으로 간주하였다. 2004년 개정부칙 제6조 제1항), 주주 등의 관리는 대체결제제도(「사채 · 주식 등의 대체에 관한 법률」에 따른다)로 이루어지고 있다(→ 337–339).

(2) 주식과 자본

[212] 주식회사에서 주주는 인수가액을 한도로 하는 유한책임을 진다(제104조). 그 때문에 회사채권자에게는 회사의 재산만이 자기 채권의 지급 담보가 된다. 그런데 회사재산은 사업에 따라 변동하는 것이다. 그러므로 회사채권자를 보호하기 위해 주식회사는 일정 금액에 상당하는 재산을 회사에 유지하는 것이 요구된다. 이 일정 금액을 자본이라고 한다. 회사는 자본금을 등기해야 한다(제911조 제3항 제5호). 자본금은 대차대조표(→ 779)에 기재되고 공고된다(제440조 제1항). 회사법은 자본금에 상당하는 재산을 회사에 보유시키기 위해 현물출자 및 재산인수에 대한 엄격한 규제(→ 279, 948–955), 출자에 대한 주주의 상계 금지(제208조 제3항) 등을 정하고 있다.

[213] 자본금은 원칙으로서 납입액(현물출자의 경우는 급부액)의 총액이다(제445조 제1항). 다만 발행가액의 2분의 1을 넘지 않는 부분은 자본으로 계상하지 않아도 된다(동조 제2항. 자본금 ≧ 납입액 총액 × 1/2)(→ 799). 이처럼 주식을 발행함으로써 자본금을 늘릴 수 있다. 그 때문에 주식발행에 따른 자금조달을 「증자」라고 하기도 한다.

[214] 자본금에 상당하는 것이 회사에 유보되는 것을 확실히 하기 위해 법정준비금 제도가 있다. 법정준비금은 법률 규정에 따라 적립하는 것이 요구되는 준비금이며, 자본준비금과 이익준비금이 있다(→ 803).

(3) 주주의 권리

[215] 주식에는 회사에 대한 각종 권리가 포함되어 있다. 그 권리는 그 목적에 따라 다음의 두 가지로 분류할 수 있다.

① 회사로부터 경제적 이익을 받는 것을 목적으로 하는 권리(자익권)
잉여금배당청구권(제105조 제1항 제1호)과 잔여재산분배청구권(동항 제2호)(→ 158)이 중심이 된다. 그 밖에 주식매수청구권(제116조 제1항, 제469조 제1항, 제785조 제1항 등)(→ 846, 861) 등이 있다.

② 회사 경영 · 운영에 참가하는 것을 목적으로 하는 권리(공익권)
주주총회 의결권(제105조 제1항 제3호)(→ 491)이 중심이 된다. 그 밖에 주주총회 결의취소의 소 제기권(제831조 제1항)(→ 526), 대표소송 제기권(제847조)(→ 654), 이사 등의 위법행위유지권(제360조 제1항 등)(→676), 주주제안권(제303조 제1항)(→ 481), 주주총회 소집권(제297조 제1항)(→475), 이사 등의 해임청구권(제854조 제1항)(→ 566), 회계장부열람권(제433조 제1항)(→ 506) 등이 있다.

[216] 종래 공익권에 대해서는 주주의 권리라고 하기보다는 회사를 위해 행사해야 할 권한으로서 자익권과 구별하는 견해가 있었다. 그러나 지금은 자익권도 공익권도 주주가 자기를 위해 행사할 수 있는 권리라고 하는 견해가 일반적이다(주주총회 결의취소권도 상속으로 승계된다고 하는 판례가 있다. 最大判昭45 · 7 · 15民集24 · 7 · 804〔百選13事件〕). 주주가 권리행사를 함으로써 다른 주주에게도 영향이 있다는 점에서 공익권이라고 한다.

[217] 잉여금배당청구권이나 주주총회 의결권 등은 1주의 주주라도 행사할 수 있다(단독주주권. 단원주식의 경우 → 219). 그러나 주주제안권, 주주총회 소집권, 회계장부열람권 등은 총주주 의결권의 일정 비율 이상 또는 일정수 이상의 주식을 보유하는 주주만이 행사할 수 있다(소수주주권). 이처럼 권리행사 요건을 엄격히 하는 것은 권리 남용을 방지하기 위함이다.

[218] 주주는 주주의 자격에 기초한 법률관계에서는 그 보유하는 주식의 내용 및 수에 따라 평등하게 취급된다(제109조 제1항). 이를 「주주평등의 원칙」이라고 한다. 다른 내용의 종류주식에 대해서는 다른 취급을 할 수 있다(예를 들어, 우선주식〔→ 227〕의 주주에게는 보통주식의 주주보다 많은 배당을 하는 것이 가능하다). 그러나 같은 내용의 주식에 대해서는 주식 수에 따라 평등하게 취급해야 한다(보통주식의 주주에게는 보유주식 수에 따른 배당을 해야 한다). 다만 합리적인 이유에 근거해 보유주식 수에 따라 다른 취급을 할 수 있는 경우가 있다. 예를 들어, 단원 미만 주주(→ 222)에게는 의결권이 부여되지 않는다(제189조 제1항). 또한 공개회사가 아닌 회사는 주주 상호의 관계가 밀접하고 주주의 변동이 적기 때문에, 주주의 권리(잉여금 배당 · 잔여재산 분배를 받을 권리, 주주총회에서의 의결권)에 대해 주주마다 다른 취급을 하는 뜻을 정관에 정할 수 있다(제109조 제2항)(정관변경 결의 → 490).

(4) 단원주 제도

[219] 단원주 제도는 일정수의 주식을 「1단원」으로 하여, 1단원에 대해 주주총회(또는 종류주주총회) 의결권을 1개 인정하는 제도이다. 일정수의 주식을 보유하는 주주에게 의결권을 인정함으로써 주주 관리 비용 절감을 실현하려는 것이다.

[220] 회사는 정관의 정함으로 단원주 제도를 채용할 수 있다(제188조 제1항)〈→ 정관 제8조 제1항〉. 1단원의 주식 수를 정함에 있어 큰 단위를 인정하는 것은 대주주에게 유리하나, 그 밖의 주주 이익에 반한다. 그래서 1단원의 주식 수(단원 주식수)에는 상한이 있다(법무성령에서는 1,000과 발행주식총수의 200분의 1 중에서 적은 것을 상한으로 한다. 제188조 제2항, 회사법 시행규칙 제34조). 정관을 변경하여 단원주 제도를 도입할 때에는 이사가 주주총회에서 그 변경을 해야 하는 이유를 설명하여야 한다(제190조).

[221] 주식회사는 주식의 단위를 낮춰 다수의 작은 단위 주식으로 할 수 있다(제183조 제1항). 이를 주식분할이라고 한다. 주식분할은 이사회

설치회사의 경우 이사회 결의로 이루어진다(제183조 제2항). 다만 주식분할만을 하면 총의결권 수도 같은 비율로 증가하여 주주 관리 비용이 증대한다. 주식분할과 동시에 같은 비율로 단원 주식수를 설정 · 증가하면 총의결권 수의 변동을 회피할 수 있다. 이 경우 주주의 권리 내용에 변화는 없다. 그래서 주식분할과 동시에 단원 주식수를 설정 또는 증가하는 경우에는 일정 요건 아래 주주총회 결의에 의하지 않고 단원 주식수에 대한 정관변경을 할 수 있다(제191조). 단원 주식수를 감소하거나 단원주 제도를 폐지하는 경우에는 주주총회 결의를 거치지 않고 정관변경을 할 수 있다(제195조 제1항. 이사회설치회사에서는 이사회 결의, 그 밖의 회사에서는 이사의 결정). 이 경우에도 주주에게 불이익은 없기에 주주총회 결의를 불요로 하고 있다.

[222] 단원 미만 주주에게는 주주총회(또는 종류주주총회)에서의 의결권이 인정되지 않는다(제189조 제1항). 질문권(→ 515), 제안권(→ 481) 등 의결권의 존재를 전제로 하는 권리도 인정되지 않는다고 이해된다. 그러나 단원 미만 주식도 독립 주식이므로 주주로서의 기타 권리는 인정되는 것이 원칙이다. 단, 정관으로 주주가 가지는 권리를 행사할 수 없다고 하는 것도 가능하다〈→ 정관 제9조〉. 다만 ① 전부취득조항부주식(→ 243)의 취득 대가를 받을 권리, ② 취득조항부주식(→ 239)의 취득 대가를 받을 권리, ③ 주식무상배정(→ 375)을 받을 권리, ④ 단원 미만 주식의 매수청구권, ⑤ 잔여재산 분배를 받을 권리, ⑥ 그 밖에 법무성령으로 정하는 권리에 대해서는 이를 제한할 수 없다(제189조 제2항, 회사법 시행규칙 제35조).

[223] 주권발행회사는(→ 211) 정관으로 단원 미만 주식의 주권을 발행하지 않는 뜻을 정할 수 있다(제189조 제3항). 이에 따라 회사는 영세한 수의 주식에 대한 주권 발행 비용을 절약할 수 있다. 한편 주주는 회사에 대해 자기가 보유하는 단원 미만 주식을 매수할 것을 청구할 수 있다(제192조 제1항). 이를 통해 주주는 투자자금을 회수할 수 있다. 또한 정관의 정함에 따라 단원 미만 주주는 합해서 1단원의 주주가 될 수 있는 수

의 주식 매도를 회사에 청구할 권리가 있다(제194조 제1항).

2. 주식의 내용과 종류

(1) 「모든 주식의 내용」과 「주식의 종류」

[224] 회사법은 자금조달의 필요성이나 지배 관계의 변화에 대응하기 위해 일정 범위와 조건 아래 주식의 다양화를 인정하고 있다. 우선 회사는 정관의 정함으로 그 발행하는 모든 주식의 내용으로서 특별한 사항을 정할 수 있다(제107조 제1항 · 제2항). 이에는 ① 양도에 의한 해당 주식의 취득에 대해 회사의 승인을 요하는 것(양도제한주식), ② 해당 주식에 대해 주주가 회사에 그 취득을 청구할 수 있는 것(취득청구권부주식), ③ 해당 주식에 대해 회사가 일정 사유가 발생한 것을 조건으로 이를 취득할 수 있는 것(취득조항부주식)이 규정되어 있다(제107조 제1항). 이 경우 모든 주식에 대해 같은 내용이 정해기에 주식의 종류는 구성하지 않는다.

[225] 다음으로 회사법은 정관의 정함으로 권리의 내용이 다른 복수의 종류주식을 발행하는 것을 인정하고 있다(제108조 제1항 · 제2항). 이러한 주식을 발행하는 회사를 「종류주식발행회사」라고 한다(제2조 제13호). 이에는 ① 잉여금 배당(우선주식 등), ② 잔여재산의 분배, ③ 주주총회에서 의결권을 행사할 수 있는 사항(의결권제한주식), ④ 양도에 의한 해당 종류주식의 취득에 대해 회사의 승인을 요하는 것(양도제한주식), ⑤ 주주가 회사에 대해 그 취득을 청구할 수 있는 것(취득청구권부주식), ⑥ 회사가 일정 사유가 발생한 것을 조건으로 해당 종류주식을 취득할 수 있는 것(취득조항부주식), ⑦ 주주총회 결의로 해당 종류주식 전부를 취득하는 것(전부취득조항부주식), ⑧ 종류주주총회의 결의를 필요로 하는 것(거부권부주식) 및 ⑨ 종류주주총회에서 이사 · 감사를 선임하는 것 9항목이 열거되고 있다(제108조 제1항). 또한 공개회사 이외의 회사에서는 잉여금 분배나 의결

권에 대해 주주마다 다른 취급을 하는 뜻을 정관에 정하는 것이 인정된다(제109조 제2항, 제309조 제4항)(→ 218). 이 경우 주식회사와 조직변경에 관한 규정과의 관계에서는 내용이 다른 종류주식으로 간주한다(제109조 제3항).

[226] 회사가 수종의 주식을 발행한 경우 다른 종류의 주주 간에 권리 조정이 필요한 예가 있다. 회사법에서는 이 점에 배려하여 각 종류주주를 구성원으로 하는 종류주주총회 제도를 두고 있다.

(2) 우선주식과 열후주식

[227] 우선주식이란 잉여금 배당, 잔여재산 분배에 있어 보통주에 우선하는 주식을 말한다. 우선주식을 발행하는 때는 정관에 주식의 내용 및 발행 가능 종류주식총수를 정해야 한다(제108조 제2항 제1호 · 제2호). 이사회 설치회사에서는 정관의 정함에 따라 주주총회 또는 이사회(그 이외의 회사에서는 주주총회)가 우선 배당액을 정할 수 있다(동조 제3항). 이는 금리 동향에 따라 기동적인 자금조달을 할 수 있도록 하기 위함이다. 이 경우 정관에는 배당의 상한, 그 밖의 산정 기준의 요강을 정하는 것이 필요하다.

[228] 어느 결산기에 우선배당의 일부 또는 전부가 지급되지 않은 경우 다음 결산기로 그 부족분이 이월되어 지급되는 주식을 누적적 우선주식이라고 하며, 그렇지 않은 주식을 비누적적 우선주식이라고 한다. 우선주식 중에는 우선배당을 받고 잔여 이익이 있는 경우에 추가로 이익 분배를 받을 수 있는 참가적 우선주식과 그렇지 않은 비참가적 우선주식이 있다.

[229] 열후주식은 배당이나 잔여재산 분배에 있어 보통주식보다 열후적 지위를 갖는 주식을 말한다. 후배주식이라고도 한다. 열후주식 발행을 하기 위해서는 정관에 그 내용 및 수를 정해야 한다(제108조 제1항 제1호 · 제2호).

[230] 회사가 영위하는 특정 사업 부문이나 자회사의 업적에 가치

가 연동하는 주식을 트래킹 주식tracking stocks이라고 한다. 회사는 특정 사업을 기업 그룹 내에 둔 채로 그 사업의 업적을 반영한 유리한 조건으로 자본시장으로부터 자금을 조달할 수 있다. 배당금액이 0이 되는 것도 있어「우선」주식이라고는 말하기 어렵다. 트래킹 주식은 잉여금 배당에 관해「내용이 다른」주식이고, 이를 발행하는 경우에는 정관에 산정 기준의 요강을 정할 필요가 있다.

[231] 일본에서는 트래킹 주식이나 열후주식을 발행하는 예가 많지 않다(2001년 소니가 자회사인 소니 커뮤니케이션 네트워크SCN를 대상으로 한 자회사 연동주식을 발행하여 도쿄증권거래소에 상장시킨 예가 있다). 우선주식 발행 대부분은 제3자배정(사모)의 형태로 이루어진다. 우선 배당이 부담되는 때를 대비해 보통주식으로의 전환(후술하는 취득조항부주식을 이용한다)을 조건으로 하는 경우도 있다. 2007년 9월 이토엔伊藤園이 도쿄증권거래소에 우선주식(무의결권주식[다만 2년 연속으로 우선 배당을 하는 결의가 없는 경우에는 의결권이 발생한다]으로 보통배당액의 125%를 배당하는 우선주식)을 상장하였다(보통주식은 이미 상장되어 있었다).

〈우선주식 등(트래킹 주식을 포함한다)의 발행 건수와 조달액〉

(100만 엔)

연도	건수(그중에서 사모)	조달액(그중에서 사모)
1999	25(25)	6,989,401(6,989,401)
2000	4(4)	107,303(107,303)
2001	5(4)	216,107(205,970)
2002	36(36)	996,802(996,802)
2003	74(74)	2,532,161(2,532,161)
2004	50(50)	1,362,584(1,362,584)
2005	45(45)	1,167,769(1,167,769)
2006	26(26)	559,655(559,655)
2007	12(10)	795,543(780,486)
2008	9(9)	593,700(593,700)
2009	28(28)	474,016(474,016)
2010	10(10)	73,555(73,555)
2011	7(7)	69,297(69,297)

2012	17(17)	1,275,509(1,275,509)
2013	3(3)	120,000(120,000)
2014	14(14)	224,159(224,159)
2015	6(5)	751,272(252,106)
2016	7(7)	147,978(147,978)
2017	7(7)	61,342(61,342)
2018	6(6)	59,500(59,500)
2019	10(10)	150,823(150,823)

(日本取引所グループウェブサイト「上場会社資金調達額」)

(3) 의결권제한주식

[232] 회사는 의결권을 행사할 수 있는 사항에 관해 내용이 다른 종류주식을 발행할 수 있다(제108조 제1항 제3호). 종래에는 배당우선주식에 한해, 그것을 무의결권주식으로 할 수 있었다. 회사법에서는 보통주식도 의결권이 없는 주식으로 하는 것이 가능하다. 의결권이 없는 주식은 잉여금의 배당을 기대하나 의결권행사에 무관심한 주주에 대해 발행된다. 회사는 주주총회 소집통지 발송 등의 비용을 절감할 수 있을 뿐만 아니라 종래의 지배구조를 유지하면서 자금조달을 할 수 있다. 또한 결의사항 일부에 대해서만 의결권을 부여하는 것도 가능하다는 점에 유의가 필요하다. 이에 따라 합병 등 회사 조직변경에 관해서만 의결권이 있는 주식을 발행할 수 있다. 이 경우 그러한 주식(종류주식)을 보유하는 주주에 의한 주주총회(종류주주총회) 결의가 필요하다.

[233] 공개회사에서 의결권제한주식의 총수는 발행주식총수의 2분의 1을 넘어서는 안 된다(제115조). 공개회사에 있어 의결권제한주식의 발행주식총수에 대한 비율이 지나치게 높으면, 적은 의결권을 가지는 자가 실질적으로 회사를 지배할 수 있게 된다. 이는 타당하지 않다. 이에 위반한 경우 발행이 무효가 되는 것은 아니나, 회사가 바로 시정조치(2분의 1 이하로 하는 데 필요한 조치)를 취하는 것이 요구된다. 공개회사 이외의 회사에서는 주식에 양도제한을 부여함으로써(→ 311), 적정하지 않은 자

가 주주가 되는 것을 사전에 배제할 수 있으므로 위와 같은 제한을 둘 필요성은 크지 않다.

- **의결권이 다른 주식의 상장**

[234] 2014년 3월에 CYBERDYNE사(쓰쿠바대학筑波大学에서 출발한 로봇벤처기업)가 도쿄증권거래소 마더스MOTHERS에 상장되었다. 이 회사 창업자의 상장 후 보통주식 소유비율은 발행주식총수의 43% 정도였다. 다만 보통주식의 10배 의결권을 가지는 종류주식(B종류주식)을 보유하였고, 그 결과 의결권 기준으로는 전체의 약 90%를 가지고 있었다. B종류주식은 보통주식과 마찬가지로 모든 주주총회 결의사항에 대해 의결권을 행사할 수 있다. 단원주식 제도(→ 219)를 채용하여(1단원 1 의결권) 1단원을 보통주식에 관해 100주, B종류주식에 관해 10주로 함으로써, 실질적으로 B종류주식의 의결권을 보통주식의 10배로 한 것이다(복수의결권방식에 의한 의결권종류주식). 미국에서는 Google(2004년 상장), Facebook(2012년 상장) 등이 의결권 수가 다른 복수의 종류주식을 이용해 상장 후에도 창업자가 지배권을 유지하는 예가 있다. 그러나 일본에서는 이 건이 일본 최초의 사례가 되었다. 도쿄증권거래소는 여러 종류의 의결권부 주식을 발행하는 경우는 신규상장에 한해 의결권 수가 적은 주식(위의 예에서는 보통주식)만의 상장을 인정하고 있다(유가증권상장규정 제205조 제1항 제9호의2).

(4) 양도제한주식

[235] 1950년 개정 전 회사는 정관의 정함으로도 주식의 양도를 금지 또는 제한할 수 없었다. 그러나 일본에서는 동족회사 등 폐쇄적인 중소규모의 주식회사가 압도적 다수를 차지하고 있다. 이들 회사로부터 회사 측에 있어 탐탁지 않은 제삼자가 주주가 되는 것을 방지하기 위한 입법 제정이 강하게 요청되었다. 또한 대규모 회사에서도 외국자본으로

부터 자신을 지키는 수단이 요청되었다. 이러한 배경으로 1966년 개정에서 회사는 정관의 정함으로 주식 양도에 관해 회사의 승인을 요하는 뜻을 정할 수 있도록 하였다. 회사법에 따르면 승인 기관은 이사회설치회사의 경우 이사회(그 이외의 회사는 주주총회)이지만, 정관에 별도의 정함을 둘 수 있다(제139조 제1항). 2005년 개정 전까지는 주식 양도제한을 하는 때에는 그 발행하는 모든 주식에 대해 양도제한을 할 필요가 있었다. 회사법에서는 이러한 양도제한주식을 주식의 내용에 대한 특별한 정함이 있는 종류주식의 하나로 규정하고 있다(제107조 제1항 제1호, 제108조 제1항 제4호)(양도제한주식의 양도 절차 → 311-317).

(5) 취득청구권부주식

[236] 회사는 주주가 해당 회사에 대해 그 주식의 매수를 청구할 수 있는 주식을 발행할 수 있다(제2조 제18호, 제107조 제1항 제2호, 제108조 제1항 제5호. 2005년 개정 전까지는 어느 종류주식에서 다른 종류주식으로의 전환권이 부여된 주식이 인정되었다〔개정 전 상법 제222조의2 제1항. 전환예약권부주식이라고 하였다. 2000년 개정 전까지는 전환주식이라고 하였다〕). 회사법하에서는 회사가 취득청구권이 부여된 종류주식을 다른 종류주식을 대가로 취득함으로써 같은 효과를 얻을 수 있다. 회사는 취득 대가로 사채, 신주예약권 그 밖의 재산을 주주에게 교부할 수도 있다.

[237] 2005년 개정 전에는 회사의 이익으로 소각되는 것이 예정된 주식이 인정되었다(상환주식). 취득청구권부주식에 있어 취득 대가가 현금인 경우에는 상환주식에 상당하는 것이 된다.

[238] 회사는 그 발행하는 주식 전부를 취득청구권부주식으로 할 수 있다(제107조 제1항 제2호). 또한 그 발행하는 주식 일부만을 취득청구권부주식으로 할 수도 있다(제108조 제1항 제5호). 전자의 경우 회사 주식의 내용이 모두 균일하므로 같은 내용의 주식을 취득 대가로 하는 것은 인정

되지 않는다. 후자의 경우 회사는 내용이 다른 종류주식을 발행할 수 있으므로 그 회사의 다른 종류주식을 대가로 교부할 수도 있다.

(6) 취득조항부주식

[239] 회사는 주식을 발행할 때, 일정 사유 발생을 조건으로 회사가 그 주식을 주주로부터 취득할 수 있음을 정해 둘 수도 있다(제2조 제19호, 제107조 제1항 제3호, 제108조 제1항 제6호). 취득청구권부주식은 주주의 청구에 따라 회사가 주식을 매수하는 것이지만, 취득조항부주식은 주주의 매도가 강제되는 것이다. 2005년 개정 전에는 수종의 주식을 발행하는 경우, 정관에 정하는 사유가 발생한 때에 회사가 다른 종류주식으로 전환할 수 있는 주식이 인정되었다(개정 전 상법 제222조의8. 강제전환조항부주식이라고 하였다). 회사법에서는 다른 주식을 대가로 하는 취득조항부주식을 발행하면 같은 효과를 얻을 수 있다. 우선주식을 발행할 때, 보통주식을 대가로 하는 취득조항부주식으로 하는 것이 상정된다. 또한 대가를 금전으로 하면 강제로 주식을 상환하는 것이 가능하다.

[240] 회사는 그 발행하는 주식 전부를 취득조항부주식으로 할 수 있다(제107조 제1항 제3호). 그 발행하는 주식 일부만을 취득조항부주식으로 할 수도 있다(제108조 제1항 제6호). 보통주식에 취득조항을 붙이기 위해서는 주식의 내용을 변경하는 정관변경이 필요하다. 보통주식에 취득조항을 붙이면 주주의 동의 없이 일정 사유 발생에 따라 그 주식이 회사에 취득되고 만다. 그러므로 정관변경에는 그 주식을 보유하는 주주 전원의 동의가 요구된다(제110조, 제111조 제1항).

〈취득청구권부주식과 취득조항부주식〉

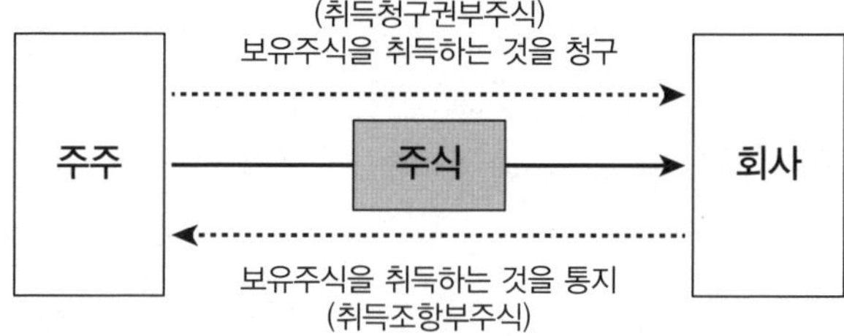

● 도요타자동차가 발행한 신형주식

[241] 2015년 6월에 개최된 도요타자동차의 정기주주총회에서 신형 종류주식(AA형 종류주식)을 발행하기 위한 정관변경이 승인되었다. 이 주식의 배당액은 최초연도는 발행가격의 연 0.5%이며, 매년 0.5%씩 상승해 5년 후에는 연 2.5%가 된다(아래의 도요타자동차 정관 제12조. 5년간 평균 배당이율은 연 1.5%). 주주는 5년 후 도요타에 발행가격으로 매수를 청구할 수 있다(정관 제18조). 이에 따라 사실상 사채와 유사한 원본보증 주식이 된다. 또한 주주는 보통주식과 교환하는 것도 청구할 수 있다(정관 제17조). 한편, 상장은 되지 않는다. 양도가 제한되며(정관 제21조), 5년간 전매에 제약이 있다. 도요타는 일정 기간 후에 이 종류주식을 주주로부터 금전에 의해 취득할 수 있다(정관 제19조).

[242] 신형주식은 장기보유 개인투자자를 늘리기 위해 발행된다. 신형주식의 주주에게는 의결권이 부여된다(정관 제15조). 관련해 보통주주의 의결권 희석화를 회피하기 위해 이사회 결의로 신주식발행 후 발행주식과 같은 정도의 보통주식을 회사가 취득(자기주식취득)하는 것으로 하였다.

▶ **도요타자동차 정관(발췌)**

(AA형 배당금)

제12조 이 회사는 제46조 제1항에 정하는 잉여금 배당을 하는 때는 해당 잉여금 배당에 관계된 기준일의 최종 주주명부에 기

재 · 기록된 AA형 종류주식 혹은 AA형 종류주식의 등록주식질권자(이하 「AA형 종류등록주식질권자」라고 한다)에 대해 보통주식을 가지는 주주(이하 「보통주주」라고 한다) 혹은 보통주식의 등록주식질권자(이하 「보통등록주식질권자」라고 한다)에 앞서 각각 다음에 정하는 금액의 금전(이하 「AA형 배당금」이라고 한다)을 잉여금 기말배당으로 지급한다.
(이하 생략)

1주에 관해 이 회사에 납입되는 해당 AA형 종류주식의 1주당 금액에 각 AA형 종류주식의 발행에 앞서 이사회 결의로 정하는 비율(5%를 상한으로 한다)을 곱해 산출한 금액.

(의결권)

제15조 AA형 종류주주는 주주총회에서 의결권을 가진다.

(주주에 의한 보통주식전환청구권)

제17조 AA형 종류주주는 제1회 AA형 종류주식 내지 제5회 AA형 종류주식 발행 시에 이사회 결의에서 보통주식으로의 전환청구 기간으로서 정하는 해당 AA형 종류주식의 전환을 청구할 수 있는 기간 중, 이 회사에 대해 해당 결의에서 정하는 산정 방법에 따라 산출되는 수의 이 회사 보통주식 교부와 상환하여 해당 AA형 종류주주가 가지는 해당 AA형 종류주식 전부 또는 일부를 취득할 것을 청구할 수 있다. (이하 생략)

(주주에 의한 금전 대가 취득청구권)

제18조 AA형 종류주주는 제1회 AA형 종류주식 내지 제5회 AA형 종류주식 발행 시에 이사회 결의에서 금전 대가 취득청구 기간으로서 정하는 해당 AA형 종류주식의 전환을 청구할 수 있는 기간 중, 이 회사에 대해 기준가액 상당액의 금전 교부와 상환하여 해당 AA형 종류주주가 가지는 해당 AA형 종류주식 전부 또는 일부를 취득할 것을 청구할 수 있다. (이하 생략)

(회사에 의한 금전 대가 취득조항)

제19조 이 회사는 제1회 AA형 종류주식 내지 제5회 AA형 종류

주식 발행 후, 각 AA형 종류주식 발행 시에 이사회 결의로 정하는 기간을 경과하고, 나아가 이사회 결의에서 별도로 정하는 취득일이 도래한 때는 기준액 상당액의 금전 교부와 상환하여 해당 AA형 종류주식 전부를 취득할 수 있다.

(양도제한)

제21조 AA형 종류주식을 양도를 통해 취득하려면 이사회 승인을 받아야 한다.

(이하 생략)

(7) 전부취득조항부주식

[243] 전부취득조항부주식은 주주총회 특별결의로 회사가 그 주식 전부를 매수하는 것을 인정하는 주식이다(제108조 제1항 제7호). 종래 회사가 주주 전원으로부터 그 보유하는 주식을 매수하는 경우에는 전원의 동의를 얻을 필요가 있다고 생각되었다. 다만 도산상태에 있는 회사가 100% 감자(주주를 모두 바꾸기 위해 기존 주식 전부를 소각한다)를 할 때, 이러한 절차를 요구하는 것은 유연한 임의 정리의 걸림돌이 된다고 지적되었다(주주가 주주총회에서 승인할 인센티브가 없고, 결의가 성립하는 것은 어렵다). 그 때문에 회사법에서는 다수결에 의한 모든 주식의 취득을 인정하였다.

[244] 주식에 전부취득조항을 붙이기 위해서는 주주총회 특별결의에 따른 정관변경이 필요하다(제309조 제2항 제11호, 제466조). 나아가 회사가 전부취득조항부주식을 취득할 때에도 주주총회 특별결의가 요구된다(제171조 제1항, 제309조 제2항 제3호). 취득조항부주식(→ 239)을 취득하는 경우 주주총회 결의(취득하는 날 및 취득하는 주식의 결정)는 보통결의로 족하다(제168조 제1항, 제169조 제1항. 이사회설치회사에서는 이사회결의로 한다). 취득조항부주식의 경우에는 정관에 권리 내용의 중요한 사정이 이미 명확히 정해져 있다(취득 대가는 정관으로 특정할 필요가 있다). 이에 반해 전부취득조항부주식의 경우에는 정관에 전부취득사항을 정한 시점에서는 권리 내용이 결정되

어 있지 않은 장면이 상정된다(제108조 제2항 제7호. 정관에서는 전부취득조항부주식을 취득할 때에 교부하는 취득 대가의 가액 결정방법을 정하면 족하다). 전부취득조항부주식에서는 취득 결정을 위한 주주총회에서 취득 대가를 결정할 필요성이 있으므로 엄격한 요건이 부과된 것이다.

[245] 반대주주에게는 법원에 대한 취득가격 결정신청권이 인정된다(제172조). 회사는 전부취득조항부주식을 취득하려고 하는 경우, 취득일 20일 전까지 주주에게 해당 전부취득조항부주식을 취득하는 뜻을 통지 · 공고해야 한다(동조 제2항 · 제3항). 주주는 취득일 20일 전의 날부터 취득일 전날까지 취득가격 결정신청을 할 수 있다(동조 제1항). 전부취득조항부주식의 취득이 법령이나 정관에 위반하는 경우로 주주가 불이익을 받을 우려가 있는 때, 주주는 전부취득조항부주식을 취득하려고 하는 회사에 대해 해당 전부취득조항부주식의 취득을 중단할 것을 청구할 수 있다(제171조의3).

- **소수주주 축출**Cash out

[246] 전부취득조항부주식의 도입은 신속한 기업 재생이라는 관점에서 요청된 것이지만, 입법 과정에서 채무 초과 요건을 불요로 하는 변경이 가미되었다. 그 때문에 이 제도는 주식 취득 후에 남아 있는 소수주주의 축출 수단으로도 이용되게 되었다. 즉, ① 주식 공개매수TOB를 통해 주주총회 특별결의를 가결시킬 수 있는 수의 의결권을 취득하고, ② 주주총회 특별결의로 대상회사의 기발행주식을 전부취득조항부주식으로 변경한다. ③ 대상회사가 전부취득조항부주식을 취득하고, ④ 취득 대가로서 주주에게 다른 종류의 주식을 배정한다. 그때 공개매수자 이외의 주주(소수주주)에게는 1주 미만의 단수만을 배정한다. ⑤ 소수주주에 대해 1주 미만의 단수에 관해 금전을 교부한다. 이러한 일련의 방법을 통해 잔존주주를 축출하고, 그 결과로서 대상회사를 완전자회사화할 수 있다. 이러한 소수주주의 축출은 MBOManagement Buyout(회사 경영진이 펀드 등의 지원을 받아 회사를 매수하는 것)를 목적으로 할 때도 이용된다.

[247] 2014년 개정에서 소수주주의 축출을 한층 더 손쉽게 하는 제도 정비가 이루어졌다. 전부취득조항부주식을 이용한 소수주주의 축출에는 해당 주식의 도입과 취득을 위해 ① 새로운 종류주식을 발행하기 위한 정관변경을 위한 주주총회 특별결의, ② 기존 주식을 전부취득조항부주식으로 하는 정관변경을 위한 주주총회 특별결의, ③ 전부취득조항부주식을 취득하기 위한 주주총회 특별결의가 필요하다. 같은 해 개정에서는 지배주주(특별지배주주)가 주주총회 결의 없이 다른 소수주주에게 주식 매도를 청구할 수 있는 제도(주식 등 매도청구 제도)가 창설되었다. 「특별지배주주」는 회사 총의결권의 10분의 9(정관으로 이를 웃도는 비율을 정하는 것은 가능) 이상을 직접적 또는 간접적으로 가지는 자를 말한다(제179조 제1항). 전부취득조항부주식에 대한 매수는 회사가 하는 것인데 반해, 주식 등 매도청구에서는 특별지배주주가 매수를 한다는 차이도 있다. 현금을 대가로 소수주주를 축출하는 것(100% 자회사화하는 것)은 일반적으로 「Cash out」이라고 한다.

[248] MBO를 위해 공개매수에 이어 전부취득조항부주식의 취득을 결정하는 주주총회에서 그 취득 대가가 다투어진 사례가 있다(이른바 렉스 홀딩스レックス・ホールディングス 사건. 東京高決平20・9・12金判1301・28〔百選89事件〕). 이 사건에서 법원은 「취득 대가」는 취득일에 있어 전부취득조항부주식의 공정한 가격이라고 지적하고, 그것을 정함에는 취득일의 주식의 객관적인 가치에 더해 강제적 취득으로 상실되는 향후 주가 상승에 대한 기대를 평가한 가액도 고려한다는 판단기준을 분명히 하였다.

(8) 거부권부주식

[249] 회사는 정관의 정함에 따라 특정 사항에 대해서는 주주총회 등의 결의에 더해, 그 종류주식의 주주에 의한 종류주주총회 결의를 요하는 주식을 발행할 수 있다(제108조 제1항 제8호). 이러한 주식은 2001년 11

월 개정으로 도입되었다. 이는 주주총회 등의 결의사항에 대해 정관의 정함으로 어느 종류주주에게 거부권을 부여하는 것이다.

[250] 예를 들어, 벤처기업이 벤처캐피털로부터 출자를 받을 때 다수파인 창업자 주주와 벤처캐피털 간에, 후자의 동의가 없는 한 조직변경이나 주식모집을 할 수 없다고 하는 계약을 맺는 경우가 있다(주주 간 계약). 다만 이러한 사항이 주주총회나 이사회에서 법률상 적법하게 결의되면 벤처캐피털은 계약으로 대항할 수 없다. 이러한 사태는 벤처캐피털에 의한 출자를 주저시키는 원인이 된다. 회사법은 종래 주주 간 계약에 따라 실현하려고 한 소수주주 보호를 거부권부주식 부여라는 방법으로 가능하게 하였다. 위의 예에 한하지 않고 폭넓은 범위의 것을 거부권의 대상으로 할 수 있다.

- **황금주(궁극의 매수방어책)**

[251] 거부권부주식의 거부권 대상을 정관변경 결의, 합병 등의 결의, 신주발행 결의(이사회설치회사에서는 이사회결의) 등 중요한 결의로 해놓고, 이 주식(1주도 무방하다)을 특정인에게 발행함으로써 적대적 매수를 사실상 저지할 수 있다. 보통주식의 취득으로 지배권을 취득해도 위의 중요한 결의를 결정할 수 없다면 지배권 취득의 의미가 없기 때문이다. 다만 거부권부주식을 취득한 자가 회사 경영진을 배신하고 해당 주식을 매수자 등에게 양도하는 것도 생각할 수 있다. 이러한 사태에 대비해 거부권부주식에 양도제한을 정해 두는 것이 생각된다(→ 235). 양도제한주식의 경우 회사 의향에 반하는 양도를 할 수 없으므로 적대적인 매수자에게 거부권부주식이 넘어가는 것을 저지할 수 있다. 이러한 주식은 적대적 매수를 사실상 저지하는 것이며, 「황금주」(회사 경영진 관점에서 보면)라고 한다. 다만 황금주를 발행하는 회사에서는 주주의 감시가 없고, 거버넌스 기능이 작동하지 않는다는 문제가 있다. 일본에서는 국제석유개발제석**国際石油開発帝石**이 황금주를 발행한 상장회사로써 존재하고 있다(황금주 소유자는 경제산업대신).

(9) 이사 · 감사 선임 · 해임에 대한 주식

[252] 앞서 설명했듯이 거부권부주식은 벤처캐피털의 벤처기업에 대한 출자를 도모하기 위해 마련된 것이다. 그런데 소수주주 측에서 보면 이사 선임에 대해 이 권리를 행사하는 것은 종류주주총회에서 이사 선임 의안을 거부할 수 있는 것에 불과하다(이사를 선임하지 않는다는 소극적인 저항에 그친다). 나아가 이것은 회사 경영을 정체시킨다는 폐해도 있다. 그래서 2002년 개정에서는 정관에 주식 양도에 관해 이사회 승인을 요하는 뜻을 정한 회사의 경우 이사 또는 감사 선임에 관해 내용이 다른 종류주식을 발행하는 것을 인정하였다(개정 전 상법 제222조 제1항 제6호). 이 주식을 발행한 경우 이사 · 감사 선임은 각 종류주주총회에서 한다.

[253] 회사법에서도 공개회사 이외의 회사에 대해(지명위원회등설치회사를 제외한다) 이러한 종류주식의 발행을 인정하였다(제108조 제1항 제9호 · 제1항 단서). 회사는 정관에 이사 · 감사 선임 · 해임에 대한 종류주식의 발행가능총수 및 선임하는 이사 · 감사의 수 등을 정해야 한다(동조 제2항 제9호). 종류주주총회에서 선임된 이사 · 감사는 언제든지 선임한 종류주주총회의 결의로 해임된다(제347조). 종류주주총회에서 선임된 이사 · 감사는 회사 전체에 대해 선관주의의무(→ 609)를 진다.

3. 주식의 발행

(1) 수권자본제도 – 발행주식수의 한도

[254] 주식회사 정관에는 회사가 발행을 예정하는 주식의 총수가 기재된다(제37조 제1항 · 제2항)〈→ 정관 제6조〉. 공개회사 설립 시에는 발행가능주식총수의 4분의 1 이상을 발행해야 한다(동조 제3항 본문). 정관에 기재된 발행가능주식총수 중 회사 설립 시에 발행되는 주식을 제외한 남은 주식은 회사 성립 후 언제든지 이사회 등의 결의로 발행할 수 있다(원칙).

이러한 제도를 「수권자본제도」라고 한다. 발행가능주식총수는 수권자본 또는 수권주식이라고 한다. 회사는 정관을 변경해 발행가능주식총수를 증가할 수 있다. 다만 그 경우에도 발행주식총수의 4배를 초과해 증가할 수는 없다(제113조 제3항 본문).

[255] 주식발행에 따라 발행주식 수가 증대하면 기존주주에게 영향을 준다. 특히 기존주주의 지주비율 변동(대부분은 저하)이라는 불이익이 생길 위험성이 있다. 다만 회사 경영에는 기동적인 주식발행이 필요하다. 그래서 정관으로 발행가능주식총수를 한정한 가운데(기존주주가 받는 지주비율 저하의 한계를 정한다), 이사회 등에 신주발행 권한을 수권하는 제도가 수권자본제도이다.

[256] 주식소각 등을 하면 발행주식 수가 감소한다. 이 경우 감소한 주식 수만큼 새로이 주식을 발행할 수 있는가가 문제된다. 종래의 통설은 재발행을 인정하면 이사회 등이 소각과 재발행을 무한 반복할 수 있고, 이사회 등이 발행할 수 있는 주식의 최대한도를 규정한 수권자본제도의 취지에 반한다는 것이었다(상환주식에 관한 사례로서 最判昭40 · 3 · 18判時413 · 75). 이에 반해 수권자본제도를 기존주주의 지주비율 저하의 한계를 정한 것이라고 이해하면, 발행가능예정주식수의 범위 내에서는 이사회 등이 신주를 발행할 수 있다고 볼 수 있다.

[257] 공개회사 이외의 회사에는 회사 설립 시에 발행하는 주식의 총수가 발행가능주식총수의 4분의 1 이상이어야 한다는 제한(→ 254)은 적용되지 않는다(제37조 제3항 단서). 또한 수권 범위를 발행주식총수의 4배를 초과해 증가할 수 없다(→ 254)는 제한도 적용되지 않는다(제113조 제3항 제1호는 공개회사에 관한 규정). 다만 공개회사 이외의 회사가 정관을 변경해 공개회사가 되는 경우가 있다. 이 경우 발행가능주식총수는 해당 정관 변경이 효력을 발생한 때에 있어 발행주식총수의 4배를 초과할 수 없다(제113조 제3항 제2호). 나아가 주식 병합의 경우 발행가능주식총수에 대해 제한이 있다(→ 377).

(2) 주식의 발행 형태

[258] 주식회사가 자금조달(유상증자)을 목적으로 주식모집을 하는 경우, 주식모집의 상대방이 누구냐에 따라 주주배정, 공모 및 제3자 배정으로 구분할 수 있다.

〈유상증자 건수와 조달액〉

(100만 엔)

연도	주주배정		공모		제3자 배정	
	건수	조달액	건수 (중 신규공개)	조달액 (중 신규공개)	건수	조달액
1999	–	–	28	349,715	75	2,347,286
2000	2	8,240	24	494,149	46	922,756
2001	3	32,047	18	1,201,483	57	477,176
2002	–	–	19	153,312	62	484,350
2003	2	1,451	35	567,236	84	223,161
2004	1	2,729	78	750,232	129	572,627
2005	2	3,721	74	650,847	150	778,055
2006	–	–	69	1,447,724	145	416,476
2007	1	8,086	60(23)	456,974(70,900)	117	662,102
2008	1	139	27(19)	341,697(31,444)	93	395,840
2009	–	–	52(9)	4,966,829(22,490)	115	714,609
2010	1	689	50(11)	3,308,906(201,338)	88	535,606
2011	–	–	45(20)	967,813(111,243)	66	395,151
2012	1	414	53(29)	451,766(32,036)	71	159,327
2013	1	981	114(47)	1,113,702(373,549)	151	371,855
2014	–	–	129(66)	1,377,995(234,650)	190	392,844
2015	1	56	131(79)	961,970(83,070)	187	163,546
2016	1	221	95(72)	257,717(175,786)	151	623,017
2017	2	106	116(75)	424,222(68,184)	238	881,585
2018	–	–	129(80)	401,625(156,012)	303	214,568
2019	–	–	93(73)	219,787(91,559)	307	910,408

(日本取引所グループウェブサイト「上場会社資金調達額」)

[259] 주주에 대해 그 지주 수에 따라 신주 배정을 받을 권리를 부

여하는 방법으로 행해지는 것을 주주배정이라고 한다. 주주배정에서는 납입금액이 특히 유리한 금액(낮은 가액)이더라도 기존주주에게 불이익을 주지는 않는다. 예를 들어, 발행주식 총수가 8만 주인 회사에서 시가 1,000엔의 주식을 1주 500엔으로 2만 주 모집한 경우, 1주의 가치는 900엔(〈8만 주×1,000엔+2만 주×500엔〉÷〈8만 주+2만 주〉)으로 저하한다. 배정 전에 40주를 보유하고 있던 주주는 10주 배정을 받게 된다. 배정 전 이 주주는 보유주식의 가치로서 40주×1,000엔과 배정 주식의 매수자금 10주분 × 500엔을 합해 4만 5,000엔의 재산을 가진다. 주식 배정 후 이 주주는 1주 900엔의 주식을 50주 보유하게 되는데, 그 재산 가치는 4만 5,000엔으로 배정 전과 변함이 없다. 따라서 공개회사에서는 이사회결의로 주주배정을 실시할 수 있다. 위와 같은 이점이 있기에 공개회사 이외의 회사에서도 주식발행은 주주배정의 방법으로 이루어진다. 다만 원칙으로서 주주총회 결의가 필요하다(→ 267). 이는 공개회사 이외의 회사 주주는 통상 지주비율의 유지에 관심이 많다는 것, 나아가 주주배정의 방법일지라도 배정에 응할 수 없는 주주에게는 지주비율의 변동이 생길 수 있다는 것 때문이다.

[260] 일반 투자자로부터 신주의 인수를 널리 모집하는 것을 흔히 공모라고 한다. 금융상품거래법에 규정하는 「모집」(→ 285)에 해당하는 경우를 공모라고 하는 예도 있다. 많은 자금조달이 필요한 경우, 공모에 의해 주식이 발행된다. 공모에서의 발행가액은 발행회사의 주식 시가를 기준으로 정해진다. 그 때문에 이러한 발행은 「공모시가발행」이라고도 한다. 주주배정과 달리 공모에서는 기존의 지주비율에 변동이 생긴다. 다만 상장회사에서는 주식의 매매로 늘 지주비율이 변화하므로 공모에 따른 지주비율 변동을 염려할 필요성은 낮다.

[261] 특정인에게 모집주식을 배정하는 것을 제3자 배정이라고 한다. 주주에게 신주를 부여한 때도 그것이 지주 수에 따라 부여한 것이 아니면 제3자 배정이 된다. 제3자 배정은 특정 회사에 주식을 배정함으

로써 업무제휴를 강화하기 위해 행해진다. 경영 부진에 빠진 회사가 다른 회사의 자회사가 되어 재생을 도모할 때, 모회사가 되는 회사에 제3자 배정이 이루어지는 예도 있다. 나아가 적대적 기업매수에 대항하기 위해 이러한 방법이 이용되는 예가 있다. 이 경우에는 모집주식의 모집에 있어 납입가액을 시가보다도 낮게 설정하는 경우가 많다. 납입금액이 모집주식을 인수하는 자에게 특히 유리한 금액인 경우, 이사회가 이유를 설명한 가운데 주주총회 특별결의가 요구된다(제199조 제3항, 제201조 제1항, 제309조 제2항 제5호). 그 때문에 여기서 말하는「특히 유리한 금액」이 무엇인가가 문제 된다. 특히 주식의 매점이 이루어지고 그에 따라 주가가 상승하는 경우에 제3자 배정에서의 납입가액의 공정성이 다투어지게 된다(유리 발행이라면 주주총회의 특별결의가 필요하며, 그것을 결한 발행은 법령 위반으로 금지할 수 있다 → 290).

[262] 판례는 상승한 가격이라 하더라도 공정한 발행가액의 산정기초에서 배제할 수 없음을 지적하였다. 그러나 해당 주식이 시장에서 극히 이상할 정도까지 투기 대상이 되어 그 시장가격이 기업의 객관적 가치보다도 훨씬 크게 상승하였다면, 나아가 그것이 주식시장에 있어 일시적 현상에 그치는 경우라면 시장가격을 공정한 발행가액의 산정기초에서 배제할 수 있다고 하였다(東京地判平元 · 7 · 25判時1317 · 28. 東京地判平16 · 6 · 1判時1873 · 159〔百選22事件〕도 같은 뜻이라고 생각된다). 기업매수로 인해 기업 가치가 향상한다는 시장의 기대를 배경으로 주가가 상승하고 있는 경우, 상승한 가격을 기준으로 발행가액을 결정해야 한다. 다른 한편으로 투기적인 목적에 의한 매점으로 주가가 상승하고 있는 경우, 그 가격은 산정기초에서 배제해야 한다. 지금까지의 판례는 이러한 시점을 고려한 것이라고 할 수 있다.

[263] 일본증권업협회는 자주 규칙을 제정하고 있다. 이에 따르면 제3자 배정에 의한 신주발행가액의 기준은 다음과 같다. ① 제3자 배정 유상증자에 대한 이사회결의 직전일의 종가의 90% 또는 ② 직전일을

최종일로 하여 이날을 거슬러 올라가 6월 이내의 임의의 날을 초일로 하는 기간의 종가 평균의 90%에 해당하는 가액이다(이 자주 규칙은 2003년 ①을 원칙으로 하며, 종전의 주가나 거래량 등의 현황을 고려해 ②도 인정한다는 형태로 개정되었다). 이 규칙에 법적 근거는 없다. 그러나 판례에서는 유리 발행의 판단에 있어 이 자주 규칙을 중시하고 있다. 또한 이 규칙에 따랐다면 그 발행은 적법하다고 하는 처리가 실무상 확립했다고 보는 견해가 유력하다.

[263-2] 기업제휴를 실시하는 경우, 이에 따른 기업 가치 증대를 기대해 주가가 상승하는 예가 있다. 기업제휴를 위해 실시된 주식발행에서 유리발행의 판단을 상승 전 주가를 기준으로 해야 하는지, 상승 후 주가를 기준으로 해야 하는지가 문제 된다. 후자의 경우 기업 가치 증가(시너지)는 기존주주가 누리고, 주식을 인수하는 제휴대상 기업의 이익은 없다(납입 주가가 상승하고, 시너지 효과도 누릴 수 없다. 이 점에서 기업제휴를 실시할 인센티브가 감소한다). 이에 반해 전자에서는 시너지를 기존주주와 제휴대상 기업이 신주발행 후 지주비율에 따라 나누어 가지게 된다(이러한 입장을 취한 판례로서 東京高判昭48・7・27判時715・100〔百選97事件〕).

[263-3] 그런데 비상장기업의 주식 등 시장가격이 없는 주식의 경우「특히 유리한 금액」을 판단하려면 주식 평가를 할 필요가 있다. 거래시세가 없는 회사의 주식 평가에는 다양한 수법이 있고(→ 318−321), 이러한 주식 평가에는 차이가 있다. 대법원은 객관적 자료에 기초해 합리적인 산정방법에 따라 발행가격이 결정되었다고 할 수 있는 경우에는 그 가격으로 발행을 해도 특별한 사정이 없으면 유리발행이 되지 않는다고 하였다(最判平27・2・19民集69・1・51〔百選23事件〕).

(3) 주식의 발행 절차

[264] 회사는 주주가 되는 자로부터 새로 납입을 받고 신주를 발행한다. 회사가 보유하는 자기주식을 처분하는 때(→ 363)도 같은 경제적

효과가 있다. 그 때문에 회사법에서는 신주발행과 자기주식의 처분에 같은 규제를 적용하고 있다. 회사법에서는「모집주식의 발행」이라는 용어가 사용되고 있다(금융상품거래법상의「모집」(→ 285)과는 다른 개념이다. 이 외에 주식무상배정, 합병 · 분할 등에서 신주발행이 이루어지지만, 위의 신주발행과는 성격이 다르다(특수한 신주발행이라고 하는 예도 있다)).

[265] 회사는 그 발행하는 주식 또는 그 처분하는 자기주식을 인수하는 자를 모집하려고 하는 때는 그때마다 모집주식에 대한 사항(모집사항)을 결정해야 한다(제199조 제1항). 모집주식의 종류가 양도제한주식인 때는 모집사항을 결정하는 주주총회 · 이사회결의 외에, 해당 종류주식의 종류주주에 의한 종류주주총회 결의가 필요하다(동조 제4항, 제200조 제4항). 정관에 해당 종류주식을 인수하는 자의 모집에 있어 종류주주총회의 결의를 요하지 않는다는 뜻을 정한 경우에는 관련 결의를 하지 않아도 된다.

● 모집사항

[266] 모집사항으로서 결정을 요하는 사항은 다음과 같다.

① 모집주식의 수(종류주식의 경우는 그 종류 및 수)

② 모집주식의 납입금액(모집주식 1주와 상환하여 납입하는 금전 또는 급부하는 금전 이외의 재산액을 말한다) 또는 그 산정방법(납입금액이 모집주식을 인수하는 자에게 특히 유리한 금액인 경우(유리 발행인 경우) 이사는 주주총회에서 그 납입금액으로 주주를 모집하는 것을 필요로 하는 이유를 설명해야 한다. 제199조 제3항)

③ 금전 이외의 재산을 출자의 목적으로 하는 때는 그 뜻과 해당 재산의 내용 및 가액

④ 모집주식과 상환하여 하는 금전의 납입 또는 ③의 재산의 급부기일 또는 그 기간

⑤ 주식을 발행하는 때는 증가하는 자본금 및 자본준비금에 관한 사항(주주배정에 있어 결정을 이사 · 이사회에 위임하는 경우)

⑥ 신주배정을 받을 권리를 주주에게 부여하는 뜻(주주배정의 경우. 제202조 제1항)

⑦ 인수의 신청기일(주주배정의 경우. 제202조 제1항)

[267] 공개회사 이외의 회사에서는 모집사항을 주주총회의 특별결의로 결정할 필요가 있다(제199조 제2항, 제309조 제2항 제5호). 이러한 회사에서는 통상 주주가 지주비율 유지에 큰 관심을 가진다는 점에서 주주총회 특별결의를 요구한 것이다. 다만 주주총회 결의로 모집사항 중 ① 모집주식 수의 상한과 ② 납입금액의 하한을 정하면 그 밖의 결정을 이사(이사회설치회사에서는 이사회)에 위임할 수 있다(제200조 제1항). ② 납입금액이 주식을 인수하는 자에게 특히 유리한 금액인 경우(유리 발행인 경우), 주주총회에서 그 이유를 설명해야 한다(제199조 제3항, 제200조 제2항. 공개회사 이외의 회사에서는 이 점에서 제3자 배정과 유리 발행에 관한 결의가 일체화되어 있다). 또한 주주배정의 방법(→ 259)을 취하는 경우에는 정관에 정함이 있으면 이러한 결정을 이사(이사회)가 할 수 있다(제202조 제3항 제1호 · 제2호 및 제5항). 주주배정에 의하지 않는 경우에도 이사(이사회)에 위임할 수 있지만, 이 경우 주주총회의 특별결의가 필요하다(제200조 제1항, 제309조 제2항 제5호. 정관의 정함으로 위임할 수는 없다).

[268] 한편 공개회사는 모집사항의 결정을 이사회결의로 한다(제201조 제1항). 모집사항으로서 결정해야 할 사항은 위의 공개회사 이외의 회사와 같다(제199조 제1항). 다만 ②에 관해 납입금액이 특히 유리한 금액인 경우에는 주주총회의 특별결의가 필요하다(제201조 제1항). 또한 ②에 대해 모집주식이 시장가격이 있는 주식일 때는 「공정한 가액에 의한 납입을 실현하기 위해 적당한 납입금액의 결정방법」을 정할 수 있다(동조 제2항. 이른바 북 빌딩book building 방식〔기관투자자 등의 수요를 조사해 가격을 결정하는 방법〕의 모집이 상정된다).

[269] 공개회사에서는 이사회에서 모집사항을 결정한 때, 납입기일의 2주간 전까지 모집사항을 주주에게 통지 · 공고해야 한다(제201조 제

3항 · 제4항). 모집사항의 결정이 이사회에서만 이루어지므로 주주에 의한 모집 금지 기회를 부여할 필요가 있기 때문이다(→ 290). 2주간 전까지 유가증권신고서의 신고(→ 285)를 한 경우 그 밖에 주주 보호에 부족함이 없는 경우로 법무성령에서 정하는 경우에는 관련 통지 · 공고를 하지 않아도 된다(제201조 제5항, 회사법 시행규칙 제40조).

[270] 위와 같이 회사법은 공개회사에 대해 수권자본제도 아래 이사회의 결의를 통해 기동적으로 자금조달을 하는 것을 인정하고 있다. 주주배정 이외의 방법으로 주식의 발행이 이루어지면 기존주주에게 지주비율의 변동이 발생한다. 수권자본제도는 정관에 정한 발행가능주식총수의 범위 내라면 기존주주는 지주비율의 변동을 허용한다고 하는 것이다. 다만 수권 범위라도 지배권의 이동을 수반하는 대규모 제3자 배정이 이루어질 가능성이 있다.

- **대규모 제3자 배정에 대한 자주규제의 대응**

[271] 2009년 8월에 도쿄증권거래소는 상장규정을 개정하였다. 우선 제3자 배정에 따른 모집주식의 발행 중에 ① 희석화율이 25% 이상이 되는 때 또는 ② 지배주주가 이동하는 때는 (a) 경영진으로부터 일정 정도 독립한 자(제3자위원회, 사외이사 등)에게 제3자 배정의 필요성 및 상당성에 관한 의견을 받을 것, (b) 주주총회 결의 등에 따라 주주의 의사를 확인할 것을 요구하였다(상장규정 제432조, 상장규정규칙 제435조의2). 여기서 말하는 「희석화율」은 「제3자 배정에 따라 발행되는 주식 등에 관한 의결권 수 / 제3자 배정 전의 발행주식에 관한 의결권 수」× 100으로 계산된다. 희석화율이 300%를 넘는 제3자 배정 등이 이루어지는 경우에는 발행회사를 상장폐지하는 뜻도 규정되었다(상장규정 제601조 제1항 제17호, 상장규정규칙 제601조 제14항 제6호). 나아가 적시공시(→ 341) 항목으로 ① 배정을 받는 자의 납입에 요하는 재산의 존재에 관해 확인한 내용, ② 납입금액의 산정근거 · 구체적인 내용, 도쿄증권거래소가 필요하다고 인정하는

경우 유리 발행이 아닌 것에 관한 감사 등의 의견, ③ 위의 (a)(b)의 절차를 밟은 때에 그 내용, ④ 그 밖에 도쿄증권거래소가 투자판단상 중요하다고 인정하는 사항의 공시가 필요하게 되었다(상장규정 제402조 제1호 a, 상장규정규칙 제402조의2).

[272] 또한 2009년 12월에 기업내용 등 공시부령이 개정되었다. 이에 따라 유가증권신고서(→ 285)에 있어 제3자 배정에 관한 상세한 공시가 요구되었다(제3자 배정의 경우 특기사항).

[273] 2014년 개정에 따라, 공개회사에서 회사지배권의 이동이 생기는 대규모 모집주식 등의 발행이 이루어지는 때에는 일정 요건에 해당하는 경우 주주총회 승인이 필요하게 되었다. 구체적으로 모집주식 발행 후에 특정인수인이 가지게 되는 의결권 보유비율이 2분의 1을 넘는 경우(해당 인수인을 특정인수인이라고 한다)에는 주주에게 납입기일 · 납입기간의 초일의 2주간 전까지 통지 · 공고를 해야 한다. 그리고 해당 통지로부터 2주간 이내에 총주주 의결권의 10분의 1 이상의 의결권을 가지는 주주가 반대하는 뜻의 통지를 한 경우에는 원칙으로서 주주총회 결의에 의한 승인을 받아야 한다(제206조의2). 주주총회 결의는 보통결의로 족하지만, 정관으로 정족수를 3분의 1 미만으로 할 수 없다(동조 제5항). 이 규율은 임원의 선임 · 해임의 경우와 같다(→ 548). 지배권의 이동을 수반하는 모집주식의 발행은 회사 경영을 지배하는 것을 결정한다는 점에서 이사의 선임결의와 유사한 측면이 있다. 이 때문에 이러한 규율을 도입한 것이다.

[274] 특정인수인에는 그 자회사 등(자회사 또는 회사 이외의 자가 그 경영을 지배하고 있는 법인)이 포함된다(발행주식총수 1만 1,000주의 회사〔의결권 수 1만 1,000개〕가 제3자 배정에 따라 A〔보유의결권 4,000개〕와 B〔A의 자회사, 보유의결권 500개〕에게 각각 3,500주〔의결권 3,500개〕, 1,000주〔의결권 1,000개〕를 발행하는 경우 A는 7,500개〔4,000개+3,500개〕, B는 1,500개〔500개+1,000개〕 합계 9,000개의 의결권을 가지게 된다. 모집주식 발행 후의 총의결권 수는 1만 5,500개이므로 AB의 보유비율은 약 58%가 되고〔2분의 1을 넘는다〕, A가 특정인수인이 된

다). 자회사 등이 보유하는 의결권을 합산하는 것은 자회사 등을 통해 간접적으로 의결권을 보유하고 있다고 생각되기 때문이다.

[275] 모집신주예약권의 발행에 대해서도 같은 규제가 도입되어 있다(제244조의2). 이 규제가 없는 경우 모집신주예약권 발행을 통해 위의 모집주식발행 규제를 잠탈할 우려가 있다.

[276] 그런데 회사는 모집에 응해 인수의 신청을 하려고 하는 자에 대해 ① 주식회사의 상호, ② 모집사항(→ 266), ③ 금전 납입을 해야 하는 때는 납입 취급장소, ④ 그 밖에 법무성령으로 정하는 사항을 통지해야 한다(제203조 제1항, 회사법 시행규칙 제41조). 회사가 금융상품거래법에 의거한 사업설명서(→ 287)를 교부한 경우에는 정보가 공시되어 있는 것으로서 관련 절차는 불요가 된다(동조 제4항). 모집에 응해 인수의 신청을 하는 자는 ① 신청을 하는 자의 성명 · 명칭 및 주소, ② 인수하려고 하는 모집주식의 수를 기재한 서면을 교부하거나 전자적 방법(회사의 승낙이 필요)에 의한 제공을 해야 한다(동조 제2항 · 제3항). 주주배정에서 주주가 신청을 하지 않은 때는 그 주주는 배정을 받을 권리를 상실한다(제204조 제4항).

[277] 주식 신청 후에 회사는 신청자 중에서 배정을 받을 자를 결정한다(제204조 제1항). 배정 대상은 회사가 자유롭게 결정할 수 있다(배정자유의 원칙. 적대적 기업매수의 장면에서 보신**保身**을 위해 자기편인 자에게 배정이 이루어진 경우에는 불공정 발행이 된다 → 292). 신청인은 배정을 받은 주식에 대해 인수인이 된다(제206조). 모집주식을 인수하려고 하는 자가 그 총수의 인수를 하는 계약을 체결하는 경우(총액인수)에는 위의 절차가 필요 없다(제205조. 양도제한주식은 총액인수인 때에도 원칙으로서 주주총회 결의〔이사회결의〕를 요한다. 동조 제2항).

[278] 모집주식의 인수인은 납입기일 · 납입기간 내에 납입 취급장소에서 납입금액의 전액 납입 · 현물출자의 급부를 해야 한다(제208조 제1항 · 제2항). 판례는 타인의 승낙을 얻어 그 명의를 차용해 인수한 주식에 대해, 당사자로서 신청을 한 자가 인수인이 된다고 하고 있다(실질설.

最判昭42 · 11 · 17民集21 · 9 · 2448〔百選9事件〕). 출자의 이행을 하지 않은 때는 모집주식의 주주가 되는 권리를 상실한다(동조 제5항). 납입기일(현물출자의 경우는 급부일)에 납입(급부)를 한 자는 그 납입기일(급부일)에 모집주식의 주주가 된다(제209조 제1항). 모집 예정 전부에 납입이 없는 경우에도 납입이 있은 부분에 대해 신주발행은 성립한다(마감발행 허용).

[279] 현물출자에 대해서는 설립의 경우(→ 948)와 마찬가지로, 법원이 선임한 검사인의 조사가 필요하다(제207조 제항). 자기주식의 처분의 경우에도 현물출자가 가능하다(2005년 개정 전까지는 검사인의 조사에 대한 규정이 없었으므로 현물출자가 가능한가에 대한 논란이 있었다).

● **검사인의 조사가 불요인 경우**

[280] 검사인의 조사가 필요하지 않은 경우로서 다음의 경우가 법정되어 있다(제207조 제9항).

① 모집주식의 인수인에게 배정되는 주식의 총수가 발행주식총수의 10%를 넘지 않는 경우

② 현물출자재산의 가액이 500만 엔을 넘지 않는 경우

③ 현물출자재산이 시장가격이 있는 유가증권인 경우

④ 현물출자가액이 상당한 것에 대해 변호사(법무법인), 공인회계사(감사법인), 세무사(세무법인)의 증명이 있는 경우(부동산에 대해서는 부동산감정사의 감정평가가 필요)

⑤ 현물출자재산이 회사에 대한 금전채권으로 변제기가 도래하고 있는 것에 대해서는 그 가액(제199조 제1항 제3호)이 해당 금전채권에 관계된 부채의 장부가액을 넘지 않는 경우

[281] ⑤의 경우 채권 변제기가 도래하고 있는 경우에는 회사가 변제해야 하는 가액이 확정되므로 평가의 적정성에 대해 특단의 문제가 생기지 않는다는 점에서 검사인의 조사를 요구하지 않는 것이다. 이로 인해 회사를 재건하는 때, 채권자가 회사에 대한 채권을 회사 주식과 교환하는 수법(이른바 채무의 주식화debt equity swap → 200)을 간단한 절차로 할 수 있다.

[282] 모집주식의 인수인은 금전의 납입 혹은 현물출자의 급부 기일 또는 그 기간을 정한 경우(제199조 제1항 제4호), 출자를 이행한 날에 모집주식의 주주가 된다(제209조 제1항). 발행예정주식의 전부에 대한 출자의 이행이 없는 경우에도 출자의 이행이 있은 주식에 대해 신주발행의 효력이 생긴다(→ 278). 그러나 납입이 없는 실권분은 미발행주식이 되어 이후 발행예정수에 더해진다.

[283] 신주발행의 효력 발생에 따라 회사의 발행주식총수에 변경이 생긴다. 나아가 자본도 증가한다(제445조). 이는 등기사항이므로 회사는 변경등기를 해야 한다(제911조 제3항 제5호 · 제9호, 제915조 제1항 · 제2항).

(4) 금융상품거래법의 규제 – 모집 규제

[284] 주식발행에 따라 널리 투자자로부터 자금조달을 하는 경우에는 회사법 외에, 유가증권에 관한 거래를 규제하는 금융상품거래법의 적용을 받는다. 주권(주식)은 유가증권의 대표적인 것이기 때문이다(금융상품거래법 제2조 제1항 제9호). 금융상품거래법의 규제는 주로 투자자 보호의 관점에서 정해져 있다(금융상품거래법 제1조 참고).

[285] 금융상품거래법은 기업 내용의 공시제도disclosure 제도를 정하고 있다. 그중에서 유가증권의「모집」또는「매출」을 하는 자는 유가증권 신고서를 내각총리대신에게 제출하는 것이 요구된다(금융상품거래법 제4조 제1항. 발행가액이 1억 엔 미만의 경우는 신고를 하지 않아도 된다. 동항 제5호). 여기서 말하는「모집」이란 다수의 자(50명 이상)에 대해 새로 발행되는 유가증권의 취득 신청을 권유하는 것이다(금융상품거래법 제2조 제3항). 모집에 해당하지 않는 것을 사모라고 한다. 다만 소수의 자(50명 미만)를 상대방으로 하는 권유일지라도 상장주식을 발행하는 경우에는 사모로 인정되지 않는다. 이 경우 모집으로서 항상 신고를 요하는 것에 주의해야 한다(금융상품거래

법 제2조 제3항 제2호, 동법 시행령 제1조의7 제1호). 따라서 상장회사는 제3자 배정을 하는 경우에도 항상 유가증권신고서를 제출해야 한다.

[286] 유가증권신고서는 원칙으로서 내각총리대신이 수리한 날로부터 15일을 경과한 날에 효력이 발생한다(금융상품거래법 제8조 제1항). 이 기간에 신고에 관한 심사가 이루어진다. 이 기간을 심사기간 또는 대기기간이라고 한다. 이 기간은 일정 경우에 단축된다(동조 제3항). 유가증권 신고에 따라 취득의 권유행위는 가능해진다. 그러나 유가증권을 모집에 의해 투자자에게 취득시키기 위해서는 신고의 효력이 발생해야 한다(금융상품거래법 제15조).

[287] 유가증권신고서는 제출과 동시에 공중 열람에 제공된다(금융상품거래법 제25조 제1항 제1호). 그 부본은 발행회사의 본점 및 주요 지점과 금융상품거래소 또는 금융상품거래업협회에서 공중 열람에 제공된다(간접공시. 동조 제2항 · 제3항). 나아가 유가증권을 모집에 의해 취득시키기 위해서는 사전에 또는 동시에 사업설명서(유가증권 발행자의 사업 그 밖의 사항에 관한 설명을 기재하는 문서)를 투자자에게 교부해야 한다(직접공시. 금융상품거래법 제15조 제2항). 이는 유가증권신고서의 공중 열람만으로는 투자자 보호에 미흡한 측면이 있기에 요구되는 것이다. 다만 현재는 간접공시서류도 전자적 공시EDINET(금융청 웹 사이트에서 입수 가능)에 의해 투자자가 손쉽게 정보를 입수할 수 있다.

〈금융상품거래법상의 공시 제도〉

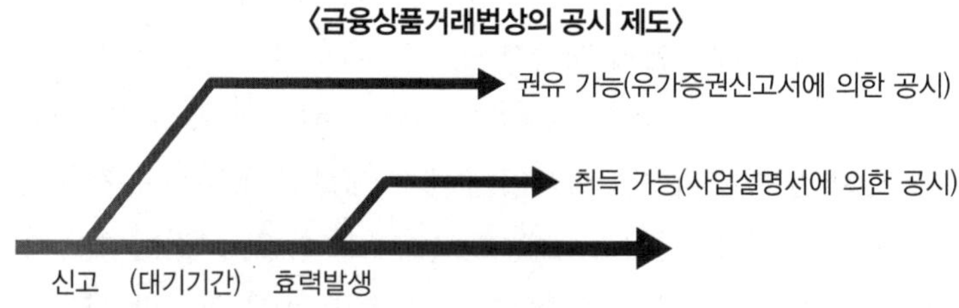

● 공시규제의 합리화

[288] 유가증권신고서에는 발행하는 유가증권의 내용에 대한 기재(증권정보)와 발행하는 회사에 대한 기재(회사정보)가 담긴다. 유가증권신고서에 의한 공시에서는 임베디드 방식 또는 참조방식을 이용함으로써 이러한 정보 공시를 간략화할 수 있다. 우선 1년 이상 계속해서 유가증권보고서를 제출하고 있는 회사의 경우, 기업 정보에 대해서는 최신 유가증권보고서의 부본을 유가증권신고서에 철해 넣는 것이 인정된다(임베디드 방식. 금융상품거래법 제5조 제3항. 유가증권보고서 제출 후에 중요한 사실이 발생한 경우에는 추가 보충 정보가 기재된다). 다음으로 1년 이상 계속해서 유가증권보고서를 제출하고 있는 회사로 그 주식이 금융상품거래소에 상장된 회사의 경우 일정 요건을 충족하면(주지성 요건〔평균매매금액이나 평균시가총액이 일정액 이상일 것 등이 규정되어 있다〕), 유가증권신고서의 기업 정보에 대해서는 최신 유가증권보고서를 참조할 것을 기재하는 것이 인정된다(참조방식. 금융상품거래법 제5조 제4항, 공시부령 제9조의4).

[289] 위의 참조방식 이용적격자는 발행등록제도를 이용할 수 있다(금융상품거래법 제23조의3~제23조의12). 이 제도하에서는 발행예정 모집을 사전에 등록해 두고 그 등록의 효력을 발생시킨 후에, 금리 동향 등 타이밍을 봐가면서 발행등록 추가 보충 서류를 제출하기만 하면 바로 유가증권의 발행을 할 수 있다. 이 제도를 이용하면 증권발행 시의 신고 대기기간이 불요가 되며, 기동적인 자금조달이 가능해진다.

4. 주식발행의 하자

(1) 모집주식의 발행 등의 유지留止

[290] ① 주식의 발행 또는 자기주식의 처분이 법령이나 정관에 위반하는 경우, ② 주식의 발행 또는 자기주식의 처분이 현저히 불공정

한 방법으로 이루어지는 경우로 주주가 불이익을 받을 우려가 있는 때, 주주는 회사에 대해 그 주식의 발행 또는 자기주식의 처분을 유지할 것을 청구할 수 있다(제210조). 이와는 별도로 주주는 이사가 법령 또는 정관에 위반하는 행위(또는 이러한 행위를 할 우려가 있는 경우)를 해 회사에 현저한 손해가 생길 우려가 있는 때는 그 이사에 그 행위를 유지할 것을 청구할 수 있다(제360조). 후자는 회사의 이익을 보호하는 것인데 반해, 전자는 주주 자신의 이익 보호를 위한 것이다.

[291] 공개회사에서는 이사회가 모집사항(→ 266)을 정한 때, 납입기일의 2주간 전까지 주주에 대해 그 모집사항을 통지 · 공고해야 한다(제201조 제3항 · 제4항)(→ 276. 유가증권신고서를 제출한 경우 예외가 있다). 이에 따라 주주는 사전에 모집주식의 내용을 알 수 있고, 발행 등의 유지청구를 할 수 있다. 종래 판례는 주주총회 특별결의를 거치지 않고, 주주 이외의 자에게 특히 유리한 가격으로 주식을 배정한 경우(→ 261)에 그 발행의 무효를 인정하지 않는 경향이 있었다. 배정된 주식과 관련해 유통거래의 안전 도모를 중시하고, 또한 자본 충실을 중요시했기 때문이다. 그 때문에 모집주식 발행 등의 유지청구제도는 주주 보호를 위해 중요한 의의를 지닌다.

[292] 유지청구 방법으로는 모집주식 발행 등의 유지소송을 제기하고, 그 소에 따라 가처분을 구하는 경우가 많다. 특히 회사의 주식을 매점 당한 경영자가 제3자 배정(→ 261)에 따라 모집주식의 발행을 하는 장면에서, 지주비율이 저하되는 주주는 그 유지청구를 하게 된다. 회사의 이사가 오로지 자기 지위를 방위할 목적으로 자기편인 자에게 신주를 배정하는 것은 회사에 대한 충실의무 위반(제335조)(→ 609)이 되므로 허용되지 않는다. 이러한 경우에는 법령 위반 또는 현저히 불공정한 방법에 따른 것으로서, 주주가 모집주식의 발행 유지를 청구할 수 있다. 또한 앞서 설명한 바와 같이 시장가격보다 낮은 가격으로 제3자 배정이 이루어지고 그에 대한 주주총회 특별결의를 밟지 않은 장면에서 유지청구

가 이루지는 예가 있다. 이 경우 해당 발행 등이 유리 발행인지가 다투어지고(→261), 유리 발행에 해당하게 되면 (주주총회에 의한 특별결의를 밟지 않았으므로) 법령 위반을 이유로 유지청구를 할 수 있다.

● **주요목적규칙**

[293] 모집주식의 발행은 주주배정으로 이루어지지 않는 한, 기존주주의 지주비율을 변동시킨다(→ 255, 270). 회사법은 수권범위를 정관기재사항으로 함으로써 주주의 이익을 도모하면서(지주비율의 변동 범위를 한정), 자금조달의 기동성을 중시한다. 따라서 실제로 자금조달의 필요성이 있는 경우에는 신주를 자기편인 자에게 배정하고, 그 결과 반대편의 지주비율이 저하된다고 하여 부정한 발행 방법이라고 할 수는 없다. 이처럼 모집주식 발행의 주된 목적이 어디에 있는가에 따라 그 적법성을 판단하려고 하는 판례의 입장은 「주요목적규칙」이라고 한다. 판례에서는 자금조달의 목적을 널리 인정하고, 불공정 발행임을 부정하는 경향이 있다(東京高決平16 · 8 · 4金法1733 · 92〔百選98事件〕).

[294] 근년 적대적 기업매수의 방어책으로서 신주예약권(→385) 발행이 이루어지고, 그 유지청구가 이루어진 사례가 발생하였다. 주식발행과 달리 신주예약권 발행에 대해 자금조달의 필요성을 강조하는 것은 어렵다(자금이 필요하면 통상은 신주를 발행하면 된다). 신주예약권 발행의 유지는 주식의 매점(적대적 기업매수 시도)이 그 회사의 기업 가치를 높이는 것인지, 훼손하는 것인지에 따라 판단된다(東京高決平17 · 3 · 23判時1899 · 56〔百選99事件〕). 닛폰방송ニッポン放送 대 라이브도어ライブドア 사건에서는 실제로 경영지배권 다툼이 생긴 장면에서 경영지배권의 유지 · 확보를 목적으로 한 신주예약권 발행이 이루어진 경우, 원칙으로서 불공정한 발행을 이유로 하는 유지청구가 인정되어야 한다고 하였다. 그러면서도 주주 전체의 이익 보호 관점에서 그 발행을 정당화하는 특별한 사정이 있음을 회사 측이 소명 · 입증한 경우에는 발행을 유지할 수 없다고 하였다. 이와 같은

형태로 주요목적규칙이 변용하고 있다.

(2) 주식발행 등의 효력

[295] 신주의 발행 효력이 생긴 후라도 신주발행에 중대한 하자가 있는 때에는 그 효력을 인정해야 하는 것은 아니다. 자기주식의 처분도 마찬가지이다. 그러나 주식이 발행된 후는 그것이 유효하다는 것을 전제로 많은 법률관계가 형성된다. 그 때문에 무효의 주장을 일반원칙에 위임해 누구라도 언제든지 어떠한 방법으로도 할 수 있도록 하는 것은 법률관계의 안정을 해치는 것이 된다. 그래서 신주발행 등의 무효 주장은 소를 통해서만 할 수 있다(제828조 제1항 제2호 · 제3호). 신주발행 등의 무효 주장은 신주발행 등의 효력발생일로부터 6월 이내(공개회사가 아닌 회사에서는 효력발생일로부터 1년 이내)에 주주, 이사, 감사 등만이 할 수 있다(동조 제2항 제2호 · 제3호).

[296] 정관에 정해진 수권주식 범위(→ 254)를 넘는 신주발행, 정관에 규정이 없는 종류주식(→ 224 · 225)의 발행 등은 무효원인이 된다고 해석되고 있다. 그러나 판례는 이사회결의 없이 대표이사에 의해 발행된 신주발행, 주주총회 특별결의를 거치지 않고 이루어진 유리 발행은 무효가 아니라고 보고 있다(最判昭36 · 3 · 31民集15 · 3 · 645, 最判昭46 · 7 · 16判時641 · 97〔百選24事件〕). 나아가 현저히 불공정한 방법으로 신주발행이 이루어져도 신주발행의 무효 사유가 되지 않는다는 것이 판례의 태도이다(最判平6 · 7 · 14判時1512 · 178〔百選102事件〕). 이처럼 신주발행의 무효원인을 좁게 이해하는 것은 거래의 안전성을 중요시하기 때문이다. 이에 대해 불공정 발행 중 폐쇄적인 회사로 발행된 주식이 악의의 인수인 · 양수인에게 머물러 있는 경우 거래의 안전을 해하는 것은 아니므로, 이 부분에 대해 무효로 이해하는 견해도 있다.

[296-2] 주식 양도가 제한된 회사에서는 주식 양도가 빈번하지 않고, 거래의 안전을 고려할 필요성이 낮다. 또한 공개회사 이외의 회사에

서는 모집주식 발행에 대해 주주총회 특별결의가 필요하다(→ 267). 이는 주주가 지주비율 유지에 강한 관심을 가지는 것이 이유이다. 이상을 토대로 학설에서는 적어도 공개회사 이외의 회사에서는 주주총회 결의를 결한 주식발행을 무효로 해야 한다는 견해가 유력하다. 그 후 판례에서 유리발행에 관한 주주총회결의의 흠결이 있어도 신주발행이 유효하다고 하는 판례의 사정은 공개회사에 한한다고 한 것이 있다(最判平24 · 4 · 24民集66 · 6 · 2908〔百選29事件〕).

[297] 신주발행의 유지 가처분(→ 292)에 위반하여 이루어진 신주발행에 대해 판례(最判平5 · 12 · 16民集47 · 10 · 5423〔百選101事件〕)는 가처분 명령을 위반한 것이 신주발행의 효력에 영향이 없다고 하면 유지청구권의 취지가 몰각됨을 지적하며 그 발행을 무효로 하였다. 다만 학설에서는 거래의 안전을 중시하는 뜻에서 무효원인이 되지 않는다고 하는 견해도 유력하다. 또한 신주발행사항의 통지 · 공고(→ 269)를 결한 발행을 유효하다고 하면 주주의 신주발행 유지청구 기회를 빼앗게 된다. 학설에서는 공시의무위반은 원칙으로서 무효원인이 된다고 하면서, 공시의무위반 이외의 유지 사유가 없었던 것을 회사 측이 입증한 때는 예외로서 무효가 되지 않는다고 하는 견해가 유력하였다. 판례(最判平9 · 1 · 28民集51 · 1 · 71〔百選27事件〕)에서는 이 사고방식이 받아들여졌다.

[298] 신주발행 무효 판결에 따라, 신주발행은 장래에 향해 그 효력을 상실한다(제839조). 또한 판결이 확정하면 당사자뿐만 아니라, 그 이외의 제3자에 대해서도 그 효력이 미친다(제838조). 신주발행이 무효가 된 이상, 회사는 신주의 주주에 대해 납입금액의 지급을 해야 한다(제840조 제1항).

● 신주발행의 부존재

[299] 신주발행의 실체가 없다고 할 수 있을 정도로 하자가 현저한 경우, 신주발행이라는 사실은 존재하지 않았다고 평가할 수 있

다. 회사법 제정 전까지 신주발행부존재확인의 소에 관한 명문 규정은 없었다. 다만 판례는 신주발행부존재확인의 소를 인정하였다(最判平9・1・28民集51・1・40, 最判平15・3・27民集57・3・312는 출소기한出訴期限의 제한은 부정). 회사법은 이러한 태도를 계승해 대세효가 있는 판결로 부존재를 확정할 필요가 있는 때를 염두에 두고 「신주발행의 부존재」 확인의 소를 명문으로 인정하였다(제829조 제1항). 신주발행의 부존재는 누구나 언제든지 어떠한 방법으로도 주장할 수 있다. 또한 무효확인의 소와 달리, 출소기간의 제한은 없다.

[300] 여기서 말하는 「신주발행의 부존재」의 의의에 대해 ① 발행 절차나 납입이라는 신주발행의 실체가 없음에도 불구하고 그 외관만이 있는(예를 들어 등기만이 있는) 경우에 한한다고 이해하는 견해(물리적 부존재설. 부존재라는 문언에 충실하고, 나아가 절차 하자를 부존재에 포함하면 법적 안정성을 해한다고 한다)와 ② 발행 절차 등에 현저한 하자가 있는 경우도 포함한다고 이해하는 견해(규범적 부존재설. 주주총회 결의의 부존재는 절차에 현저히 하자가 있는 경우도 가능한데, 이를 신주발행에도 확대해야 한다고 한다)가 있다.

(3) 주식인수인・이사 등의 책임

[301] 모집주식의 인수인은 이사(지명위원회등설치회사에서는 이사 또는 집행임원)와 통모하여 현저히 불공정한 납입금액으로 모집주식을 인수한 경우, 회사에 대해 공정한 발행가액과의 차액을 지급할 의무를 진다(제212조 제1항 제1호). 현물출자에 대해서도 같은 의무를 지지만(동조 제1항 제2호), 출자자가 선의이며 중과실이 없는 때는 모집주식의 인수 신청의 의사표시를 취소할 수 있다(동조 제2항).

[302] 현물출자의 목적인 재산의 신주발행 당시 실가가 이사회결의로 정한 가격보다도 현저히 부족한 경우, 모집에 관한 직무를 담당한 이사(지명위원회등설치회사에서는 집행임원)는 회사에 대해 그 부족액을 지급할 의무를 진다(제213조 제1항 제1호). 나아가 그 재산의 가격을 주주총회나 이

사회결의로 정한 경우에도, 그 의안을 제출한 이사가 의안에 게재한 가격과 실가의 차액을 한도로 회사에 대해 그 부족액을 지급할 의무를 진다(동항 제2호 · 제3호). 다만 현물출자에 관한 사항에 대해 검사인의 조사를 받은 때(→ 279) 또는 해당 이사 등이 그 직무를 행함에 있어 주의를 게을리하지 않았음을 증명한 때는 그 이사가 해당 재산에 대해 전보塡補 책임을 지지 않는다(동조 제2항).

[303] 모집주식의 납입을 가장한 인수인은 가장한 납입금액의 전액을 지급할 의무를 진다(무과실책임. 제213조의2 제1항). 현물출자의 경우에는 현물출자재산의 급부의무가 있지만, 회사가 그 가액에 상당하는 금전의 지급을 청구한 때에는 해당 금전 전액의 지급 의무를 진다. 이 의무를 면제함에는 총주주의 동의가 필요하다(동조 제2항). 또한 가장납입에 관여한 이사 등은 인수인과 연대해 위와 같은 지급 의무를 진다(제213조의3 제1항 본문 · 제2항). 다만 이사 등이 몸소 출자의 이행을 가장한 경우를 제외하고, 그 직무를 함에 있어 주의를 게을리하지 않았음을 증명한 경우는 책임을 면한다(과실책임. 출자를 가장한 경우는 무과실책임. 동조 제1항 단서). 이러한 책임은 주주대표소송의 대상이 된다(제847조 제1항).

[304] 가장납입을 한 인수인은 앞서 설명한 인수인 또는 이사 등의 지급 의무가 이행된 후가 아니면, 해당 주식에 대해 주주권을 행사할 수 없다(제209조 제2항). 다만 가장납입의 대상이 된 모집주식을 양수한 자는 가장납입에 대해 악의 또는 중과실이 없는 한, 주주권을 행사할 수 있다(동조 제3항).

[305] 가장납입에 관한 책임은 2014년 개정으로 규정된 것이다. 같은 규제는 회사설립에 관해서도 정해져 있다(→ 966 · 967).

5. 주식의 양도

(1) 주식의 양도방법

[306] 주주는 원칙으로서 그 보유하는 주식을 자유롭게 양도할 수 있다(제127조). 주식 양도가 자유롭게 인정되는 것은 주주의 투하자본 회수 기회를 확보하기 위함이다. 주권발행회사의 경우 주식의 양도는 주권을 인도(교부)함으로써 이루어진다(제128조 제1항 본문). 주권의 점유자는 적법한 소지인으로 추정된다(제131조 제1항). 그 때문에 주권을 제시하고 명의개서를 청구하는 자에 대해 이를 거부하는 회사 또는 주권 점유자에 대해 주권의 반환을 구하는 자는 주권 점유자가 무권리자임을 입증해야 한다. 이러한 효력을 주권 점유에 의한 권리 추정적 효력이라고 한다. 또한 무권리자가 주권을 제시하고 명의개서를 청구한 때, 청구자가 무권리자임을 회사가 알지 못하고(선의) 그것을 알 수 없었던 것에 중대한 과실이 없는 경우에는 명의개서를 해도 회사는 면책된다. 이러한 효력을 주권 점유에 의한 면책적 효력이라고 한다.

[307] 주식 양도는 양도인이 무권리자이면 본래는 무효이다. 그러나 주식 거래의 안전성을 확보하고, 주식 양도를 원활하게 행하게 하려고 선의취득 제도가 정해져 있다. 즉, 양도인이 비록 무권리자였다고 하더라도 무권리자임을 알지 못하고(선의) 알 수 없었던 것에 중대한 과실이 없는 경우에는 주권 양수인이 주식에 대한 권리를 합법적으로 취득한다(제131조 제2항).

- **주권불소지제도와 주권실효제도**

[308] 주권에 대해서는 선의취득이 생길 가능성이 크고, 주권의 상실은 현금의 상실과 마찬가지로 권리 상실로 이어질 위험성이 있다. 그 때문에 회사법은 주권 상실을 미연에 방지하기 위해 주권불소지제도를 두고 있다. 즉, 주주는 정관에 주권불소지제도를 배제한다는 뜻의 규정이 있는 경우를 제외하고, 그 주권의 소

지를 원하지 않는다는 뜻을 회사에 신고할 수 있다(제217조 제1항). 주권 소지를 원하지 않는다는 신고가 있으면, 회사는 바로 주권을 발행하지 않는다는 뜻을 주주명부에 기재 · 등록해야 한다(동조 제3항). 주권 발행 후에 주주가 불소지 신고를 한 경우 주주는 주권을 제출해야 한다(동조 제2항). 제출된 주권은 주권을 발행하지 않는 뜻을 주주명부에 기재 · 기록한 시점에 무효가 된다(동조 제5항). 주권 소지를 희망하지 않는 뜻을 신고한 주주는 언제든지 주권 발행을 청구할 수 있다. 주권 발행에 요하는 비용은 그 주주의 부담이 된다(동조 제6항).

[309] 주권을 상실한 자를 위해 주권 실효제도가 있다. 주권 상실자는 회사에 대해 주권상실등록을 신청한다(제223조). 회사는 주권상실등록부를 두고 주권 상실 신청이 이루어지면 거기에 상실 등록을 한다(제221조). 주권상실등록 절차는 전자적 방법으로 할 수 있다. 주권상실등록부는 공중 열람에 제공된다(제231조). 상실 등록된 주권의 주식에 대해서는 명의개서 및 회사에 대한 권리행사가 인정되지 않는다(제230조). 주권상실등록이 이루어지면 회사는 주주명부상의 주주와 등록질권자에게 그 뜻을 통지한다(제224조 제1항). 상실 등록된 주권을 보유하는 자는 상실 등록에 대해 이의 신청을 할 수 있다(제225조 제1항). 이러한 이의 신청이 있으면 회사는 상실등록자에게 통지하고, 2주간 후에 상실 등록을 말소한다(동조 제3항 · 제4항). 그 후에는 주권 상실자와 보유자 간에 권리 귀속이 다투어지게 된다. 등록 이의 신청 등의 절차가 이루어지지 않는 한, 상실 등록이 이루어진 주권은 등록된 날의 다음 날부터 1년 후에 실효한다. 그리고 등록자는 회사로부터 주권의 재발행을 받을 수 있다(제228조).

[310] 회사법상 회사는 원칙으로서 주권을 발행하지 않아도 된다(→211). 주권불발행회사의 경우 주식의 양도는 양도 당사자 간에 의사표시로 유효하게 할 수 있다. 다만 취득자의 성명 · 명칭 및 주소를 주주명

부에 기재 · 기록하지 않으면 회사 그 밖의 제3자에게 대항할 수 없다(제130조 제1항)(주주명부 → 327). 주주명부 개서는 양도인(명의상 주주 또는 일반 승계인)과 양수인(취득자)이 공동으로 청구하여 행한다(제133조)(→ 332).

(2) 주식의 양도제한

[311] 1950년 개정 전, 회사는 정관의 정함으로도 주식의 양도를 금지 또는 제한할 수 없었다. 1966년 개정으로 회사는 정관을 통해 주식 양도에 관해 회사의 승인을 요하는 뜻을 정할 수 있게 되었다(→ 81). 회사법상 승인 기관은 이사회설치회사의 경우 이사회(그 이외의 회사는 주주총회)이지만, 정관으로 다른 정함을 두는 것이 가능하다(제139조 제1항). 회사법에서는 이러한 양도제한주식을 주식의 내용에 대한 특별한 정함이 있는 종류주식의 하나로 보고 있다(→ 235).

[312] 주식의 양도가 제한되는 경우에도 주주의 투하자본 회수 기회를 확보해야 한다. 따라서 정관의 정함으로도 주식의 양도를 전면적으로 금지할 수는 없다. 종업원 주주가 양도하는 경우에만 이사회 승인이 필요하다는 뜻이나 일정수 이상의 양도는 이사회의 승인이 필요하다는 뜻 등을 정할 수는 없다.

[313] 주식의 양도제한은 원시정관(→ 927)에서도 정관변경에 의해서도 정할 수 있다. 정관변경을 위해서는 주주총회 결의가 필요하다. 다만 통상의 정관변경 결의(제309조 제2항 제11호, 제466조)(특별결의 → 489)와 달리, 주식양도제한 결의는 의결권을 행사할 수 있는 총주주의 반수 이상, 총주주의 의결권의 3분의 2 이상에 해당하는 다수를 가지고 해야 한다(제309조 제3항 제1호)(→ 490). 이처럼 결의 요건이 가중되는 것은 주식의 양도제한이 주주의 이해에 중대한 영향을 미치기 때문이다. 이 결의에 반대하는 주주에게는 주식매수청구권이 부여된다(제116조 제1항 제1호). 주식의 양도제한에는 엄격한 절차가 요구되므로, 주주 수가 많은 회사에서는 현

실적으로 양도제한을 하는 것이 곤란하다. 또한 금융상품거래소의 상장 심사기준에서는 주식의 양도제한이 이루어지지 않고 있을 것을 열거하고 있다(상장기준 → 343). 따라서 일본에서는 상장주식에 대해 양도제한을 할 수는 없다.

〈양도제한주식의 양도 절차〉

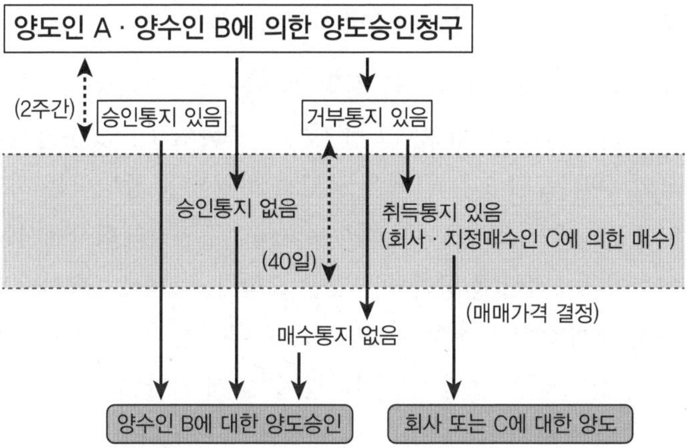

양도인 A · 양수인 B에 의한 양도승인청구

(2주간)

승인통지 있음

거부통지 있음

승인통지 없음

취득통지 있음
(회사 · 지정매수인 C에 의한 매수)

(40일)

(매매가격 결정)

매수통지 없음

양수인 B에 대한 양도승인

회사 또는 C에 대한 양도

[314] 양도제한주식을 양도하려고 하는 주주는 회사에 대해 양도 승인 여부의 결정을 청구할 수 있다(제136조). 이 경우 주주는 양도하려고 하는 주식의 수(종류주식발행회사의 경우에는 양도제한주식의 종류 및 종류마다 수), 양도 상대방의 성명 · 명칭, 회사가 그 양도를 승인하지 않는 경우 회사 또는 지정매수인이 매수할 것을 청구하는 때는 그 뜻을 분명히 밝혀야 한다(제138조 제1호). 주식취득자도 같은 청구를 할 수 있다(제137조, 제138조 제2호). 회사는 양도 승인 여부의 결정을 한 때, 양도승인청구자에게 결정 내용을 통지해야 한다(제139조 제2항). 주주에 의한 청구일로부터 2주간 이내에 결정 내용을 통지하지 않은 경우나 결정 내용의 통지일로부터 40일이 지나도록 회사가 매수 통지를 하지 않는 경우, 이러한 주식의 양도에 대해서는 회사의 승인 결정이 있었던 것으로 간주한다(제145조).

[315] 회사는 양도를 승인하지 않는 결정을 한 때, 그 주식을 매수해야 한다(제140조 제1항). 매수에는 주주총회 특별결의가 필요하다(동조 제2항, 제309조 제2항 제1호). 이 경우 양도승인청구자는 의결권을 행사할 수 없다(제140조 제3항). 또한 회사는 대상주식의 전부 또는 일부를 매수하는 자(지정매수인)를 지정할 수 있다(동조 제4항). 지정매수인의 지정은 정관에 특별한 정함이 있는 경우를 제외하고, 이사회설치회사에서는 이사회(그 이외의 회사에서는 주주총회)의 결의로 이루어진다(동조 제5항).

[316] 회사가 매수하는 것을 결정한 때는 양도승인청구자에 대해 통지를 함과 함께(제141조 제1항), 그 통지에 즈음하여 1주당 순자산액에 대상주식의 수를 곱해 얻은 금액을 공탁하고 공탁을 증명하는 서면을 양도승인청구자에게 교부해야 한다(동조 제2항). 주권발행회사에서는 주주가 1주간 이내에 주권을 공탁하는 것을 요한다(동조 제3항). 회사나 지정매수인에 의한 매수청구 절차가 적법하게 이루어진 후, 주주는 회사의 승낙이 없는 한 주식양도 신청을 철회할 수 없게 된다(제143조). 회사 측의 준비를 헛되게 하지 않고자 이러한 규정을 두고 있다.

[317] 주식의 매매가격은 당사자 간에 결정된다(제144조 제1항). 그러나 협의가 이루어지지 않는 때는 당사자가 매도청구일로부터 20일 이내에 법원에 대해 매매가격의 결정을 구할 수 있다(동조 제2항). 법원은 회사의 자산 상황 그 밖의 모든 사정을 고려해 매매가격을 결정한다(동조 제3항 · 제4항). 이 기간 내에 가격 결정의 청구가 없는 때에는 공탁액이 매매가격이 된다(동조 제5항).

● 거래가격이 없는 회사의 주식 평가

[318] 상장주식 등 거래가격이 있는 주식의 경우, 원칙으로서 주식의 가치는 시가를 기준으로 할 수 있다. 그러나 거래가격이 없는 주식의 가치 평가는 어렵다. 양도제한주식의 양도가격 결정 외에, 합병 등에 반대하는 주주가 주식매수청구권을 행사한 경우

의 매수가격 결정(→ 848), 나아가 전부취득조항부주식의 취득가격 결정(→ 245)에서도 같은 문제가 발생한다.

[319] 거래가격이 없는 주식의 평가방법으로 ① 시장접근법(유사회사비준방식 등), ② 자산접근법(순자산방식 등), ③ 소득접근법(배당환원방식, DCF 방식 등)이 있다. ①의 유사회사비준방식은 사업 내용 등이 유사한 상장회사의 주식 가치를 참고하는 것이다. ②의 순자산방식은 1주당 순자산을 주식의 가치로 하는 것이다(시가순자산방식, 장부가액순자산방식이 있다). ③의 소득접근법은 주주가 주식을 통해 장래 얻을 것으로 전망되는 이익을, 위험을 고려한 할인율을 적용해 현재 가치로 환산하는 방법이다. 최근 판례에서는 이 방식을 중시하는 경향이 있다. 주주에 대해 장래 지급되는 배당금을 예측하는 방법을 배당환원방식, 회사가 창출하는 수익(프리 캐시플로)을 예측하는 방법을 DCF Discounted Cash Flow 방식이라고 한다(프리 캐시플로 대신에 장래 1주당 이익(회계상 이익)을 예상하는 것은 수익환원방식이라고 한다).

[320] ③에서는 장래 수익을 적절한 할인율로 할인할 필요가 있다. 어느 투자물건에 100만 엔을 투자하는 경우 그 수익(채무불이행 등의 위험을 고려하지 않는 것으로 한다)이 연 10%라고 하면, 1년 후에 100만 엔은 110만 엔(100만 엔 ×〈1 + 0.1〉), 2년 후에 121만 엔(〈100만 엔 ×〈1 + 0.1(1년 후 가치)〉〉×〈1+0.1〉=100만 엔×$〈1+0.1〉^2$)이 된다. 이것은 장래의 가치를 계산할 수 있었던 경우에도 그것으로부터 현시점에서의 가치를 산출하는 경우 수익률로 할인하는 것이 필요하다는 것을 의미한다(위의 예에서는 1년 후 110만 엔, 2년 후 121만 엔의 현재 가치는 각각 100만 엔이 된다〔110만 엔÷〈1 + 0.1〉, 121만 엔 ÷ $〈1 + 0.1〉^2$〕).

[321] 실제 판례에서는 복수의 평가방식을 병용하여 주식을 평가하는 예가 많다. 福岡高決平21 · 5 · 15金判1320 · 20은 DCF 방식을 30%, 순자산방식을 70% 비율로 병용하였다. 또한 大阪地決平25 · 1 · 31判時2185 · 142(百選19事件)은 수익환원방식을 80%, 배당환원방식을 20% 비율로 병용하였다. 나아가 대법원은 특정 평가방법을 강제하는 것을 부정하고, 법원의 재량에 따른 선택을

허용하고 있다(最決平27 · 3 · 26民集69 · 2 · 365〔百選90事件〕. 해당 판례에서는 수익환원법에 의한 주가 산정을 인정하였다).

[322] 정관에 주식양도제한이 정해져 있는 경우, 회사의 승인 없이 이루어진 주식 양도는 회사에 대해 효력을 발하지 않지만, 양도 당사자 간에는 유효하다(最判昭48 · 6 · 15民集27 · 6 · 700〔百選18事件〕). 판례는 1인회사(→ 161)에 있어 회사의 승인 없이 1인 주주가 행한 주식양도에 대해서는 회사에 대한 관계에서도 유효하다고 해석하고 있다(最判平5 · 3 · 30民集47 · 4 · 3439). 주식의 양도제한은 회사로서는 바라지 않는 자가 주주가 되는 것을 방지하고, 이를 통해 양도인 이외 주주의 이익을 보호하는 것이 그 취지이다. 이러한 취지에 서서 보면, 1인회사의 경우에는 양도인 이외의 주주는 존재하지 않고, 다른 주주의 이익 보호가 문제 될 여지는 없다.

[323] 회사는 상속 그 밖의 일반 승계에 따라 양도제한주식을 취득한 자에게 그것을 매도할 것을 청구할 수 있다(제174조). 이를 위해서는 사전에 정관의 정함을 둘 필요가 있다. 회사는 매번 주주총회 결의를 얻어 매도 청구를 해야 한다(제175조 제1항). 매매가격이 당사자의 협의로 정해지지 않는 경우, 당사자의 신청에 따라 법원이 결정한다(제177조).

- **법률과 계약에 의한 주식의 양도제한**

[324] 회사 성립 전 또는 신주발행 효력 발생 전의 주식인수인의 지위를 권리주라고 한다. 권리주의 양도는 회사에 대해 효력을 발하지 않는다(제35조, 제63조 제2항, 제208조 제4항). 권리주의 양도제한은 회사설립 사무 또는 신주발행 사무를 원활히 하기 위해 정해져 있는 것이다. 그 때문에 권리주의 양도는 당사자 간에는 유효하다.

[325] 주권발행회사는 주식을 발행한 날 이후 지체 없이 주권을 발행해야 한다(제215조 제1항). 주권발행 전에 주식을 양도하여도 그 양도는 회사에 대해 효력을 가지지 않는다(제128조 제2항).

다만 회사가 주권의 발행을 부당히 지체하는 경우, 주주는 의사표시에 따라 유효하게 주식을 양도할 수 있다(最大判昭47・11・8民集26・9・1489).

[326] 주주 간 계약으로 주식의 양도제한을 하는 것은 허용된다(계약자의 원칙). 다만 회사가 당사자가 되는 계약에서는 주식양도자유의 원칙 요청과 양도제한의 절차가 법률상 엄격히 정해져 있는 것으로부터 그 효과가 문제 된다. 종업원 지주제도를 채용하는 회사에 있어, 종업원은 퇴사 시에 지주를 취득가격과 같은 가격으로 지주회 등에 매도하는 뜻의 계약이 유효하다고 판단한 판례가 있다(最判平7・4・25集民175・91〔百選20事件〕. 最判平21・2・17判時2038・144도 같은 뜻을 채용하였다). 이에 대해 회사가 당사자인 계약에 대해서도 계약자유의 원칙이 타당하며, 공서양속에 반하는 것이 무효가 될 뿐이라는 견해도 유력하다.

(3) 주주명부와 명의개서

[327] 주주 및 주식에 관한 사항을 분명히 하는 것을 목적으로 주주명부가 작성된다. 주주명부에는 ① 주주의 성명 및 주소, ② 각 주주가 가지는 주식의 수, ③ 각 주식의 취득일, ④ 주권발행회사의 경우는 주권 번호가 기재 또는 기록된다(제121조). 주주명부는 회사의 본점 또는 주주명부 관리인(→ 333)의 영업소에 비치된다(제125조 제1항). 주주와 회사채권자는 영업시간 내라면 언제든지 주주명부 열람・등사를 요구할 수 있다(동조 제2항 전단). 다만 열람・등사가 필요한 이유를 분명히 할 필요가 있다(동항 후단). 한편 회사는 주주・채권자가 ① 그 권리 확보 또는 행사에 관한 조사 이외의 목적으로 청구를 한 때, ② 회사의 업무 수행을 방해하거나 주주 공동의 이익을 해할 목적으로 청구를 한 때, ③ 명부의 열람・등사로 알게 된 사실을 이익을 받고 제3자에게 통보하기 위해 청구를 한 때, ④ 과거 2년 이내에 명부의 열람・등사로 알게 된 사실을 이익을 받고 제3자에게 통보한 적이 있는 때에는 청구를 거부할 수 있다(동

조 제3항).

[328] 2014년 개정 전까지 주주명부 열람 청구 거부 사유로 「회사 업무와 실질적으로 경쟁 관계에 있는 사업을 하거나 이에 종사하는 자인 때」가 규정되어 있었다. 다만 주주명부 기재사항에는 영업비밀 등은 기재되어 있지 않으며, 회사와 경쟁 관계에 있는 자에 대해 열람을 거부할 합리적인 이유를 결하고 있었다. 또한 적대적 매수 장면에서 경쟁 관계에 있는 매수자가 주주로서의 정당한 권리행사(예를 들어 위임장 권유 등)를 위해 한 주주명부 열람 청구를 거부한 사례도 보였다(東京高決平20・6・12金判1295・12). 그 때문에 2014년 개정에서 이 부분의 규정이 삭제되었다.

[329] 주식의 양도는 취득자의 성명 및 주소를 주주명부에 기재・기록하지 않으면 회사 그 밖의 제3자에게 대항할 수 없다(제130조 제1항). 주권발행회사에서는 주식에 대해 질권을 설정함에는 주권 교부를 요한다(제146조 제2항). 주식을 입질한 경우, 주주명부에 질권자를 기재하면 등록질로서의 효력이 발생한다. 이에 따라 질권자는 회사로부터 배당을 받고 잔여재산의 분배를 받으며, 다른 질권자에 우선하여 자기 채권의 변제에 충당할 수 있다(제154조 제1항). 다만 실제로는 주권 교부만으로 설정하는 약식질이 주로 이용되며, 등록질의 이용은 매우 드물다. 주식 질권자의 물상대위권(민법 제362조 제2항, 제350조, 제304조)이 미치는 범위에 대해서는 회사법에 규정이 있다(제151조).

[330] 회사로부터의 주주에 대한 통지 또는 최고는 주주명부에 기재・기록된 주소로 하면 된다(제126조 제1항). 배당의 지급은 주주명부상의 주주에 대해 하면 족하다. 주주명부에 기재된 주소로 발송한 통지 또는 최고가 계속해서 5년간 도달하지 않는 때, 회사는 그 이후 그 주주에 대한 통지 또는 최고를 하지 않아도 된다(제196조 제1항). 이처럼 회사는 소재불명 주주에 대한 통지 및 최고 의무가 면제되고 있다. 그러나 이것은 회사에 주주 관리사무까지 면제하고 있음을 의미하지 않고, 회사는 여

전히 과도한 주주관리비용을 부담하는 상황에 놓이게 된다. 그래서 회사는 이사회결의(이사회설치회사)에 따라 5년간 계속해서 통지 등이 도달하지 않는 주주에 대해 이해관계자에 대한 공고 및 일정 자의 주소 등에의 통지를 함으로써 그 주식을 무효로 한 후(제198조 제1항~제3항), 주식을 경매하는 것이 인정되고 있다(제197조 제1항). 경매에 갈음하여 시장가격으로의 매각, 시장가격이 없는 경우에는 법원의 허가를 받아 경매 이외의 방법으로 매각할 수 있다(동조 제2항). 회사는 그 주식을 매수하는 것도 가능하다(동조 제3항). 매각대금은 주주에게 지급된다(동조 제1항). 그러나 주주는 소재 불명이므로 통상은 회사가 매각대금을 공탁하는 것이 상정된다.

〈소재불명주주에 대한 관계서류 송부와 주식매각 실시〉

관계서류 송부	주식상장	주식비상장	계	구성비
반드시 송부	654	24	678	38.5%
일정 기간(5년) 계속해서 반송된 경우 중지	670	13	683	38.8%
기타	72	2	74	4.2%
소재불명 주주 없음	294	30	324	18.4%
합계	1,690	69	1,759	100.0%

주식매각	주식상장	주식비상장	계	구성비
실시 종료	216	1	217	15.1%
실시 예정	26	0	26	1.8%
검토 중	161	9	170	11.8%
실시 예정 없음	993	29	1,022	71.2%
합계	1,396	39	1,435	100.0%

(全国株懇連合会「2019年度全株懇調査報告書」(2019年10月) 45 · 46頁)

[331] 주식 양수인은 회사에 대해 주주의 권리를 주장하려면 주주명부의 명의개서를 청구할 필요가 있다(제130조 제1항). 주권발행회사의 경우 주식의 양도는 주권 교부로 이루어진다(제128조 제1항). 양수인은 회사에 대해 주권을 제시하고 명의개서를 청구한다. 주권 점유자는 적법한 소지인으로 추정된다(제131조 제1항). 그러므로 양수인은 자기가 진정 주주

인 것을 증명할 필요가 없고, 회사는 반증할 수 없으면 명의개서를 해야 한다(주권발행회사에서 구주권을 회수하고 신주권을 발행할 필요가 있는 때에 주권제출 절차가 규정되어 있다〔제219조〕. 구주권을 제출하지 않은 자에 의한 주권제출 기간 후의 명의개서 청구를 인정한 사례가 있다. 最判昭60 · 3 · 7民集39 · 2 · 107〔百選26事件〕). 회사가 명의개서를 부당하게 거절한 경우, 명의개서청구자는 회사에 대해 명의개서 없이 주주임을 주장할 수 있다(最判昭41 · 7 · 28民集20 · 6 · 1251〔百選15事件〕).

[332] 주권불발행회사의 경우 명의개서는 주주로서 주주명부상에 기재 · 기록된 자(명의상 주주) 또는 상속인 그 밖의 일반 승계인과 주식을 취득한 자가 공동으로 청구한다(제133조 제2항). 양도제한주식을 취득한 자는 양도 승인을 받은 경우 등을 제외하고, 명의개서를 청구할 수 없다(제134조). 주권불발행회사에서 주주명부의 명의개서는 제3자에 대한 대항요건도 된다(제130조 제1항)(대체주식에 대해 → 339). 주권불발행회사의 주주는 회사에 대해 자기에 대한 주주명부 기재사항을 증명한 서면 교부 · 전기적 기록 제공을 요구할 수 있다(제122조).

[333] 회사는 정관의 정함으로 주주명부 관리인을 둘 수 있다(→ 정관 제10조 참고). 주주명부 관리인은 회사 대신에 주주명부 작성 및 비치 그 밖의 주주명부에 관한 사무를 담당한다(제123조). 2003년 개정 전 상법에서는 명의개서대리인이라고 하였다. 명의개서대리인이 명의개서 업무뿐만 아니라, 명부 작성이나 비치도 담당한 것을 고려해 회사법에서는 명칭을 변경한 것이다. 주주명부 관리인을 둔 때는 그 성명 또는 명칭 및 주소와 영업소는 등기사항이 된다(제911조 제3항 제11호).

● 기준일

[334] 회사는 주주총회에서 의결권을 행사하는 자 또는 배당을 받을 자 등 주주의 권리를 행사하는 자를 확정할 필요가 있다. 회사는 일정일(기준일)에 있어 주주명부에 기재 · 기록된 주주를 권리행사 주주로 할 수 있다(제124조 제1항). 기준일은 권리행사일 전

3월 이내의 날로 정하는 것을 요한다(동조 제2항). 사업연도 말일이 주주총회에 관한 기준일이 되는 것이 통상이다(필연은 아니다). 회사는 정관으로 정하는 경우를 제외하고, 기준일을 그 2주간 전에 공고하여야 한다(동조 제3항). 정기주주총회에 대해서는 정관으로 기준일을 정하는 경우가 많다〈정관 제13조〉.

[335] 주식 양도가 이루어졌음에도 불구하고 양수인이 명의개서를 청구하지 않은 경우, 양수인은 회사에 대해 권리를 주장할 수 없다. 회사 측에서 양수인을 주주로 취급할 수 있는가가 문제가 된다. 회사가 양도인이 주식을 양도한 사실을 알면서 계속해서 그 양도인을 주주로 취급해야 하는 것은 불합리하다. 판례는 자기 위험 부담으로 양수인을 주주로 취급하는 것을 인정하고 있다(最判昭30・10・20民集9・11・1657. 양수인이 무권리자이면 회사는 면책되지 않는다). 한편 양도인의 권리를 부정하고, 나아가 양수인에 대해서도 명의개서 미필을 이유로 권리행사를 거부하면 권리행사자가 부재로 된다는 문제가 지적되고 있다. 회사와 관계가 좋은 자에게만 권리행사가 인정될 가능성을 문제시하는 견해도 있다.

[336] 회사가 기준일 이후에 주식을 취득한 자에게 의결권 행사를 인정하는 것에 있어서도 같은 문제가 생길 수 있다. 회사법에서는 회사가 재량으로 기준일 이후에 주식을 취득한 자에게도 주주총회 의결권을 행사시키는 것을 인정하고 있다(제124조 제4항 본문). 다만 이 경우 기준일 주주의 권리를 해하는 것이어서는 안 된다(동항 단서). 회사법하에서도 회사의 이사가 자기 지위를 유지하기 위해 기준일 이후 주주에게 의결권을 행사시키는 것까지 인정된다고는 해석되지 않는다.

[336-2] 주식 양수인이 명의개서를 실념**失念**한 사이에(이러한 주식을「실념주**失念株**」라고 한다) 회사가 주식분할(→ 369)을 한 경우, 회사는 명의주주(양도인)에 대해 분할주식을 교부하면 된다(잉여금 배당 경우도 마찬가지이다). 다만 양도 당사자 간에는 주식양도의 효력이 발생하므로 양수인은 양도인에 대해 부당이익 반환을 청구할 수 있다(最判

平19・3・8民集61・2・479〔百選16事件〕. 분할주식을 매각한 때에는 매각대금 상당액을 청구할 수 있다). 아래에서 설명하는 주식대체제도 하에서는 실념주는 존재하지 않는다. 따라서 현재는 위의 문제가 비상장주식에 대해서만 발생한다.

(4) 주식대체제도

[337] 회사법에서는 주권불발행회사가 원칙이 되었다(→ 211). 다만 그 이전부터 거래 원활화를 위한 주권의 무권면화 움직임이 있었다. 1984년「주권 등 보관 및 대체에 관한 법률」(1984년 법률 제30호)이 제정되고, 주권보관대체제도가 창설되었다. 이는 주권 소유자가 주권을 금융기관(참가자) 등에 기탁하고(고객계좌부가 작성된다), 참가자가 이러한 주권을 정리해 보관대체기구에 재기탁하는 것이었다(참가자계좌부가 작성된다). 보관대체기구에 기탁된 주권은 모두 해당 기구의 명의로 개서되고, 주권 소유자에 대해서는 실질주주명부가 작성되었다. 실질주주에 의한 주식 양도는 고객계좌부 및 참가자계좌부 대체에 의해 이루어졌다.

[338] 2004년 개정(「주식 등의 거래에 관계된 결제 합리화를 도모하기 위한 사채 등의 대체에 관한 법률 일부를 개정하는 법률」(2004년 법률 제88호))으로, 사채나 국채 등의 무권면화와 유통을 위해 창설된 대체제도가 주식에 적용되게 되었다(「사채 등의 대체에 관한 법률」은「사채・주식 등의 대체에 관한 법률」로 명칭이 변경되었다). 이 제도 아래, 주권불발행회사(주식양도제한회사를 제외한다)로 대체제도 이용에 동의한 회사의 주식은「대체주식」이 되었다(사채・주식 등의 대체에 관한 법률 제128조 참고). 새로운 제도로의 이행은 2009년 1월 5일에 일제히 이루어졌고, 대상이 되는 주식에 대한 주권은 주권제출 절차를 밟지 않고 무효가 되었다.

[339] 대체주식의 권리 귀속은 대체계좌부의 기록에 따라 정해진다. 대체주식의 양도는 양도인의 신청에 따라 양수인이 자기 계좌에 증가 기록을 받음으로써 효력을 발생한다(사채・주식 등의 대체에 관한 법률 제140

조, 제141조). 즉, 대체계좌부에 대한 증가 기록이 그 이전 효력요건이 된다. 회사가 대체주식의 주주로서 회사에 대해 권리를 행사하는 자를 확정할 목적으로 일정한 날을 정한 경우(기준일 등), 대체기관은 회사에 대해 대체계좌부에 기록된 그 날의 주주 성명 등을 신속하게 통지해야 한다(사채 · 주식 등의 대체에 관한 법률 제151조 제1항 · 제7항). 이를 「총주주 통지」라고 한다. 총주주 통지를 받은 회사는 통지받은 사항을 주주명부에 기재 · 기록한다(사채 · 주식 등의 대체에 관한 법률 제152조 제1항. 총주주 통지는 원칙으로서 연 2회 이루어진다). 이 경우 위의 기준일 등에 있어 주주명부의 명의개서가 이루어진 것으로 보고, 회사는 그 주주에게 권리를 행사시키는 것이 된다.

〈주식대체제도의 개요〉

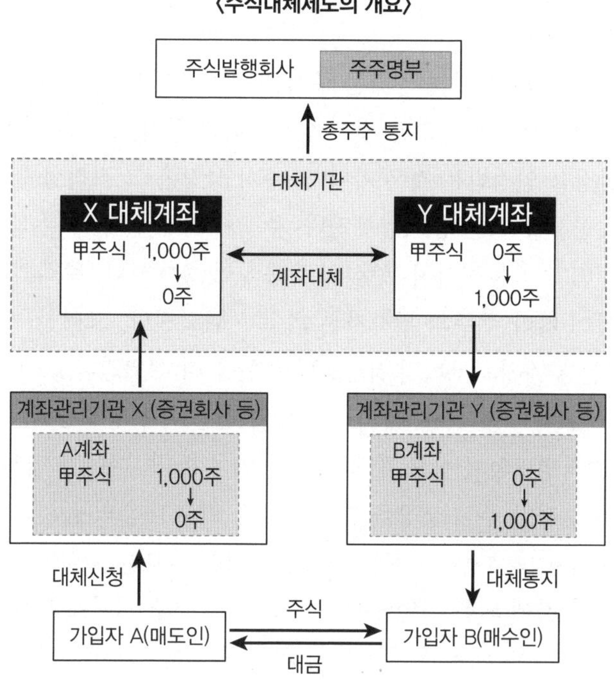

[340] 주주가 소수주주권(→ 217)을 행사할 때, 회사는 그 주주가 소수주주권의 행사요건을 충족하고 있는지 확인할 필요가 있다. 그 때문

에 주주가 소수주주권을 행사하려고 하는 때는 대체기관에 대해 자기가 보유하는 대체주식의 종류 · 수, 그 증가 · 감소 경과 등을 회사에 통지하도록 신청해야 한다(사채 · 주식 등의 대체에 관한 법률 제154조 제3항~제5항). 이를「개별주주 통지」라고 한다. 권리행사에 개별주주 통지를 요하게 되는 것은「소수주주권 등」에 대해서이다. 이는 기준일을 정해 행사되는 권리 이외의 권리를 말한다(사채 · 주식 등의 대체에 관한 법률 제147조 제4항). 회사에 의한 전부취득조항부주식의 취득에 반대하는 주주가 행하는 가격결정신청권(→245)도 주주마다 개별적으로 행사하는 것이 예정된 것이며, 소수주주권 등에 포함된다(最決平22 · 12 · 7民集64 · 8 · 2003〔百選17事件〕).

(5) 주식의 상장

[341] 주식회사가 발행하는 주식을 증권거래소(금융상품거래소)가 개설하는 시장에서 거래시키는 것을 상장이라고 한다. 모든 주식이 증권거래소 상장을 인정받는 것은 아니다. 주식 상장은 그 적격성에 관해 증권거래소 심사를 거친 후 가능해진다. 주식 상장을 통해 그 주식은 시장에서의 매매가 가능해지며, 주식의 유통성이 증대한다. 주식의 유통성이 증대함에 따라 주주의 투하자본 회수가 쉬워진다. 그러한 까닭으로 상장회사는 투자자로부터의 자금조달이 한층 더 쉬워진다. 또한 주식을 상장함에 따라 상장회사로서의 지명도와 신용도가 향상한다. 이와 같은 회사의 지명도와 신용도 향상은 회사 업무 확대, 나아가 인재확보에 이바지한다. 다만 주식 상장을 한 경우에는 회사 내용의 공시의무(금융상품거래법상의 공시의무 및 증권거래소가 자주 규칙으로 정하는 적시공시의무)가 발생한다. 또한 불특정 자에 의한 기업매수 또는 그 주식이 투기거래의 대상이 될 위험성도 있다. 그 때문에 일부러 상장폐지를 하는 회사도 있다(고잉 프라이빗going private).

〈국내 주권상장심사기준 개요(형식요건)〉

	본칙 시장 형식요건	마더스 형식요건
주주 수(상장 시)	800인 이상	200인 이상
유통주식(상장 시 전망)	주식 수 4,000단위 이상 (상장주권 등의 30% 이상) 시가총액 10억 엔 이상	주식 수 2,000단위 이상 (상장주권 등의 25% 이상) 시가총액 5억 엔 이상
상장시가총액(상장 시 전망)	20억 엔 이상	10억 엔 이상
사업 계속연수	3년 이상(이사회설치)	1년 이상(이사회 설치)
순자산액(직전기말)	연결로 10억 엔 이상	–
이익 또는 시가총액	• 최근 2년간 이익 총액이 5억 엔 이상일 것 또는 • 시가총액이 500억 엔 이상(최근 1년간 매출액이 100억 엔 이상인 것이 요건)	–

(日本取引所グループウェブサイト「上場審査基準」)

[342] 도쿄증권거래소 상장회사는 3,714개사이며(제1부 상장회사는 2,170개사), 시가총액(발행주식총수×시가)은 약 630조 엔(시장 제1부에서는 약 609조 엔) 수준이다(2020년 5월 말 기준). 종래 상장주식의 매매는 거래소에서 하는 것이 의무화되어 있었다. 1998년 12월부터 관련 거래소 집중 의무가 철폐되었다. 이로 인해 투자자는 거래소 밖에서 증권회사(금융상품거래업자)와 거래를 할 수 있게 되었다PTS. 또한 컴퓨터의 보급으로 각지에 거래소가 존재할 의의가 약화하였다. 이러한 사정으로 전국에 8개소였던 거래소 통합이 진행되고 있다(현재 삿포로증권거래소, 도쿄증권거래소 · 오사카거래소〔일본거래소 그룹〕, 나고야증권거래소, 후쿠오카증권거래소가 존재하고 있다).

[343] 증권거래소에 상장하려면 엄격한 상장기준을 만족할 필요가 있다. 그 때문에 증권거래소 상장회사인 것은 사회적 지위status의 하나였다. 다만 근년에는 신흥기업용 시장이 창설되고 있다. 신흥기업으로서도 규모를 확대하기 위해 유통시장이 필요함에는 차이가 없다. 도쿄증권거래소에는「마더즈マザーズ」, 삿포로증권거래소에는「앰비셔스アン

ビシャス」, 나고야증권거래소에는「센트렉스セントレックス」, 후쿠오카증권거래소에는「Q-Board」라고 하는 신흥기업용 시장이 개설되어 있다.

(6) 내부자 거래 규제

[344] 증권시장은 주식을 매매하는 장으로서 주식회사의 발전에 불가결한 것이다. 다만 회사의 내부자insider가 그 직무에 관한 미공표 정보를 이용해 회사 주식을 매매하면, 일반 투자자의 증권시장에 대한 신뢰가 훼손된다. 그 결과 주식회사의 자금조달에도 큰 영향을 미치는 것이 우려된다(시장이 없으면 신규발행도 곤란해진다 → 341). 일본에서는 금융상품거래법이 내부자 거래insider 거래를 엄격히 규제하고 있다. 또한 회사 내부자가 내부자 거래를 하면 회사의 평판을 손상한다. 그 결과 회사에 다양한 불이익이 발생하는 것에도 유의가 필요하다. 그 때문에 법 규제의 준수뿐만 아니라, 내부자 거래의 발생을 억지하는 사내체제 구축도 중요한 과제가 된다.

[345] 상장회사의「회사관계자」는 해당 회사의 업무에 관한「중요사실」을 그 지위를 이용해 안 경우, 정보공표 전에 그 주권 등을 매매하는 것이 금지된다(금융상품거래법 제166조 제1항).「회사관계자」로부터 정보 전달을 받은 자(제1차 정보수령자)도 같은 규제를 적용받는다(동조 제3항).

〈내부자 거래 규제에 있어「회사관계자」와「중요 사실」〉

회사관계자

회사관계자의 범위	회사관계자가 되는 때
① 회사 임원 · 사용인	그자의 직무에 관해 안 때
② 회사에 대해 장부열람권(제433조)을 행사한 주주	해당 권리 행사에 관해 안 때
③ 회사에 대해 법령에 따른 권한을 가지는 자(예컨대, 정치가, 허인가 권한을 가지는 공무원 등)	해당 권한 행사에 관해 안 때
④ 회사와 계약을 체결한 자(예컨대, 거래은행, 인수 금융상품거래업자, 변호사, 공인회계사 등) 또는 계약체결 교섭을 하고 있는 자	해당 계약체결 · 교섭 · 이행에 관해 안 때
⑤ ②④로 법인인 자의 임원 등	그자의 직무에 관해 안 때

중요사실

결정 사항(금융상품거래법 제166조 제2항 제1호. 「업무 집행을 결정하는 기관」이 결정한 것)	① 주식 등의 모집 ② 자본감소 ③ 자본준비금 또는 이익준비금 감소 ④ 자기주식 취득 ⑤ 자기주식 처분 ⑥ 주식분할 ⑦ 직전 방법과 다른 잉여금 배당 · 중간배당 ⑧ 주식교환 ⑨ 주식이전 ⑨의2 주식교부 ⑩ 합병 ⑪ 회사분할 ⑫ 사업양도 ⑬ 해산 ⑭ 신제품 또는 신기술 기업화 ⑮ 업무상 제휴 등
발생 사항(금융상품거래법 제166조 제2항 제2호)	① 재해 또는 업무에 기인하는 손해 ② 주요주주(발행주식총수의 10% 이상을 보유하는 주주)의 이동(異動) ③ 상장폐지의 원인, 등록취소의 원인이 되는 사실 등
매출 등의 예상 변경(금융상품거래법 제166조 제2항 제3호)	매출, 경상이익 또는 순이익에 있어 공표된 직전 예상치와 비교해 새로 산출한 예상치 또는 결산에 차이가 생긴 사실
포괄 조항(금융상품거래법 제166조 제2항 제4호)	해당 상장회사 등의 운영, 업무 또는 재산에 관한 중요한 사실로서 투자자의 투자 판단에 현저한 영향을 미치는 사항

[346] 나아가 회사가 상장주권의 공개매수 또는 5% 이상의 주식 등의 매집을 하는 경우, 그 회사의 관계자는 공개매수 등의 실시에 관한 사실 혹은 그 중지에 관한 사실을 그 지위를 이용해 안 때에는 그러한 사실이 공표된 후가 아니면 해당 매수의 대상이 되는 회사가 발행하는 주권 등의 매수를 해서는 안 된다(금융상품거래법 제167조. A 회사가 B 회사에 대한 공개매수를 결정한 경우, A 회사의 관계자가 B 회사의 주식을 공표 전에 매수하는 행위가 규제 대상이 된다).

[347] 금융상품거래법이 정하는 내부자 거래 규제에 위반한 경우에는 5년 이하의 징역 또는 500만 엔 이하의 벌금에 처한다(금융상품거래법 제197조의2 제13호). 내부자 거래로 얻은 재산은 몰수된다(금융상품거래법 제198조의2 제1항 제1호). 나아가 금융청에 의한 과징금 납부 명령의 대상이 된다.

6. 자기주식

(1) 자기주식 취득의 폐해와 규제 완화

[348] 자기주식은 주식회사가 보유하는 자기의 주식이다(제113조 제4항). 일반적으로 회사가 한 번 발행한 주식을 다시 취득하는 것을 자기주식의 취득이라고 한다(엄밀히는 회사가 취득한 단계에서 자기주식이 되는 것이다).

[349] 1994년 개정 전까지 주식회사는 원칙으로서 자기주식의 취득을 할 수 없었다. 자기주식의 취득은 출자의 환급 효과를 가지므로, 이를 무제한으로 인정하는 것은 자본 충실을 해하고 채권자 보호를 결하는 것이 된다. 회사가 특정인으로부터만 매수를 행하면 주주평등의 원칙(→ 218)에도 반한다. 또한 업적이 악화한 때에는 자기주식의 가치 하락에 따라 회사에 2중 손해(업적 악화와 보유주식 가치 하락)가 발생하게 된다. 나아가 회사 주식의 시세조종에 자기주식의 취득이 이용되는 예도 있다. 그리고 회사 내부자밖에 알 수 없는 정보로 회사 주식이 매매되는 내부자 거래(→ 344)가 이루어질 위험성도 높다. 이에 더해 현 경영진이 자신의 지위를 지키기 위해 회사 주식을 매수하는 것도 상정된다. 이러한 폐해를 예방하기 위해 회사에 의한 자기주식의 취득이 원칙으로서 금지된 것이다.

[350] 1994년 및 1997년 개정으로 자기주식의 취득 규제가 완화되었다. 해당 개정으로 ① 임원 · 사용인에게 양도하기 위한 취득, ② 주식의 이익소각을 위한 취득, ③ 양도제한의 정함이 있는 주식에 대해 회

사가 매수인이 되는 경우, 주주가 사망한 경우 그 상속인으로부터 행하는 취득에 대해 자기주식의 취득이 인정되었다. 다만 위의 자기주식 취득에 수반하는 폐해를 방지한다는 관점에서 일정 절차 규제나 수량 · 보유 기간 규제가 마련되었다.

[351] 그 후 2001년 10월 개정에서는 자기주식의 취득을 원칙 금지에서 원칙허용으로 개정하였다. 이에 따라 취득 목적을 불문하고, 회사는 자기주식을 취득할 수 있게 되었다. 나아가 자기주식을 기간의 제한 없이 보유할 수 있게 되었다. 이 점에서 보유하는 자기주식은「금고주」라고 하기도 한다. 한편 그때까지 규제의 필요성이 없었던 자기주식의 처분에 대해서는 새로이 규제를 정해 신주발행과의 정합성을 도모하였다(→ 264). 회사법 제정 시에 자기주식의 취득 절차에 관해 규정 정비가 이루어졌다.

(2) 자기주식의 취득

[352] 회사가 주주 일반을 대상으로 주주와의 합의에 따라 자기주식을 유상 취득하려면, 사전에 주주총회 결의를 통해 ① 취득하는 주식의 수, ② 주식을 취득하는 것과 상환하여 교부하는 금전 등의 내용 및 총액, ③ 주식을 취득할 수 있는 기간(1년을 초과할 수 없다)을 정해야 한다(제156조 제1항). 자기주식의 취득은 주주에 대한 회사재산의 분배라는 성격을 가지므로 잉여금 배당과 마찬가지로 주주총회 결의를 요구하는 것이다(정관으로 잉여금 분배를 이사회 권한으로 한 회사(→ 818)에서는 이사회결의만으로 취득할 수 있다. 제459조 제1항 제1호).

[353] 주주총회는 자기주식의 취득을 이사회(이사회설치회사의 경우)에 수권한다. 이사회는 ① 취득하는 주식의 수, ② 1주를 취득하는 것과 상환하여 교부하는 금전 등의 내용 및 수나 금액 또는 그 산정방법, ③ 주식을 취득하는 것과 상환하여 교부하는 금전 등의 총액, ④ 주식의 양도신청기일을 매번 결정해야 한다(제157조 제1항 · 제2항). 회사는 주주에 대해

이러한 사항을 통지해야 한다(제158조 제1항. 공개회사에서는 공고로 족하다. 동조 제2항). 통지를 받은 주주는 주식의 양도 신청을 하고(정해진 신청기일에 회사가 양수를 승낙한 것으로 간주한다), 신청 총수가 취득 총수를 넘는 때는 비례배분으로 취득이 이루어진다(제159조).

[354] 위의 거래방법 외에, 자기주식을 특정 주주로부터 상대거래로 취득하는 것도 가능하다. 그 경우는 주주총회 특별결의가 요구된다(제160조 제1항, 제309조 제2항 제2호. 자기주식의 취득을 이사회에서 정하는 뜻을 정관에 정한 회사(→ 352)도 주주총회 결의를 요한다). 이 결의에서는 공평을 기하기 위해 주식 취득의 상대방이 되는 주주의 의결권행사는 배제된다(제160조 제4항). 나아가 주주평등의 원칙을 고려해, 다른 주주에게도 회사에 주식을 매도할 기회를 보장하고 있다. 즉, 주주총회 소집통지로 결의 내용을 안 다른 주주는 이사에 대해 총회일 5일 전까지 매주賣主로서 자기를 추가할 것을 청구하는 것이 인정되고 있다(제160조 제3항, 회사법 시행규칙 제29조). 시장가격이 있는 주식으로 대가가 1주의 시장가격을 넘지 않는 경우 또는 주식상속인 등으로부터 취득하는 경우에는 매주추가청구권이 인정되지 않는다(제161조, 제162조). 주주 전원의 동의에 따른 정관의 정함으로 이 청구권을 배제하는 것도 가능하다(제164조).

〈자기주식취득의 방법〉

(복수 응답)

	시장매수			공개매수	상대거래	기타
	통상 매수	사전공표형 매수	신탁은행이용			
2017년	154	121	93	21	25	29
2018년	147	105	79	16	19	35
2019년	213	114	108	30	33	41

(全国株懇連合会「2019年度全株懇調査報告書」(2019年 10月) 150頁)

〈자기주식취득의 법적 근거〉

(복수 응답)

	주주총회에서 자기주식 취득 의안을 다루었고, 이에 따라 취득	이사회결의에 의한 자기주식 취득에 관한 정관 규정이 있고, 이에 따라 취득	조직재편 등에 대한 반대주주의 주식매수 청구에 따른 취득	기타(합병, 취득조항부주식 등)
2017년	11	363	3	34
2018년	7	330	2	32
2019년	12	446	2	35

(全国株懇連合会「2019年度全株懇調査報告書」(2019年10月) 150頁)

〈자기주식의 취득과 절차〉

	거래 상대방	절차
주주와의 합의에 의한 취득	주주 일반	주주총회결의(보통결의. 취득 한도 설정) → 이사회결의 → 취득 통지(공고) → 주주의 신청 → 취득 〈시장거래 · 공개매수에 의한 취득〉 취득 → 정관변경(이사회결의로 취득 가능) → 이사회결의 → 취득
	특정 주주	주주총회(특별결의. 특정 자로부터의 취득을 결의) → 특정 자에 대한 통지 → 다른 주주에게도 매도 기회 부여 → 주주의 신청 → 취득 〈자회사로부터의 취득〉 주주총회결의(보통결의. 이사회설치회사에서는 이사회결의) → 취득

[355] 자회사로부터 자기주식을 취득하는 경우, 이사회설치회사에서는 이사회결의(그 이외의 회사에서는 주주총회 결의)로 이를 할 수 있다(제163조). 시장 거래 또는 공개매수에 따라 자기주식을 취득하는 때에는 미리 정관에 이사회결의로 자기주식을 취득한다는 것을 정해 두면 이사회 결의(→ 352)만으로 이를 취득할 수 있다(제165조 제1항)〈→ 정관 제7조〉. 이 경우 주주총회 결의로 정해야 하는 사항을 이사회결의로 정하게 된다(제165조 제2항 · 제3항). 상장회사에서의 자기주식 취득은 후자의 방법으로 이루어지는 예가 많다.

[356] 이 외에, 회사가 자기주식을 취득하는 장면으로서 종류주식에 관한 것(양도제한주식〔→ 235〕의 취득, 취득조항부주식〔→ 239〕의 취득, 취득청구권부주

식[→ 236]의 취득, 전부취득조항부주식[→ 243]의 취득), 거래 등에 관한 것(사업 양수[→ 860]에 수반하는 취득, 합병소멸회사[→ 834]로부터의 승계, 흡수분할회사[→ 866]으로부터의 승계), 주주 관리에 관한 것(단원미만주식의 매수청구[→ 223]에 따른 취득, 상속인 등에 대한 매도청구[→ 323]에 따른 취득, 소재 불명 주주의 주식 매수[→ 330]) 등이 있다.

[356-2] 자기주식의 취득에 관한 절차에 위반한 자기주식 취득은 무효이다. 다만 회사는 선의의 제3자에 대해서는 무효를 주장할 수 없다(상대무효설). 절차를 게을리한 이사는 회사에 대해 손해배상책임을 진다(제423조 제1항. 이사의 임무해태책임 → 641). 이 경우 손해액을 취득가액과 처분가액의 차액으로 한 판례가 있다(最判平5 · 9 · 9民集47 · 7 · 4814[百選21事件]. 이 사건은 완전자회사가 모회사 주식을 취득한 것이었다). 또한 취득가액과 취득 시 시가의 차액을 회사의 손해로 본 판례도 있다(大阪地判平15 · 3 · 5判時1833 · 146).

● 자기주식 취득 목적

[357] 거품 경제 시대에 대량으로 발행한 주식은 증권시장에서 포화 상태가 되었다. 그래서 회사는 주가를 시장으로부터 적정하게 평가받기 위해 자기주식의 취득과 그 소각을 하였다. 또한 자기주식의 취득에는 이른바 공표 효과Announcement Effect가 있다고 지적된다. 회사의 사정에 정통한 경영진이 투자대상으로서 자기주식을 취득하는 것은 회사가 과소 평가되고 있음을 나타내는 것이고, 이에 따라 다른 투자자에 의한 투자가 촉진되는 것이 기대된다. 나아가 근년에는 ROE(자기자본이익률)(→ 206)를 높이기 위해 적극적으로 자기주식을 취득하는 움직임도 있다. ROE는 당기순이익 / 순자산으로 계산된다. 자기주식을 취득한 경우, 그것은 순자산에 ▲(마이너스) 항목으로서 계상된다(출자의 환급으로 취급된다). 따라서 당기순이익에 변동이 없는 한, 순자산액이 감소한 만큼 ROE 수치가 상승하게 된다.

자산	부채
예금 5,000만 엔 토지 · 건물 1억 엔	차입금 2,000만 엔
	자본
	자본금 8,000만 엔 잉여금 5,000만 엔

→

자산	부채
예금 4,000만 엔 토지 · 건물 1억 엔	차입금 2,000만 엔
	자본
	자본금 8,000만 엔 잉여금 5,000만 엔 자기주식 ▲1,000만 엔

〈자기주식의 취득 목적〉

(복수 응답)

	ROE 등 재무지표 개선	주식 수급대책	잉여자금의 주주에 대한 환원	주가 과소평가 시정	대용 자기주식	M&A 방어	기타
2017년	134	61	180	55	14	7	145
2018년	115	55	167	38	14	4	144
2019년	162	52	229	77	16	7	161

(全国株懇連合会「2019年度全株懇調査報告書」(2019年10月) 150頁)

[358] 적극적인 자기주식의 취득 결과, 자사가 최대주주가 되는 기업이 증가하고 있다(2017년 말 기준, 상장회사 중 335개사에 이른다. 日本経済新聞平成30年7月5日電子版. 대량보유보고서에 의한 공시 → 365).

[359] 자기주식의 취득에 대해서는 재원 규제가 존재한다. 자기주식의 취득 시에 교부하는 금전 등의 장부가액의 총액은 그 행위 효력발생일에 있어 잉여금의 분배가능액(잉여금 등에서 소정의 합계액을 뺀 후 얻은 금액. 제461조 제2항 참고)을 초과해서는 안 된다(동조 제1항 제2호 · 제3호)(분배가능액 → 820–825). 자기주식을 취득한 날이 속하는 사업연도 말에 결손이 생긴 경우에는 업무집행자가 회사에 대해 연대하여 그 결손액(초과액)을 지급할 의무가 있다(제465조 제1항). 이 의무는 총주주의 동의가 없으면 면제할 수 없다(동조 제2항). 다만 업무집행자가 그 직무를 다함에 있어 주의를 게을리하지 않았음을 증명한 때에는 면책된다(동조 제1항 단서). 합병 등에 따라 상대방이 보유하는 자기주식을 취득하게 되는 경우, 주주로부터의 매수청구에 응하여 자기주식을 취득하는 것에 대해서는 재원 규제가 정해져 있지 않다(취득청구권부

주식의 취득, 취득조항부주식의 취득, 전부취득조항부주식의 취득에 대해서는 각각 재원 규제가 있다. 제166조 제1항 단서, 제170조 제5항, 제461조 제1항 제4호). 상속인 등에 대한 매도청구 시에도 재원 규제가 적용된다(제461조 제1항 제5호).

[360] 재원 규제에 위반한 경우, 자기주식의 취득 효과에 대해 다툼이 있다. 취득행위 자체는 무효가 아니며 위의 특별한 책임이 발생할 뿐이라고 하는 견해도 있지만(특히 2005년 회사법 제정 시의 입안 담당자가 이러한 태도를 취하였다), 학설 대다수는 그것을 무효로 이해하고 있다.

(3) 자기주식의 보유

[361] 회사는 적법하게 취득한 자기주식을 기간의 제한 없이 보유할 수 있다(금고주라고 하는 예도 있다). 자기주식에 대해서는 의결권 등 공익권(→ 215)이 인정되지 않는다(제308조 제2항). 나아가 잉여금의 배당청구권도 없다(제453조).

[362] 2001년 10월 개정까지 자기주식은 대차대조표의 자산의 부에 다른 주식과 구별하여 계상되었다. 그러나 자기주식의 처분이 의무화되지 않는 이상, 취득가액은 배당과 마찬가지로 사외로 유실한 것이라고 이해되어야 한다. 회사가 지급 불능 상태이면, 자기주식을 매각하더라도 환금성은 기대할 수 없다. 그래서 현재는 자기주식을 자본의 부에 공제항목으로 계상한다(회사계산규칙 제76조 제2항 제5호)(→ 357). 그 때문에 보유하는 자기주식의 총액은 분배가능액에는 포함되지 않는 것으로 되었다.

(4) 자기주식의 처분

[363] 회사가 보유하는 자기주식을 처분할 때, 원칙으로서 신주발행과 같은 절차(모집절차)를 밟아야 한다(제199조 제1항). 자기주식 처분의 경제적 실체는 신주발행과 다르지 않기 때문이다. 자기주식(모집주식)을 처

분하려면 공개회사에서는 이사회(그 밖의 회사는 주주총회)에서 모집사항(→ 266)을 정해야 한다(동조 제1항 · 제2항, 제201조 제1항). 공개회사 이외의 회사는 주주총회 결의에 따라 이 결정을 이사회(이사회설치회사의 경우. 그 이외의 회사는 이사)에 위임할 수 있다(제200조 제1항). 나아가 회사는 이사회(이사회설치회사의 경우. 그 이외의 회사는 이사) 결의로 자기주식을 소각할 수 있다(제178조).

(5) 자기주식에 관한 공시

[364] 자기주식의 취득 또는 처분의 결정을 한 경우, 상장회사는 증권거래소 규제에 따라 적시공시가 요구된다. 이는 자기주식의 취득이나 처분 결정이 투자자의 투자판단에 중요한 정보라고 생각되기 때문이다. 나아가 상장회사는 정기주주총회 결의 후, 매월 자기주권매수상황보고서를 내각총리대신에 제출하고, 그것을 공중 열람에 제공해야 한다(금융상품거래법 제24조의6). 이 외에 재무제표(연결주기표, 개별주기표[→ 782]) 및 주주자본등변동계산서(→ 781)에서의 기재가 요구된다.

[365] 상장회사의 주식을 5% 넘게 보유하게 된 자는 대량보유보고서(→ 909)에 의해 그 보유목적, 취득자금 등을 공시해야 한다. 종래 자기주식의 취득에 따라 그 보유주식 수가 5%를 초과하게 된 경우, 대량보유보고서 제출이 필요하였다. 그러나 자기주식에 대해서는 의결권이 없고, 대량보유보고서 제출을 요구할 필요는 한정적이다. 그래서 2014년 개정으로 해당 제도의 대상에서 회사가 보유하는 자기주식이 제외되었다(금융상품거래법 제27조의23 제4항).

● 자기주식에 관한 불공정한 증권거래 방지

[366] 자기주식의 취득이 원칙 자유가 됨에 따라 회사 경영자에게는 자사의 주가를 상승시키기 위해 또는 하락을 방지하기 위해 회사 자금으로 자기주식을 매매하는 유혹이 생겼다. 그래서 금융상품거래법상의 시세조종 규제가 강화되었다(금융상품거래법 제

162조의2). 그것은 자기주식에 대한 시세조종을 방지할 목적으로 거래의 공정을 확보하는 데 필요하고 적정한 사항을 내각부령에 위임하는 것이다.

[367] 내각부령에서는 1일에 행하는 자기주식의 매수에 대해 ① 증권회사(금융상품거래업자)의 수(1개사로 한정), ② 주문 시간(거래소 거래 종료 30분 전 주문 금지), ③ 주문 가격(거래개시 시에 전일의 종가보다 높은 가격의 주문 금지 등), ④ 주문 총액에 대한 제한(평균 매매 수의 25% 상한으로 하는 것 등)을 정하고 있다(유가증권의 거래 등의 규제에 관한 내각부령 제17조). 제한에 위반한 경우는 과태료 제재가 있다(금융상품거래법 제208조의2 제3호).

[368] 나아가 회사 또는 그 관계자는 내부정보를 이용해 자기주식의 매매를 할 위험성이 있다(내부자 거래 규제 → 344-347). 이에 대해서는 회사가 자기주식의 취득 및 그 처분을 하는 것(또는 하지 않는 것)을 결정한 경우, 그 사실을 안 내부자에 의한 해당 주식의 매매가 금지된다(금융상품거래법 제166조 제2항 제1호 라목).

7. 주식의 분할, 병합 및 소각

(1) 주식의 분할

[369] 주식회사는 주식의 단위를 낮춰 종래보다 다수의 작은 단위 주식으로 할 수 있다(제183조 제1항). 이를 주식의 분할이라고 한다. 주식분할의 경우, 회사의 순자산이 증가하지 않고 발행주식총수만이 증가한다. 주권발행회사에 있어 주식의 분할은 주권을 추가 발행하면 된다. 따라서 1주를 1.1주로 분할하는 경우에는 10주마다 1주의 교부가 이루어진다.

[370] 주식분할의 분할비율이 큰 경우, 예를 들어 1주를 2주로 분할하는 경우에는 주가 수준이 낮아져 주식의 시장성이 증대한다. 이에 반해 1주를 1.1주로 분할하는 것처럼 분할비율이 작은 경우에는 주식분

할이 실질적인 증배增配 효과를 가져온다. 왜냐하면, 이 경우에는 일본기업이 1주당 배당액을 종래대로 유지하는 것으로부터, 주주가 분할에 따라 증가한 주식 수만큼 배당액을 더 많이 받을 수 있게 되기 때문이다. 이 경우에는 주가가 오히려 상승하는 경향에 있다.

[371] 주식의 분할은 이사회설치회사에서는 이사회결의(그 이외의 회사는 주주총회 결의)로 할 수 있다(제183조 제2항). 기존 주주의 이익이 훼손되지 않기 때문이다. 분할 후에 발행주식총수가 수권주식 수(→ 254)를 초과하는 때에는 주주총회 결의에 의하지 않고 정관을 변경하여 수권주식 수를 분할비율에 따라 증가하는 것이 인정되고 있다(제184조 제2항).

[372] 회사법이 발행가능주식총수를 정관기재사항으로 하는 것은 신주발행에 따라 기존 주주가 입는 지주비율의 저하라는 불이익의 한계를 정하기 위함이다(→ 255). 주식분할에서는 신주가 기존 주주에게 그 지주 수에 따라 교부되므로, 지주비율의 저하라는 현상은 나타나지 않는다. 그래서 주주총회의 특별결의에 의하지 않고, 정관변경을 할 수 있다. 다만 2 이상의 종류주식을 발행한 회사에서는 수권주식 수의 변경이 기존 주주의 이익에 영향을 미친다. 예를 들어 우선주식(→ 227)을 분할하면 우선배당액의 총액이 증가한다. 그 때문에 이사회결의로 위의 정관변경을 하는 것은 인정되지 않는다(제184조 제2항).

[373] 회사는 정관에 정함이 있는 경우를 제외하고, 주식분할의 기준일 2주간 전까지 그 기준일 및 주식분할의 내용을 공고해야 한다(제124조 제3항). 기준일에 있어 주주명부에 기재되어 있는 주주가 보유하는 주식 수는 회사가 정한 날에 분할비율에 따라 증가한다(제184조 제1항). 회사가 보유하는 자기주식의 수도 동일하게 증가한다.

[374] 2001년 개정 전에는 분할 후에 1주당 순자산액이 5만 엔 이하가 되는 주식분할을 인정하지 않았다. 이는 주식분할로 인해 출자단위가 세분화하는 것을 방지하기 위한 것이었다. 2001년 개정에서는 출

자단위의 결정이 회사 자치에 위임되었고, 그와 더불어 주식분할에 관한 위의 제약은 철폐되었다.

[375] 주주에 대해 새로이 납입을 시키지 않고(무상으로), 주식을 배정하는 것을 주식 무상배정이라고 한다(제185조). 정관에 특별한 정함이 있는 경우를 제외하고, 이사회설치회사에서는 이사회결의(그 이외의 회사에 대해서는 주주총회 결의)로 행한다(제186조 제3항). A 종류주식의 주주에게 같은 종류주식을 배정하는 것뿐만 아니라, A 종류주식의 주주에게 B 종류주식을 배정하는 것도 가능하다(동조 제1항 제1호 참고). 이 점에서 같은 종류주식의 수가 증가하는 주식분할과 다르다. 주식 무상배정에서는 자기주식에 대해 배정을 하지 않는 한편, 배정 주식으로서 자기주식을 교부할 수 있다는 차이도 있다. 자기주식의 무상배정은 자기주식을 많이 보유하는 회사에 있어 유효 이용 방법의 하나가 된다(2014년 9월 시스템 개발회사인 NSD가 10주에 관해 0.1주의 자기주식 무상배정을 하였다〔회사법 시행 후 최초의 사례〕. 1주당 배당액을 유지하였기 때문에 주주에게는 실질상 1%의 증배가 되었다).

(2) 주식의 병합

[376] 주식회사는 여러 개의 주식을 합해 종래보다 소수의 주식(예를 들어, 2주를 1주로 한다)으로 할 수 있다(제180조 제1항). 이를 주식의 병합이라고 한다. 주식의 병합에서는 회사재산은 말할 것도 없고, 자본액에도 변동이 생기지 않는다. 그러나 주식의 병합을 함에 따라 단수가 생기고, 그 주주의 이익에 중대한 영향을 미친다(예를 들어, 5주를 1주로 병합하는 경우 4주 이하의 주주는 주주가 아니게 된다). 그 때문에 주식의 병합에는 주주총회의 특별결의가 요구된다(제180조 제2항, 제309조 제2항 제4호). 이사는 주주총회에서 주식의 병합을 하는 경우 그것이 필요한 이유를 설명해야 한다(제180조 제4항).

[377] 주주총회에서는 ① 병합의 비율, ② 효력발생일, ③ 종류주식발행회사의 경우 병합하는 주식의 종류, ④ 효력발생일의 발행가능주

식총수를 정해야 한다(제180조 제2항). 공개회사에서는 ④에 있어 효력발생일의 발행주식총수의 4배를 초과할 수 없다(동조 제3항). 공개회사에서 주식을 발행할 때, 발행가능주식총수는 발행주식총수의 4배를 초과해서는 안 된다(제37조 제3항, 제113조 제3항)(→ 254). 이는 기존 주주의 지주비율 저하의 한계를 정하는 것이다. 같은 취지로 주식의 병합에 대해서도 위의 규제가 정해져 있다.

[378] 자회사의 소수주주를 배제하고, 이를 완전자회사화하기 위한 수단으로서 주식의 병합을 이용할 수 있다. 즉, 주식의 병합을 통해 소수주주가 보유하는 주식을 1주에 미달하는 주식으로 한 후, 단수 주주에게 금전을 교부함으로써 소수주주를 축출할 수 있다(제235조. 단수의 합계액에 상당하는 수의 주식매각으로 얻은 대금을 단수에 따라 주주에게 교부한다. Cash out). 그러나 이러한 주식의 병합에서는 많은 단수 주식이 생기고, 시장 하락 등으로 적절한 대가가 교부되지 않을 위험성이 있다. 또한 많은 주주가 그 지위를 상실하는 것으로부터, 주주의 권리에 큰 영향을 주게 된다. 이러한 배경으로 주식의 병합을 할 때, 주주 보호 절차가 필요하다.

[379] 회사는 효력발생일 2주간 전까지 위의 ① 내지 ④의 사항을 주주 등에게 통지해야 한다(제181조. 공고로 갈음할 수 있다). 나아가 주식의 병합에 관한 사항을 기재 · 기록한 서면 · 전자적 기록을 회사 본점에 비치하고, 주주의 열람에 제공하여야 한다(제182조의2).

[380] 주식의 병합에 따라 단수가 되는 주식의 주주는 주주총회 결의에 앞서 주식의 병합에 반대하는 뜻을 회사에 통지하고, 결의에 반대한 후에 자기의 주식을 공정한 가격으로 매수할 것을 청구할 수 있다(제182조의4 제1항 · 제2항. 주주총회에서 의결권을 행사할 수 없는 주주도 매수청구권을 행사할 수 있다). 나아가 이러한 주식의 병합이 법령 또는 정관에 위반하는 경우로 주주가 불이익을 받을 우려가 있는 때는 주주가 회사에 대해 주식의 병합을 유지할 것을 청구할 수 있다(제182조의3). 주주에 의한 매수청구권 행사에 따라 주식을 취득하는 경우, 자기주식의 취득에 관한 재원 규

제(→ 359)는 적용되지 않는다.

[381] 이러한 규정은 2014년 개정으로 도입되었다. 그때까지 소수주주를 축출하는 방법으로 전부취득조항부주식이 이용되었다(→ 243). 다만 이를 이용함에는 절차로서 3종의 주주총회가 필요하다(① 전부취득조항부주식을 발행하기 위한 정관변경의 결의, ② 기발행 주식을 모두 전부취득조항부주식으로 하는 정관변경 결의, ③ 회사가 전부취득조항부주식을 취득하기 위한 결의. 이러한 결의를 동일한 주주총회 결의로 하는 것은 가능하다). 이에 반해 주식의 병합은 하나의 주주총회 결의로 할 수 있다. 2014년 개정으로 주식의 병합에 대해 소수주주 보호가 도모된 것을 생각하면, 향후 주식의 병합에 따른 Cash out 추진이 상정된다.

(3) 주식의 소각

[382] 주식의 소각은 특정 주식을 소멸시키는 것이다. 주식의 소각에는 주주의 의사와는 무관하게 이루어지는 강제소각과 주주와의 계약에 따라 주식을 취득함으로써 이루어지는 임의소각이 있다. 또한 주주에게 대가가 부여되는지에 따라 유상소각과 무상소각으로 나뉜다.

[383] 2005년 개정 전까지 주식의 소각은 ① 자기주식의 소각 경우, ② 자본감소의 경우, ③ 배당가능이익에 의한 주식의 소각 경우에 인정되었다(개정 전 상법 제213조 제1항, 제222조 제1항 제4호). ①은 회사가 주주로부터 주식을 취득한 후에 소각하는 것인데 반해, ②③은 주주가 보유하는 주식을 회사에 의한 취득 절차 없이 직접 소각하는 것이었다. 다만 주주 측에서 보면, 어느 것이나 그 보유하는 주식을 상실함과 상환하여 대가를 얻는 점에서 차이가 없다. 회사법에서는 ②③에 대해서도 자기주식을 취득한 후에 소각하는 것으로 개념을 정리하였다.

[384] 이러한 배경으로 회사법에서는 주식의 소각에 대해서는 자기주식의 소각에 관한 규정만을 두고 있다. 회사가 자기주식을 소각하

려면 소각하는 자기주식의 수(종류주식발행회사에서는 자기주식의 종류 및 종류마다 수)를 정해야 한다(제178조 제1항). 이사회설치회사에서는 이사회결의로 위의 결정을 한다(동조 제2항).

제 3 절 신주예약권

1. 신주예약권의 의의

[385] 신주예약권은 이를 보유하는 자가 회사에 대해 행사한 때에, 회사가 주식을 교부(신주를 발행 또는 이에 갈음하여 보유하는 자기주식을 교부)할 의무를 지는 것이다(제2조 제21호). 2001년 10월 개정 전까지 상법은 신주발행 절차의 일환으로 부여되는 것과 신주발행과는 별개로 부여되는 것에 대해 모두「신주인수권」이라는 용어를 사용하였다. 동 개정에 따라 양자가 구별되고, 전자는 신주인수권, 후자는 신주예약권으로 불리게 되었다. 즉, 신주인수권은 회사가 신주를 발행할 때 주주가 신주를 우선적으로 인수할 수 있는 권리, 신주예약권은 신주발행과 무관하게 부여되는 권리가 되었다. 회사법에서는 전자를 주식의 모집으로 정리하고(→ 264), 신주인수권이라는 용어를 폐지하였다. 신주예약권은 회사의 이사나 종업원에 대해 스톡옵션을 부여하는 경우 또는 사채와 일체로 발행하는 경우(신주예약권부사채. 종래는 신주인수권부사채라고 하였다 → 196)에 이용되었다. 나아가 최근에는 적대적 기업매수의 방어책으로써 이용되는 예도 있다(→ 64, 294, 399).

〈신주예약권의 발행 목적〉

	스톡옵션(A)	그 이외(B)	A · B 모두	합계
2017년	399(84.7%)	46(9.8%)	26(5.5%)	471(100.0%)
2018년	401(84.8%)	50(10.6%)	22(4.7%)	473(100.0%)
2019년	394(87.9%)	37(8.3%)	17(3.8%)	448(100.0%)

(全国株懇連合会 「2019年度全株懇調査報告書」(2019年10月) 161頁)

〈스톡옵션 이외의 신주예약권(발행 목적)〉

(복수 응답)

	기업제휴	안정주주 창출	자금조달		주주우대	적대적 기업 매수 방어책	융자조건 유리화 등 자금조달의 편익상
			rights offering	그 외			
2017년	2	5	6	57	1	5	5
2018년	4	3	4	56	1	4	7
2019년	1	3	3	45	0	1	4

(全国株懇連合会 「2019年度全株懇調査報告書」(2019年10月) 161頁)

[386] 신주예약권을 보유하는 자(신주예약권자)는 회사에 대해 그 권리를 행사하면 주식을 취득한다. 이 점에서 신주예약권자는 회사 주식의 취득에 대한 콜옵션(옵션거래 중에서 미리 정한 특정 가격으로 살 수 있는 권리를 말한다)이 부여된 자라고 할 수 있다.

2. 신주예약권의 발행과 행사

(1) 발행절차

[387] 회사는 신주예약권을 발행하는 때, 일정 사항을 그 신주예약권의 내용으로 해야 한다(제236조 제1항). 나아가 회사는 그 발행하는 신주예약권을 인수하는 자를 모집하려고 하는 때는 매번 모집신주예약권에 관한 모집사항을 정해야 한다(제238조 제1항). 공개회사 이외의 회사의

경우, 모집사항의 결정은 주주총회 결의로 한다(동조 제2항). 주주총회 결의로 모집사항의 결정을 이사(이사회설치회사에서는 이사회)에게 위임할 수 있다(제239조 제1항). 공개회사의 경우 모집사항은 이사회(제240조 제1항)에서 결의한다. 공개회사에서는 배정일 2주간 전까지 주주에게 결정한 모집사항을 통지 · 공고해야 한다(동조 제2항 · 제3항). 이러한 규정은 주식의 발행 규제와 같다(→ 265, 269).

- **신주예약권의 내용과 모집사항**

[388] 신주예약권의 내용으로 다음의 사항이 정해져 있다(제236조 제1항).

① 신주예약권의 목적인 주식의 수 또는 그 수의 산정방법

② 신주예약권 행사에 즈음하여 출자되는 재산의 가액 또는 그 산정방법

③ 금전 이외의 재산을 출자의 목적으로 하는 때는 그 뜻과 그 재산의 내용 및 가액

④ 신주예약권을 행사할 수 있는 기간

⑤ 신주예약권 행사에 따라 주식을 발행하는 경우에 증가하는 자본금 및 자본준비금에 관한 사항

⑥ 양도에 의한 해당 신주예약권의 취득에 대해 회사의 승인을 요하는 것으로 하는 때는 그 뜻

⑦ 신주예약권에 대해 회사가 일정 사유 발생을 조건으로 이를 취득할 수 있는 때는 법이 정하는 일정 사항(제236조 제1항 제7호 가목 내지 아목에 열거. 예를 들어 회사는 사용인에게 신주예약권(스톡옵션)을 부여하는 때, 회사를 퇴사한 경우에 회사가 신주예약권을 강제적으로 취득하는 뜻의 규정을 정할 수 있다(취득조항부신주예약권))

⑧ 합병, 흡수분할 등에서 신주예약권자에게 존속회사, 승계회사 등의 신주예약권을 교부하는 때는 그 뜻 및 조건(신주예약권의 승계)

⑨ 신주예약권을 행사한 신주예약권자에게 교부하는 주식의 수에 1주에 미달하는 단수가 있는 경우 이를 버림 하는 것으로 하는

때는 그 뜻

⑩ 신주예약권에 관계된 신주예약권증권을 발행하는 때는 그 뜻

⑪ ⑩의 경우, 신주예약권자가 기명식 증권과 무기명식 증권의 전환 청구 전부 또는 일부를 할 수 없다고 하는 때는 그 뜻

[389] 또한 회사가 결정해야 하는 모집사항은 다음과 같다(제238조 제1항).

① 모집신주예약권의 내용 및 수

② 모집신주예약권과 상환하여 금전의 납입을 요하지 않는 경우(무상 발행의 경우)에는 그 뜻

③ ② 이외의 경우에는 모집신주예약권의 납입 금액 또는 그 산정 방법

④ 모집신주예약권을 배정하는 날(배정일)

⑤ 모집신주예약권과 상환하여 하는 금전의 납입 기일을 정하는 때는 그 기일

⑥ 모집신주예약권이 신주예약권부사채에 부여된 것인 경우, 모집사채에 관해 결정해야 할 사항(제676조)

⑦ ⑥의 경우에서 신주예약권부사채에 부여된 모집신주예약권에 대해 매수청구 방법에 관한 특별한 정함을 두는 때는 그 정함

[390] 신주예약권에 행사 조건을 부여하는 것은 허용된다. 그 경우 해당 조건은 신주예약권의 내용이 된다(제911조 제3항 제12호 다목. 등기사항이 된다). 어느 자가 발행주식총수의 일정 비율 이상을 취득한 경우, 매수방어책으로서 그 이외 신주예약권자에게 신주예약권의 행사를 인정하는 것도 행해지고 있다(→ 399).

[391] 회사는 모집에 응하여 모집신주예약권의 인수 신청을 하려고 하는 자에 대해 ① 회사의 상호, ② 모집사항, ③ 신주예약권 행사 시 금전의 납입을 해야 하는 때는 납입 취급 장소, ④ 그 밖에 법무성령으로 정하는 사항을 통지해야 한다(제242조 제1항). 다만 이러한 사항을 기재

한 사업설명서를 교부한 경우 등에는 통지의무가 면제된다(동조 제4항). 회사는 신청자 중에서 배정하는 자를 정하고, 그 자에게 배정하는 신주예약권의 수를 정해야 한다(제243조 제1항).

[392] 신청자는 배정일에 신주예약권자가 된다(제245조 제1항). 또한 신주예약권자는 납입기일까지 납입 취급 장소에서 모집신주예약권의 납입금액 전액을 납입해야 한다(제246조 제1항). 회사의 승낙을 얻으면, 금전 이외의 재산 급부나 회사에 대한 채권에 의한 상계도 가능하다(동조 제2항).

- **신주예약권의 유리 발행**

[393] 모집주식의 모집 경우와 마찬가지로(→ 261) 신주예약권 유리 발행의 경우에는 특별한 규제에 따른다. ① 신주예약권이 무상으로 발행되고 그것이 신주예약권자에게 특히 유리한 조건이 되는 경우, ② 납입금액이 신주예약권자에게 특히 유리한 금액인 경우 주주총회 특별결의를 요한다(제238조 제2항, 제309조 제2항 제6호). 이사는 유리 발행을 하는 이유를 설명해야 한다(제238조 제3항). 유리 발행에 해당하는지에 대해서는 종래 (i) 신주예약권의 납입금액과 권리행사 시에 출자되어야 하는 금액의 합계와 (ii) 신주예약권 행사 기간에 있어 주식의 시가 평균치 비교로 판단되어야 한다는 견해가 있었다. 다만 현재는 신주예약권의 가치 자체를 측정하여 발행가액이 유리한가가 판단된다고 이해되고 있다(옵션의 가치를 측정하는 이론인 블랙-숄즈 모형 등이 이용된다). 모집신주예약권 발행 시에 발행가액의 대폭적인 감액을 불러오는 취득조항이 존재하고, 이 점에서 유리 발행이 된 사례가 있다(東京地決平18・6・30判タ1220・110〔百選28事件〕).

〈신주예약권(스톡옵션 목적)의 발행 결의 방법〉

	이사회 (공개회사 모집사항 결정기관)	주주총회 특별결의 (유리발행을 하는 경우)	주주총회 보통결의 (확정금액 보수 한도 및 비금전 보수 한도 결의)	합계
2017년	308(72.5%)	68(16.0%)	49(11.5%)	425(100.0%)
2018년	306(72.3%)	64(15.1%)	53(12.5%)	423(100.0%)
2019년	294(71.5%)	67(16.3%)	50(12.2%)	411(100.0%)

(全国株懇連合会「2019年度全株懇調査報告書」(2019年10月) 161頁)

[394] 회사는 주주에 대해 새로이 납입을 시키지 않고 신주예약권의 배정을 할 수 있다(제277조. 신주예약권무상배정이라고 한다). 신주예약권무상배정은 주식무상배정(→ 375)에 상당하는 것이다. 신주예약권무상배정을 하는 때는 매번 ① 주주에게 배정하는 신주예약권의 내용 및 수 또는 그 산정방법, ② 신주예약권무상배정의 효력발생일 등을 정관에 특별한 정함이 있는 경우를 제외하고, 주주총회 결의(이사회설치회사에서는 이사회결의)에 따라 정해야 한다(제278조 제1항 · 제3항). 신주예약권무상배정은 이른바 「rights offering」을 하는 경우에 이용된다(→ 198).

[395] 회사는 신주예약권무상배정 효력발생일(제278조 제1항 제3호) 후, 주주에게 지체 없이 배정 통지를 할 필요가 있다(제279조 제2항). 한편, 신주예약권 행사 준비를 할 시간적 여유를 확보할 필요가 있다. 그 때문에 신주예약권무상배정 행사기간의 말일 2주간 전까지 배정 통지가 이루어지지 않은 경우에는 배정 통지일로부터 2주간을 경과하는 날까지 행사 기간이 연장된다(동조 제3항).

(2) 신주예약권의 행사

[396] 신주예약권자는 신주예약권을 행사하는 날에 납입 취급 장소에서 권리행사가액의 전액을 납입하여야 한다(제281조 제1항). 금전 이외의 재산을 신주예약권 행사에 즈음하여 하는 출자의 목적으로 하는 때, 신주예약권자는 신주예약권을 행사하는 날에 해당 재산을 급부해야 한

다(동조 제2항 전단). 이 경우 원칙으로서 법원이 선임한 검사인의 조사가 필요하다(제284조 제1항 · 제2항). 신주예약권을 행사한 신주예약권자는 신주예약권을 행사한 날에 그 신주예약권의 목적인 주식의 주주가 된다(제282조 제1항).

[397] 신주예약권 발행 시에 발행하는 주식이 증권거래소에 상장되어 6월을 경과하기까지 신주예약권을 행사할 수 없다고 하는 조건을 후일 변경하는 등 위법한(그러한 변경을 한 이사회결의가 무효가 되었다) 신주예약권의 행사로 발행된 주식의 효력을 무효로 한 사례가 있다(東京地判平21 · 3 · 19民集66 · 6 · 2971).

3. 신주예약권 발행의 하자

(1) 신주예약권 발행의 유지

[398] 모집신주예약권의 발행이 법령 혹은 정관에 위반한 경우 또는 현저히 불공정한 방법에 따라 이루어지는 경우로 주주가 불이익을 입을 우려가 있는 때는 주주가 회사에 대해 그 모집신주예약권 발행을 유지할 것을 청구할 수 있다(제247조).

- **매수방어책으로서의 신주예약권 발행(차별적 취급의 시비)**

[399] 적대적 매수에 대비하여 매수방어책으로서 신주예약권무상배정이 이루어진 것에 관해 그 발행이 불공정 발행에 해당하는가가 문제 된 사례가 있다. 해당 사례에서는 신주예약권이 주주명부상의 주주에게 무상으로 1주에 관해 3개씩 배정되었다. 그런데 특정인(매수자) 이외에는 신주예약권 1개의 행사에 주식 1주가 교부되지만, 매수자에게는 신주예약권의 행사 대가로서 현금이 교부되는 것이었다(차별적 행사 조건. 이에 따라 매수자의 지주비율은 저하하지만, 그 손실은 금전적으로 보충된다). 대법원 결정(最決平19 · 8 · 7民集61 · 5 · 2215〔百選

100事件], 불독소스 사건)에서는 ① 회사의 이익 나아가 주주 공동의 이익이 훼손되는 경우에는 그 방지를 위해 특정 주주를 차별적으로 취급하더라도, 그 취급이 형평의 이념에 반하고 상당성을 결한 것이 아닌 한 바로 주주평등의 원칙의 취지에 반하는 것이라고는 할 수 없다고 하였다. 또한 ② 회사 이익의 훼손 여부는 최종적으로 주주 자신에 의해 판단되어야 하는데, 주주총회의 절차가 적정성을 결하는 등 판단의 정당성을 상실하는 중대한 하자가 존재하지 않는 한 그 판단은 존중되어야 한다고 하였다(이 사건에서는 이러한 매수방어책이 주주총회에서 80%를 넘는 찬성으로 가결되었다).

(2) 신주예약권의 발행 무효

[400] 신주예약권의 발행 무효는 신주예약권 발행의 효력발생일로부터 6월(공개회사가 아닌 회사에서는 1년) 이내에 주주 등, 신주예약권자가 소로서 주장할 수 있다(제828조 제1항 제4호). 신주예약권의 발행을 무효로 하는 판결이 확정하면, 무효가 된 신주예약권은 장래에 향해 그 효력을 잃는다(제839조. 소급효가 부정된다). 무효판결은 제3자에게도 그 효력을 가진다(제838조. 대세효가 인정된다).

[401] 신주예약권의 발행 무효 사유는 법에 정해져 있지 않으며, 해석에 맡겨져 있다. 공개회사가 아닌 회사에서 주주배정 방법에 따르지 않고 이루어진 신주예약권의 발행이 주주총회 특별결의를 결한 경우, 공개회사에서 주주배정 방법을 취하지 않는 신주예약권 발행이 모집사항의 통지 · 공고를 결한 경우 등이 무효원인으로 해석되고 있다. 신주발행의 경우와 마찬가지로(→ 299 · 300) 신주예약권 발행 부존재의 소 제도도 존재한다(제829조 제3호).

(3) 신주예약권자 등의 책임

[402] 신주예약권을 행사한 신주예약권자는 모집신주예약권의 납

입금액을 무상으로 하는 것이 현저하게 불공정한 조건이고, 이사(지명위원회등설치회사에서는 집행임원)와 통하여 신주예약권을 인수한 경우 신주예약권의 공정한 가액을 회사에 대해 지급할 의무를 진다(제285조 제1항 제1호). 또한 신주예약권의 납입금액을 유상으로 하는 경우도, 이사(지명위원회등설치회사에서는 집행임원)와 통하여 현저히 불공정한 납입금액으로 신주예약권을 인수한 때는 그 납입금액과 신주예약권의 공정한 가액의 차액에 상당하는 금액을 회사에 대해 지급할 의무를 진다(동항 제2호). 이 외에, 현물출자재산의 가액이 부족한 경우 부족액의 지급 의무 등도 법정되어 있다(동항 제3호).

4. 신주예약권의 양도

[403] 신주예약권의 양도는 당사자의 합의에 따라 이루어진다. 신주예약권의 양도에 관해 회사의 승인을 요하는 뜻을 신주예약권의 내용으로 정할 수 있다(제236조 제1항 제6호). 양도제한에 대해서는 주식과 같은 규제가 존재하지만, 매수인 지정 청구 제도(→315)는 규정되어 있지 않다.

[404] 회사는 신주예약권에 관계된 신주예약권증권을 발행할 수 있다(증권발행신주예약권. 제236조 제1항 제10호). 주권발행회사인지 아닌지에 관계없이 신주예약권증권을 발행할 수 있다. 이 경우 증권발행신주예약권을 발행한 후에 지체 없이 신주예약권증권을 발행하여야 한다(제288조 제1항). 신주예약권증권에는 회사의 상호, 신주예약권의 내용 및 수, 번호를 기재하고 대표이사(지명위원회등설치회사에서는 대표집행임원)가 이에 서명 또는 기명날인해야 한다(제289조). 증권발행신주예약권의 양도는 신주예약권증권을 교부하지 않으면 그 효력이 발생하지 않는다(제255조 제1항).

[405] 신주예약권의 양도는 그 신주예약권을 취득한 자의 성명 · 명칭 및 주소를 신주예약권원부에 기재 · 기록하지 않으면 회사 그 밖

의 제3자에게 대항할 수 없다(제257조 제1항). 회사는 신주예약권을 발행한 날 이후 바로 신주예약권원부를 작성해야 한다(제249조). 신주예약권원부는 주주명부(→ 327)나 사채원부(→ 431)에 상당하는 것이다. 무기명식 신주예약권증권은 증권의 교부로 양도 효력을 발생하고, 증권의 점유가 회사 · 제3자에 대한 대항요건이 된다. 따라서 취득자의 성명 · 명칭은 신주예약권원부 기재사항이 아니며, 이 경우 증권의 번호, 예약권의 내용 · 수가 기재사항이 된다(제249조 제1항). 기명식 신주예약권증권이 발행되는 경우에는 신주예약권원부에 증권의 번호, 예약권의 내용 · 수, 취득일에 더해, 신주예약권자의 성명 · 명칭을 기재해야 한다(동조 제3호). 성명 등의 기재가 회사에 대한 대항요건이 된다(제257조 제2항).

[406] 회사법은 일정 사유가 생긴 것을 조건으로, 회사가 그 신주예약권을 취득할 수 있는 제도(취득조항부신주예약권)를 인정하고 있다(제236조 제1항 제7호). 취득조항부신주예약권은 취득조항부주식(→ 239)에 상당하는 것이다. 예를 들어, 적대적 기업매수의 방어책으로서 발행한 신주예약권을 소각하는 경우나 조기 퇴직한 임직원이 보유하는 스톡옵션을 소각하는 경우 등의 이용이 상정된다. 회사는 신주예약권을 취득하여 자기신주예약권으로 할 수 있다(제155조 참고). 그 처분에 대해 자기주식과 같은 규제(→ 363)는 존재하지 않는다.

제 4 절 사채

1. 사채의 의의

[407] 주식회사는 장기 자금을 조달하기 위해 사채를 발행한다. 사채는 주식과 달리, 회사의 채무이다. 그 때문에 사채 발행으로 조달한 자금은 기한이 도래하면 변제해야 한다. 또한 회사는 회사의 이익과 관계없이 사채권자에 대해 통상 확정 이자를 지급해야 한다. 사채권자는 회사의 채권자이므로 주주와 달리 회사의 경영에 관여하는 권리를 가지지 않는다.

[408] 사채 상환기한은 일반적으로 장기이다. 이 점에서 사채는 회사의 안정적인 자금원이 되고 있다. 일본의 주식회사는 해외에서 사채 발행에 의한 자금조달을 적극적으로 행해 왔다. 그 이유로서는 ① 일본에서는 사채 발행에 수반하는 비용이 해외와 비교해 높다는 것, ② 재무제한조항(→ 414) 등 규제가 해외에 견줘 엄격하다는 것 등이 지적되었다. 다만 낮은 예금금리가 계속됨에 따라, 투자대상을 찾고 있는 국내 일반 투자자를 염두에 둔 보통사채가 발행되게 되었다.

〈보통사채와 전환사채형 신주예약권부사채의 발행액〉

(단위: 백만 엔)

연도	보통사채		전환사채형 신주예약권부사채	
	종목 수	발행액	종목 수	발행액
1998	764	12,642,900	6	73,000
1999	394	6,912,500	26	528,000
2000	411	7,975,060	19	275,000
2001	354	8,272,390	17	248,000
2002	282	7,151,205	15	280,000
2003	366	7,380,760	9	56,500
2004	296	5,766,500	20	211,000
2005	329	6,851,500	9	65,000
2006	323	6,544,500	15	553,000
2007	443	9,186,300	4	35,000
2008	324	8,842,800	1	150,000
2009	374	11,393,100	4	203,500
2010	456	9,558,900	6	122,500
2011	394	8,283,500	2	32,500
2012	416	8,209,900	2	8,500
2013	444	8,658,803	7	75,500
2014	463	8,396,950	7	44,000
2015	341	6,848,200	5	160,000
2016	501	10,615,900	5	72,000
2017	587	11,273,500	2	13,000
2018	590	10,154,600	2	16,000
2019	704	15,758,919	12	9,081

(日本証券業協会「公社債発行額 · 償還額等」)

[409] 회사는 잉여금 배당 및 잔여재산 분배가 다른 주주보다 우선하는 우선주식을 발행할 수 있다(제108조 제1항 제1호 · 제2호)(→ 227). 회사는 우선주에 대해 주주의 의결권을 제한하는 것(의결권제한주식 → 232), 결산기에 우선 배당의 일부 또는 전부가 지급되지 않은 때에는 다음 결산기에 그 부족분을 지급하기로 하는 것(누적적 우선주식 → 228), 나아가 취득조항부주식(→ 239)으로 하는 것이 가능하다. 이러한 주식은 사채의 성질

에 유사한 것이 된다. 또한 사채와 주식의 중간적 형태로서 장래 주식을 취득하는 권리가 부여된 신주예약권부사채가 있다(→ 417–420).

[410] 사채에 대해서는 회사법 외에, 담보부사채신탁법(담보부사채의 경우), 나아가 그 발행에 대해 금융상품거래법의 적용도 있을 수 있다(→ 284–289). 2005년 개정 전 상법에서는 주식회사에 대해서만 사채 규정을 적용하였고, 유한회사의 사채 발행에 관한 규정은 정하고 있지 않았다. 합명회사나 합자회사도 사채 발행은 할 수 없었다. 회사법에서는 주식회사뿐만 아니라, 지분회사(→ 15)도 사채를 발행할 수 있다. 사채에 관한 회사법 규정은 제2편 주식회사, 제3편 지분회사에 이어, 제4편에 별도로 규정되어 있다.

2. 사채의 종류

(1) 공모채와 사모채

[411] 금융상품거래법은 일반 투자자를 보호하기 위해, 유가증권의 「모집」을 행하는 경우에 기업 내용 공시 제도disclosure 제도를 정하고 있다(→ 284–287). 「모집」에 해당하는 방법으로 발행되는 사채를 공모채라고 하며, 그 이외의 방법으로 발행되는 사채를 사모채라고 한다.

[412] 사모채를 발행하는 경우에는 발행자를 대신하여 사채를 투자자에게 판매하는 중개자가 이용된다. 그 때문에 어떠한 자가 사모채의 취급 업무에 참가할 수 있는가가 문제 된다. 사모의 취급은 금융상품거래법상의 「금융상품거래업」이다(금융상품거래법 제2조 제8항 제6호). 따라서 금융상품거래업자(증권회사)는 본업으로서 해당 업무를 영위할 수 있다(금융상품거래법 제28조). 한편, 은행은 금융상품거래법 제33조 제1항에 따라 원칙적으로 금융상품거래업에의 참가가 금지된다. 다만 예외적으로 사모채의 취급 업무가 인정되고 있다(금융상품거래법 제33조 제2항 제4호). 그 때

문에 은행은 부수 업무로서 해당 업무를 영위할 수 있다(은행법 제10조 제2항 제6호). 일본에서서는 이처럼 은행과 금융상품거래업자가 함께 하는 형태로 사모채의 취급 업무가 이루어지고 있다. 그러나 실제로는 은행에 의한 취급이 대다수를 차지하고 있다.

(2) 담보부사채와 무담보사채

[413] 담보부사채는 물적담보가 부여된 사채이다. 사채의 경우에는 사채권자가 다수 존재하고, 개별 사채권자가 그 담보권을 스스로 보존하거나 실행하는 것은 곤란하다. 그 때문에 담보부사채를 발행하는 경우에는 발행회사와 사채권자 간에 담보의 수탁회사가 마련된다(→ 428, 439). 한편, 물적담보가 부여되지 않고 원리금의 지급을 발행회사의 신용에 맡기는 사채가 무담보사채이다.

[414] 종래 일본에서 발행되는 사채 대부분은 담보부사채였다(유담보 원칙). 그 배경에는 사채권자 보호라는 이유가 있었다. 그러나 1979년에 처음으로 무담보 전환사채가 발행되었고, 이어서 무담보 보통사채가 1985년에 공모를 통해 발행되었다. 무담보사채를 발행하기 위해서는 적격기준適債基準을 만족해야 하였다. 이 기준은 점차 완화되어 1996년 1월 1일부터 완전히 철폐되었다. 또한 그때까지 담보 제공 제한, 순자산액 유지, 배당 제한, 이익 유지 등 획일적인 재무 제한 조항의 설정이 의무화되어 있었는데, 그러한 제약도 없어졌다. 현재는 그러한 조항(재무상 특약)의 설정 여부, 설정하는 경우의 내용이 모두 당사자 간의 자유에 맡겨져 있다.

● 사채의 신용등급

[415] 사채 발행에 관한 적격기준이 철폐되고 난 후, 투자자는 자기 책임에 따라 사채발행자의 신용을 평가해야 한다. 그러나 일반 투자자가 이를 하기는 어렵다. 그래서 투자자를 대신해「신용

평가기관格付機関」이라고 불리는 민간기관이 사채의 신용, 즉 원본과 이자가 지급될 확실성의 정도를 평가하고 투자 정보로서 공표하고 있다. 신용평가기관은 사채발행회사의 의뢰를 받아 신용평가를 하지만, 더러는 의뢰 없이 독자의 판단으로 신용평가를 하는 경우도 있다(勝手格付け).

[416] 세계적으로 신용평가 서비스를 제공하는 회사로서 standard and poors S&P, 무디스 Moody's 등이 있다(각 사, 일본법인이 있다). 예컨대, S&P의 개별채무 신용등급으로서 AAA, AA, A, BBB, BB, B, CCC, CC, C라는 것이 있다(AA부터 CCC까지, + −가 부여되는 경우가 있다). BB 이하로 신용 평가된 채무는 투기적 요소가 크다고 여겨진다. 무디스의 장기 신용등급으로서 Aaa, Aa, A, Baa, Ba, B, Caa, Ca, C라는 것이 있다(Aa부터 Caa까지 1, 2, 3이라는 숫자 부가기호가 더해진다). Baa가 중급, Ba 이하가 투기적인 것이 된다.

(3) 신주예약권부사채

[417] 사채권자에 대해 소정의 기간(전환 기간) 내에 소정의 조건(전환 조건)으로 사채발행회사의 주식으로 전환하는 권리를 부여한 사채를 전환사채라고 불러왔다. 전환사채에서는 전환권이라고 하는 감미제를 부가함으로써 이율을 낮게 억제할 수 있다. 또한 주식에 대한 전환이 점차 이루어짐에 따라 배당 부담이 분산되므로 수익 향상과 배당 부담의 증가를 일치시킬 수도 있다.

[418] 회사법하에서 이러한 사채는 ① 신주예약권(→ 385)을 부여한 사채(신주예약권부사채)로서 신주예약권만을 분리해 양도하는 것이 인정되지 않는 것, 나아가 ② 사채 발행가액과 신주예약권 행사 시에 납입해야 하는 금액을 동액으로 한 후, 신주예약권을 행사하는 때에는 반드시 사채가 상환되는 것, 그리고 ③ 사채 상환액이 신주예약권의 행사 시에 납입해야 하는 금액의 납입에 충당되는 것으로 구성된다. 회사법 조문에서는 전환사채라는 용어를 사용하고 있지 않지만, 실무상은 그러한 용

어를 사용하고 있다(전환사채형 신주예약권부사채라고 하는 예가 많다).

[419] 또한 종래 사채권자가 소정의 기간 내에 소정의 신주를 소정의 발행가액으로 인수하는 권리를 가지는 사채를 신주인수권부사채라고 하였다. 신주인수권부사채는 신주인수권(→ 385)이라는 감미료를 사채에 첨가한 것이며, 회사는 보통사채보다도 유리한 조건으로 발행할 수 있다. 이 점에서 신주인수권부사채는 전환사채와 같은 의의를 지닌다. 그러나 전환사채에서는 전환권이 행사되면 사채가 감소하는 것인데 반해, 신주인수권부사채에서는 인수권이 행사되어도 사채 잔액에 변화는 없다(다만 대용납입식 신주인수권부사채의 경우에는 이러한 차이가 존재하지 않는다). 회사가 장기 외화채권을 가지는 때에 같은 외환 표시의 신주인수권부사채를 발행함으로써 장기 채무를 부담하면, 회사는 외환 시세의 변동에 따른 위험을 회피할 수 있다. 전환사채의 경우에는 주식에의 전환으로 사채가 감소하므로 위의 위험 회피 기능은 기대할 수 없다.

[420] 회사법하에서 이러한 사채는 회사가 사채와 신주예약권을 동시에 모집하고, 양자를 동시에 배정하는 것으로 구성된다. 이에는 신주예약권을 사채와 분리해 양도할 수 있는 것(분리형)과 사채와 분리해 양도할 수 없는 것(비분리형)이 있다. 분리형의 경우는 사채에 관한 규정과 신주예약권에 관한 규정이 동시에 적용된다. 그 때문에 회사법은 특별한 규정을 정하고 있지 않다. 회사법은 비분리형 신주예약권부사채에 대해 약간의 규정을 정하고 있다(제292조 등).

(4) 기업어음commercial paper

[421] 회사는 단기자금을 조달하기 위해 기업어음CP을 발행한다. CP는 무담보로 발행되는 회사의 채무이다. 금융상품거래법상의 법적 성격은 약속어음이다(금융상품거래법 제2조 제1항 제15호). 일본에서는 1987년에 국내 CP 시장이 개설되었다. 그때 은행과 증권회사 간에, CP 발행

중개를 어느 쪽이 담당할 것인가가 문제 되었다(은행과 증권의 분리 → 412). 기업의 단기 차입이라는 측면을 중시하면 대부업무를 본업으로 하는 은행에 그 취급을 맡기는 것이 생각된다. 다른 한편으로 단기 사채로 위치시키면 증권회사가 본업으로서 담당할 수 있는 것이다. 결국에는 은행의 취급을 인정하기 위해 CP를 「유가증권」이 아니라 약속어음으로 하기로 하였다(당시 증권거래법에서는 「유가증권」에 해당하면 은행이 그 취급을 할 수 없었다. 한편, 증권회사는 겸업 업무로서 그 취급이 인정되었다). 그러나 이러한 대처에서는 CP에 대해 증권거래법이 정하는 투자자 보호 법제가 적용되지 않아 매우 불합리한 측면이 있었다. 그래서 그 후 CP의 법적 위치를 「약속어음」으로 하는 점을 유지하면서 이를 증권거래법상의 「유가증권」으로 정의하였다. 또한 은행의 취급은 은행의 증권업무를 금지하는 규정(당시 증권거래법 제65조)의 예외로 정하였다. 이상의 경위가 CP가 약속어음으로 자리매김하고 있는 이유이다(업제業際 문제를 해결하기 위한 편법).

〈기업어음 발행 잔액〉

(단위: 백만 엔)

연도 (12월 말 기준)	합계		발행자 구분							
			금융기관		사업법인		SPC		기타	
	종목 수	발행잔액	종목 수	발행 잔액	종목 수	발행 잔액	종목 수	발행 잔액	종목 수	발행 잔액
2009	5,349	16,735,640	605	2,888,700	2,365	11,121,400	2,375	2,694,540	4	31,000
2010	4,799	15,606,529	574	2,967,000	2,357	10,149,150	1,862	2,467,379	6	23,000
2011	4,873	16,542,680	528	2,931,480	2,432	11,026,600	1,898	2,435,600	15	149,000
2012	4,214	16,237,129	533	2,825,240	2,340	11,033,400	1,328	2,276,489	13	102,000
2013	3,850	15,025,459	504	2,776,070	2,165	10,446,200	1,180	1,798,189	1	5,000
2014	4,199	16,446,576	684	3,555,380	2,219	10,956,600	1,296	1,934,596	–	–
2015	4,289	16,401,184	711	4,002,350	2,148	10,573,600	1,425	1,735,234	5	90,000
2016	3,508	14,888,936	189	2,002,400	2,070	11,189,700	1,249	1,696,836	–	–
2017	3,441	16,833,299	193	2,601,100	2,192	12,654,500	1,050	1,392,699	6	185,000
2018	3,432	18,804,847	159	1,440,400	2,316	15,890,230	957	1,474,217	–	–
2019	3,507	20,473,556	155	1,648,700	2,403	17,459,400	949	1,365,456	–	–

(証券保管振替機構「統計データ」短期社債振替制度5)

[422] CP의 본질은 단기 사채이다. 사채 · 주식 등의 대체에 관한 법률에서는 완전히 전자화된 CP에 대해 서면 작성 의무 · 보관 비용, 분실 · 도난 위험의 삭감을 위해 CP의 대체제도를 정하고 있다. 거기서는 CP를「단기 사채」로 정의하고 있다.

3. 사채의 발행

(1) 사채의 발행 절차

[423] 회사가 사채 인수자를 모집하려고 하는 때는 그때마다 모집사채에 대해 모집사항을 정해야 한다(제676조). 사채 발행이 금융상품거래법상의「모집」(→285)에 해당하는 때는 유가증권신고서의 제출이 필요하다.

- **모집사항**

[424] 회사는 다음의 사항을 정해야 한다.

① 모집사채의 총액

② 각 모집사채의 금액

③ 모집사채의 이율

④ 모집사채의 상환 방법 및 기한

⑤ 이자 지급 방법 및 기한

⑥ 사채권을 발행하는 때는 그 뜻

⑦ 사채권자가 기명식 사채권과 무기명식 사채권 간의 전환청구 전부 또는 일부를 할 수 없다고 하는 때는 그 뜻

⑦의2 사채관리자를 정하지 않는 것으로 하는 때는 그 뜻

⑧ 사채관리자가 사채권자집회의 결의에 의하지 않고 제706조 제1항 제2호에 열거하는 행위(사채 전부에 대해 하는 소송행위 등)를 하는 것으로 하는 때는 그 뜻

⑧의2 사채관리보조자를 정하는 것으로 하는 때는 그 뜻

⑨ 각 사채의 납입금액 혹은 그 최저금액 또는 그 산정방법
⑩ 모집사채와 상환하여 하는 금전의 납입 기일
⑪ 일정일까지 모집사채의 총액에 대해 배정을 받을 자를 정하지 않는 경우, 모집사채 전부를 발행하지 않는 것으로 하는 때는 그 뜻 및 그 일정일
⑫ 그 밖에 법무성령(회사법 시행규칙 제162조)으로 정하는 사항

[425] 이사회설치회사에서는 모집사항 중 일정 사항(제676조 제1호에 열거하는 사항, 관련 법무성령〔회사법 시행규칙 제99조〕에서 정하는 사항)에 대해 이사회 결의로 결정해야 한다(제362조 제4항 제5호. 지명위원회등설치회사의 경우에는 집행임원에게 위임 가능). 다만 이 이외의 사항에 대해서는 그 결정을 이사에게 위임할 수 있다. 이사회결의로 발행하는 사채의 총액을 정하고, 실제 발행은 여러 차례에 나누어 이사가 결정하는 것(시리즈 발행)도 가능하다.

[426] 회사는 모집사채의 인수를 신청하려고 하는 자에 대해 ① 회사의 상호, ② 모집사항, ③ 그 밖에 법무성령(회사법 시행규칙 제163조)으로 정하는 사항을 통지해야 한다(제677조 제1항). 금융상품거래법에 따른 사업설명서를 교부한 경우에는 이러한 통지를 하지 않아도 된다. 사채 인수 신청을 하는 자는 신청을 하는 자의 성명 · 명칭 및 주소, 인수하려고 하는 모집사채의 금액 및 금액마다 수 등을 기재한 서면을 회사에 교부해야 한다(동조 제2항. 전자적 방법으로도 가능(동조 제3항)). 신청이 있은 자에 대해 모집사채 배정이 이루어진다(제678조 제1항). 납입기일(제676조 제10호)에 사채에 대해 납입을 할 것을 요한다.

[427] 응모액이 발행예정사채총액에 미달하는 때는 모집사항에 그 뜻을 정해 두면(제676조 제11호), 응모액을 가지고 사채를 성립시킬 수 있다. 현실의 사채 신청에서는 개별 투자자가 투자신청에 따라 신청을 한다는 형식은 가지되, 증권회사가 응모자의 계산에 있어 자기 명의로 일괄하여 신청하는 관행이 행해지고 있다.

[428] 담보부사채를 발행하는 경우에는 담보의 수탁회사를 결정하고, 그 수탁회사와 신탁계약을 체결한다(담보부사채신탁법 제2조). 신탁계약은 신탁증서로 하지 않으면, 그 효력이 발생하지 않는다(담보부사채신탁법 제18조 제1항). 신탁증서에는 담보부사채의 총액(각 담보부사채의 금액) · 이율 · 상환 방법 및 기한, 이자 지급 방법 및 기한, 담보의 종류 · 담보의 목적인 재산 · 담보 순위 등을 기재 · 기록해야 한다(담보부사채신탁법 제19조 제1항).

[429] 많은 사채를 공중에 모집하는 경우에는 사채 인수회사가 이용된다. 인수는 발행회사가 발행하는 증권 전부를 사들여 자기 책임으로 판매하는 것(총액인수, 매수인수라고도 한다) 또는 판매를 위해 노력을 다한 후에 남은 증권이 있으면 그것을 사들이는 것(잔액인수)을 약속하는 계약이다. 인수업무는 금융상품거래법에서 말하는 금융상품거래업이며, 증권회사(금융상품거래업자)만이 할 수 있다(금융상품거래법 제2조 제8항 제6호, 제29조). 따라서 일본에서는 회사가 담보부사채를 발행하는 경우 증권회사가 인수업무를 담당하고, 은행이 신탁의 수탁업무를 담당하는 형태로 업무분담이 도모되고 있다.

[430] 1987년에 보통사채 발행시장을 활성화할 목적으로 인수계약 체결 시에 「프로포절proposal 발행 방식」이 도입되었다. 이는 공모사채 발행을 결정한 회사가 복수의 증권회사에 조건 제시를 요구하고, 그 제시된 조건을 바탕으로 주간사 증권회사(인수 신디케이트단 대표)를 지명하는 것이다. 그 후, 증권회사 간의 경쟁과 할인 판매가 격화하고, 사채 폭락 현상이 문제가 되었다. 그 때문에 간사증권회사와의 협의로 발행가격 등 발행조건을 사전에 결정하는 「균일가격 판매방식」이 채용되기에 이르렀다.

(2) 사채의 양도

[431] 회사가 사채를 발행한 때에는 이사가 사채원부를 작성하고, 이를 본점에 비치해야 한다(제681조, 제684조 제1항).

[432] 모집사항으로 사채권 발행을 정한 경우(제676조 제6호)(→ 424), 회사는 채권을 발행해야 한다. 사채권을 발행하는 뜻의 정함이 있는 사채의 양도는 당사자 간의 의사표시 및 사채권 교부에 따라 그 효력이 발생한다(제687조). 기명사채에 대해서는 사채원부의 명의개서가 발행에 대한 대항요건이 된다(제688조 제2항). 이에 반해 무기명사채에 대해서는 사채권의 교부가 발행회사 그 밖의 제3자에 대한 대항요건이다(동조 제3항). 사채권을 발행하는 뜻의 정함이 없는 사채의 양도는 당사자 간의 의사표시만으로 그 효력을 발하지만, 사채원부의 명의개서가 발행회사 그 밖의 제3자에 대한 대항요건이 된다(동조 제1항).

[433] 사채나 국채 등 증권의 거래에 대해 권면을 필요로 하지 않는 새로운 대체제도의 정비나 효율적인 결제를 가능하게 하는 청산기관 제도의 정비 등 안전하고 효율성 높은 결제제도를 구축하는 것이 증권시장 정비의 일환으로서 요구된다. 2001년 6월에는 「단기사채 등의 대체에 관한 법률」에 따라 CP의 페이퍼리스paperless화 및 CP에 관한 대체제도가 실현되었다. 그 후 더욱 포괄적인 증권결제 법제 정비가 검토되었고, 2002년 6월에 「증권결제제도 등의 개혁에 의한 증권시장 정비를 위한 관계 법률 정비 등에 관한 법률」(증권결제시스템개혁법)이 제정되었다. 이 법률에 따라 권면을 필요로 하지 않는 통일적인 증권결제 법제의 대상이 CP에서 사채, 국채로 확대되었고, 법률명도 「사채 등의 대체에 관한 법률」로 변경되었다(나아가 2004년 개정으로 주식 등에도 적용이 가능해졌고, 법률명도 「사채 · 주식 등의 대체에 관한 법률」이 되었다 → 338).

[434] 이 제도에 따르면 사채는 권면이 발행되지 않고, 「대체사채」로서 규제된다. 대체사채의 양도는 계좌관리기관이나 대체기관이 그 관리 계좌에 해당 양도에 관한 사채의 금액 증액 기재 · 기록을 함으로써

그 효력이 생긴다. 사채권자가 발행회사에 대해 권리를 행사하는 경우에는 계좌관리기관이나 대체기관으로부터 증명서를 교부받고, 그것을 공탁함으로써 권리행사를 한다.

● **사채권자의 권리 행사**

[435] 사채권자는 이자의 지급을 받을 권리가 있다. 기명사채의 경우, 사채원부의 기재 · 기록에 따라 이자 지급이 이루어진다. 무기명사채의 경우, 이표가 발행되어 있으면(제697조 제2항), 이표 소지인에 대해 이표와 상환하여 이자 지급이 이루어진다. 발행회사가 사채의 이자 지급을 게을리한 때는 사채권자집회(→ 447-449)의 결의에 따라 사채 총액에 대해 기한의 이익을 상실한다(제739조).

[436] 또한 사채권자는 사채의 상환을 받을 권리가 있다. 만기 일괄 상환 외에, 일정 기간 후나 일정 기일까지 수시 상환하든지, 정기적으로 일정액 또는 추첨에 따라 상환하는 방법 등이 있다. 회사는 언제든지 자기 사채를 취득하여 사채를 소멸시킬 수 있다.

[437] 사채 상환청구권의 시효는 10년, 이자청구권에 대해서는 5년이다(제701조).

4. 사채권자 보호

(1) 사채관리자와 사채관리보조자

[438] 종래 사채 관련 수탁업무에는 모집의 수탁과 담보의 수탁이 있었다. 모집의 수탁은 발행자로부터 사채 모집을 위탁받는 것이다. 그 내용은 사채신청증의 작성, 신청에 대한 사채 배정 및 납입금 징수를 발행회사 대신에 하는 것이었다. 나아가 모집 수탁회사는 사채권자를 위해 사채의 상환에 관한 모든 행위를 할 수 있었다. 모집 수탁회사의 설치는 의무가 아니었지만, 수탁회사 없이 사채가 발행된 예는 없었다. 모집 수탁회사는 은행 또는 신탁회사이어야 했다.

● **담보 수탁회사**

[439] 담보의 수탁은 담보부사채권자를 위해 담보권을 관리하는 것이다. 담보 수탁회사는 총사채권자를 위해 신탁계약에 따른 담보권을 보존하고, 실행하는 의무를 진다. 수탁회사는 담보부사채의 권리에 관해 담보부사채신탁법에 특별한 정함이 있는 경우를 제외하고 사채관리자와 같은 권한을 가지며 의무를 부담한다(담보부사채신탁법 제35조). 따라서 수탁회사는 공평하고 성실하게 신탁사무를 처리해야 한다(제704조 제1항). 그리고 사채권자에 대해 선량한 관리자의 주의로 신탁사무를 처리할 의무를 진다(동조 제2항). 사채권자는 신탁계약의 수익자로서 그 채권액에 따라 평등하게 담보이익을 누린다(담보부사채신탁법 제37조 제1항).

[440] 일본의 사채 수탁회사 제도에서는 종래 독특한 관행이 있었다. 즉, 채무불이행(디폴트)이 된 사채에 대해, 모집 수탁회사가 이를 액면으로 일괄 매수하는 관행이 있었다. 이는 사채권자를 보호하기 위함이다. 그러나 현재는 모두 사채권자의 자기 책임으로 처리될 수밖에 없다고 하는 본래의 모습이 되었다.

[441] 1993년 개정으로 모집 수탁회사는 사채관리회사로 그 명칭이 변경되었고, 담보부사채의 발행 시에는 그 설치가 강제되었다. 회사법에서는 사채관리자로 명칭을 변경하였다. 그 이유는 회사 이외의 법인(농림중앙금고 등)도 사채관리업무를 할 수 있다는 것이었다. 각 사채의 금액이 1억 엔을 밑돌지 않는 경우 또는 사채 총액을 사채 최저액으로 나눈 수가 50을 밑도는 경우는 사채관리자를 설치하지 않아도 된다(제702조, 회사법 시행규칙 제169조). 사채관리자는 은행, 신탁회사 또는 담보 수탁회사 면허를 받은 회사 등이어야 한다(제703조, 회사법 시행규칙 제170조).

[442] 사채관리자는 사채권자를 위해 변제를 받거나 채권의 실현을 보전하는 데 필요한 재산상 또는 재판 외 모든 행위를 할 권한을 가진다(제705조 제1항). 사채관리자는 그 권한을 행사하는 데 필요한 때는 법원의 허가

를 받아 사채발행자의 업무 · 재산 상황을 조사할 수 있다(동조 제4항).

[443] 사채관리자는 사채권자를 위해 공평하고 성실하게 사채를 관리해야 하며(제704조 제1항), 사채권자에 대해 선량한 관리자의 주의로 사채를 관리할 의무를 부담한다(동조 제2항). 나아가 사채관리자가 사채발행회사에 대해 가지는 채권에 관해 변제를 받은 경우, 그 3월 후에 그 사채발행자가 디폴트(채무불이행)에 빠진 때에는 사채관리자가 원칙으로서 사채권자에 대해 손해배상책임을 진다(제710조 제2항 본문). 일본에서는 메인 뱅크main bank가 사채관리자가 되는 예가 많다. 그래서 이 규제는 사채발행회사에 대한 정보를 입수한 은행이 자기의 대부채권부터 재빨리 회수하는 비윤리적 행위를 규제하고자 마련된 것이다. 다만 사채관리자가 성실히 행해야 할 사채의 관리를 게을리하지 않은 것 혹은 그 손해가 사채관리자의 행위로 인해 생긴 것이 아님을 증명한 때는 책임을 지지 않는다(동항 단서. 사채관리자의 면책이 인정된 예로서 名古屋高判平21 · 5 · 28判時2073 · 42〔百選83事件〕).

[444] 사채관리자는 사채의 금액이 1억 엔을 밑돌지 않는 경우 그 설치가 강제되지 않는다(제702조). 1995년에 소프트뱅크SoftBank가 사채관리회사(사채관리자)를 두지 않고 사채를 발행한 이후, 사채관리자 없이 사채를 발행하는 회사가 늘고 있다. 사채관리자의 권한이 광범위하고, 그 의무 · 책임 및 자격 요건이 엄격하므로 사채관리자 설치에 요하는 비용이 상당하다. 회사는 사채관리자를 설치하지 않고 사채를 발행함으로써 지급해야 할 수수료를 절약할 수 있다.

[444-2] 다만 근년 사채관리자를 정하지 않고 발행된 사채와 관련해 채무불이행이 발생하고, 사채권자에게 손실이나 혼란을 초래하는 사례가 나타났다. 그래서 2019년 개정에서는 사채관리자보다 한정된 권한을 가지는 사채관리보조자 제도를 신설하였다. 즉, 회사는 사채관리보조자를 정하고, 사채권자를 위해 사채관리 보조를 수행하는 것을 위탁할 수 있다(제714조의2 본문. 사채가 담보부사채인 경우는 그러하지 아니하다(동조 단

서)). 사채관리보조자는 ① 파산절차, 재생 절차 참가 또는 갱생 절차 참가, ② 강제집행 또는 담보권 실행 절차에서 배당 요구, ③ 기간 내 채권 신청을 하는 권한을 가진다(제714조의4 제1항). 나아가 사채관리보조자는 위탁 계약에 정하는 범위에서 사채권자를 위해 사채에 관계된 변제를 받을 권한을 가질 수도 있다(동조 제2항). 이처럼 사채관리자와 비교해 사채관리보조자의 권한이 한정된다는 점에서, 그 자격 요건이 사채관리자에 견주어 완화되어 있다(제714조의3).

- **사채의 발행 한도 폐지**

[445] 1993년 개정 전, 사채의 발행은 최종 대차대조표에 따라 회사에 현존하는 순자산액(자산−부채)을 초과할 수 없었다(개정 전 상법 제297조 제1항). 또한 사채발행한도잠정조치법에 따라 상법의 발행 한도 2배까지 사채의 발행 한도가 완화되어 있었다. 다만 이 경우 상법이 정하는 한도를 초과한 부분에 대해서는 담보부사채, 전환사채, 신주인수권부사채 및 외채만을 발행할 수 있었다. 또한 장기신용은행이 발행하는 사채(금융채), 전력회사가 발행하는 사채(전력채) 등에 대해서는 한층 더 규제가 완화되어 있었다(장기신용은행법 제8조, 일반전력사업회사의 사채발행한도에 관한 특례법 제2조).

[446] 사채발행한도는 사채권자의 채권 담보가 되는 회사의 자력 이상으로 사채를 발행하는 것을 규제하기 위해 마련된 것이다. 그러나 은행 등으로부터의 차입금에 대해서는 제한이 없다는 점에서 입법 효과에 의문이 제기되었다. 산업계로부터 사채발행한도 철폐에 관한 강한 요청이 있었고, 사채발행한도에 관한 상법 규정은 1993년 개정으로 삭제되었다.

(2) 사채권자집회

[447] 사채권자집회는 사채권자의 이해와 중대한 관계가 있는 사항에 대해 사채권자의 총의를 결정하고자 각 종류의 사채별로 소집된다

(제715조). 같은 종류의 사채권자는 같은 이해관계를 가지고 있다. 그 때문에 많은 사채권자가 그 공동의 이익을 단결하여 지킬 수 있도록 사채권자집회를 인정하고 있다. 이 제도에 의해 발행회사도 개별 사채권자를 상대로 교섭하지 않아도 무방하게 되었다. 사채권자집회는 회사 밖의 조직으로 회사의 기관은 아니다. 다만 사채권자집회의 비용은 회사의 부담이 된다(제742조 제1항). 사채권자집회는 사채권자집회의 목적 사항 이외에 대해서는 결의할 수 없다(제724조 제3항).

[448] 사채권자집회는 사채 발행회사 또는 사채관리자가 소집한다(제717조 제2항). 또한 사채 총액의 10분의 1 이상에 해당하는 사채를 가진 사채권자도 사채권자집회의 소집을 청구할 수 있다(제718조 제1항). 사채권자집회에서는 각 사채권자가 그 보유하는 사채 금액의 합계액에 따라 의결권을 가진다. 사채권자집회의 결의가 효력을 가지기 위해서는 법원의 인가가 필요하다(제734조 제1항). 한편, 사채권자집회의 목적인 사항에 대한 제안에 관해 의결권자 전원이 서면 또는 전자적 기록으로 동의의 의사표시를 한 때는 해당 제안을 가결하는 뜻의 사채권자집회 결의가 있었던 것으로 간주된다(제735조의2 제1항). 이 경우 법원의 인가도 필요치 않다(동조 제4항).

[449] 일본의 사채는 대부분 무기명식으로 발행되고 있다. 따라서 사채권자집회의 소집이 실무상 곤란하다. 그 때문에 1993년 개정에서는 사채권자집회의 결의를 원칙으로서 정족수를 요하지 않는 보통결의(출석한 사채권자의 의결권 총액의 과반수로 가결)로 하였다(제724조 제1항). 사채 전부에 대해 하는 지급 유예, 채무의 불이행으로 발생한 책임 면제 또는 화해 등의 결의를 할 때는 의결권자의 의결권 총액의 5분의 1 이상, 그리고 출석한 의결권자의 의결권 총액의 3분의 2 이상의 의결권을 가진 자의 동의가 필요하다(동조 제2항).

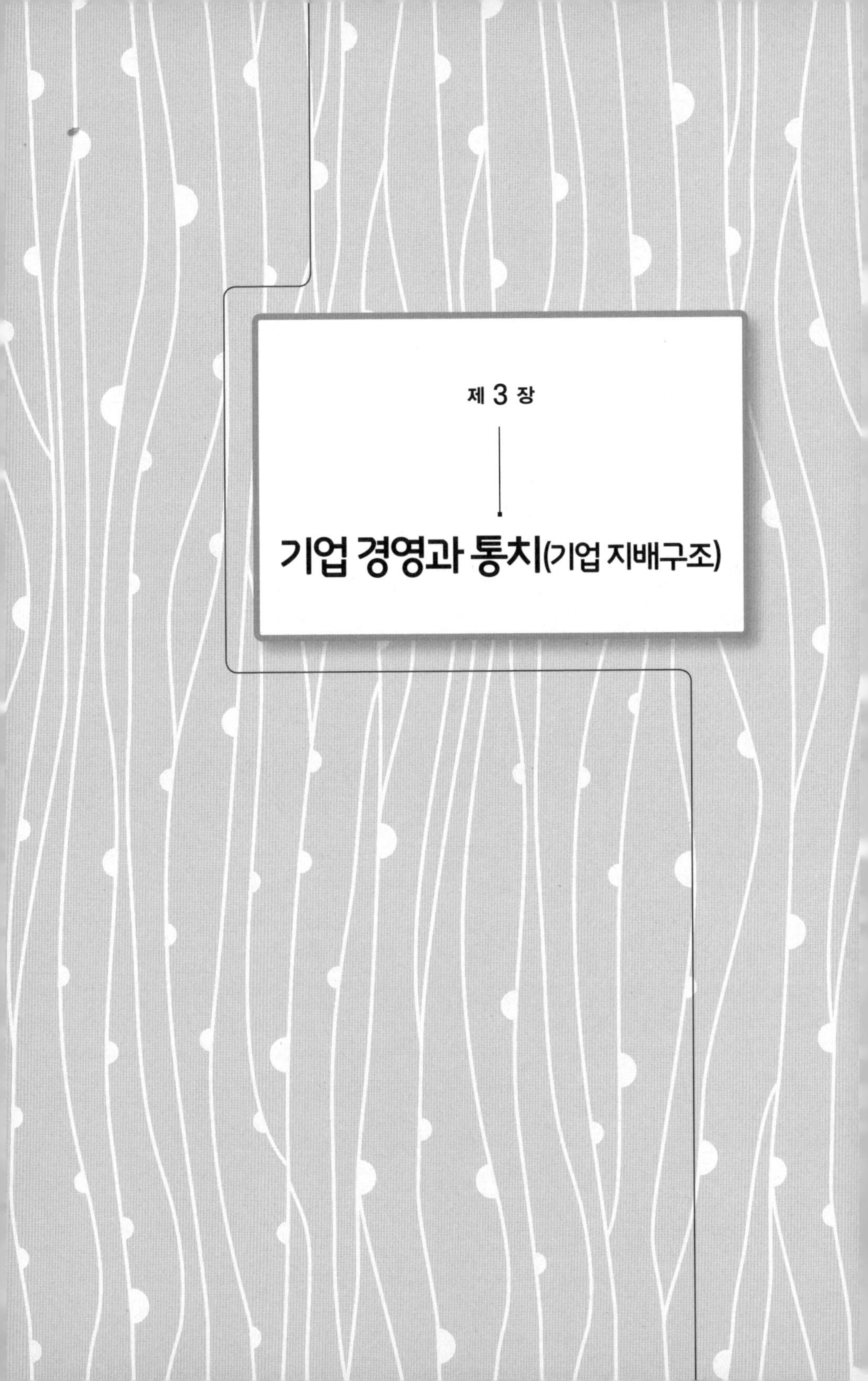

제 3 장

기업 경영과 통치(기업 지배구조)

제 1 절 기관

1. 기관의 의의

[450] 주식회사는 법인이다(제3조)(→ 163). 회사는 스스로 의사를 결정하고 행동할 수 없으므로 어느 자연인(또는 자연인의 합의체)의 의사결정이나 행위를 회사의 의사결정이나 행위로 취급할 필요가 있다. 이러한 결정을 하는 것을「기관」이라고 한다.

[451] 전통적인 사고에 따르면, 주주는 회사의 실질적 소유자로 이해된다. 그러나 대규모 회사의 경우 다수의 주주를 직접 경영에 참여시키는 것은 합리적이지 않다. 그래서 회사법에서는 주주가 주주총회에서 이사를 선임하고(→ 547), 이사에게 경영을 위임하는 제도를 채용하고 있다. 다만 회사의 기본적 사항에 관한 의사결정 권한은 주주총회에 유보되어 있다(→ 485). 주주는 주주총회의 의결권을 통해 이러한 결정에 참여한다.

[452] 종래 상법은 주식회사를 대규모 회사를 위한 조직으로써 규율해 왔다. 이 점에서 소유(주주)와 경영(이사)이 제도적으로 분리되어 있었다. 회사는 정관으로도 이사는 주주이어야 한다는 뜻을 정할 수 없었다(개정 전 상법 제254조 제2항). 그러나 일본 주식회사의 실태는 인적 신뢰관계를 기초로 하는 소규모 회사가 대다수를 차지하고 있다(→ 25). 이러한 회사에서는 소유와 경영의 일치가 나타난다. 회사법에서는 이러한 현실을 고려해, 공개회사 이외의 회사는 정관의 정함으로 이사 등의 자격을

주주로 제한하는 것을 인정하였다(제331조 제2항 단서)(→ 556).

[453] 이사회는 이사를 구성원으로 하는 기관이다. 이사회는 업무 집행에 관한 의사결정과 대표이사 선정을 한다(→ 572). 대표이사는 일상적인 의사결정을 하고, 회사의 업무를 집행한다(→ 598). 주주는 주주총회에서의 이사 선임 · 해임을 통해서만이 아니라, 대표소송(→ 654)이나 위법행위 유지청구권 행사(→ 676)를 통해 이사의 행위를 시정할 수 있다.

[454] 나아가 주주는 주주총회 결의로 감사를 선임하고(→ 688), 이사의 행위를 감시하도록 할 수 있다. 감사회는 3명 이상의 감사로 구성되는 기관이다(→ 715). 이에 더해 회계 전문가로서 회계감사인이 주주총회에서 선임된다(→ 756). 회사법에서는 이사와 공동으로 계산서류를 작성하는 회계참여를 회사의 기관으로서 인정하고 있다(→ 771).

[455] 2002년 개정으로 감사 설치에 갈음하여 사외이사가 과반수를 차지하는 위원회(지명위원회, 보수위원회, 감사위원회) 및 집행임원을 두는 회사가 인정되었다(위원회등설치회사, 위원회설치회사, 지명위원회등설치회사로 명칭이 변경되었다 → 718). 나아가 2014년 개정으로 감사등위원회설치회사가 창설되었다(→ 743). 감사등위원회설치회사에서는 감사를 하는 감사등위원회가 설치되지만, 지명위원회 및 보수위원회는 불요이다. 또한 집행임원 · 대표집행임원은 두지 않으며, 이사회가 선임하는 대표이사가 회사를 대표한다. 이러한 점에서 감사등위원회는 감사설치회사 · 감사회설치회사와 지명위원회등설치회사 사이에 있는 기관설계라고 할 수 있다. 이러한 세 가지 기관설계 중 어느 것을 선택할 것인가는 회사의 자유이다.

2. 기관설계

[456] 주식회사는 주주총회 외에, 이사를 설치해야 한다(제326조 제1항). 그리고 회사는 정관의 정함으로 이사회, 회계참여, 감사, 감사회, 회계감사인, 감사등위원회 또는 지명위원회 등을 둘 수 있다(동조 제2항).

이처럼 기관설계에 대해 정관자치가 인정되고 있지만, 다음과 같은 제한이 있음에 주의가 필요하다.

[457] 회사는 ①「공개회사」(→ 178)와 ②「공개회사 이외의 회사」, ③「대회사」(→ 177)와 ④「대회사 이외의 회사」로 구분된다. 그 때문에 회사는 ①③(분류 1), ②③(분류 2), ①④(분류 3) 및 ②④(분류 4)로 대별할 수 있다.

〈회사의 분류〉

	① 공개회사	② 공개회사 이외의 회사
③ 대회사	(분류 1)	(분류 2)
③ 대회사 이외의 회사	(분류 3)	(분류 4)

[458] 공개회사에서는 이사회를 설치해야 한다(제327조 제1항 제1호). 공개회사의 경우 주식의 자유 양도로 인해 많은 주주의 존재가 상정된다. 주주가 빈번하게 변동하는 회사에서는 주주가 회사 경영 참여에 무관심한 경우가 많고, 회사의 업무집행기관이나 그 감시기관을 두는 것이 불가결하다. 또한 감사회설치회사, 감사등위원회설치회사 및 지명위원회등설치회사에서는 이사회를 두어야 한다(동조 제1항 제2호 내지 제4호).

[459] 이사회를 설치하는 회사에서는 감사를 두어야 한다(제327조 제2항 본문). 이사회설치회사에서는 주주총회의 권한을 축소하고, 이사회에 광범위한 권한이 인정된다(제295조 제2항). 대표이사 등의 전횡 위험성도 있다. 그래서 감사에 의한 감시가 필요하다. 대회사(공개회사 이외의 회사, 감사등위원회설치회사, 지명위원회등설치회사를 제외한다)에서는 감사 대신에 감사회가 설치된다(제328조 제1항). 공개회사가 아닌 회사(대회사를 제외한다)에서는 감사 대신에 회계참여를 두는 것으로 족하다(제327조 제2항 단서). 또한 감사등위원회설치회사와 지명위원회등설치회사에서는 감사등위원회나 감사위원회가 존재하므로 감사를 두어서는 안 된다(동조 제4항).

[460] 대회사는 회사 규모가 크고, 그 이해관계자가 다수에 이르

는 것이 상정된다. 대회사에서는 이러한 이해관계자를 위해 계산서류의 적절한 작성을 목적으로 회계감사인의 설치가 의무화된다(제328조). 회계감사인설치회사(감사등위원회설치회사, 지명위원회등설치회사를 제외한다)는 감사를 두어야 한다(제327조 제3항). 이는 회계감사인의 적절한 회계감사를 담보하기 위해서는 경영진으로부터의 독립성을 확보하는 것이 불가결하고, 회계감사인의 선임 · 해임에 관한 의안 결정권(→ 756)을 가지는 감사가 설치되는 것이 필요하다고 생각되었기 때문이다.

[461] 또한 회사 규모와 관계없이 모든 회사에서 회계감사인을 둘 수 있다(제326조 제2항). 회계감사인을 설치하려면 감사 · 감사회(업무감사권한을 가진다) 또는 3 위원회 등(지명위원회, 보수위원회, 감사위원회 및 집행임원)을 설치해야 한다(제327조 제3항 · 제5항). 감사등위원회설치회사와 지명위원회등설치회사는 회계감사인을 두어야 한다(동조 제5항). 이러한 회사에서는 이사회의 결의사항을 대폭 이사 · 집행임원에게 위임하는 것이 가능하므로(→ 719, 749), 회계감사인에 의한 적정한 계산서류 작성을 통한 재무 면에서의 감독이 필요하다고 생각되었다.

- **회사의 기관설계**

[462] 「① 공개회사 + ③ 대회사」(분류 1)는 (a) 이사회 + 감사회 + 회계감사인(감사회설치회사), (b) 이사회 + 3 위원회 등 + 회계감사인(지명위원회등설치회사), (c) 이사회 + 감사등위원회 + 회계감사인(감사등위원회설치회사)을 선택할 수 있다. 「② 공개회사 이외의 회사 + ③ 대회사」(분류 2)는 공개회사에 요구되는 이사회를 설치할 필요가 없고 감사회, 3 위원회 등, 감사등위원회의 설치도 의무가 아니다. 따라서 (d) 이사회 + 감사 + 회계감사인, (e) 이사 + 감사 + 회계감사인이라는 선택이 가능하다. 또한 이러한 회사는 감사회나 3 위원회 등의 설치가 강제되지 않을 뿐이기에 임의로 그 설치를 하는 것이 인정된다. 그 때문에 (a)(b)(c)의 선택도 가능하다. 어느 경우도 회계참여는 임의로 설치할 수 있다(제326조 제2항).

[463] 「① 공개회사 + ④ 대회사 이외의 회사」(분류 3)는 이사회를 설치해야 한다(①이기 때문). 또한 3 위원회 등을 설치하지 않는 한, 감사의 설치가 필요하다(제327조 제2항). 이 경우 감사회 설치가 가능하다. 한편, 대회사가 아니므로 회계감사인 및 감사회 설치는 의무가 아니다. 그 때문에 이 분류의 회사에서는 (d) 이사회 + 감사 + 회계감사인에 더해, (f) 이사회 + 감사회, (g) 이사회 + 감사의 선택이 가능하다. 나아가 「① 공개회사 + ③ 대회사」(분류 1)에서 할 수 있는 (a)(b)(c)의 선택도 가능하다. 이 경우도 회계참여 설치는 임의로 할 수 있다(제326조 제2항).

[464] 「② 공개회사 이외의 회사 + ④ 대회사 이외의 회사」(분류 4)에서는 위의 회사에 견줘 더욱더 간소한 기관설계가 인정된다. 우선, 이사회 설치가 의무가 아니다(①이 아니기 때문). 주주 변동이 적은 회사에서는 주주가 장기적으로 회사와 이해관계를 가지므로, 주주가 직접 경영에 참여하는 기관설계가 인정된다(주주총회의 권한도 제한되지 않는다. 제295조 제1항). 또한 거래처 등 채권자의 수도 비교적 소수인 것이 상정되고, 회계감사인의 설치도 강제되지 않는다(③이 아니기 때문). 나아가 이러한 회사에서는 감사를 설치하는 것도 요하지 않는다(제327조 제2항 참고). 이로 인해 2005년 개정 전의 유한회사형 기관설계가 가능하다(이사 또는 이사 + 감사). 이사회를 설치하지 않는 회사는 감사회도 설치할 수 없다(동조 제1항 제2호). 이사회를 설치하지 않는 간소한 기관설계를 선택한 회사가 감사에 대해서만 대규모의 복잡한 체제를 마련한다는 니즈는 없다고 판단되었다. 이상을 토대로 이 분류에서는 분류 3에서 인정된 기관설계 외에, (h) 이사회 + 회계참여, (i) 이사 + 감사, (j) 이사를 선택할 수 있다.

	① 공개회사	② 공개회사 이외의 회사
③ 대회사	(분류 1) (a) 이사회 + 감사회 + 회계감사인 (b) 이사회 + 3 위원회 등 + 회계감사인 (c) 이사회 + 감사등위원회 + 회계감사인	(분류 2) (a) 이사회 + 감사회 + 회계감사인 (b) 이사회 + 3 위원회 등 + 회계감사인 (c) 이사회 + 감사등위원회 + 회계감사인 (d) 이사회 + 감사 + 회계감사인 (e) 이사 + 감사 + 회계감사인
④ 대회사 이외의 회사	(분류 3) (a) 이사회 + 감사회 + 회계감사인 (b) 이사회 + 3 위원회 등 + 회계감사인 (c) 이사회 + 감사등위원회 + 회계감사인 (d) 이사회 + 감사 + 회계감사인 (f) 이사회 + 감사회 (g) 이사회 + 감사	(분류 4) (a) 이사회 + 감사회 + 회계감사인 (b) 이사회 + 3 위원회 등 + 회계감사인 (c) 이사회 + 감사등위원회 + 회계감사인 (d) 이사회 + 감사 + 회계감사인 (f) 이사회 + 감사회 (g) 이사회 + 감사 (h) 이사회 + 회계참여 (i) 이사 + 감사 (j) 이사

제 2 절 주주총회

1. 일본의 주주총회 실태

[465] 주주총회는 주주를 구성원으로 하는 합의체이며, 주식회사의 기본적인 사항에 대한 의사결정을 한다. 주주총회에는 정기주주총회와 임시주주총회가 있다. 정기주주총회는 매사업연도 종료 후 일정 시기에 소집되어야 한다(제296조 제1항). 또한 임시주주총회는 필요한 경우에 수시로 이를 소집할 수 있다(동조 제2항). 주주총회는 이사의 선임과 해임 권한을 가지며, 그 결의는 이사의 경영을 구속하므로 법률상 주식회사의 최고의사결정기관이다.

〈주주총회의 소요 시간〉

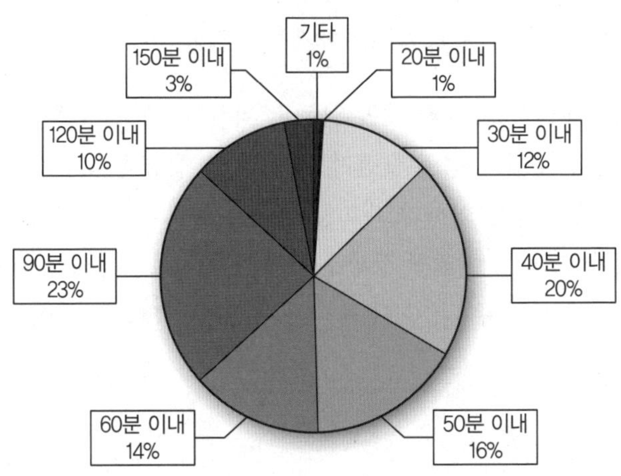

(商事法務研究会編「株主総会白書」(2019)(『旬刊商事法務』 2216号 102~103頁))

[466] 다만 일본 회사의 주주총회는 형해화하고 있다고 지적된다. 대규모 주식회사에서는 개인주주의 지주비율이 낮고 법인주주의 지주비율이 높다(→ 30). 그 때문에 주주총회에서 개인주주는 중요한 영향력을 가지지 않는다. 나아가 주식의 상호보유를 하는 법인주주는 회사 경영자를 지지하는 것이 일반적이다. 대부분 주식회사에서는 주주총회에 출석하는 주주 수가 적었다. 그러다보니 실질적인 심의가 이루어지지 않았고, 주주총회는 비교적 단시간에 종료되었다.

[467] 종래는 총회꾼이 존재하였다. 이들은 주주총회에서 의장의 의사 진행을 원활히 하는데 협력하는 것의 대가로서 금전을 얻었다. 회사로부터 상당한 금액의 금전을 얻지 못한 때는 주주총회장에서 의장의 의사 운영을 방해하였다. 그 때문에 일본의 대규모 주식회사는 거의 예외 없이 총회꾼에게 금전을 주었다.

[468] 1981년 개정으로 주주의 권리 행사에 관해 이익공여를 하는 것을 금지하였다. 이에 위반한 이사 등에 대해서는 민사책임을 묻을 수 있고(제정 당시는 상법 제294조의2. 그 후 조문은 상법 제295조로 이동하였고, 회사법에서는 제120조에 정함이 있다), 형사책임을 과하는 것으로 하였다(제정 당시는 상법 제497조. 회사법에서는 제970조에 정함이 있다). 이 개정은 일본의 주주총회를 형해화하는 요인의 하나로 인식된 총회꾼의 활동을 배제하기 위한 것이었다.

[469] 후술하는 바와 같이 일본의 회사는 3월 결산회사가 많고, 그 대부분은 6월 말 특정일에 정기주주총회를 집중적으로 개최하고 있었다. 이러한 현상은 회사가 총회꾼의 주주총회 출석을 분산시키려고 한 결과였다. 그러나 이러한 상황은 복수의 회사 주식을 보유하는 일반주주가 여러 회사의 주주총회에 출석하는 권리를 빼앗는 것이었다.

〈주주총회 개최일(3월 결산회사)〉

	1995년	2000년	2005년	2010년	2015년	2020년
총회 건수	1,822	2,018	2,050	1,917	1,880	1,824
총회집중일	6/29	6/29	6/29	6/29	6/26	6/26
집중 건수	1,704	1,680	1,273	861	809	606
집중도	93.5%	83.3%	62.1%	44.9%	43.0%	33.2%

(「資料板商事法務」)

[470] 1997년에 위의 이익공여 규제에 위반한 때의 벌칙을 강화하는 상법 개정이 이루어졌다. 개정 내용은 회사법에도 승계되었다. 현행법에 따르면, 이사 등이 주주의 권리행사에 관해 그 회사나 자회사의 계산으로 재산상의 이익을 공여한 때는 3년 이하의 징역 또는 300만 엔 이하의 벌금에 처한다(제970조 제1항). 사정을 알고 관련 이익공여를 받은 자 또는 제3자에게 이를 공여시킨 경우, 나아가 이익공여를 요구한 것만으로도 형사벌이 과해진다(동조 제2항 · 제3항). 이익공여를 받은 자 또는 요구한 자가 그 실행에 있어 협박을 한 때는 5년 이하의 징역 또는 500만 엔 이하의 벌금에 처한다(동조 제4항). 이러한 죄를 범한 자에게는 정황에 따라 징역 및 벌금이 병과되는 예도 있다(동조 제5항).

[471] 위의 형사벌 강화로 인해 총회꾼의 활동은 쇠퇴하였다. 주주총회 개최일이 분산화하는 경향은 이와 무관한 것이 아니다. 주주총회 개최일을 같은 날로 하는 것은 총회꾼 대책을 위한 것이라는 변명이 성립하지 않게 되었기 때문이다. 평일에 주주총회를 개최하는 회사도 늘고, 주주총회에 출석하는 개인주주의 수도 유명기업을 중심으로 증가 경향에 있다.

〈주주총회에 실제로 출석한 주주 수〉

(회사 수)

회답(명) / 자본금(엔)	1–20	21 –40	41 –60	61 –80	81 –100	101 –150	151 –200	201 –300	300 초과	합계
5억 엔 미만	27	34	29	12	7	10	4	3	7	133
5억 엔 이상 10억 엔 미만	57	72	46	18	13	11	10	10	8	245
20억 엔 이하	54	95	72	44	28	43	19	14	24	393
30억 엔 이하	28	60	55	29	20	31	19	14	19	275
50억 엔 이하	13	64	55	53	32	40	17	24	31	329
100억 엔 이하	10	64	80	62	40	63	26	19	49	413
300억 엔 이하	7	31	47	55	50	85	47	44	84	450
500억 엔 이하	–	7	4	13	7	23	13	19	34	120
1,000억 엔 이하	–	1	1	5	1	8	16	8	53	93
1,000억 엔 초과	–	1	2	1	–	8	11	11	85	119
합계	196	429	391	292	198	322	182	166	394	2,570

(商事法務研究所編「株主総会白書」(2019)(『旬刊商事法務』 2216号 117頁))

〈주주총회 활성화 등의 대책 상황(연결매출별)〉

	소집통지 조기발송	집중일을 회피한 주주총회 설정 (3월 결산회사)	전자적 방법에 의한 의결권 행사	의결권 전자 행사 플랫폼 참가	소집통지 영어판 작성
100억 엔 미만	58.2%	26.8%	30.7%	18.0%	18.8%
100억 엔 이상 1,000억 엔 미만	66.7%	39.3%	27.7%	18.9%	24.7%
1,000억 엔 이상 1조 엔 미만	83.2%	45.8%	69.9%	61.8%	65.7%
1조 엔 이상	94.8%	64.7%	97.4%	96.1%	97.4%
모든 회사	69.4%	38.6%	40.8%	31.4%	35.4%

(東京証券取引所「東証上場会社コーポレート・ガバナンス白書2019」 15頁)

● 출석주주에 대한 선물

[472] 주주총회 출석자에게 선물을 제공하는 것은 사회적 의례의 범위라면 위법한 이익공여에 해당하지 않는다. 자사 제

품 · 서비스의 PR을 겸해 자사의 제품이나 서비스 우대권 등을 제공하는 회사도 있다. 또한 다른 회사 제품으로서 선불카드prepaid card를 배포하는 회사도 있다. 조사 결과(상사법무연구회편「주주총회백서」〔2019〕)에 따르면 선물 금액은「500엔 초과 1,000엔 이하」가 가장 많았고(40.2%), 이어「1,000엔 초과 1,500엔 이하」가 많았다(29.3%).

[473] 2013년 6월 과거 최다인 1만 693명의 주주가 출석한 소니ソニー에서는 다음 해에 선물 배포를 중지하였더니 출석자가 4,662명으로 격감하였다. 개인주주를 중심으로, 선물은 주주총회 출석에 영향을 미치는 중요한 요소가 되고 있음을 알 수 있다. 다만 근년 선물을 주지 않는 회사 수가 점차 증가하고 있다. 위의 조사에 따르면 39.3%의 회사가 주주에 대한 선물 배포를 중지하였다(전년도 대비 5.2% 증가).

2. 주주총회 소집

(1) 소집 시기

[474] 정기주주총회에서는 결산기 후에 계산서류의 승인 또는 보고가 이루어진다(제438조, 제439조). 일본의 주식회사 상당수는 연 1회, 3월 31일을 결산일로 정하고 있다(「3월 결산회사」라고 한다). 회사는 주주총회에 출석하는 주주를 확정하기 위해 기준일(→ 334)을 설정한다(제124조 제1항. 예를 들어 3월 31일). 회사는 기준일에 있어 주주명부에 기재 · 기록되어 있는 주주를 그 권리자로 할 수 있다. 회사는 기준일로부터 3월 이내에 주주총회를 개최할 필요가 있다(동조 제2항). 3월 결산회사에서는 6월 말에 정기주주총회가 개최된다〈→ 정관 제12조〉.

(2) 소집 권한

[475] 주주총회 소집 결정은 이사회비설치회사에서는 이사가, 이

사회설치회사에서는 이사회결의로 한다(제298조 제1항 · 제4항). 소집은 이사회비설치회사에서는 이사가, 이사회설치회사에서는 대표이사가 한다(제296조 제3항). 또한 총주주의 의결권 3% 이상을 6월 이상 전부터 계속해서 보유하고 있는 주주는 회의 목적과 소집 이유를 제시하고, 회사에 주주총회 소집을 청구할 수 있다(제297조 제1항). 주주의 청구 후에 지체 없이 소집 절차가 이루어지지 않은 경우 또는 청구일로부터 8주간 이내의 날을 주주총회일로 하는 주주총회 소집통지가 발송되지 않는 경우에는 청구를 한 주주가 법원의 허가를 받아 직접 주주총회를 소집할 수 있다(동조 제4항). 위의 총의결권의 3% 이상 또는 6월 이상의 보유요건은 정관으로 완화할 수 있다(동조 제1항). 나아가 공개회사 이외의 회사에서는 6월 이상의 보유요건은 불요이다(동조 제2항). 법원은 검사인의 조사 결과 필요가 있다고 인정한 때는 이사에게 주주총회를 소집시킬 수 있다(제307조 제1항 제1호)(→ 523).

(3) 소집통지

[476] 주주총회를 소집하기 위해서는 주주총회일로부터 2주간 전까지 각 주주(의결권을 행사할 수 없는 주주에게는 불요)에게 서면으로 소집통지를 발송해야 한다(제299조 제1항). 공개회사 이외의 회사에서는 소집통지 기간이 1주간 전까지이며, 이사회비설치회사에서는 정관으로 이를 단축할 수 있다. 폐쇄적인 회사의 경우 주주 수가 많지 않고, 주주 간의 관계도 긴밀한 것이 통상이다. 따라서 소집통지를 조기에 발송할 필요성이 적다. 주주총회를 소집하는 자는 주주의 승낙을 얻어 서면통지에 갈음하여 전자적 방법으로 소집통지를 할 수 있다(동조 제3항). 주주총회 소집통지에는 총회 일시나 장소 외에, 회의의 목적 사항(즉, 의제)이 기재 · 기록된다(동조 제4항, 제298조 제1항 제1호 · 제2호). 회의의 목적 사항에는 사업보고 등 보고사항도 포함된다. 한편, 주주총회에서 의결권을 행사할 수 있는 모든 주주의 동의가 있는 때는 소집 절차를 거치지 않고 주주총회를 개

최할 수 있다(제300조).

〈소집통지의 총회 전 발송일〉

회사 수 ( ) 내 %

회답 / 자본금 (엔)	14일 전	15일 전	16일 전	17일 전	18일 전	19일 전	20일 전	21일 전	22일 전	23일 전	24일 전	25일 전	26일 전	27일 전	28일 전	29일 전	무회답	회답사수
5억엔 미만	6 (11.8)	9 (17.6)	6 (11.8)	3 (5.9)	5 (9.8)	2 (3.9)	7 (13.7)	9 (17.6)	1 (2.0)	–	1 (2.0)	–	–	1 (2.0)	1 (2.0)	–	–	51 (100)
5억엔 이상 10억엔 미만	12 (11.5)	14 (13.5)	13 (12.5)	10 (9.6)	10 (9.6)	11 (13.5)	14 (13.5)	12 (11.5)	2 (1.9)	1 (1.0)	1 (1.0)	–	–	–	1 (1.0)	–	3 (2.9)	104 (100)
20억엔 이하	23 (10.7)	33 (15.3)	31 (14.4)	17 (7.9)	26 (12.1)	13 (6.0)	21 (9.8)	34 (15.8)	9 (4.2)	2 (0.9)	–	3 (1.4)	1 (0.5)	1 (0.5)	–	–	1 (0.5)	215 (100)
30억엔 이하	14 (9.5)	11 (7.5)	29 (19.7)	10 (6.8)	10 (6.8)	11 (7.5)	20 (13.6)	20 (13.6)	18 (12.2)	–	2 (1.4)	–	1 (0.7)	1 (0.7)	–	–	–	147 (100)
50억엔 이하	11 (4.7)	27 (11.6)	24 (10.3)	12 (5.2)	14 (6.0)	31 (13.3)	36 (15.5)	39 (16.7)	29 (12.4)	1 (0.4)	2 (0.9)	4 (1.7)	2 (0.9)	1 (0.4)	–	–	–	233 (100)
100억엔 이하	22 (7.4)	24 (8.1)	20 (6.8)	26 (8.8)	23 (7.8)	22 (7.4)	28 (9.5)	72 (24.3)	42 (14.2)	5 (1.7)	2 (0.7)	4 (1.4)	1 (0.3)	1 (0.3)	1 (0.3)	1 (0.3)	2 (0.7)	296 (100)
300억엔 이하	10 (2.8)	18 (5.0)	23 (6.4)	15 (4.2)	19 (5.3)	19 (5.3)	36 (10.1)	108 (30.3)	67 (18.8)	14 (3.9)	10 (2.8)	6 (1.7)	3 (0.8)	7 (2.0)	2 (0.6)	–	–	357 (100)
500억엔 이하	3 (3.1)	6 (6.1)	3 (3.1)	1 (1.0)	5 (5.1)	4 (4.1)	9 (9.2)	35 (35.7)	20 (20.4)	5 (5.1)	5 (5.1)	1 (1.0)	–	–	–	1 (1.0)	–	98 (100)
1,000억엔 이하	2 (2.4)	2 (2.4)	–	1 (1.2)	5 (6.0)	2 (2.4)	4 (4.8)	27 (32.5)	26 (31.3)	1 (1.2)	2 (2.4)	3 (3.6)	2 (2.4)	3 (3.6)	2 (2.4)	1 (1.2)	–	83 (100)
1,000억엔 초과	–	1 (0.9)	3 (2.7)	2 (1.8)	6 (5.5)	4 (3.6)	10 (9.1)	25 (22.7)	37 (33.6)	8 (7.3)	6 (5.5)	1 (0.9)	2 (1.8)	2 (1.8)	–	2 (1.8)	1 (0.9)	110 (100)
합계	103 (6.1)	145 (8.6)	152 (9.0)	97 (5.7)	123 (7.3)	119 (7.0)	185 (10.9)	381 (22.5)	251 (14.8)	37 (2.2)	31 (1.8)	22 (1.3)	12 (0.7)	17 (1.0)	7 (0.4)	5 (0.3)	7 (0.4)	1,694 (100)

[商事法務研究所編「株主総会白書」(2019)(『旬刊商事法務』 2216号 71頁)]

[477] 이사회설치회사의 경우 주주총회 소집통지는 서면 또는 전자적 방법에 따른다. 이에 반해 이사회비설치회사의 경우 소집통지 방법에 관한 특별한 정함이 없다. 그 때문에 구두로 통지하는 것도 가능하다. 다만 나중의 분쟁에 대비해 서면 등에 의한 통지를 하는 것이 바람직하다.

〈주주총회 소집통지〉

○년 5월 26일

주주각위

京都市上京区今出川通烏丸東入
동지사물산 주식회사
대표이사 사장 新島 襄次郎

제10○회 정기주주총회 소집통지

拜啓 평소 각별한 배려에 깊은 감사의 말씀 올립니다.
당사는 제10○회 정기주주총회를 아래와 같이 개최하므로 출석해 주시길 통지 드립니다.
당일 출석이 어려운 경우는 후기의 주주총회 참고서류를 검토하시고, 동봉한 의결권행사서 용지에 찬부를 표시한 후 반송해 주시던지, 인터넷을 통해 의결권을 행사하시던지 어느 하나의 방법에 따라 ○년 6월 26일 (화요일) 오후 5시 45분까지 의결권을 행사해 주시길 부탁드립니다.

敬具

記

1 일　시　○년 6월 27일 (수요일) 오전 10시
2 장　소　동지사물산 주식회사 본사 료신칸良心館 홀
3 목적사항
　보고사항　제◇기 사업보고서 내용 및 계산서류 내용 보고 건
　결의사항
　　제1호 의안　잉여금 처분 건
　　제2호 의안　정관 일부 변경 건
　　제3호 의안　이사 5명 선임 건
　　제4호 의안　감사 2명 선임 건

[478] 이사회설치회사에서는 정기주주총회의 소집통지 시에 계산서류(→ 778) 및 사업보고서(감사설치회사에서는 감사보고서(→ 784), 회계감사인설치회사에서는 회계감사보고서(→ 785)를 포함한다)가 제공된다(제437조). 나아가 서면투표(→ 500)를 하는 회사에서는 의결권행사에 참고되어야 할 사항을 기재한 서류(주주총회 참고서류) 및 의결권행사서면이 교부된다(제301조 제1항). 서면에 갈음하여 전자적 방법으로 소집통지를 받는 것을 승낙한 주주에 대해서는 참고서류도 전자적 방법으로 제공할 수 있다(동조 제2항 본문). 다만 주주의 청구가 있었던 때는 그 서류를 주주에게 교부해야 한다(동항 단서).

[478-2] 그런데 주주총회 참고서류 기재사항 중 일정 사항을 정관에 정하면, 회사 웹 사이트에 게재함으로써 주주에 대한 제공을 갈음할 수 있다(회사법 시행규칙 제94조. 「WEB 공시」라고 한다)(사업보고서, 개별주기표, 주주자본등변동계산서 및 연결계산서류도 같다(회사법 시행규칙 제133조 제3항, 회사계산규칙 제133조 제4항 · 제134조 제4항)). WEB 공시는 인터넷 보급에 따라 2005년 회사법 개정에서 도입되었다. 2014년 개정으로 WEB 공시 대상 사항은 대폭 확대되었다. 이에 따라 WEB 공시를 하는 회사도 증가하고 있다.

[478-3] 다만 주주총회에 관한 자료 전부를 전자적으로 제공하기 위해서는 주주의 개별 승낙이 필요하다. 그 때문에 전자적 방법에 따른 소집통지를 채용한 회사는 소수에 머물렀다(상사법무연구회「주주총회백서」(2019년)에 따르면, 조사대상이었던 1,694개사 중 전자적 방법에 따른 소집통지를 채용한 회사는 62개사(3.7%)에 불과하였다). 2019년 개정에서는 전자적 방법에 따라 주주에 대한 정보 제공을 촉진하기 위해 주주총회 자료의 전자 제공조치를 창설하였다. 이는 주주총회 자료를 자사 웹 사이트에 게재하고 그 주소를 주주에게 서면으로 통지한 경우, 주주의 개별 승낙을 얻지 않은 때에도 주주에게 적법하게 제공한 것으로 간주하는 것이다. 전자 제공조치가 적용되는 주주총회 자료는 ① 주주총회 참고서류, ② 의결권행사서, ③ 계산서류 및 사업보고서, ④ 연결계산서류이며, 전자 제공조치를 채용하려면 정관의 정함이 필요하다(제325조의2).

〈WEB 공시 실시〉

회사 수 ( ) 내 %

회답 자본금(엔)	WEB 공시에 관한 정관 규정 존재			WEB 공시에 관한 정관 규정 부재	무회답	회답사 수
	종래부터 실시	이제부터 실시	실시하지 않음			
5억 미만	22 (43.1)	6 (11.8)	15 (29.4)	8 (15.7)	–	51 (100)
5억 이상 10억 미만	55 (52.9)	3 (2.9)	35 (33.7)	8 (7.7)	3 (2.9)	104 (100)
20억 이하	124 (57.7)	7 (3.3)	64 (29.8)	19 (8.8)	1 (0.5)	215 (100)
30억 이하	86 (58.5)	12 (8.2)	43 (29.3)	5 (3.4)	1 (0.7)	147 (100)
50억 이하	156 (67.0)	14 (6.0)	49 (21.0)	13 (5.6)	1 (0.4)	233 (100)
100억 이하	215 (72.6)	11 (3.7)	59 (19.9)	10 (3.4)	1 (0.3)	296 (100)
300억 이하	291 (81.5)	18 (5.0)	40 (11.2)	7 (2.0)	1 (0.3)	357 (100)
500억 이하	88 (89.8)	2 (2.0)	8 (8.2)	–	–	98 (100)
1,000억 이하	79 (95.2)	1 (1.2)	3 (3.6)	–	–	83 (100)
1,000억 초과	104 (94.5)	–	6 (5.5)	–	–	110 (100)
합계	1,220 (72.0)	74 (4.4)	322 (19.0)	70 (4.1)	8 (0.5)	1,694 (100)

(商事法務研究所編「株主総会白書」(2019)(『旬刊商事法務』 2216号 65頁))

[478-4] 전자 제공조치를 취하는 회사에서는 주주총회일의 3주간 전 또는 소집통지를 발한 날 중 어느 하나로 빠른 날(전자 제공조치 개시일)부터 주주총회일 후 3월을 경과하는 날까지 계속해서 전자 제공조치를 취해야 한다(제325조의3 제1항). 한편, 금융상품거래법 상의 유가증권보고서를 제출해야 하는 회사(금융상품거래법 제24조 제1항)는 EDINET(공시용 전자정보처리조직)을

활용해 필요한 사항을 기재한 유가증권보고서를 공시한 경우, 전자 제공조치를 취하는 것을 요하지 않는다(제325조의3 제3항). 위의 자료가 전자적 방법에 따라 이미 별도로 공시되고 있다는 것이 이유이다.

[478-5] 주주총회 자료의 전자 제공조치 도입 시에는 인터넷을 이용하지 않는 주주 보호가 문제 된다(인터넷 등의 정보통신기술을 이용할 수 있는 자와 그렇지 않은 자 간에 생기는 격차는「정보 격차digital divide」등이라고 한다). 이와 관련해 전자 제공조치를 채용하는 회사의 주주는 회사에 전자 제공조치 사항을 기재한 서면 교부를 청구할 수 있다(제325조의5 제1항). 회사는 이러한 청구를 한 주주에게 주주총회 소집통지 시에 전자 제공조치 사항을 기재한 서면을 교부해야 한다(동조 제2항). 서면 교부 청구를 한 주주가 있는 경우, 그 서면 교부 청구일로부터 1년을 경과한 때는 회사가 해당 주주에 대해 서면 교부를 종료한다는 뜻을 통지하고, 이에 이의가 있는 경우에는 일정 기간 내(1월 이내)에 이의를 진술할 수 있다는 뜻을 최고할 수 있다(동조 제4항). 주주가 최고 기간에 이의를 진술한 경우를 제외하고, 최고 기간을 경과한 시점에 서면교부청구권은 효력을 잃는다(동조 제5항).

[478-6] 주주총회 자료의 전자적 제공에 대해 주주의 개별 승낙을 필요로 하는 제도하에서는 주주가 승낙하지 않는 한, 회사가 서면을 교부해야 했다. 이에 반해 전자 제공조치 제도하에서는 주주가 일정 기간에 서면 교부 청구를 하지 않으면 회사가 서면을 교부하지 않아도 된다. 이 개정으로 주주총회 자료의 전자적 제공이 한층 더 촉진되는 것이 기대된다. 한편, 상장회사 등의 대체주식제도를 이용하는 회사(→ 338–339)는 유형적으로 주식 매매가 빈번히 이루어지는 것이 상정된다. 이러한 회사에 대해서는 주주총회 자료의 전자제공 제도 이용이 의무화된다(전자 제공조치를 취하는 뜻을 정관에 정해야 하며, 개정법이 시행되는 날에 해당 정관변경 결의를 한 것으로 간주된다. 사채 · 주식 등의 대체에 관한 법률 제159조의2 제1항, 사채 · 주식 등의 대체에 관한 법률의 일부 개정에 따른 경과조치).

[479] 주주총회 소집절차를 결한 것이지만, 주주 전원이 주주총회

에 출석한 경우(이른바 전원출석총회)에 그 결의의 효력이 문제 된다. 종래의 판례는「단순히 이루어진 주주의 회합」에 불과하고, 주주총회에서의 결의라고는 할 수 없다(법률상 당연히 무효)고 이해하였다. 그러나 그 후 대법원은 1인회사에 대해 주주 1인이 출석하면 주주총회가 성립하고, 소집 절차를 요하지 않는 것을 분명히 하였다(最判昭46・6・24民集25・4・596). 나아가 1인회사 이외의 회사에서도 대리출석을 포함한 전원출석총회의 결의는 유효하게 성립한다고 하였다(最判昭60・12・20民集39・8・1869〔百選30事件〕). 회사법은 이 점을 명문으로 정하고 있다(제300조 본문).

[480] 회사법에서는 주주총회 소집지에 관한 규정을 두고 있지 않다(2005년 개정 전까지는 정관에 특별한 정함이 있는 경우를 제외하고, 본점 소재지 또는 그에 인접한 지에 소집해야 하였다. 개정 전 상법 제233조). 다만 주주가 출석하기 어려운 소집지를 굳이 선택한 경우 등은 소집 절차가 현저히 불공정한 경우에 해당하고, 주주총회 결의의 취소 사유가 될 수 있다(제831조 제1항 제1호)(→526). 실제로는 본점 소재지의 본점(본사) 회장 등 자사시설, 본점 소재지나 그 인접지의 대여 회장에서 주주총회를 개최하는 경우가 많다.

〈주주총회 개최 장소〉

(복수회답) 회사 수 ( ) 내 %

회답 / 자본금(엔)	본점 소재지 (본사회장)	본점 소재지 (자사실시)	본점 소재지 (대여회장)	본점 소재지 외 (자사실시)	본점 소재지 외 (대여회장)	무회답	회답사 수
5억 미만	8 (15.7)	1 (2.0)	29 (56.9)	1 (2.0)	12 (23.5)	–	51 (100)
5억 이상 10억 미만	18 (17.3)	1 (1.0)	60 (57.7)	3 (2.9)	22 (21.2)	1 (1.0)	104 (100)
20억 이하	60 (27.9)	10 (4.7)	95 (44.2)	11 (5.1)	40 (18.6)	–	215 (100)
30억 이하	44 (29.9)	9 (6.1)	62 (44.2)	1 (0.7)	31 (21.1)	–	147 (100)
50억 이하	73 (31.3)	7 (3.0)	108 (46.4)	7 (3.0)	40 (17.2)	–	233 (100)

자본금(엔) \ 회답	본점 소재지 (본사회장)	본점 소재지 (자사실시)	본점 소재지 (대여회장)	본점 소재지 외 (자사실시)	본점 소재지 외 (대여회장)	무회답	회답사 수
100억 이하	100 (33.8)	14 (4.7)	105 (35.5)	15 (5.1)	64 (21.6)	–	296 (100)
300억 이하	139 (38.9)	25 (7.0)	116 (32.5)	16 (4.5)	64 (17.9)	–	357 (100)
500억 이하	36 (36.7)	4 (4.1)	34 (34.7)	5 (5.1)	19 (19.4)	–	98 (100)
1,000억 이하	25 (30.1)	4 (4.8)	21 (25.3)	2 (2.4)	31 (37.3)	–	83 (100)
1,000억 초과	17 (15.5)	3 (2.7)	44 (40.0)	4 (3.6)	42 (38.2)	–	110 (100)
합계	520 (30.7)	78 (4.6)	674 (39.8)	65 (3.8)	365 (21.5)	1 (0.1)	1,694 (100)

(商事法務研究所編「株主総会白書」(2019)(『旬刊商事法務』 2216号 36頁))

(4) 주주제안권

[481] 이사회설치회사에서는 총주주의 의결권 1% 이상 또는 300개 이상을 6월 전부터 계속해서 보유하고 있는 주주가 이사에 대해, 주주총회에서 일정 사항을 회의의 목적으로 할 것을 청구할 수 있다(제303조 제2항). 또한 위의 주주는 회의의 목적 사항에 관해 자기의 의안의 요령을 주주에게 통지할 것을 청구할 수 있다(제305조 제1항 단서. 참고서류에 기재하는 것이나 그 전부를 기재하는 것이 적절하지 않을 만큼 다수의 문자 등으로 구성되는 때는 그 개요로 족하다〔회사법 시행규칙 제93조 제1항〕).

[482] 이사 선임 결의를 예로 들면, 「이사 선임 건」이 의제이고 「A를 이사로 선임하는 것」이 의안이 된다. 1% 이상 혹은 300개 이상 또는 6개월 동안의 보유라는 요건은 정관으로 완화할 수 있다(제303조 제2항, 제305조 제1항). 공개회사가 아닌 이사회설치회사에서는 6월 전이라는 요건은 불요이다(제303조 제3항, 제305조 제2항). 나아가 이사회비설치회사에서는 단독주주권이 된다(제303조 제1항, 제305조 제1항 본문). 이러한 청구는 공개회

사의 경우 주주총회일 8주간 전까지 해야 한다(제303조 제2항, 제305조 제1항). 주주의 이익이 되므로 이 기간을 밑도는 기간을 정관으로 정하는 것은 가능하다.

〈주주제안 행사 현황〉

(복수 회답)

조사항목 \ 회사 구분		주식상장	주식비상장	합계
행사	주주제안 의안을 총회에 부의 · 부결	38	1	39
	주주제안 의안을 총회에 부의 · 가결	2	1	3
	총회 전 철회 · 취소	7	0	7
	부적법으로 제안 전부 각하	6	1	7
	부적법으로 제안 일부 각하	0	0	0
행사 없음	움직임 등은 있었으나 행사되지 않음	7	0	7
	없음	1,624	62	1,686
합계		–	–	1,748

(全国株懇連合会 「2019年度全株懇調査報告書」(2019年10月) 25頁)

〈부의된 주주제안 의안의 내용〉

(복수 회답)

조사항목 \ 회사 구분	주식상장	주식비상장	합계
잉여금 처분 · 배당	15	2	17
이사선임	11	1	12
이사해임	11	0	11
감사선임	6	0	6
감사해임	2	0	2
정관변경	23	1	24
기타	12	2	14
합계	–	–	55

(全国株懇連合会 「2019年度全株懇調査報告書」(2019年10月) 26頁)

〈주주제안권을 행사한 주주의 속성〉(행사권 수 1건에 관해 1 속성을 선택)

(복수 회답)

조사항목 \ 회사 구분	주식상장	주식비상장	합계
국내 기관투자자	1	0	1
해외 기관투자자	12	0	12
일반법인	5	1	6
시민단체 · NPO 등	6	0	6
기타 단체	4	0	4
오너 일가	4	0	4
기타 개인주주	22	2	24
합계	–	–	55

(全国株懇連合会「2019年度全株懇調査報告書」(2019年10月) 26頁)

[483] 회사는 ① 의안이 법령 또는 정관에 위반하는 경우, ② 주주가 오로지 사람의 명예를 침해하고 모욕하거나 곤혹스럽게 할 목적 또는 자기나 제3자의 부정한 이익을 도모할 목적으로 해당 의안을 제출하는 경우, ③ 해당 의안의 제출로 주주총회의 적절한 운영이 현저히 저해되고 주주의 공동 이익이 침해될 우려가 있다고 인정되는 경우, ④ 실질적으로 동일 의안에 관해 총주주의 의결권 10% 이상의 찬성을 얻지 못한 날로부터 3년을 경과하지 않은 경우에는 주주의 의안 제안 청구를 거부할 수 있다(제305조 제4항). 주주는 주주총회 당일에 주주총회의 목적 사항에 대해 의안을 제출할 수 있다(제304조 본문). 다만 사전 주주제안과 마찬가지로 위의 ①②에 해당하는 의안 제안은 인정되지 않는다(동조 단서).

● 근년의 주주제안권 행사 예

[484] 주주제안으로는 M&A 컨설팅(무라카미 펀드村上ファンド라고 불리고 있었다)에 의한 도쿄 스타일東京スタイル 정기주주총회에서의 제안이 일약 주목을 받게 되었다. 해당 사례에서는 잉여금 배당에 관해 회사 측의 제안「1주 20엔」에 대해「1주 500엔」의 주주제안을 하였다. 또한 해외 투자펀드 등이 증배나 자기주식의 취득을 제안하는 예가 이

어졌다(예를 들어, 2008년에는 더 칠드런스 인베스트먼트(TCI) 펀드의 J파워Jパワー에 대한 주주제안, 2009년에는 브랜디스 인베스트먼트 파트너스의 로옴ローム에 대한 제안 등이 이루어졌다). 그 후 이른바 리먼 쇼크의 영향으로 투자펀드의 세력이 약화함과 함께, 이들에 의한 주주제안 움직임도 자취를 감추었다. 다만 간사이전력의 대주주인 오사카시 등이 2012년 동사의 정관에 공무원의 낙하산 인사 금지나 탈원전을 담는 제안을 한 것이 주목받았다. 나아가 1인 주주가 몇십 건의 제안을 하고, 그 취급이 문제가 되었다. 주주제안권의 행사가 권리 남용으로 허용되지 않는 경우도 있다(東京高決平24 · 5 · 31資料版商事法務340 · 30〔百選31事件〕은 의안 수가 58개에 이른 주주제안에 대해, 전체로서 권리 남용에 해당한다고 말할 수 있을 정도의 사정은 인정되지 않는다고 하였다).

[484-2] 주주가 동일 주주총회에서 제안할 수 있는 의안 수는 10개로 제한된다(제305조 제4항 전단). 주주가 제안하는 의안이 10개를 넘는 경우, 10개를 넘는 수에 상당하게 되는 의안은 이사가 결정한다(제305조 제5항). 이는 주주제안의 남용적 행사를 제한하기 위한 것으로 2019년 개정에서 도입되었다. 이 경우 임원 등의 선임 · 해임에 관한 의안에 대해서는 선임 · 해임되는 임원 등의 수와 관계없이 하나의 의안으로 간주하고(회계감사인을 선임하지 않는 것에 관한 의안에 대해서도 같다), 정관변경에 관한 2 이상의 의안에 대해서는 다른 결의가 이루어졌다고 하면 해당 의안의 내용이 상호 모순할 가능성이 있는 경우에도 하나의 의안으로 간주한다(제305조 제4항 후단 제1호 내지 제4호).

3. 주주총회 결의

(1) 결의사항

[485] 이사회비설치회사의 주주총회는 회사법에 규정하는 사항 및 주식회사의 조직, 운영, 관리 그 밖의 주식회사에 관한 모든 사항에

대해 결의할 수 있다(제295조 제1항). 이에 반해 이사회설치회사에서는 회사법에 규정하는 사항 및 정관에 정한 사항만을 주주총회에서 결의할 수 있다(동조 제2항). 이사회설치회사에서는 기동적인 업무집행을 실현하기 위해 위의 사항 이외 사항은 이사회가 결정한다. 다만 정관의 정함으로 법정 사항 이외의 사항을 주주총회 권한으로 할 수 있다는 점에 유의가 필요하다.

[486] 한편, 회사법의 규정으로 주주총회 결의를 요하는 사항에 대해 이사, 집행임원, 이사회 그 밖에 주주총회 이외의 기관이 결정할 수 있다는 것을 내용으로 하는 정관의 정함은 그 효력이 없다(제295조 제3항). 이사회설치회사에서 주주총회는 소집통지에 기재 · 기록된 의안에 대해서만 결의를 할 수 있다(제309조 제5항). 이에 반해 이사회비설치회사에서는 사전에 통지하지 않은 사항에 대해서도 결의를 할 수 있다(제309조 제5항 반대해석).

(2) 결의의 종류

[487] 주주총회 결의에는 보통결의, 특별결의 및 특수결의가 있다.

[488] 보통결의는 총주주의 의결권 과반수에 해당하는 주식을 보유하는 주주가 출석하고(정족수), 그 출석주주 의결권의 과반수 결의로 성립한다(제309조 제1항). 보통결의는 임원 등의 선임(제329조 제1항)(→ 547, 688, 721, 747, 756), 임원 등의 보수 결정(제361조 제1항, 제387조 제1항)(→ 617, 699), 계산서류의 승인(제438조 제2항)(→ 786) 등의 결의 시에 이루어진다. 보통결의에 대해서는 정관으로 요건을 변경하는 것이 인정된다(제309조 제1항). 그 때문에 많은 회사는 정관으로 정족수를 배제하고 있다. 그 결과 출석주주의 의결권 과반수로 보통결의가 성립하고 있다〈→ 정관 제16조 제1항〉. 다만 임원의 선임 · 해임 결의의 정족수는 정관으로도 이를 총주주의 의결권 3분의 1 미만으로 할 수는 없다(제341조)〈→ 정관 제19조 제2항〉.

[489] 특별결의는 총주주의 의결권 과반수에 해당하는 주식을 보유하는 주주 또는 정관에 정하는 의결권 수를 보유하는 주주가 출석하고(정족수), 그 출석주주의 의결권 3분의 2 이상에 해당하는 결의로 성립한다(제309조 제2항). 정관에 정하는 정족수는 총주주의 의결권 3분의 1 미만으로 할 수는 없다〈→ 정관 제16조 제2항〉. 3분의 2 이상이라는 결의요건은 정관으로 가중할 수 있다. 나아가 정관 규정으로 일정수 이상 주주의 찬성을 요하는 뜻을 정할 수 있다. 이는 구 유한회사의 특별결의에서 인정되었던 인원수 요건을 계승한 것이다. 특별결의는 감사의 해임결의(→ 696), 합병 · 사업양도 등의 승인결의(→ 844, 960) 등에 있어 필요하다(동항 각호 참고).

[490] 발행하는 모든 주식의 내용으로 양도제한을 정하는 정관변경 결의 등(→ 313)은 통상의 정관변경과 달리, 의결권을 가진 총주주의 반수이며 총주주의 의결권 3분의 2 이상의 다수결로 성립한다(제309조 제3항). 이러한 요건은 정관으로 가중할 수 있다. 또한 공개회사가 아닌 회사에서는 잉여금 배당을 받을 권리, 잔여재산의 분배를 받을 권리, 주주총회의 의결권에 대해 주주마다 다른 취급을 한다는 뜻을 정관으로 정할 수 있다(제109조 제2항)(→ 218). 관련 정관변경 결의는 총주주의 반수 이상으로 총주주의 의결권 4분의 3 이상의 다수결이 필요하다(제309조 제4항). 이 경우에도 그 요건을 정관으로 가중할 수 있다.

(3) 의결권

[491] 주주총회의 결의에 참여할 수 있는 권리를 의결권이라고 한다. 주주는 원칙으로서 그 보유하는 주식 1주에 관해 1개의 의결권을 가진다(제308조 제1항 본문). 이를 1주 1의결권 원칙이라고 한다. 단원주 제도(→ 219)를 채용하고 있는 회사에서는 1단원 1의결권이 된다(단원주 제도를 이용한 복수의결권에 대해 → 234). 그러나 이 원칙은 의결권제한주식(제108조 제1항 제3호)(→ 232), 단원미만주식(제308조 제1항 단서)(→ 222), 자기주식(동조 제2항)

(→361), 상호보유주식(동조 제1항)(→906) 등에는 적용되지 않는다.

(4) 의결권 불통일행사

[492] 주주는 2주 이상의 주식을 가지는 때는 그 의결권을 통일하지 않고 행사할 수 있다(제313조 제1항). 증권투자신탁, 주식관리신탁 또는 미국예탁증권ADR: American Depositary Receipt 등의 주식은 주주명부상으로는 1명의 주주 명의로 되어 있어도 실질적으로는 복수의 주주가 존재한다. 그러한 경우에 실질주주의 의사를 주주총회에 반영시키기 위해서는 의결권 불통일행사가 필요하다.

[493] 이사회설치회사의 경우 의결권 불통일행사를 하려고 하는 주주는 주주총회일 3일 전까지 회사에 대해 불통일행사를 한다는 뜻 및 그 이유를 통지해야 한다(제313조 제2항). 이사회비설치회사에서는 사전통지는 필요 없다. 이사회비설치회사에서는 소집통지에 회의의 목적 사항을 기재 · 기록할 필요가 없고, 주주가 주주총회 당일까지 회의의 목적 사항을 알 수 없는 때가 있다. 그러므로 의결권 불통일행사에 관해 사전통지를 요구하는 것은 적당하지 않다. 한편, 일반 주주에게는 의결권 불통일행사를 인정할 필요가 없다. 그 때문에 회사는 그 주주가 신탁 그 밖의 타인을 위해 주식을 보유하는 경우 이외에는 그 의결권 불통일행사를 거부할 수 있다(동조 제3항).

● 의결권 구속계약과 의결권신탁

[494] 주주의 의결권행사는 각 주주의 자유에 맡기는 것이 원칙이다. 다만 폐쇄형 회사에서는 주주 간에 의결권 구속계약을 체결하는 예가 있다. 출석비율이 다른 주주 간에 각 주주가 선임하는 이사의 수를 합의하는 예 등이 있다. 의결권 구속계약은 당사자 간에는 유효하지만, 이에 위반해 의결권이 행사되어도 그 결의 효력에 영향이 없다고 하는 견해가 유력하다. 이처럼 계약 위반이 있는 경우, 결의 효력을 다툴 수 없는 경우를 대비해 의결권신탁이

이용되는 예가 있다. 의결권신탁은 주주가 1인 수탁자에게 주식을 신탁하는 것이다. 의결권신탁의 경우 주식은 수탁자 명의가 되고, 의결권행사도 수탁자가 하는 것으로 약정되는 것이 통례이다. 통설은 의결권신탁의 유효성을 인정하고 있다. 다만 의결권을 부당하게 제한할 목적으로 의결권신탁이 이용되는 경우에는 회사법의 정신에 비추어 무효로 해석되고 있다(大阪高決昭58 · 10 · 27判時1106 · 139〔百選33事件〕).

(5) 대리인에 의한 의결권 행사

[495] 주주는 대리인을 통해 의결권을 행사할 수 있다(제310조 제1항). 대리인은 대리권을 증명하는 서면(위임장)을 회사에 제출해야 한다. 대리권은 총회마다 수여해야 한다(동조 제2항). 회사는 주주총회에 출석할 수 있는 대리인의 수를 제한할 수 있다(동조 제5항).

[496] 대리인의 자격에 대해서는 회사법상 어떠한 규정도 없다. 회사는 정관으로 대리인의 자격을 그 회사 주주로 제한하는 경우가 많다〈→ 정관 제17조 제1항〉. 판례는 이 정관 규정은 주주 이외의 자로 인해 주주총회가 교란되는 것을 방지하고, 회사의 이익을 보호하기 위한 것임을 지적하며 그 유효성을 긍정하고 있다(最判昭43 · 11 · 1民集22 · 12 · 2402〔百選32事件〕). 다만 주식을 자유롭게 양도할 수 있다는 점에서 대리인의 자격을 주주로 한정하는 의미는 크지 않다. 대규모 회사에서는 대리인이 되는 주주를 찾는 것이 곤란하며, 사실상 주주의 의결권행사 기회를 빼앗는 것이 된다는 견해도 유력하게 주장되고 있다.

[497] 회사가 주주에 대해 위임장 권유를 하는 경우에도 주주총회에서 의결권 대리행사가 이루어진다. 회사는 주주 측으로부터의 동의動議(→ 518)에 대처하기 위해 포괄위임장 제출을 받는다. 주주총회 당일에 출석하는 주주(서면투표 · 전자투표로 의결권을 행사한 주주를 제외한다)의 의결권 과반수를 확보할 수 있으면 동의에 대응할 수 있다(보통결의 요건 → 488). 그

때문에 비교적 규모가 큰 회사에서는 대주주로부터 1 또는 2통의 포괄 위임장 제출을 받음으로써 대처하고 있다. 또한 주주총회에서 회사에 대해 특정 제안을 하는 주주도 의결권 대리행사를 위한 위임장 권유를 한다. 이러한 장면에서는 위임장 쟁탈전proxy fight이 전개된다. 위임장 권유가 금융상품거래소에 상장된 주식에 대해 이루어지는 경우에는 금융상품거래법 제194조 및 이에 따른 금융상품거래법 시행령 규제를 받는다(위임장 권유 규제).

〈대주주로부터의 포괄위임장 제출 통수〉

회사 수 ( ) 내 %

자본금(엔) \ 회답	1통	2통	3통	4통	5통 이상	제출 없음	무회답	합계
5억 미만	1 (2.0)	3 (5.9)	1 (2.0)	2 (2.0)	(생략)	38 (74.5)	2 (3.9)	51 (100)
5억 이상 10억 미만	6 (6.1)	5 (5.1)	4 (4.0)	3 (3.0)		70 (70.7)	3 (3.0)	99 (100)
20억 이하	31 (14.6)	9 (4.2)	10 (4.7)	4 (1.9)		136 (63.8)	2 (0.9)	213 (100)
30억 이하	21 (14.3)	15 (10.2)	15 (10.2)	3 (2.0)		69 (46.9)	1 (0.7)	147 (100)
50억 이하	33 (14.3)	14 (6.1)	14 (6.1)	11 (4.8)		124 (53.7)	4 (1.7)	231 (100)
100억 이하	44 (14.2)	32 (10.8)	16 (5.4)	12 (4.1)		141 (47.8)	5 (1.7)	295 (100)
300억 이하	53 (14.9)	38 (10.7)	31 (8.7)	21 (5.9)		131 (36.9)	5 (1.4)	355 (100)
500억 이하	9 (9.2)	18 (18.4)	6 (6.1)	8 (8.2)		25 (25.5)	–	98 (100)
1,000억 이하	9 (10.8)	7 (8.4)	10 (12.0)	3 (3.6)		20 (24.1)	–	83 (100)
1,000억 초과	6 (5.5)	10 (9.2)	6 (5.5)	7 (6.4)		33 (30.3)	1 (0.9)	109 (100)
합계	211 (12.6)	151 (9.0)	113 (6.7)	74 (4.4)	(생략)	787 (46.8)	23 (1.4)	1,681 (100)

商事法務研究所編「株主総会白書」(2019)(『旬刊商事法務』2216号 36頁))

〈포괄위임장〉

> **위임장**
>
> 동지사물산 주식회사의 주주인 본인은 동사의 주주인 ○○○을 대리인으로 정해 아래의 권한을 위임합니다.
>
> ○○년 6월 27일 개최 동지사물산 주식회사의 주주총회(계속회 또는 연회를 포함한다)에 출석하고, 의결권을 행사하는 일절의 권한
>
> ○○년 6월 10일
>
> 주주　주소　京都市左京区一乗谷○丁目1番地
> 　　　성명　有栖川 史郎
> 　　　보유주식 수　××주

- **회사법상의 위임장권유 규제(와 그 위반 효과)**

[498] 금융상품거래법에서는 위임장 권유자에게 피권유자에 대한 소정의 위임장 용지와 참고서류 교부를 의무화하고 있다. 위임장 용지에는 의안마다 찬부를 기재하는 난을 두어야 한다. 위임장 권유 규제에 위반하여 이를 교부하지 않거나 이에 허위기재가 있는 때는 30만 엔 이하의 벌금에 처한다(금융상품거래법 제205조의2의3 제2호).

[499] 회사의 경영권을 다투는 주주가 주주총회 소집통지 도착 전에 모든 주주에 대해 위임장 용지 및 참고서류를 송부하고 이사와 감사 선임에 대한 의결권 대리행사 권유를 하는 예가 있다. 이와 관련해 회사제안에 관계된 후보자에 관한 위임장 용지의 찬부 기재란과 참고서류의 기재가 없었던 점을 가지고, 위임장과 해당 위임장에 의한 회사제안에 대한 의결권행사의 대리권 수여 효과가 다투어진 사례가 있다(東京地判平19・12・6判タ1258・69〔百選34事件. 모리텍스モリテックス 사건〕). 판결은 위임장에 의한 위임 내용은 회사제안

에 대해 반대하는 취지로 이해된다는 것, 항상 회사제안에 대해서도 찬부를 기재할 필요가 있다고 하면 의결권행사 권유에 대해 회사와 주주의 공평을 현저히 해하는 결과가 된다는 것을 지적하며 위임장 권유 규제의 취지에 반하는 위반은 없다고 하였다. 한편 이 사건에서는 Quo 카드를 증정한 것과 관련해 이익공여(→ 470)가 문제 된 점에도 유의가 필요하다.

(6) 서면에 의한 의결권 행사(서면투표)

[500] 의결권을 가진 주주의 수가 1,000명 이상인 회사에서는 주주총회에 출석하지 않는 주주가 서면으로 의결권을 행사하는 것이 인정된다(제298조 제1항 제3호 · 제2항). 이 경우 회사는 소집통지 시에 의결권행사와 관련해 참고되어야 할 사항을 기재한 서류(주주총회 참고서류) 및 주주가 의결권을 행사하기 위한 서면(의결권행사서면)을 교부해야 한다(제301조 제1항). 서면투표의 경우에는 의결권행사서면에 필요사항을 기재하고, 이를 주주총회 전날까지 회사에 제출해 의결권을 행사한다(제311조 제1항, 회사법 시행규칙 제69조). 서면으로 행사한 의결권 수는 출석한 주주의 의결권 수(정족수)에 산입된다(제311조 제2항).

〈의결권행사서면〉

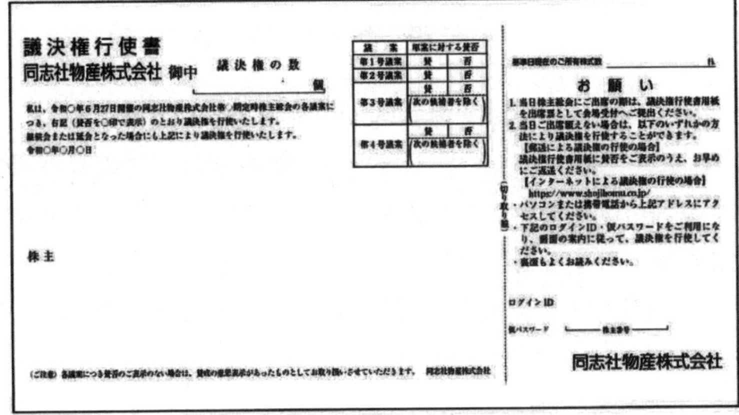

議決権行使書
同志社物産株式会社 御中

議決権の数 　　　　個

私は、令和○年6月27日開催の同志社物産株式会社第○期定時株主総会の各議案につき、右記（賛否を○印で表示）のとおり議決権を行使いたします。
継続会または延会となった場合にも上記により議決権を行使いたします。
令和○年○月○日

議案	原案に対する賛否	
第1号議案	賛	否
第2号議案	賛	否
第3号議案	賛	否
	次の候補者を除く	
第4号議案	賛	否
	次の候補者を除く	

株主

（ご注意）各議案につき賛否のご表示のない場合は、賛成の意思表示があったものとしてお取り扱いさせていただきます。 同志社物産株式会社

（切り取り線）

基準日現在のご所有株式数 　　　　株

お願い

1. 当日株主総会にご出席の際は、議決権行使書用紙を出席票として会場受付へご提出ください。
2. 当日ご出席願えない場合は、以下のいずれかの方法により議決権を行使することができます。
【郵送による議決権の行使の場合】
議決権行使書用紙に賛否をご表示のうえ、お早めにご返送ください。
【インターネットによる議決権の行使の場合】
https://www.shojihomu.co.jp/
・パソコンまたは携帯電話から上記アドレスにアクセスしてください。
・下記のログインID・仮パスワードをご利用になり、画面の案内に従って、議決権を行使してください。
・裏面もよくお読みください。

ログインID

仮パスワード 　株主番号

同志社物産株式会社

〈의결권행사서와 위임장 채용 상황〉

회사 수 ( ) 내 %

자본금(엔) \ 회답	의결권행사서 (강제적용회사)	의결권행사서 (임의채용회사)	위임장	무회답	합계
5억 미만	44 (86.3)	7 (13.7)	–	–	51 (100)
5억 이상 10억 미만	81 (77.9)	18 (17.3)	3 (2.9)	2 (1.9)	104 (100)
20억 이하	189 (87.9)	24 (11.2)	2 (0.9)	–	215 (100)
30억 이하	135 (91.8)	12 (8.2)	–	–	147 (100)
50억 이하	223 (95.7)	8 (3.4)	1 (0.4)	1 (0.4)	233 (100)
100억 이하	290 (98.0)	5 (1.7)	1 (0.3)	–	296 (100)
300억 이하	354 (99.2)	1 (0.3)	2 (0.6)	–	357 (100)
500억 이하	98 (100)	–	–	–	98 (100)
1,000억 이하	82 (98.8)	1 (1.2)	–	–	83 (100)
1,000억 초과	108 (98.2)	1 (0.9)	–	1 (0.9)	110 (100)
합계	1,604 (94.7)	77 (4.5)	9 (0.5)	4 (0.2)	1,694 (100)

(商事法務研究所編「株主総会白書」(2019)(『旬刊商事法務』 2216号 82頁))

[501] 금융상품거래법에 따른 위임장에 의한 의결권행사(→ 497)와 서면투표는 그중 어느 하나를 선택해 이용할 수 있다. 서면투표가 강제되는 회사이면서 상장회사인 경우를 보자. 이러한 회사가 주주총회 소집통지에 위임장 용지를 첨부하고 총주주에 대해 의결권행사를 제3자에게 대리시키는 것을 권유한 때는 서면투표에 관한 규정이 적용되지 않는다(제298조 제2항, 회사법 시행규칙 제64조).

[502] 위의 서면투표는 의결권을 가진 주주의 수가 1,000명 이상인 회사에 있어 주주의 권리이다. 회사의 주주는 지역적으로 분산된 정도가 높고, 주주총회에 출석할 수 없는 많은 주주에게 의결권행사 기회를 부여하는 것이 필요하다. 따라서 회사 측에 서면투표 제도의 채용 선택권은 없다. 위의 회사 이외에도 이사회비설치회사에서는 이사, 이사회설치회사에서는 이사회결의로 서면투표를 인정할 수 있다(제298조 제1항 제3호. 주주에게 특히 불리한 것이 없으므로 이사회결의로 가능하다). 그 경우에는 서면투표가 강제되는 회사와 같은 규제가 적용된다.

(7) 전자적 방법에 의한 의결권 행사

[503] 회사는 주주총회에 출석하지 않는 주주가 전자적 방법으로 의결권을 행사할 수 있는 뜻을 정할 수 있다(제298조 제1항 제4호). 그 경우 주주총회 소집통지를 전자적 방법으로 수취하는 것을 승낙한 주주에 대해, 의결권행사서를 전자적 방법에 따라 제공한다(제302조 제3항). 전자적 방법에 따른 통지를 승낙하지 않은 주주가 주주총회일 1주간 전까지 전자적 방법에 따른 의결권행사서 제공을 청구한 때는 즉시 전자적 방법으로 그것을 주주에게 제공해야 한다(동조 제4항). 전자적 방법에 의한 의결권 행사는 의결권행사서면에 기재해야 할 사항을 기록한 전자적 기록에 필요한 사항을 기록하고, 이를 주주총회일 전날까지 전자적 방법으로 회사에 제공해 행한다(제312조, 회사법 시행규칙 제70조).

〈전자투표제도의 채용과 전자투표행사율〉

회사 수 ( ) 내 %

회답 / 자본금(엔)	채용	채용하고 있지 않음			무회답	합계
		차기 총회에서 채용 예정	채용 예정 없음	기타		
5억 미만	10 (19.6)	–	40 (78.4)	1 (2.0)	–	51 (100)
5억 이상 10억 미만	14 (13.5)	2 (1.9)	81 (77.9)	5 (4.8)	2 (1.9)	104 (100)
20억 이하	40 (18.6)	9 (4.2)	154 (71.6)	10 (4.7)	2 (0.9)	215 (100)
30억 이하	39 (26.5)	9 (6.1)	88 (59.9)	11 (7.5)	–	147 (100)
50억 이하	95 (40.8)	8 (3.4)	126 (54.1)	3 (1.3)	1 (0.4)	233 (100)
100억 이하	166 (56.1)	11 (3.7)	110 (37.2)	9 (3.0)	–	296 (100)
300억 이하	286 (80.1)	11 (3.1)	56 (15.7)	3 (0.8)	1 (0.3)	357 (100)
500억 이하	93 (94.9)	1 (1.0)	4 (4.1)	–	–	98 (100)
1,000억 이하	80 (96.4)	–	3 (3.6)	–	–	83 (100)
1,000억 초과	108 (98.2)	–	–	1 (0.9)	1 (0.9)	110 (100)
합계	931 (55.0)	51 (3.0)	662 (39.1)	43 (2.5)	7 (0.4)	1,694 (100)

(商事法務研究所編「株主総会白書」(2019)(『旬刊商事法務』 2216号 82頁))

(8) 서면 등에 의한 주주총회 결의(서면결의)

[504] 서면투표나 전자적 방법에 의한 의결권 행사를 채용하는 회사에서도 주주총회를 개최하고 결의를 하는 것은 필요하다. 이러한 방법은 주주가 주주총회 당일 회장에 출석해 의결권 행사를 하지 않아도 된다고 하는 것에 불과하다. 그러나 주주 전원이 의제를 동의한 경우까

지 주주총회를 개최하는 것은 합리적이라고 할 수 없다. 그래서 주주총회 결의사항에 대해 회의를 생략하고, 의결권을 행사할 수 있는 총주주가 서면(또는 전자적 기록)으로 제안 내용에 찬성 의사를 표시함으로써 주주총회 결의가 있었던 것으로 간주하는 것이 인정되고 있다(제319조 제1항). 이로 인해 이른바 서면결의가 가능하게 된다. 보고사항에 대해서도 주주총회 개최 생략이 인정된다(제320조). 해당 서면(또는 전자적 기록)은 본점에 10년간 비치하며(제319조 제2항) 주주, 모회사사원의 열람 · 등사에 제공된다(동조 제3항 · 제4항). 소규모 폐쇄회사가 서면결의를 활용할 것으로 생각되지만, 조문에 따르면 그 이용은 이에 한하지 않는다. 다만 총주주의 동의가 필요하므로 서면결의를 이용할 수 있는 주식회사는 사실상 주주 수가 적은 소규모 회사로 한정된다.

(9) 주주의 조사

[505] 주주가 주주총회에서 의결권을 적절히 행사하기 위해서는 회사의 상황을 정확히 아는 것이 필요하다. 주주는 정관, 주주총회와 이사회의 의사록, 주주명부, 계산서류 및 그 부속명세서 등을 열람하고, 등사할 수 있다(제31조 제2항, 제318조 제4항, 제371조 제2항, 제125조 제2항, 제442조 제3항). 감사설치회사, 감사등위원회설치회사 또는 지명위원회등설치회사의 경우 이사회의 의사록 열람 · 등사는 주주의 권리행사에 필요한 경우에 한해, 법원의 허가를 받아 행할 수 있다(제371조 제3항).

[506] 또한 총주주 의결권의 3% 이상에 해당하는 주식을 보유하는 주주는 회계장부 및 관계 자료의 열람 · 등사를 할 수 있다(제433조 제1항 전단). 그것이 전자적 기록으로 작성된 때는 그 기록된 정보의 내용을 열람 또는 등사하는 것이 된다. 회계장부는 회계학상의 분개장, 원장 및 보조부補助簿를, 회계 자료란 회계장부 작성 시에 직접적인 자료가 된 자료를 의미한다(横浜地判平3 · 4 · 19判時1397 · 114〔百選A30事件〕). 이 청구 시에서는 이유를 분명히 해야 한다(동항 후단). 청구 이유는 구체적으로 기재할

필요가 있다. 그러나 청구 요건으로서 그 기재된 청구 이유를 뒷받침하는 사실이 객관적으로 존재하는 것의 입증까지는 요구하지 않는다(最判平16・7・1民集58・5・1214〔百選77事件〕).

● 회계장부 열람 거부사유

[507] 회계장부 및 서류의 열람 또는 등사를 회사가 거부할 수 있는 경우로서 다음의 사항이 법정 되어 있다(제433조 제2항).

① 청구자가 그 권리 확보 또는 행사에 관한 조사 이외의 목적으로 청구를 한 때

② 청구자가 회사의 업무 수행을 방해하거나 주주의 공동 이익을 해할 목적으로 청구를 한 때

③ 청구자가 회사 업무와 실질적인 경쟁 관계에 있는 사업을 영위하거나 이에 종사하는 자인 때. 이에 대해 청구자가 경업을 하는 등 객관적 사실이 인정되면 족하고, 알 수 있는 정보를 자기의 경업에 이용하는 등 주관적 의도가 있는 것까지 요하지 않는다고 한 판례가 있다(最決平21・1・15民集63・1・1〔百選78事件〕).

④ 청구자가 회계장부 또는 이에 관한 자료의 열람・등사를 통해 알 수 있는 사실을 이익을 받고 제3자에게 통보하기 위해 청구한 때

⑤ 청구자가 과거 2년 이내에 회계장부 또는 이에 관한 자료의 열람・등사를 통해 안 사실을 이익을 받고 제3자에게 통보한 적이 있는 자인 때

(10) 종류주주총회

[508] 회사가 종류주식을 발행한 경우(→ 225), 다른 종류의 주주 간에 권리조정이 필요하다. 그 때문에 회사법에서는 종류주주총회를 규정하고 있다. 종류주주총회는 회사법에 규정하는 사항 및 정관에 정한 사항에 한해, 결의를 할 수 있다(제321조).

[509] 종류주주총회 결의에는 보통결의, 특별결의, 특수결의가 있다. 보통결의는 정관에 특별한 정함이 있는 경우를 제외하고, 그 종류주식의 총주주 의결권 과반수를 가진 주주가 출석하고 출석한 주주의 의결권 과반수로 한다(제324조 제1항). 특별결의는 의결권을 행사할 수 있는 주주의 의결권 과반수를 가진 주주가 출석하고, 출석한 주주의 의결권 3분의 2 이상의 찬성으로 한다(동조 제2항). 정족수는 정관으로 3분의 1까지 완화할 수 있다. 또한 결의요건을 가중하는 것도 가능하다(일정수 이상 주주의 찬성을 필요로 하는 것 등을 정할 수 있다). 특수결의는 의결권을 행사할 수 있는 주주 반수 이상, 의결권 3분의 2 이상의 찬성이 필요하다(동조 제3항). 정족수나 결의요건을 정관으로 가중할 수도 있다.

- **종류주주총회 결의가 필요한 경우**

[510] ① 주식의 종류 추가, 주식의 내용 변경, 발행가능주식총수 또는 발행가능종류주식총수 증가에 대한 정관변경, ①의2 특별지배주주의 주식매도청구 승인, ② 주식의 합병 또는 주식의 분할, ③ 주식무상배정, ④ 주식을 인수하는 자의 모집(제202조 제1항의 사항을 정하는 것에 한한다), ⑤ 신주예약권을 인수하는 자의 모집(제241조 제1항의 사항을 정하는 것에 한한다), ⑥ 신주예약권무상배정, ⑦ 합병, ⑧ 흡수분할, ⑨ 흡수분할에 따라 다른 회사가 그 사업에 관해 가지는 권리 의무의 전부 또는 일부 승계, ⑩ 신설분할, ⑪ 주식교환, ⑫ 주식교환에 따라 다른 회사의 발행주식총수 전부 취득, ⑬ 주식이전, ⑭ 주식교부를 하는 경우로 어느 종류주식의 종류주주에게 손해를 입힐 우려가 있는 때는 그 종류주식의 종류주주를 구성원으로 하는 종류주주총회의 결의가 없으면 그 효력이 생기지 않는다(제322조 제1항 각호). 관련 결의는 특별결의로 이루어진다(제324조 제2항 제4호).

[511] 회사는 정관의 정함으로 ② 내지 ⑭의 사항에 대해 종류주주총회의 결의를 불요로 할 수 있다(제322조 제2항 · 제3항). 다만 정관변경을 하는 경우에는 종류주주총회의 결의를 요한다. 이 경

우에도 단원주식수에 대한 정관변경에는 종류주주총회의 결의를 불요로 할 수 있다(동조 제3항 단서). 어느 종류주식을 발행한 후에 정관을 변경해 그 종류주식에 대해 종류주주총회의 결의를 불요로 하는 정관의 정함을 두려고 하는 때는 그 종류의 종류주주 전원의 동의가 필요하다(동조 제4항).

[512] 나아가 ⑮ 그 종류주식에 전부취득조항을 붙이는 정관변경(제111조 제2항), ⑯ 양도제한주식의 추가발행(또는 그 위임. 제199조 제4항, 제200조 제4항), ⑰ 양도제한주식을 신주예약권의 목적으로 하는 신주예약권 발행(또는 그 위임. 제238조 제4항, 제239조 제4항), ⑱ 어느 종류주주에게 손해를 입힐 우려가 있는 행위(제322조 제1항), ⑲ 이사 등의 선임 · 해임권에 관한 주식을 발행한 경우 이사 등의 선임 · 해임(제347조 제2항 · 제339조 제1항), ⑳ 존속회사 등에 있어 흡수합병 등의 승인(제795조 제4항), ㉑ 주식교부계획 승인(제816조의3 제3항), ㉒ 주식의 양도제한을 신설하는 정관변경(제111조 제2항), ㉓ 소멸회사 등에 있어 흡수합병 등의 승인(제783조 제3항) · 소멸회사 등에 있어 신설합병 등의 승인(제804조 제3항)에는 종류주주총회의 결의가 필요하다(제324조 제2항 · 제3항). 이러한 경우는 정관으로 결의를 불요로 하는 것이 허용되지 않는다. ⑮ 내지 ㉑의 결의(⑲는 감사 해임결의에 한한다)에 대해서는 특별결의를 요한다. ㉒ 및 ㉓에 대해서는 특수결의를 요한다.

[513] 또한 회사는 주주총회 등에서 결의해야 할 사항에 대해 그 결의 외에, 그 종류주주총회의 결의를 요하는 종류주식을 발행할 수 있다(제108조 제1항 제8호). 이 경우 정관에 규정을 둘 필요가 있다(동조 제2항 제8호). 정관의 정함이 있는 때는 그 사항은 종류주주총회(임의종류주주총회)의 보통결의가 없으면 효력이 생기지 않는다(제323조).

4. 주주총회 의사 운영

(1) 의장

[514] 주주총회의 운영은 의장에 의해 이루어진다. 의장은 정관에 정함이 없는 때에는 주주총회에서 선임된다. 많은 회사에서는 정관에 사장이 주주총회 의장이 된다는 뜻의 규정을 두고 있다〈→ 정관 제14조 제1항〉. 의장은 총회 운영을 한다. 총회의 질서를 유지하고 의사를 정리한다(제315조 제1항). 의장은 의사를 정리하기 위해 의장이 발한 명령에 따르지 않는 등 총회 질서를 어지럽히는 자를 퇴장시킬 수 있다(동조 제2항).

〈주주총회의 의장과 총회의 주된 회답자〉

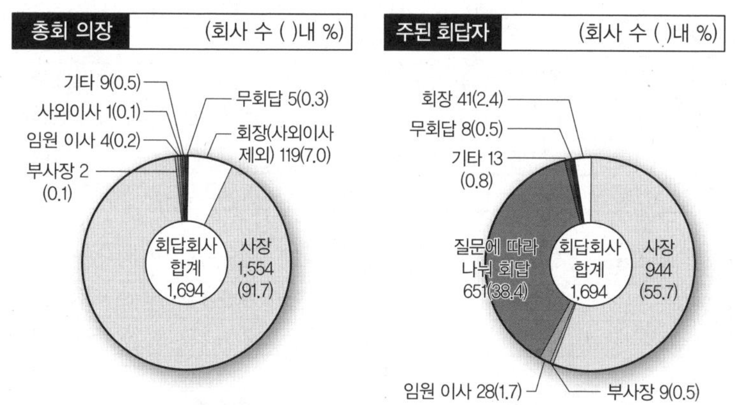

(商事法務研究所編「株主総会白書」(2019)(『旬刊商事法務』 2216号 105頁, 106頁))

(2) 이사 · 감사의 설명의무

[515] 주주총회의 의제 또는 의안에 관해 주주가 질문할 권리는 이사, 회계참여, 감사 및 집행임원의 설명의무라는 형태로 규정되어 있다(제314조). 이사 등이 주주의 질문에 대해 위법하게 설명을 거절한 경우에는 주주총회 결의취소 사유가 된다(제831조 제1항 제1호).

〈질문의 내용〉

(복수회답) 회사 수

	2017년	2018년	2019년
질문 없음	349(20.2%)	349(20.2%)	332(19.6%)
경영정책 · 영업정책	1,065(61.6%)	1,051(60.9%)	976(57.6%)
증자 · 자금조달	63(3.6%)	81(4.7%)	48(2.8%)
주가 동향	240(13.9%)	294(17.0%)	376(22.2%)
배당정책 · 주주환원	509(29.4%)	503(29.1%)	496(29.3%)
재무 상황	342(19.8%)	333(19.3%)	334(19.7%)
정책보유주식	30(1.7%)	45(2.6%)	36(2.1%)
임원 지명	117(6.8%)	129(7.5%)	121(7.1%)
임원 보수 · 상여	119(6.9%)	113(6.5%)	159(9.4%)
임원 퇴직위로금	17(1.0%)	16(0.9%)	11(0.6%)
임원의 겸무 상황	10(0.6%)	18(1.0%)	21(1.2%)
사외임원 · 독립임원	121(7.0%)	120(6.9%)	135(8.0%)
임원 구성	131(7.6%)	160(9.3%)	143(8.4%)
이사회의 실효성 평가	12(0.7%)	11(0.6%)	14(0.8%)
정치헌금 · 기부금	3(0.2%)	3(0.2%)	4(0.2%)
주주총회 운영방법 등	153(8.8%)	157(9.1%)	145(8.6%)
기업재편 · 인사 · 노무	335(19.4%)	318(18.4%)	350(20.7%)
환경문제 · 사회공헌	108(6.2%)	139(8.0%)	146(8.6%)
ESG · SDGs	–	57(3.3%)	83(4.9%)
자회사 · 관련회사	263(15.2%)	253(14.6%)	256(15.1%)
사건 · 사고	173(10.0%)	164(9.5%)	172(10.2%)
내부통제상황 · 리스크관리체제	160(9.2%)	177(10.2%)	148(8.7%)
감사 등	37(2.1%)	35(2.0%)	47(2.8%)
회계감사인	33(1.9%)	13(0.8%)	21(1.2%)
매수방어책	24(1.4%)	25(1.4%)	21(1.2%)
기관설계	20(1.2%)	15(0.9%)	17(1.0%)
경기 불투명감 · 지정학 리스크	–	–	133(7.9%)
기타	378(21.8%)	391(22.6%)	388(22.9%)
무회답	15(0.9%)	19(1.1%)	11(0.6%)
회답 회사 수	1,730(100%)	1,727(100%)	1,694(100%)

(商事法務研究会編「株主総会白書」(2151号 128~129頁, 2184号 130~131頁, 2216号 136~137頁)

- **설명을 거부할 수 있는 경우**

[516] 이사 등은 다음의 경우 설명을 거부할 수 있다(제314조 단서, 회사법 시행규칙 제71조).

① 주주가 설명을 요구한 사항이 그 주주총회의 회의 목적 사항과 관계가 없는 때

② 그 설명이 주주 공동의 이익을 현저히 해하는 때

③ 주주가 설명을 요구한 사항을 설명하는 데 조사가 필요한 경우 (주주가 총회일로부터 상당 기간 전에 해당 사항을 회사에 통지한 경우, 해당 사항을 설명하는 데 필요한 조사가 매우 간단한 경우를 제외한다)

④ 주주가 설명을 요구한 사항을 설명함에 따라 회사 그 밖의 자의 권리를 침해하는 것이 되는 경우

⑤ 주주가 그 주주총회에서 실질적으로 같은 사항에 대해 반복해서 설명을 요구하는 경우

⑥ 이 밖에 주주가 설명을 요구한 사항을 설명할 수 없는 것에 관해 정당한 사유가 있는 경우

[517] 이사 등의 설명의무는 주주총회에서 설명을 요구받은 때 비로소 생기는 것이다. 따라서 질문장의 제출이 있었던 것만으로 설명의무는 발생하지 않는다. 다른 한편, 설명의무는 주주가 의안을 합리적으로 판단할 수 있는 객관적 범위의 설명이면 족하고, 여러 주주의 질문을 일괄하여 설명하는 것도 허용된다(東京高判昭61・2・19判時1207・120〔百選35事件〕). 주주로부터의 질문이 있는 경우, 답변자는 의장이 지명한다(의장의 재량). 질문에 따라 답변자를 분담하는 예도 있지만, 사장(의장)이 답변하는 예가 많다.

(3) 주주의 동의제출권

[518] 주주는 주주총회장에서 일정 사항에 대해 총회의 결의를 구할 수 있다. 즉, 주주는 의안을 수정하는 동의를 제출하고, 의사진행에 관해 토의 중단, 휴게, 총회의 연기・속행 등의 동의를 제출할 수 있다.

주주로부터 동의가 제출된 경우, 그것의 인정 여부를 주주총회 결의로 정해야 한다. 이러한 사태에 대비해 대주주로부터 포괄위임장을 받아 두는 실무도 이루어지고 있다(→ 497).

(4) 채결

[519] 의안에 대한 심의가 종료되면 채결이 이루어진다. 회사법에는 채결 방법에 대한 특별한 규정이 없다. 따라서 채결은 반드시 투표로 할 필요는 없다. 거수, 기립 등의 방법도 무방하다.

〈채결 방법〉

(복수회답) 회사 수 ( ) 내 %

자본금(엔) \ 회답	박수	거수	서면투표	전자투표	기타	무회답	합계
5억 미만	50 (98.0)	–	–	–	–	1 (2.0)	51 (100)
5억 이상 10억 미만	99 (95.2)	1 (1.0)	–	–	3 (2.9)	1 (1.0)	104 (100)
20억 이하	210 (97.7)	5 (2.3)	–	–	–	–	215 (100)
30억 이하	145 (98.6)	4 (2.7)	–	–	2 (1.4)	–	147 (100)
50억 이하	228 (97.9)	2 (0.9)	3 (1.3)	2 (0.9)	–	1 (0.4)	233 (100)
100억 이하	286 (96.6)	9 (3.0)	4 (1.4)	2 (0.7)	1 (0.3)	–	296 (100)
300억 이하	349 (97.8)	2 (0.6)	3 (0.8)	2 (0.6)	6 (1.7)	2 (0.6)	357 (100)
500억 이하	95 (96.9)	3 (3.1)	–	–	–	–	98 (100)
1,000억 이하	82 (98.8)	2 (2.4)	1 (1.2)	–	–	–	83 (100)
1,000억 초과	101 (91.8)	9 (8.2)	–	–	1 (0.9)	1 (0.9)	110 (100)
합계	1,645 (97.1)	37 (2.2)	11 (0.6)	6 (0.4)	13 (0.8)	6 (0.4)	1,694 (100)

(商事法務研究所編「株主総会白書」(2019)(『旬刊商事法務』 2216号 110頁))

[520] 2010년 3월기 결산에 관한 총회(6월 총회)부터 의결권행사 결과 공시가 의무화되었다. 즉, 유가증권보고서를 제출해야 하는 회사 중 상장회사는 주주총회에서 결의사항이 결의된 경우 ① 주주총회가 개최된 연월일, ② 결의사항의 내용, ③ 결의사항에 대한 찬성 · 반대 또는 기권의 의사표시에 관계된 의결권 수, 결의사항이 가결되기 위한 요건과 해당 결의의 결과 등을 기재한 임시보고서를 제출해야 한다(금융상품거래법 제24조의5 제4항, 기업내용 등의 공시에 관한 내각부령 제19조 제2항 제9호의2). 임시보고서는 금융청의 EDINET에서 열람할 수 있다.

● **〈의결권행사 결과 공시〉**

주식회사 LIXIL 그룹 예(2019년 6월 25일 개최 정기주주총회)

임시보고서

1. 【제출이유】

① 2019년 6월 25일 개최 당사의 제77회 정기주주총회에서 결의사항이 결의되었으므로 금융상품거래법 제24조의5 제4항 및 기업내용 등의 공시에 관한 내각부령 제19조 제2항 제9호의2 규정에 따라 임시보고서를 제출하는 것입니다.

② 또한 해당 정기주주총회에서 2019년 6월 21일에 제출한 제77기(2018년 4월 1일 ~ 2019년 3월 31일) 유가증권보고서에 기재한 결의사항이 수정되었으므로 금융상품거래법 제24조의5 제4항 및 기업내용 등의 공시에 관한 내각부령 제19조 제2항 제9호의3 규정에 따라 임시보고서를 제출하는 것입니다.

③ 나아가 해당 정기주주총회 종결 후에 개최된 이사회(2019년 6월 25일 개최)에서 대표집행임원의 이동에 대해 결의하였으므로 금융상품거래법 제24조의5 제4항 및 기업내용 등의 공시에 관한 내각부령 제19조 제2항 제9호 규정에 따라 임시보고서를 제출하는 것입니다.

2.【보고 내용】

① 주주총회의 결의(기업내용 등의 공시에 관한 내각부령 제19조 제2항 제9호의2)

(1) 정기주주총회가 개최된 연월일

2019년 6월 25일

(2) 결의사항의 내용

[회사제안]

제1호 의안 이사 8명 선임 건

이사로서 内堀民雄, 河原春郎, カート・キャンベル(Kurt M. Campbell), 竹内洋, 福原賢一, 松崎正年, 三浦善司 및 大坪一彦을 선임한다.

[회사제안 · 주주제안]

제2호 의안 이사 2명 선임 건

이사로서 鬼丸かおる 및 鈴木輝夫를 선임한다.

[주주제안]

제3호 의안 이사 6명 선임 건

이사로서 西浦裕二, 濱口大輔, 伊奈啓一郎, 川本隆一, 吉田聡 및 瀬戸欣哉를 선임한다.

(3) 결의사항에 대한 찬성, 반대 및 기권의 의사표시에 관계된 의결권 수, 해당 결의사항이 가결되기 위한 요건과 해당 결의 결과

결의사항	찬성 수 (개)	반대 수 (개)	기권수 (개)	찬성률 (%)	결의 결과
제1호 의안					
内堀 民雄	1,367,426	961,538	33,127	57.89	가결
河原 春郎	1,216,358	1,112,595	33,134	51.50	가결
カート·キャンベル					
(Kurt M. Campbell)	1,254,935	1,073,932	33,224	53.13	가결
竹内 洋	1,048,490	1,280,335	33,258	44.39	부결
福原 賢一	1,061,067	1,267,805	33,212	44.92	부결
松崎 正年	1,239,036	1,089,898	33,154	52.46	가결
三浦 善司	1,211,689	1,117,572	32,826	51.30	가결
大坪 一彦	1,211,371	1,119,199	31,518	51.28	가결
제2호 의안					
鬼丸 かおる	2,230,906	113,722	17,435	94.45	가결
鈴木 輝夫	2,230,486	114,133	17,444	94.43	가결
제3호 의안					
西浦 裕二	1,227,127	1,111,612	23,326	51.95	가결

결의사항	찬성 수 (개)	반대 수 (개)	기권수 (개)	찬성률 (%)	결의 결과
濱口 大輔	1,524,648	800,290	37,133	64.55	가결
伊奈 啓一郎	1,387,576	963,680	10,808	58.74	가결
川本 隆一	1,200,069	1,152,211	9,790	50.81	가결
吉田 聡	1,214,294	1,137,866	9,910	51.41	가결
瀬戸 欣哉	1,268,660	1,084,380	9,026	53.71	가결

(주) 각 의안이 가결되기 위한 요건은 의결권을 행사할 수 있는 주주의 의결권 3분의 1 이상을 보유하는 주주의 출석 및 출석한 주주의 의결권 과반수 찬성입니다.

(5) 의사록

[521] 주주총회의 의사에 대해서는 법무성령으로 정하는 바에 따라 의사록을 작성해야 한다(제318조 제1항). 이 의사록은 10년간 회사 본점(그 등본은 5년간 지점)에 비치된다(동조 제2항, 제3항 참고). 주주와 채권자는 회사의 영업시간 내에 의사록의 열람 · 등사를 구할 수 있다(동조 제4항). 회사의 모회사사원(종업원이 아니라, 주주 등을 의미한다)은 그 권리를 행사하는 데 필요한 때는 법원의 허가를 받아 의사록의 열람 · 등사를 청구할 수 있다(동조 제5항).

(6) 연회와 속회

[522] 주주총회를 소집했지만, 정족수가 필요한 결의에 있어 그 정족수를 확보할 수 없었던 경우에는 그 총회에서 총회 연기 결의(연회 결의)를 할 수 있다. 이러한 결의는 보통결의로 할 수 있다. 그러므로 보통결의의 정족수를 정관으로 배제한 회사(→ 488)에서는 출석한 주주의 의결권 과반수로 이러한 결의를 한다. 또한 주주총회의 의사를 종료하지 못한 경우에는 회의를 중단하고, 후일 계속해서 심의하는 결의(속회 결의)를 할 수 있다. 이 결의도 보통결의로 이루어진다. 이러한 결의로 후일 개최되는 주주총회에 대해서는 다시 소집절차를 밟을 필요가 없다(제317조).

(7) 총회검사인과 조사자

[523] 회사나 특정 요건을 만족하는 주주는 주주총회 소집절차와 결의방법의 조사를 위해 총회 전에 검사인의 선임을 법원에 청구할 수 있다(총회검사인. 제306조). 이는 총회의 혼란이 예상되는 경우 등에 있어, 후일 결의의 절차적 하자 등을 이유로 한 소송이 제기되는 것에 대비해 증거를 남기고자 이용되는 것이다. 검사인으로는 통상 변호사가 선임된다. 검사인 선임을 청구할 수 있는 주주는 1% 이상의 의결권을 가진 자이다(동조 제1항). 공개회사에서는 6월의 계속 보유가 요건이 된다(동조 제2항). 검사인은 조사 결과를 법원에 보고하고, 법원은 필요가 있다고 인정하는 때 주주총회 소집을 명할 수 있다(제307조 제1항 제1호). 주주에 대해 조사 결과를 통지할 것을 명하는 예도 있다(동항 제2호). 조사 결과를 통지받고 주주총회 결의에 하자가 있다고 판단한 주주는 결의취소의 소 등을 제기할 수 있다.

[524] 주주총회에서는 그 결의에 따라 이사, 회계참여, 감사, 감사회 및 회계감사인이 주주총회에 제출 · 제공한 자료를 조사하는 자를 선임하는 것이 인정된다(제316조 제1항). 소수주주에 의해 소집된 주주총회에서는 그 결의로 회사 업무 및 재산 상황을 조사하는 자를 선임할 수 있다(동조 제2항).

5. 주주총회결의의 하자

[525] 주주총회결의에 하자가 있는 때는 그 결의의 법률 효과를 인정해야 하는 것은 아니다. 한편, 주주총회결의는 많은 이해관계자에게 중대한 영향을 미친다. 그 때문에 회사법은 결의의 하자 정도에 따라 그것이 결의의 취소 원인이 되는 경우와 결의 무효 · 부존재 원인이 되는 경우를 정하고 있다. 종류주주총회에도 같은 규제가 있다.

(1) 결의의 취소

[526] 회사법은 주주총회결의의 취소 사유를 정하고 있다(제831조 제1항). 주주총회의 결의에 취소 사유가 있는 경우 결의는 일단 유효하게 성립하지만, 취소 판결이 나오면 그 결의는 소급하여 무효가 된다. 결의의 취소 원인에는 다음의 것이 있다.

① (i)(a) 주주총회의 소집절차나 (b) 결의방법이 법령 또는 정관에 위반하는 때, (ii)(a) 주주총회의 소집절차나 (b) 결의방법이 현저히 불공정한 때

② 주주총회 결의 내용이 정관에 위반하는 때

③ 주주총회 결의에 대해 특별이해관계자가 의결권을 행사함에 따라 현저히 부당한 결의가 이루어진 때

[527] ①(i)(a) 소집절차가 법령 또는 정관에 위반하는 때에는 이사회결의에 의하지 않은 소집, 일부 주주에 대한 소집통지 누락(→ 476), 소집통지 기간 부족(→ 476) 등이 해당한다. 판례 · 다수설은 다른 주주에 대한 소집통지 누락이 있는 경우 그 대상이 된 주주 이외의 자(소집통지를 받은 주주)도 결의취소의 소를 제기할 수 있다고 이해하고 있다(最判昭42 · 9 · 28民集21 · 7 · 1970〔百選36事件〕). ①(i)(b) 결의방법이 법령 또는 정관에 위반하는 때에는 법률이나 정관에 정하는 정족수를 결한 상태로 결의가 이루어진 경우(→ 488, 489), 주주 또는 그 대리인 이외의 자가 결의에 참여한 경우(→ 495), 주주총회에서 이사 또는 감사의 설명이 부족한 경우(→ 515) 등이 해당한다. 나아가 ①(ii)(a)(b) 소집절차나 결의방법이 현저히 불공정한 때에는 주주총회 당일 회장을 변경하는 등 주주의 출석을 곤란하게 한 상태에서 결의가 이루어진 경우, 폭행 · 협박을 이용해 결의를 성립시킨 경우 등이 이에 해당한다.

[528] ② 결의 내용의 정관위반도 취소 사유가 된다. 1981년 개정 전 상법에서는 「결의 내용의 정관위반」을 결의의 무효원인으로 규정하였다. 그러나 정관위반 결의는 총회결의로 그 정관을 변경한 후 결의를

하면 정관위반이란 문제를 해소할 수 있다. 이 점에서 정관위반 결의는 넓은 의미의 절차상 하자로 생각되었다. 나아가 정관은 회사 내부의 자치규칙이다. 그러므로 그 위반을 주장할 수 있는 자는 회사 구성원으로 한정되어야 하며, 결의취소에 있어 소송 적격을 적용하는 것이 적당하다. 그 때문에 1981년 개정에서는 결의 내용의 정관위반을 결의 내용의 법령 위반과 구별해 취소 원인으로 하였다.

[529] ③ 특별이해관계인의 의결권행사로 현저히 부당한 결의가 이루어진 경우도 결의를 취소할 수 있다. 1981년 개정 전까지 특별이해관계인에게는 의결권행사가 인정되지 않았다. 그러나 주주총회의 의결권행사는 주주의 중요한 권리이다. 그래서 같은 해 개정에서는 특별이해관계인에게 의결권행사를 인정하였다(현행법에는 그 예외로서 자기주식의 취득에 관한 결의가 있다 → 361). 한편, 특별이해관계인의 의결권행사는 다른 주주에게 불이익을 미칠 위험성이 있다. 그래서 특별이해관계인에게 의결권행사를 인정한 것과 관련해, 그로 인해 현저히 부당한 결의가 이루어지는 것을 결의취소 사유로 규정하였다. 합병 당사자(주주)가 이에 관한 주주총회에서 의결권을 행사한 결과 다른 주주에게 현저히 불리한 합병계약이 승인된 경우, 이사의 민사책임을 묻는 상황에서 그 책임을 일부 면제하는 결의를 주주총회에서 결의한 경우 등이 이에 해당한다.

[530] 주주총회결의의 취소를 구하는 소는 주주 등(감사설치회사에서는 주주, 이사, 감사 등)만이 제기할 수 있다(제831조 제1항). 주주총회결의로 주주의 지위를 빼앗긴 주주(예를 들어, Cash out)도 결의가 취소되면 주주의 지위를 회복할 가능성이 있다. 따라서 이러한 주주에게도 결의취소의 원고적격을 인정해야 한다(東京高判平22 · 7 · 7判時2095 · 128). 2014년 개정으로 이것이 명문화되었다.

[531] 이사 선임에 관한 주주총회결의 취소 소송이 계속 중에, 그 결의로 선임되었던 이사가 모든 임기 만료로 퇴임하고 그 후 주주총회에서 새로운 이사가 선임된 경우에는 특별한 사정이 없으면 결의취소에

대해 소의 이익을 상실한다고 한 판례가 있다(最判昭45 · 4 · 2民集24 · 4 · 223〔百選38事件〕). 또한 판례는 계산서류승인에 관한 주주총회결의 취소 소송이 계속 중에, 그 후 결산기의 계산서류 승인 결의가 이루어져도 해당 계산서류의 승인 재결의가 이루어진 것 등 특별한 사정이 없으면 결의 취소의 소의 이익은 상실되지 않는다고 하였다(계산서류의 승인 결의가 취소된 때는 그 계산서류는 미확정되고, 그것을 전제로 하는 차기 이후 계산서류의 기재 내용도 불확정된다. 最判昭58 · 6 · 7民集37 · 5 · 517〔百選39事件〕).

[532] 하자가 있는 경우라도 쓸데없이 불안정한 상태를 계속해서 놔두면 회사관계자에게 큰 영향을 주게 된다. 그 때문에 결의취소의 소는 소송제기기간이 3월로 제한되고 있다(제831조 제1항)(기간 내에 제기된 소송에 있어 기간 경과 후에 새로운 취소 사유를 추가할 수도 없다. 最判昭51 · 12 · 24民集30 · 11 · 1076〔百選37事件〕). 결의취소의 판결이 확정한 경우에는 그 판결은 소송당사자뿐만 아니라, 제3자에 대해서도 효력을 가진다(제838조). 이는 다수의 이해관계자에 대해 획일적으로 효력을 발생시키기 위함이다.

〈결의 취소사유와 무효사유〉

취소사유	절차의 하자	(a) 소집절차의 법령 위반
		(b) 소집절차의 정관 위반
		(c) 소집절차의 현저한 불공정
		(d) 결의 방법의 법령 위반
		(e) 결의 방법의 정관 위반
		(f) 결의 방법의 현저한 불공정
	그 밖의 하자	(g) 특별이해관계인에 의한 의결권행사(+ 부당한 결의)
	내용의 하자	(h) 결의 내용의 정관 위반
무효사유		(i) 결의 내용의 법령 위반

재량기각 (a)(b)(d)(e) + 위반 사실이 중요하지 않은 것 + 결의에 영향이 없는 것

[533] ①(i) 소집절차나 결의방법이 법령 또는 정관에 위반하는 경우로 그 위반 사실이 중대하지 않고 결의에 영향을 미치지 않는다고 법원이 인정한 때, 법원은 그 재량으로 청구를 기각할 수 있다(제831조 제2

항). 이를 재량기각 제도라고 한다. 판례는 주주총회 소집절차 등의 하자가 중대한 경우에는 그 하자가 결의의 결과에 미치는 영향을 떠나 재량기각이 인정되지 않는다고 하였다(最判昭46・3・18民集25・2・183〔百選40事件〕). 현행법의 규정도(1981년 개정) 결의에 대한 영향에 더해 하자의 중대성을 문제 삼고 있다.

(2) 결의의 무효와 부존재

[534] 결의 내용이 정관에 위반하는 경우는 결의의 취소 사유가 된다(→ 528). 한편 결의 내용이 법령을 위반하는 경우는 결의무효확인의 소의 원인이 된다(제830조 제2항). 이에는 예컨대, 회사법 제461조에 위반하는 배당결의(분식결산)가 이루어진 경우(→ 826) 등이 있다.

[535] 또한 주주총회가 아예 개최되지 않거나 개최되더라도 결의의 절차적 하자 정도가 중대해 결의가 존재했다고는 보기 어려운 경우가 있다. 이에 대해 회사법은 취소라는 수단이 아니라, 결의부존재의 소라는 특별한 제도를 두고 있다(제830조 제1항). 주주총회가 개최되지 않았음에도 불구하고 개최되었다는 뜻의 등기가 이루어진 경우, 주주 대부분에게 소집통지가 발송되지 않은 경우 등이 결의부존재의 소의 이유가 된다.

[536] 이사 선임결의가 부존재인 경우, 그 후 이사 선임결의는 원칙으로서 연쇄적으로 부존재가 된다고 한 판례가 있다(다만 이 사건은 소규모 가족회사의 사례였다. 또한 예외적으로 어느 단계에서 이사 선임결의가 전원출석총회 결의로서 유효하게 성립한 경우, 이러한 부존재의 연쇄가 차단된다. 最判平2・4・17民集44・3・526〔百選41事件〕). 또한 폐쇄적 회사(유한회사 사례)에서 지배적 지위에 있는 자가 지분 양도(대가를 받는 경우)의 승인 결의 및 이사 선임결의에 관해 부존재확인의 소를 제기하는 것이 소권 남용이 된 사례도 있다(最判昭53・7・10民集32・5・888〔百選42事件〕).

[537] 결의 무효 및 부존재의 주장에 대해서는 그것을 주장하는 자의 범위를 제한하는 규정은 존재하지 않는다. 또한 소송제기기간의 제한도 없다. 이러한 점은 결의취소의 경우와 다르다. 다만 결의 무효 및 부존재 확인 판결의 효력은 소송당사자뿐만 아니라 제3자에게도 미친다(제838조). 하자가 무효원인에 해당하는지, 취소 원인에 해당하는지 그 구분이 명확하지 않은 때도 있다. 결의무효확인의 소에서 그 하자가 취소 원인에 해당하는 것으로 밝혀지고 취소 소송의 출소기간은 지났지만, 그 밖의 취소 소송 요건을 만족하는 때도 있다. 이에 관해 무효확인의 소 제기 시부터 취소의 소가 제기된 것으로 취급할 수 있다고 판단한 사례가 있다(最判昭54・11・16民集33・7・709〔百選43事件〕).

제 3 절 이사 · 이사회

1. 일본의 주식회사 경영 실태

[538] 2005년 회사법 제정 전까지는 주식회사의 경우 이사회 설치가 의무화되었다. 이사회 제도가 마련된 취지는 이사 간의 토의를 통해 이사의 능력을 결집하고, 적절한 회사 경영을 하도록 하는 것에 있다. 그런데 일본의 대규모 주식회사 중에는 기동적인 의사결정을 위해 이사회와는 별도로 특정 이사로 구성되는 상무회 등을 마련하는 예가 있었다. 그러나 이사회가 상무회 등의 결정을 형식적으로 승인하는 기능밖에 없는 경우 이사회는 형해화하게 된다.

[539] 회사법 제정 후도 일정 회사는 이사회 설치가 필요하다(→ 458). 이사회가 설치되는 회사의 경우, 주식회사의 업무집행에 관한 결정은 원칙적으로 이사회에서 이루어진다. 이러한 의사결정의 실제 집행은 이사회가 선정한 대표이사 또는 업무담당이사가 한다(제363조 제1항). 일상적인 업무집행 결정은 대표이사에게 위임된다. 대표이사는 회사의 대표권을 가진다(지명위원회등설치회사에서는 업무집행은 집행임원, 회사의 대표는 대표집행임원이 한다).

[540] 대표이사 사장 등 특정인이 회사의 실권을 쥐면 이사회가 형해화한다. 일본의 대부분 회사에서는 이사회 구성원이 종업원에서 승진한 내부이사로 이루어졌다. 이러한 이사에 대해서는 사장의 독단을 저지할 수 없다는 우려가 있었다.

[541] 한편, 일본의 사내이사 제도는 이사 간의 의사 통일이 쉽다는 이점뿐만 아니라, 회사 종업원에게 승진 기회를 주고 그 사기를 높인다는 이점도 있다. 이 때문에 종래 일본 회사에서는 이사의 수가 다수에 이르렀고, 그것이 이사회의 형해화를 초래하였다.

[542] 종업원을 겸임하는 이사(이른바 사용인겸무이사)도 존재하였다. 사용인겸무이사는 이사로서 대표이사를 감시하는 역할을 담당(→ 591)하는 한편, 사용인으로서 대표이사의 지휘 감독 아래에 있는 모순된 위치에 있다. 실무에서는 이러한 사태를 회피하기 위해 집행임원제도를 마련하는 회사가 증가하였다(지명위원회등설치회사의 집행임원과 다르다는 것에 유의할 필요가 있다). 집행임원제도는 회사법이 직접 규정하는 것이 아니므로, 각 회사가 그것을 도입하는 방식은 다양하였다. 집행임원은 대표이사 등으로부터 업무집행을 위임받은 사용인으로 위치시키는 것이 많다. 이사의 인원수를 줄이기 위해 종래의 사용인겸무이사 등을 집행임원으로 하는 것이 전형적인 예이다. 이사회의 인원수를 줄이면 이사회의 중요한 의사결정에 대한 속도 향상이 가능해진다. 나아가 집행임원은 업무집행에 전념할 수 있다. 또한 업무집행을 진정으로 감독할 수 있는 자만을 이사로 함으로써 이사회에 의한 감독기능의 실효성을 높이는 것이 기대된다(다만 집행임원과 이사를 겸무하는 예도 적지 않다).

[543] 이사의 수(상한)를 정관으로 정하는 회사도 많다〈→ 정관 제18조〉. 이사의 인원수는 감소 경향에 있다. 도쿄증권거래소의 상장회사를 보면, 평균 이사 수는 8.28명이었다(東証「上場会社コーポレート・ガバナンス白書 2019」73頁). 회사의 규모가 크면 클수록 이사의 수가 증가하고 있다.

〈집행임원제도 도입 상황〉

(회사 수)

	전체	상장	비상장	대회사	대회사 이외
집행임원제도 도입	2,002 (63.3%)	1,027 (77.1%)	975 (53.2%)	1,549 (70.9%)	436 (46.1%)
이사 겸무 있음	1,244 (39.3%)	701 (52.6%)	543 (29.6%)	1,052 (48.1%)	188 (19.9%)
이사 겸무 없음	758 (23.9%)	326 (24.5%)	432 (23.6%)	497 (22.7%)	248 (26.2%)
집행임원제도 도입 X	1,163 (36.7%)	305 (22.9%)	858 (46.8%)	637 (29.1%)	510 (53.9%)
회답사수	3,165 (100.0%)	1,332 (100.0%)	1,833 (100.0%)	2,186 (100.0%)	946 (100.0%)

(日本監査役協会「役員等の構成の変化などに関するアンケート第20回インターネット・アンケート集計結果 – 監査役(会)設置会社版」(2020年5月18日) 25頁)

〈이사의 수 (연결매출별)〉

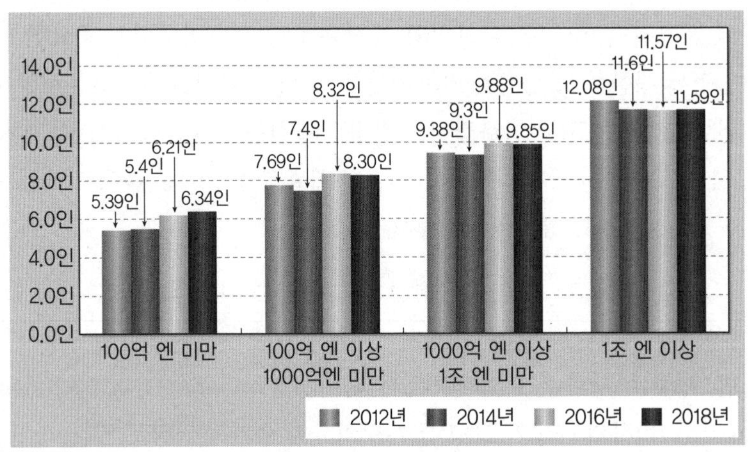

(東京証券取引所「東証上場会社コーポレート・ガバナンス白書2019」74頁)

[544] 이사의 평균 연령은 58.9세라는 통계가 있다. 다만 대표이사로 한정하면 평균연령은 60.2세가 된다(대표권이 없는 사내이사의 평균연령은 56.6세이다). 또한 같은 통계에 따르면 이사의 평균재임기간은 6.1년이었

다. 이에 반해 대표이사의 재임기간은 9.3년이었다(대표이사의 이사로서의 재임기간은 14.6년). 기업규모의 확대와 함께, 이사의 평균연령이 높아지고 그 재임기간이 짧아지는 경향이 있다.

〈이사의 연령과 재임 기간〉

	연령(세)	재임기간(년)
대표이사	60.2	14.6
이사	56.6	6.1
사외이사	62.3	3.9
감사(사내)	63.0	7.0
사외감사	63.0	6.1
대표이사와 관련한 재임기간	–	9.3
전 이사	58.9	7.4
전 감사	63.0	6.2
전 사내임원	58.9	7.8
전 사외임원	62.9	5.4

(コーポレート・プラクティス・パートナーズ編著「上場会社におけるコーポレート・ガバナンスの現状分析〔平成27年版〕」別冊商事法務 398号(2015) 5~6頁)

[545] 회사 임원에는 회장, 사장, 전무, 상무 등의 직함이 부여되는 것이 통례이다. 이러한 직함은 회사법상의 것이 아니라, 회사의 내부적 직제에 불과하다. 회사의 대표권을 가지는가는 이러한 직함과는 관계가 없다(다만 통상 사장이 대표이사이다. 표현대표이사제도 → 603). 이러한 명칭과는 별도로 최근 CEO나 CFO라는 직함이 사용되는 경우가 늘고 있다. 전자는 최고경영자Chief Executive Officer, 후자는 최고재무책임자Chief Financial Officer를 의미한다. 미국에서는 이사회 등에서 선임된 임원officer이 회사 경영을 하고, 경영책임자와 재무책임자를 CEO, CFO로 부르고 있다. 일본에서 이러한 명칭이 사용되고 있어도 그 권한이나 책임에 법적 근거는 없다. 법 제도상은 위의 사장 등과 마찬가지로 회사 내의 직제 명칭에 불과하다.

[546] 근년, 사외이사가 주목받고 있다(→ 51–53). 앞서 설명한 바와

같이 일본 회사의 이사 대부분은 종업원에서 승진한 내부이사이다. 외부의 시선에서 경영자에게 조언을 하는 것, 나아가 대표이사에 대해 의연한 태도로 의견을 진술하는 것이 이러한 사외이사에게 기대되고 있다. 다만 후자의 역할을 기대하기 위해서는 단순히 「사외」가 아니라, 대표이사로부터 「독립」한 임원인 것이 필요하다. 그러나 회사와 관계가 없는 유능한 인재를 찾는 것은 쉽지 않다는 딜레마가 있다(사외이사의 정의 → 553–555).

2. 이사의 선임과 종임

(1) 이사의 선임

[547] 이사는 주주총회의 보통결의로 선임된다(제329조 제1항). 이사에 결원이 생긴 경우 또는 법령 · 정관에서 정한 인원수에 결원이 생기는 때에 대비해, 보결 이사를 선임할 수 있다(동조 제3항). 취임한 이사의 성명은 등기된다(제911조 제3항 제13호).

[548] 일본의 많은 회사에서는 주주총회 보통결의의 정족수를 정관으로 배제하고 있다(→ 488)〈→ 정관 제16조 제1항〉. 그러나 이사 선임 결의에 대해서는 정관의 정함으로도 정족수를 총의결권의 3분의 1 미만으로 완화할 수 없다(제341조)〈→ 정관 제19조 제2항〉.

[549] 동일한 주주총회에서 2명 이상의 이사 선임 결의를 하는 경우에는 정관에 특별한 정함이 없으면 집중투표 방법을 채용할 수 있다(제342조 제1항). 집중투표란 주주가 1주에 관해 선임해야 하는 이사 수와 같은 수의 의결권을 부여받는 것이다. 이 제도에서는 주주가 그 의결권을 1인에게 집중해 투표할 것인지, 아니면 수인에게 분할해 투표할 것인지를 선택할 수 있다(동조 제3항). 주주는 주주총회일 5일 전까지 서면으로 누적투표를 하는 것을 청구할 수 있다(동조 제2항). 그러나 실무에서는

대규모 회사 대부분이 정관으로 집중투표 제도를 배제하고 있다(중소기업에서는 이러한 정관 규정을 두지 않는 것도 보인다)〈→ 정관 제19조 제3항〉.

[550] 감사회설치회사(공개회사이면서 대회사인 것) 중 유가증권보고서 제출회사는 사외이사를 두어야 한다(제327조의2). 공개회사이자 대회사인 회사는 주주 구성이 빈번하게 변동하는 것이나 회사의 규모도 크다는 점에서 사외이사에 의한 업무집행자에 대한 감독의 필요성이 크다. 또한 회사 규모를 고려할 때, 그 비용을 부담할 수 있는 회사라고 판단되었다. 나아가 유가증권보고서 제출회사는 주식을 상장한 회사 또는 주주 수가 1,000명 이상인 회사이다(금융상품거래법 제24조 제1항). 즉, 불특정 다수의 주주가 존재할 가능성이 크고 사외이사에 의한 업무집행자에 대한 감독의 필요성이 특히 높다고 생각된다.

[551] 사외이사 설치 의무화는 2019년 개정에서 도입되었다. 2019년 개정 전까지는 위의 회사가 사외이사를 두지 않는 경우 이사가 정기주주총회에서 「사외이사를 두는 것이 상당하지 않은 이유」를 설명해야 하였다(개정 전 제327조의2). 설명의무의 내용은 사외이사를 「두지 않는 이유」가 아니라, 「두는 것이 상당하지 않은 이유」이다. 사외이사에게는 효용의 정도를 떠나 일정 효용이 인정된다. 따라서 그것을 두는 것이 상당하지 않은 경우는 한정적일 수밖에 없다. 그 때문에 사실상 사외이사의 설치가 강제되는 효과가 있었다(사외이사의 선임이 활발해지는 상황 → 53). 이러한 상황에 2019년 개정에서는 사외이사의 설치를 의무화하는 것으로 하였다. 사외이사 선임 의무화는 현황의 추인이라도 할 수 있지만, 일본 자본시장의 신뢰성 확보를 위해 독립적이고 객관적인 입장에서의 감독 기능을 법적 규율에 따라 강제하고 있음을 명확히 했다는 점에서 의의가 있다.

[552] 도쿄증권거래소는 상장규정을 2014년에 개정해 상장회사는 이사인 독립임원(독립사외이사)을 적어도 1명 이상 확보하려고 노력해야 한다는 뜻의 규정을 두고 있다(유가증권상장규정 제445조의4)(→ 53). 나아가

기업 지배구조 코드에서는 독립사외이사를 2명 이상 선임할 것을 요구하고 있다(→ 53).

● 「사외이사」의 정의

[553] 사외이사는 주식회사의 이사로서 다음의 요건에 해당하는 자를 말한다(제2조 제15호).

① 회사(또는 자회사)의 「업무집행이사 등」(업무집행이사(→ 600), 집행임원, 지배인 그 밖의 사용인을 말한다)이 아니고, 그 취임 전 10년간 해당 회사(또는 자회사)의 「업무집행이사 등」이었던 적이 없을 것

② 취임 전 10년 내에 회사(또는 자회사)의 이사, 회계참여 또는 감사이었던 자는 그 취임 전 10년 내에 회사(또는 자회사)의 업무집행이사 등이었던 적이 없을 것

③ 회사의 모회사 등(자연인의 경우) 또는 모회사 등의 이사, 집행임원, 지배인 그 밖의 사용인이 아닐 것

④ 회사의 모회사 등의 자회사 등(형제회사 등에 해당한다)의 업무집행이사 등이 아닐 것

⑤ 회사의 이사, 집행임원, 지배인 그 밖의 중요한 사용인 또는 모회사 등(자연인의 경우)의 배우자, 2촌 등 이내의 친족이 아닐 것

[554] ①에 따라 과거 10년간 업무집행이사 등 일정 직위에 취임한 경우 사외성이 부정된다. 과거 10년간 업무집행이사 등에 취임하지 않았더라도 ②처럼 그 기간에 회사(자회사)와 일정 관계가 있었던 경우에는 그 관계의 개시 전 10년간의 직위를 보고 사외성의 판단이 이루어지게 된다. 예를 들어, 주주총회일(사외이사 취임이 문제가 되는 날)로부터 거슬러 올라가 10년 이내에 회사의 감사였던 자는 「감사 취임일로부터 거슬러 올라가 10년 이내」에 업무집행이사였던 경우 사외이사에 취임할 수 없다. 이는 업무집행이사 등이었던 자가 이를 그만둔 후 10년을 경과하지 않은 상황에서 업무집행이사 이외의 이사, 감사가 된 경우에는 ①의 요건을 만족해도 사외이사의 기능을 충분히 다할 수 있을 정도로 업무집행자로부터의

영향력이 희석화했다고는 할 수 없다고 판단되기 때문이다.

[555] 2014년 개정으로 ③④ 모회사 등, 형제회사 등의 관계자, ⑤ 근친자가 아닐 것이 「사외성」의 요건이 되었다(요건의 엄격화). 한편, 개정 전까지는 회사 등의 이사 등이면 사외성을 상실하는 것으로 되었으나, 개정 후 ①②에서 10년간의 공백 기간이 있으면 사외이사가 될 수 있도록 하였다(요건의 완화). 나아가 도쿄증권거래소의 「독립사외이사」 정의에서는 거래관계(경제적 이해관계)가 없는 것이 요건으로 되어 있으나, 회사법의 「사외이사」에서는 관련 요건은 없다.

(2) 이사의 자격

[556] 이사는 그 회사의 주주일 것을 요하지 않는다. 나아가 공개회사에서는 정관의 정함으로도 이사의 자격을 주주로 한정할 수 없다(제331조 제2항 본문). 이사의 자격을 주주로 한정하는 것을 인정하지 않는 것은 널리 이사에 적당한 인재를 구해야 한다는 생각에 따른 것이다. 그러나 공개회사가 아닌 회사에서는 주주 현황에 변동이 생기는 일이 좀처럼 없고, 이러한 회사에서는 이사가 대주주인 경우가 많다. 이러한 실태에 주목해 회사법에서는 ① 공개회사에 대해서는 기존의 입장을 유지하면서 ② 공개회사 이외의 회사에 대해서는 정관의 정함을 통해 이사의 자격을 주주로 제한하는 것을 인정하는 것으로 하였다(동항 단서. 이러한 회사에서는 소유와 경영이 일치한다). 또한 회사의 감사는 회사 또는 그 자회사의 이사 등을 겸임할 수 없다(제335조 제2항). 감사하는 측과 감사받는 측이 같으면 적정한 감사는 기대할 수 없다.

[557] 이사가 될 수 없는 사유는 법정되어 있다(이를 이사의 결격사유라고 한다). 결격사유로는 다음의 것이 있다(제331조 제1항).

① 법인

② 성년피후견인, 피보좌인 또는 외국 법령상 이와 동일하게 취급되는 자

③ 회사법 또는 중간법인법의 규정을 위반하거나 금융상품거래법 · 민사재생법 · 외국도산처리절차의 승인원조에 관한 법률 · 회사갱생법 · 파산법에 규정하는 일정 죄를 범해 형을 선고받고 그 집행이 끝나거나 집행이 면제된 후 2년이 지나지 않은 자

④ ③에 규정하는 죄 이외의 죄로 금고 이상의 형을 선고받고 그 집행이 끝나거나 면제되기까지의 자(집행유예기간 중의 자는 제외된다)

[558] 종래부터 법인은 이사가 될 수 없다고 해석되었다. 회사법에서는 이 점을 명확히 하였다. 또한 2005년 개정 전 상법에서는 「파산선고를 받고 복권되지 아니한 자」를 결격사유로 정하고 있었다(개정 전 상법 제254조의2 제2호). 그러나 채무자에게 경제적 재생 기회를 조기에 부여하는 것이 유익하다는 판단으로부터, 회사법에서는 이러한 결격사유를 삭제하였다. 나아가 성년피후견인이 이사에 취임하려면 그 성년후견인이 성년피후견인의 동의를 얻은 가운데, 성년피후견인을 대신해서 취임승낙을 할 필요가 있다(제331조의2 제1항). 또한 피보좌인이 이사에 취임하려면 그 보좌인의 동의를 얻어야 한다(동조 제2항).

(3) 이사의 임기

[559] 이사의 임기는 선임 후 2년 이내에 종료하는 사업연도 중 최종 결산기에 관한 정기주주총회의 종결 시까지이다(원칙 2년, 제332조 제1항 본문). 이 임기는 정관 또는 주주총회 결의로 단축할 수 있다(동항 단서). 지명위원회등설치회사의 이사는 1년으로 정해져 있다(동조 제6항). 감사등위원회설치회사의 이사 임기도 1년이지만(동조 제3항), 감사등위원인 이사의 임기는 2년이며 정관이나 주주총회 결의로도 이를 단축할 수 없다(동조 제1항 단서 · 제4항)(→ 747).

〈상장회사 이사의 임기〉

정관상 이사의 임기(연결매출별 · 감사회설치회사)

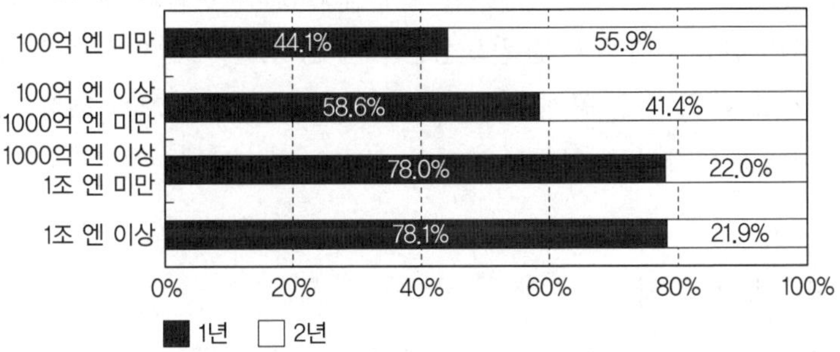

정관상 이사의 임기(외국인 주식소유비율별 · 감사회설치회사)

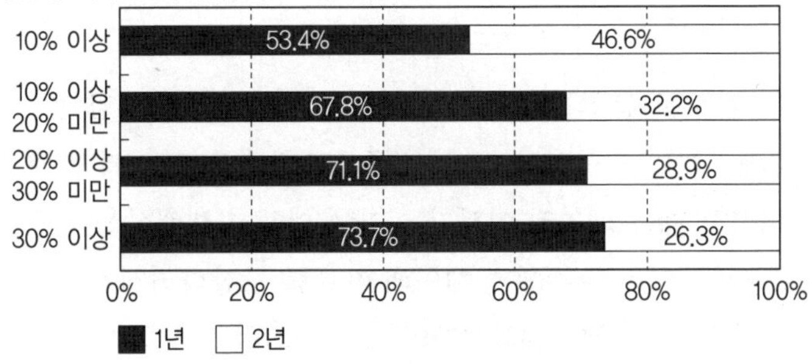

(東京証券取引所「東証上場会社コーポレート・ガバナンス白書2019」71頁, 72頁)

[560] 감사설치회사 또는 감사회설치회사에서도 이사의 임기를 1년으로 하는 회사가 늘고 있다〈→ 정관 제20조〉. 이사의 임기가 1년인 회사는 다른 요건을 만족하면 잉여금 분배를 주주총회 결의에서 이사회결의로 변경할 수 있다(→ 818). 한편, 외국인의 지주비율이 높은 회사일수록 이사의 임기를 1년으로 하는 경향이 있다.

[561] 공개회사 이외의 회사(감사등위원회설치회사, 지명위원회등설치회사를 제외한다)에서는 정관의 정함으로 이사의 임기를 선임 후 10년 이내에 종료하는 정기주주총회의 종결 시까지 연장할 수 있다(제332조 제2항). 회사법 제정 전, 주식회사의 이사 임기는 2년이었지만, 유한회사의 이사 임기는 특별한 정함이 없었다. 회사법 제정으로 유한회사와 주식회사를

일체화할 때, 이러한 임기의 상위를 어떻게 조정할 것인가가 문제가 되었다. 공개회사 이외의 회사에서는 주주의 변동이 거의 없고, 주주에 의한 이사의 신임을 자주 물을 필요성은 크지 않다. 그래서 이사의 임기는 원칙 2년으로 하면서, 공개회사 이외의 회사에서는 정관으로 최장 10년까지 임기를 연장할 수 있도록 하였다.

(4) 이사의 종임

[562] 이사는 임기 만료 또는 사임으로 그 지위를 종임한다. 또한 이사의 사망, 성년후견 개시 심판 및 회사의 파산절차 개시 결정에 의해서도 이사는 종임한다(제330조, 민법 제653조).

[563] 주주총회는 보통결의로 이사를 언제든지 해임할 수 있다(제339조 제1항). 다만 정당한 이유 없이 주주총회에서 그 임기 만료 전의 이사를 해임한 때는 해임된 이사가 회사에 대해 손해배상을 청구할 수 있다(동조 제2항). 이는 주주에게 해임의 자유를 보장하면서 이사의 임기에 대한 기대를 보호함으로써 양자의 이익 조화를 도모하기 위함이다. 이 점에서 배상해야 할 손해의 범위는 이사가 해임되지 않으면 얻을 수 있었던 이익(보수 등)이 된다. 여기서 말하는 정당한 이유는 이사로서의 책무 수행을 기대하는 것이 객관적으로 어려운 경우에 인정되어야 한다(最判昭57 · 1 · 21判時1037 · 129〔百選44事件〕. 병상악화와 본인이 요양에 전념할 예정이었다는 사실인정을 토대로 정당한 사유를 인정하였다). 경영판단의 실패를 정당한 사유에 포함하는 것에 대해서는 견해가 대립하고 있다.

[564] 회사법 제정 전까지 이사의 해임은 주주총회 특별결의에 의하는 것으로 되어 있었다(개정 전 상법 제257조 제1항 · 제2항). 선임 결의를 보통결의로 하면서 해임 결의에 특별결의를 요구한 것은 경영자의 지위를 안정시키기 위함이었다. 회사법에서는 주주에 의한 경영 감독 강화를 중시하고, 보통결의로도 해임을 할 수 있도록 하였다. 다만 정관의 정함으로 결의요건을 가중하는 것이 인정된다(제341조). 정관을 통해 특별결

의와 같은 결의요건, 나아가 더욱 엄격한 결의요건으로 하는 것도 가능하다. 다만 주주의 경영 감독 강화라는 회사법의 입법 취지가 훼손되게 되므로 주주의 동의를 얻는 것은 어렵다. 그래서 이러한 정관 변경을 하는 회사는 적다.

[565] 집중투표 제도(→ 549)에 따라 선임된 이사에 대해서는 소수파 주주의 의향을 이사 선임에 반영시킨다는 제도의 취지를 고려해, 보통결의에 의한 해임을 인정하지 않고 그 해임 결의요건을 특별결의로 규정하고 있다(제342조 제6항, 제309조 제2항 제7호).

[566] 6월 전부터 계속해서 총주주의 의결권 3% 이상에 해당하는 주식을 가지고 있는 주주는 이사 해임을 위한 주주총회를 소집할 권리를 가진다(제297조 제1항)(→ 475). 나아가 이사의 직무 수행에 부정행위 또는 법령 · 정관에 위반하는 중대한 사실이 있음에도 불구하고 주주총회에서 그 이사의 해임이 부결된 때, 위의 주주는 결의일로부터 30일 내에 법원에 그 이사의 해임을 청구할 수 있다(제854조 제1항). 회사와 이사 쌍방이 피고가 된다(제855조). 공개회사 이외의 회사에서는 6월의 보유기간 제한은 없다(제854조 제2항). 해임 판결 확정에 따라 이사 해임의 효과가 발생한다.

[567] 종류주주총회에 따라 선임된 이사(→ 252)에게 부정행위 또는 법령 · 정관에 위반하는 중대한 사실이 있음에도 불구하고 종류주주총회에서 해임 의안이 부결된 경우, 6월 전부터 계속해서 그 종류의 총주주 의결권 3% 이상을 보유하는 주주는 결의일로부터 30일 이내에 그 이사의 해임을 법원에 청구할 수 있다(제854조 제3항). 종류주주총회에서 선임된 이사의 해임권은 그 종류주주총회에 있으며, 총주주의 총회 결의로 해임하는 것은 원칙적으로 인정되지 않는다(제347조 제1항).

[568] 이사의 종임으로 회사법 또는 정관에 정한 인원수를 결하게 된 경우에는 새로운 이사가 선임될 때까지 퇴임한 이사가 계속해서 이

사로서의 권리의무를 가진다(제346조 제1항. 임원권리의무자 등이라고 한다). 후임 이사 선임에 시간을 요하는 경우에 대비해 이러한 규정을 둔 것이다. 다만 주주, 이사, 사용인 등의 이해관계인으로부터 청구가 있고 법원이 그 필요성을 인정하는 때는 법원이 일시적으로 이사의 직무를 수행할 자(임시이사)를 선임할 수 있다(동조 제2항). 임원권리의무자에게 부정행위 등이 있는 경우에도 이사의 해임 청구 규정에 따라 그 해임을 구하는 것은 인정하지 않는 것이 판례의 태도이다(最判平20・2・26民集62・2・638〔百選45事件〕). 주주는 임시이사의 선임을 신청함으로써 임원권리의무자의 지위를 상실시킬 수 있다는 것이 그 이유이다.

[569] 회사가 이사의 선임에 관해 내용이 다른 주식을 발행한 경우(→ 252)에는 그 종류주식에 관한 정관의 정함에 따라 이사의 선임・해임이 이루어진다(제347조).

● **직무집행정지와 직무대행자**

[570] 이사해임의 소가 제기되어도 그로 인해 당연히 이사의 직무집행정지 효력이 생기는 것은 아니다(선임결의의 무효 확인, 부존재, 취소의 소의 경우도 마찬가지이다). 다만 이러한 상황에서 이사의 직무집행을 그대로 인정하는 것이 적절하지 않은 경우도 있다. 그 때문에 소 제기 후 또는 소 제기 전이라도 급박한 사정이 있는 경우, 법원은 당사자의 신청에 따라 가처분에 의해 이사의 직무집행을 정지시키고 그 직무대행자를 선임할 수 있다(민사보전법 제23조 제2항, 제24조). 이사 직무대행자에는 통상 변호사가 선임된다. 가처분은 본안판결의 확정에 따라 그 효력을 상실한다. 후임자가 선임되어도 이사 직무대행자의 권한이 당연히 소멸하는 것은 아니다(最判昭45・11・6民集24・12・1744〔百選46事件〕).

[571] 직무대행자의 권한은 가처분 명령에 특별한 정함이 있는 경우를 제외하고, 회사의 상무로 한정된다. 상무에 속하지 않는 행위를 하려면 법원의 허가를 요한다(제352조 제1항). 여기서 말하

는 회사의 상무란 회사에서 일상 이루어져야 하는 통상의 업무를 말한다. 모집주식의 발행 등은 상무에 속하지 않는다고 해석되고 있다. 또한 주주총회의 소집도 상무에 포함되지 않는다(소수주주의 청구에 따른 임시주주총회 소집에 대해 最判昭50・6・27民集29・6・879〔百選47事件〕).

3. 이사회

(1) 이사회의 의의

[572] 이사회설치회사에서는 3명 이상의 이사가 필요하다(제331조 제5항). 이사회는 이사 전원으로 구성된다(제362조 제1항). 이사의 집합체인 기관board of directors의 의미로 이용되는 경우와 그 기관이 개최하는 회의체meeting of directors의 의미로 이용되는 경우가 있다. 이사회는 업무집행에 관한 회사의 의사를 결정한다(동조 제2항 제1호). 나아가 대표이사의 선정이나 해직을 결정함과 함께, 대표이사나 업무집행이사를 감독하는 역할도 담당하고 있다(동항 제2호・제3호).

(2) 이사회 소집

[573] 이사회의 회의는 이사회에서 소집을 담당하는 이사를 정한 경우를 제외하고, 각 이사에 의해 소집된다(제366조 제1항 본문). 정관 또는 이사회 규칙으로 사장 등 특정 이사에게 소집권한을 한정하는 회사가 많다(동항 단서 참고).

[574] 이처럼 이사회 소집권자가 정해져 있는 경우에도, 다른 이사는 회의 목적 사항을 기재한 서면을 제출해 이사회 소집을 청구할 수 있다(제366조 제2항). 이러한 청구가 있었음에도 5일 이내에 위의 청구일로부터 2주간 이내의 날을 회일로 하는 이사회 소집통지가 발송되지 않은 때는 개최를 청구한 이사가 스스로 이사회를 소집할 수 있다(동조 제3항).

[575] 이사회를 소집할 때는 그 회일로부터 적어도 1주간 전에 모든 이사(감사설치회사에서는 각 이사와 감사)에 대해 그 통지를 발송해야 한다(제368조 제1항). 다만 이 기간은 정관의 정함으로 단축할 수 있다〈→ 정관 제21조〉. 또한 이사(감사설치회사에서는 이사와 감사) 전원의 동의가 있는 경우에는 소집절차를 밟지 않고 이사회를 개최할 수 있다(제368조 제2항). 따라서 이사와 감사 전원의 동의로 정한 정례일에 이사회를 개최하는 회사에서는 이사회마다 소집절차를 밟을 필요는 없다.

[576] 감사는 ① 이사가 부정행위를 하거나 그러한 행위를 할 우려가 있다고 인정하는 때 또는 ② 법령 · 정관에 위반하는 사실이나 현저히 부당한 사실이 있다고 인정하는 때는 이사회 소집을 청구할 수 있다(제383조 제2항). 감사등위원회설치회사의 감사등위원, 지명위원회등설치회사의 감사위원은 이사회를 소집할 권한을 가진다(제399조의14, 제417조 제1항). 감사를 두지 않는 회사, 감사등위원회설치회사 · 지명위원회등설치회사 이외의 회사에서는 이사가 회사 목적 범위 외의 행위 그 밖에 법령 · 정관에 위반하는 행위를 하거나 그러한 행위를 할 우려가 있다고 인정되는 때, 주주가 이사회 소집을 청구할 수 있다(제367조 제1항).

[577] 일본 회사에서는「월 1회 + α」로 이사회가 개최되는 관행이 정착하고 있다.

〈이사회 개최 빈도〉

평균	전체		상장		비상장		대회사		대회사 이외	
	2018년	2019년	2018년	2019년	2018년	2019년	2018년	2019년	2018년	2019년
개최 수 (회)	12.78	12.86	14.59	14.44	11.46	11.71	13.02	13.07	12.25	12.35
결의사항 (건)	33.43	33.94	42.96	41.78	26.47	28.25	35.94	36.20	27.16	28.29
보고사항 (건)	38.33	38.63	47.05	47.05	31.96	32.52	41.01	40.76	31.29	32.35

(日本監査役協会「役員等の構成の変化などに関するアンケート第20回インターネット · アンケート集計結果 – 監査役(会)設置会社版」(2020年5月18日) 55頁)

(3) 이사회 결의

[578] 이사회에는 의장을 두는 것이 통상이다. 이사회 의장을 사장이 맡는 회사가 많다(도쿄증권거래소 상장회사에서는 전체의 83.1%를 차지한다. 회장이 의장인 회사도 15.0%이다. 사장 또는 회장이 의장을 하는 회사가 대부분을 차지한다〔東証上場会社コーポレート・ガバナンス白書2019〕72頁).

[579] 이사회 결의는 결의에 참여할 수 있는 이사 총수의 과반수가 출석하고(정족수), 그 출석이사의 과반수로 이루어진다(제369조 제1항). 이러한 결의요건은 정관의 정함으로 가중할 수 있다. 그러나 요건을 경감하는 것은 허용되지 않는다. 이사회 결의에서는 대리인에 의한 의결권 행사는 인정되지 않는다. 이러한 점은 주주총회 결의의 경우(→ 495)와 다르다.

[580] 이사회 결의사항에 특별한 이해관계를 가지는 이사는 그 결의에 참여할 수 없다(제369조 제2항)(비교 → 529). 이사가 회사와 경업하는 거래를 하는 경우 또는 이사와 회사 사이에 이해상충이 생기는 거래를 하는 경우에는 이사회 결의가 필요하다(제356조 제1항)(→ 633, 636). 이사회에서 이러한 거래를 승인하는 결의를 하는 경우에 그 거래를 하는 이사는 특별이해관계인이 된다. 또한 판례는 대표이사의 해직이 의제가 된 이사회에서는 그 대표이사가 특별이해관계인에 해당한다고 하였다(最判昭44・3・28民集23・3・645〔百選66事件〕).

〈특별이해관계인의 의결권〉

- 주주총회 의결권: 있음 → 의결권 행사로 현저히 부당한 결의가 이루어진 때 → 결의취소 사유

  ※예외: 회사가 자기주식을 취득할 때의 주주총회 결의 → 매주(賣主)인 주주는 의결권이 없음
- 이사회 의결권: 없음

[581] 이사회의 의사록은 10년간 본점에 비치된다(제371조 제1항). 주주는 그 권리를 행사하기 위해 필요한 때는 회사 영업시간 내에 언제든지 의사록의 열람 · 등사 등의 청구를 할 수 있다(동조 제2항). 감사설치회사, 감사등위원회설치회사 또는 지명위원회등설치회사에서는 법원의 허가가 필요하다(동조 제3항).

[582] 그런데 종래 이사회에 대해서는 서면결의가 인정되지 않는다고 해석되었다. 이사회 제도는 이사의 지식과 경험을 추렴하고 협의를 함으로써 더욱 합리적인 의사결정을 가능토록 하는 것이기 때문이다. 다만 통신기술의 발달을 바탕으로 실제 회합 개최와 다름없는 형태로 토의를 할 수 있다면, 반드시 이사가 모일 필요는 없다고 생각된다(예를 들어, 화상회의 허용). 회사법에서는 이에 한발 더 나아가 이사회 결의의 생략을 인정하는 것으로 하였다. 즉, 회사는 정관에 규정이 있으면 결의에 참여할 수 있는 이사 전원이 서면(또는 전자적 방법)으로 의안에 동의하는 의사표시를 한 경우, 그 제안을 가결하는 뜻의 이사회 결의가 있었던 것으로 간주할 수 있다(제370조)〈→ 정관 제23조〉. 감사설치회사의 경우 감사가 이사회 결의 생략에 이의를 제기한 때는 이사회 결의의 생략이 인정되지 않는다.

[583] 이사회에 대한 보고사항도 이사(감사설치회사에서는 이사 및 감사) 전원에게 통지를 한 경우에는 이사회에의 보고를 생략할 수 있다(제372조 제1항). 다만 대표이사나 업무집행이사가 3월에 한 번 이사회에 대해 해야 하는 보고(→ 592)는 생략할 수 없다(제372조 제2항). 이러한 보고는 이사회에 의한 감독에 불가결한 것으로 생각되기 때문이다. 따라서 이사회설치회사에서는 적어도 3월에 한 번은 이사회를 개최할 필요가 있다.

[584] 이사회 결의에 하자가 있는 경우, 주주총회 결의의 경우(→ 525)와 달리 일반원칙에 따라 그 결의는 무효가 된다. 판례는 일부 이사에 대해 소집통지를 결한 이사회 결의의 효력에 대해, 그 이사가 출석해도 결의에 영향이 없다고 인정해야 할 특별한 사정이 있는 때는 그러한

하자가 결의의 효력에 영향을 미치지 않는다고 하였다(最判昭44 · 12 · 2民集23 · 12 · 2396〔百選65事件〕). 학설 중에는 소집통지의 결여는 이사회에 출석할 기회를 빼앗는 중대한 하자임을 지적하며 이러한 판례의 태도를 비판하는 견해도 적지 않다. 한편, 결의에 영향이 없음을 증명하면 결의가 유효하게 된다는 설, 「특별한 사정」을 엄격하게 해석하는 것을 전제로 판례의 태도를 찬성하는 설도 있다.

(4) 이사회의 권한

[585] 이사회는 주주총회 결의사항으로 회사법 및 정관에 정하는 사항을 제외하고, 회사의 업무집행에 관한 의사결정을 한다(제362조 제2항 제1호).

[586] 나아가 회사법은 다음에 열거하는 사항 그 밖의 중요한 업무집행을 결정할 때는 반드시 이사회 결의가 필요하다(대표이사 등에게 위임할 수 없다)고 규정하고 있다(제362조 제4항).

① 중요한 재산의 처분 및 양수

② 다액의 차재借財

③ 지배인 및 중요한 사용인의 선임 · 해임

④ 지점 그 밖의 중요한 조직 설치, 변경 및 폐지

⑤ 사채를 인수하는 자의 모집에 관한 중요 사항으로서 법무성령에 정하는 사항

⑥ 이사의 직무가 법령 · 정관에 적합하도록 하기 위한 체제, 그 밖에 회사의 업무와 회사 및 그 자회사로 이루어진 기업집단의 업무 적정성을 확보하기 위해 필요한 것으로서 법무성령에 정하는 체제의 정비

⑦ 정관의 정함에 따라 이사 등의 책임 일부 면제

[587] ①과 관련해 처분 또는 양수하는 재산이 「중요한 재산」인가(이사회 결의를 필요로 하는 것인가)는 재산의 가액, 총자산에서 차지하는 비율,

재산의 보유목적, 처분행위의 형태 및 회사의 종래 취급 등의 사정을 종합적으로 고려하여 판단한다(最判平6 · 1 · 20民集48 · 1 · 1〔百選63事件〕).

[588] ⑥은 이른바 내부통제 시스템의 기본적인 내용이다. 대회사의 이사회에서는 ⑥을 반드시 정해야 한다(제362조 제5항). 2014년 개정으로 기업집단에 관한 내부통제 시스템이 추가되었다(종래는 법무성령에서 규정하던 것을 법률상의 규정으로 끌어올렸다).

- **법무성령에 따른 내부통제 시스템의 내용**

[589] 법무성령에서는 다음의 사항을 규정하고 있다(회사법 시행규칙 제100조 제1항).

① 회사 이사의 직무 집행에 관계된 정보 보존 및 관리에 관한 체제

② 회사의 손실 위험 관리에 관한 규정 그 밖의 체제

③ 회사 이사의 직무 집행이 효율적으로 이루어지는 것을 확보하기 위한 체제

④ 회사 사용인의 직무 집행이 법령 · 정관에 적합하도록 하기 위한 체제

⑤ (i) 회사의 자회사 이사 등의 직무 집행에 관계된 사항의 회사에 대한 보고에 관한 사항, (ii) 회사의 자회사 손실 위험 관리에 관한 규정 그 밖의 체제, (iii) 회사의 자회사 이사 등의 직무 집행이 효율적으로 이루어지는 것을 확보하는 체제, (iv) 회사의 자회사 이사 등과 사용인의 직무 집행이 법령 · 정관에 적합하도록 하기 위한 체제, 그 밖에 회사와 그 모회사 및 자회사로 이루어진 기업집단의 업무 적정성을 확보하기 위한 체제

[590] 감사설치회사 이외의 회사에서는 이사가 주주에게 보고해야 할 사항을 보고하기 위한 체제가 포함된다(회사법 시행규칙 제100조 제2항). 나아가 감사설치회사에서는 다음에 열거하는 체제가 포함된다(동조 제3항).

① 회사 감사가 그 직무를 보조하는 사용인을 둘 것을 요구한 경우에 그 사용인에 관한 체제

② ①의 사용인의 회사 이사로부터의 독립성에 관한 사항

③ 회사 감사의 ①의 사용인에 대한 지시의 실효성 확보에 관한 사항

④ (i) 회사의 이사 및 회계참여와 사용인이 회사의 감사에게 보고를 하기 위한 체제, (ii) 회사의 자회사 이사 등으로부터 보고를 받은 자가 회사의 감사에게 보고를 하기 위한 체제, 그 밖에 회사 감사에 대한 보고에 관한 체제

⑤ ④의 보고를 한 자가 그 보고를 이유로 불리한 취급을 받지 않도록 하기 위한 체제

⑥ 회사 감사의 직무 집행으로 발생하는 비용의 선지급 또는 상환 절차 그 밖에 직무 집행으로 발생하는 비용 또는 채무의 처리에 관계된 방침에 관한 사항

⑦ 그 밖에 회사 감사의 감사가 실효적으로 이루어지는 것을 확보하기 위한 체제

[591] 이사회는 대표이사나 업무담당이사가 하는 업무집행을 감독한다(제362조 제2항 제2호). 이러한 감독 권한에는 업무집행의 적법성에 대한 감독 권한뿐만 아니라, 업무집행의 타당성에 대한 감독 권한도 포함된다(비교. 감사의 경우 → 683).

[592] 감독이 효율적으로 이루어지도록 하고자 이사는 적어도 3월에 1회 이사회에 대해 업무집행 상황을 보고해야 한다(제363조 제2항).

(5) 특별이사에 의한 이사회 결의

[593] 이사회의 구성원 중에서 3명의 특별이사를 선정하고, 이사회에서 결정해야 할 사항 일부를 특별이사의 결의로 할 수 있는 제도가 있다(제373조 제1항). 이사회는 그 결의사항(→ 586) 중 ① 중요한 재산의 처분 및 양수, 그리고 ② 다액의 차재借財를 특별이사에 의한 결의로 할 수 있다는 뜻을 정할 수 있다. 일본의 대규모 회사에서는 이사의 수가 다수에 이르고, 그 때문에 회의체로서의 기능이 충분히 작동하지 않는 경우

가 있었다. 이러한 경우에 대처하기 위해 실무에서는 상무회 등을 두었다(→ 538). 특별이사에 의한 이사회 결의 제도는 이러한 상무회를 법의 영역으로 끌어들이고, 그 권한 등을 명확히 하기 위해 마련되었다.

[594] 특별이사의 호선으로 정한 자는 결의 후에 그 결의 내용을 지체 없이 이사회에 보고해야 한다(제373조 제3항). 이 제도는 이사의 수가 6명 이상인 회사에 인정된다. 또한 특별이사에게 일부 권한을 위임했다고 해도 이사회의 감독 기능이 기대된다. 이 점에서 이사회의 감독 기능이 제대로 작동하도록 이사회 구성원으로서 1명 이상의 사외이사 선임이 요구된다. 특별이사에 의한 이사회 결의 제도는 2005년 개정으로 도입되었다. 다만 결의가 가능한 사항이 한정되는 등의 제약 때문에, 이 제도를 채용하는 회사는 많지 않다.

4. 대표이사

(1) 대표이사의 선정과 해직

[595] 대표이사는 이사회 결의로 선정 · 해직된다(제362조 제2항 제3호).

[596] 대표이사의 수에 관한 정함은 없다. 따라서 1명이든 여러 명이든 상관없다. 대표이사의 자격은 이사일 것이므로(제362조 제3항), 그 임기는 이사의 임기(→ 559)를 초과할 수 없다. 이사의 자격을 잃으면 대표이사의 지위도 상실한다. 대표이사의 종임에 따라 법률 또는 정관에 정하는 인원수 미만이 된 때에는 이사의 결원 경우(→ 568)와 같은 조치를 하는 것이 인정된다(제351조). 대표이사의 선정 및 해직은 등기사항이다(제911조 제3항 제14호).

(2) 대표이사의 권한

[597] 대표이사는 회사를 대표하는 권한을 가지고 있다. 즉, A사의 대표이사 X가 회사를 대표해 제3자 B와 한 거래의 효과는 X가 아니라 A사에 귀속한다.

[598] 대표이사는 회사의 업무에 관한 재판상 또는 재판 외의 모든 행위에 대해 대표권을 가진다(제349조 제4항). 회사의 업무에 관한 행위에는 사업으로서 이루어지는 행위뿐만 아니라, 사업을 위해 이루어지는 행위까지 포함된다. 또한 대표이사의 대표권에 정관 또는 이사회 결의 등으로 제한을 가하더라도, 회사는 이러한 제한을 알지 못하는 (선의의) 제3자에게 대항할 수 없다(동조 제5항).

[599] 회사의 대표는 대내적으로는 항상 회사의 업무를 집행한다. 따라서 대표이사는 위의 대표권 범위 내에서 업무집행 권한을 가진다. 다만 회사의 사업에 관한 행위일지라도 법령이나 정관으로 주주총회 또는 이사회 결의를 요구하는 사항에 대해서는 대표이사가 그 결정권을 가지지 않는다.

[600] 대표이사 이외의 이사는 이사로서 당연히 업무집행권을 가지는 것은 아니다. 다만 이사회 결의로 회사의 업무집행을 하는 이사를 선정할 수 있다(제363조 제1항 제2호). 대표이사 이외의 이사로 대외적 관계를 수반하지 않는 내부적인 업무집행을 담당하는 이사를 업무담당이사라고 한다. 회사법에서는 대표이사, 업무담당이사 및 회사의 업무를 집행한 다른 이사를 총칭하는 것으로 업무집행이사란 개념을 사용하고 있다(제2조 제15호 가목).

[601] 대표이사가 대표권을 가지고 있는 사항에 대해 자기 또는 제3자를 위해 그 권한을 행사할 수 있다. 이를 대표권의 남용이라고 한다. 이 경우 회사는 대표권의 남용을 안 (악의의) 상대방에 대해서만 권리남용의 법리에 따라 그 권리행사를 거부할 수 있다.

[602] 이사회 결의가 필요한 사항임에도 불구하고, 대표이사가 그 결의 없이 거래를 한 때에 그 행위의 효력이 문제 된다. 예를 들어, 이사회 결의 없이 대표이사가 모집주식의 발행을 한 경우(이사회설치회사의 경우 모집사항의 결정은 이사회가 하는 것이 원칙이다 → 268) 그 주식발행이 유효한가가 문제 된다. 이러한 행위는 대표이사의 대표권 범위 내의 것이라고는 할 수 없다. 그러나 거래의 안전성을 보호한다는 관점에서, 대표이사가 이사회의 승인을 받지 않고 한 행위에 대해 회사는 선의의 제3자에게 그 행위의 무효를 주장할 수 없다고 해석되고 있다(민법 제93조〔심리유보〕 유추 적용. 最判昭40 · 9 · 22民集19 · 6 · 1656〔百選64事件〕). 다만 대표이사가 거래의 안전을 고려할 필요가 없는 내부적인 행위(신주발행을 수반하지 않는 준비금의 자본전입 등)를 이사회 승인 없이 한 경우, 그러한 행위는 무효가 된다.

(3) 표현대표이사

[603] 대표이사가 아닌 이사가 사장, 부사장 등, 마치 회사의 대표권을 가진듯한 명칭을 사용해 행위를 하는 경우가 있다. 그리고 거래 상대방은 그 행위가 대표권을 가지지 않은 이사에 의한 행위임을 알지 못할 수 있다(선의). 이 경우 회사는 귀책 사유가 있는 경우에 책임을 부담해야 한다(제354조). 이러한 이사를 표현대표이사라고 한다.

[604] 대표이사의 성명은 등기사항이다(제911조 제3항 제14호). 따라서 이사가 대표이사인지 아닌지는 손쉽게 판단할 수 있다. 그러나 위와 같은 명칭을 사용한 이사의 행위에 대해서는 대표이사에 의한 행위로 오인할 위험성이 높고, 더군다나 거래 시마다 등기를 확인하는 것은 현실적이지 않다. 그래서 거래의 안전을 도모하기 위해 표현대표이사제도를 두었다.

[605] 표현대표이사로 인정되려면 회사가 이사에게 회사의 대표권을 가지는 것으로 오인할만한 명칭의 사용을 인정하는 것이 필요하다

(회사의 귀책 사유가 필요). 이사가 이러한 명칭을 제멋대로 사용해도 이 제도는 적용되지 않는다. 회사가 적극적으로 허락한 경우뿐만 아니라, 이사가 위의 명칭을 사용하고 있음을 알면서 적절한 수단을 취하지 않고 묵인한 경우도 회사가 책임을 부담한다.

[606] 표현대표이사 문제와 관련해 거래 상대방에게 과실이 있을 수 있다. 이 경우에도 그 상대방이 선의라면 회사가 책임을 부담해야 하지만, 중과실인 경우는(악의와 동일시) 책임을 부담하지 않는다(最判昭52 · 10 · 14民集31 · 6 · 825〔百選48事件〕). 또한 판례는 이사 이외의 회사 사용인이 대표이사의 승인을 받아 상무이사의 명칭을 사용해서 한 행위에 대해, 표현대표이사제도의 유추 적용을 인정하고 있다(最判昭35 · 10 · 14民集14 · 12 · 2499).

● 이사회비설치회사에서 이사의 역할

[607] 지금까지는 주로 이사회설치회사(지명위원회등설치회사, 감사등위원회설치회사를 제외한다)의 이사를 염두에 두고 살펴보았다. 이사회를 두지 않는 회사(이사회비설치회사)에 대해서는 다음과 같은 정함이 있다. 우선 이사회비설치회사의 경우 이사는 1명이면 된다. 정관에 특별한 정함이 있는 경우를 제외하고, 각 이사가 업무집행을 한다(제348조 제1항). 이사가 2명 이상이면 정관에 특별한 정함이 있는 경우를 제외하고, 이사의 과반수로 업무집행을 결정한다(동조 제2항). 이 경우 ① 지배인의 선임 및 해임, ② 지점의 설치, 이전 및 폐지, ③ 주주총회의 소집, ④ 이사의 직무 집행이 법령 · 정관에 적합하도록 하기 위한 체제 그 밖에 회사의 업무 적정성을 확보하는 데 필요한 것으로서 법무성령에서 정하는 체제(내부통제시스템의 대강), ⑤ 정관의 정함에 기초한 이사의 책임 면제에 관한 결정을 각 이사에게 위임하는 것은 허용되지 않는다(동조 제3항).

[608] 이사는 단독으로 회사를 대표한다(제349조 제1항). 따로 대표이사 그 밖에 회사를 대표하는 자를 정한 경우에는 그 자가 회

사를 대표한다(동항 단서). 이사가 2명 이상인 경우, 이사가 각자 회사를 대표한다(동조 제2항). 또한 정관의 정함에 따른 이사의 호선 또는 주주총회의 결의로 이사 중에서 대표이사를 정할 수도 있다(동조 제3항).

5. 이사의 의무

(1) 선관주의의무와 충실의무

[609] 이사와 회사의 관계는 위임에 관한 규정을 따른다(제330조). 그 때문에 이사는 회사에 대해 선량한 관리자의 주의의무를 진다(민법 제644조. 이 의무를 선관주의의무라고 한다). 이 의무는 이사가 개별적으로 가지고 있는 능력이나 주의력과는 관계없이 이사의 지위에 있는 자에게 통상 요구되는 정도의 주의를 가지고 직무를 집행하는 의무이다(은행의 이사가 부담하는 선관주의의무에 대해 最判平20 · 1 · 28判時1997 · 148〔百選51事件〕). 한편, 회사법은 이사에 관해 법령 및 정관의 정함과 주주총회의 결의를 준수하고, 회사를 위해 충실히 그 직무를 수행하는 의무를 규정하고 있다(제355조. 이 의무를 충실의무라고 한다).

[610] 이러한 이사의 선관주의의무와 충실의무의 관계를 어떻게 볼 것인가에 대해서는 견해의 대립이 있다. 제1의 견해는 충실의무는 선관주의의무와 같은 것이며, 충실의무는 선관주의의무를 구체적 · 주의적으로 규정한 것이라고 이해하고 있다. 이와 달리 제2의 견해는 충실의무는 선관주의의무와 다른 것이며, 충실의무는 회사와 이사의 이익이 충돌하는 경우 이사가 회사의 이익을 우선시해야 하는 의무라고 이해하고 있다. 이에 대해 제1의 견해에서는 이사가 회사의 이익을 우선해야 하는 것은 선관주의의무의 범위 내의 것이라고 보고 있다.

[611] 이사가 한 업무집행이 끝내 실패로 끝나고, 회사에 손실을 발생시킬 수 있다. 이 경우 그 이사가 선관주의의무 위반으로 당연히 책

임을 져야 한다고 하면, 이사의 행동은 소극적으로 될 수밖에 없다. 나아가 회사의 적극적인 사업추진도 저해되게 된다. 이것은 주주의 이익에도 반하는 것이다. 그 때문에 이사의 업무집행 결정이 충분한 정보를 바탕으로 성실하게 이루어진 때에는 이사에게 책임을 묻지 않는다고 하는 사고방식이 미국의 판례법에서 인정되고 있다(법원은 경영판단에 사후적으로 개입하지 않는다). 이러한 사고방식을 「경영판단의 원칙Business Judgment Rule」이라고 한다. 일본에서도 같은 원칙을 도입해야 한다고 하는 학설이 주장되었다.

[612] 일본의 법원이 채용하는 경영판단의 원칙은 이사의 경영판단에 선관주의의무 위반이 있었는지를 다투는 장면에서 적용된다. 즉, 경영판단의 전제가 된 사실의 인식(조사 · 분석 등)에 부주의한 잘못이 없고, 그 사실에 기초한 의사결정 과정 · 내용에 현저히 불합리한 잘못이 없으면 선관주의의무(또는 충실의무)에 위반하지 않는다고 하는 것이 많다(이 점에서 미국의 원칙과 다르다. 일본에서는 법원이 경영판단의 잘못에 일정 관여를 한다). 경영판단의 원칙은 하급심에서 채용되었지만, 대법원도 이를 채용하는 것을 분명히 하였다(最判平22 · 7 · 15判時2091 · 90〔百選50事件〕).

(2) 감시의무

[613] 이사는 자신의 부정행위 등으로 회사에 손해를 입힌 것이 없더라도, 부작위에 의해 회사에 책임을 부담하는 경우가 있다. 이사는 이사회의 구성원으로서 업무집행을 하는 이사를 감시할 의무가 있다(제362조 제2항 제2호). 판례는 이사회에 상정된 사항에 그치지 않고, 업무집행 일반에 대해 감시의무가 있다고 하였다. 또한 필요한 경우에는 이사회를 직접 소집하고 이사회를 통해 업무집행이 적정하게 이루어지도록 할 직무를 가지고 있다고 하였다(最判昭48 · 5 · 22民集27 · 5 · 655〔百選71事件〕. 다만 이는 소규모회사로 이사회도 개최된 적이 없는 회사에 관한 사례라는 점에서 주의가 필요하다).

[614] 대표이사는 회사의 업무집행 전반에 걸쳐 그 적정성을 확보하는 것이 요구된다(선관주의의무의 내용이 된다). 따라서 다른 대표이사, 나아가 대표권을 가지지 않은 이사에 대해서도 감시의무를 부담한다.

(3) 내부통제시스템 구축의무

[615] 대회사에서는 내부통제시스템의 대강을 이사회에서 결정해야 한다(→ 588). 대표이사는 그 대강에 따라, 업무집행으로서 회사의 실정에 맞는 내부통제시스템을 구축할 의무를 진다. 대회사 이외의 회사에서도 이사의 내부통제시스템 구축의무는 이사의 선관주의의무의 내용으로 이해된다. 따라서 내부통제시스템의 불비가 원인이 되어 회사에 손해가 발생한 경우에는 회사에 대해 손해배상책임을 진다(→ 641). 이른바 다이와 은행大和銀行 사건 판결(大阪地判平12 · 9 · 20判時1721 · 3)이 이를 분명히 한 후, 이러한 입장은 학설 · 판례의 지지를 받고 있다(最判平21 · 7 · 9判時2055 · 147〔百選52事件〕).

6. 이사와 회사의 이해상충

[616] 이사의 충실의무(→ 609)는 회사와 이사의 이익이 상충하는 경우, 이사가 회사의 이익을 우선시해야 한다고 하는 것이다. 회사가 사외이사를 둔 경우에는(→ 550) 회사와 이사의 이익이 상충하는 상황에 있는 때나 그 밖에 이사가 회사 업무를 집행함에 따라 주주의 이익이 훼손될 우려가 있는 때, 회사는 그때마다 이사의 결정(이사회설치회사에서는 이사회 결정)에 따라 회사의 업무 집행을 사외이사에게 위탁할 수 있다(제348조의2). 통상 회사의 업무 집행을 수행한 경우, 사외이사의 요건을 충족시키지 못한다(→ 553)(사외이사는 업무 집행을 할 수 없다). 다만 회사와의 이해상충이 발생하는 경우 등에서는 위의 요건 아래 업무 집행을 하는 것이 허용

된다. 이 외에, 회사법은 회사와 이사의 이익이 상충하는 장면을 염두에 두고 특별히 다음과 같은 규제를 정하고 있다.

(1) 보수

[617] 이사가 자신의 보수를 스스로 결정할 수 있다고 하면, 과도한 보수액을 정함으로써 주주의 이익을 희생시키고 자신의 이익을 도모할 위험성이 있다. 그 때문에 이사의 보수액은 정관으로 그것을 정하지 않는 한, 주주총회에서 결정해야 한다(제361조 제1항). 지명위원회등설치회사에서는 보수위원회가 보수의 금액을 결정한다(제404조 제3항).

[618] 보수 중에서 금액이 확정한 것에 대해서는 그 금액을 결의한다(제361조 제1항 제1호). 다만 정관 또는 주주총회 결의에서는 이사의 보수액을 개별로 정할 필요는 없고, 전원에 대한 총액의 최고한도액만을 정하면 된다. 이사의 사리사욕 방지라는 취지에서 보면, 사외로 나가는 금액의 상한을 정하는 것으로 충분하다고 이해되기 때문이다. 각 이사에 대한 분배는 이사회에 위임할 수 있다(最判昭60 · 3 · 26判時1159 · 150). 이러한 관습은 일본의 대부분 회사에서 보이는 것이다. 몇 년에 한 번, 총액의 최고한도액을 확대할 필요가 있는 때는 주주총회에서 그 확대를 결정한다. 지명위원회등설치회사에서는 개별로 보수가 결정된다(제404조 제3항). 감사설치회사에서 이사의 개별 보수를 공시하지 않은 회사의 비율은 90.9%이며, 전원의 개별 보수를 공시한 회사는 거의 없다(東京証券取引所「東証上場会社コーポレート · ガバナンス白書2019」58頁).

[618-2] 다만 주주총회 결의로 이사 전원의 보수 등의 총액을 정한 경우, 감사회설치회사(공개회사이면서 대회사인 경우에 한한다) 중 금융상품거래법상의 유가증권보고서를 제출해야 하는 회사(감사등위원회설치회사도 같다)에서는 그 정함에 기초해 이사 개인별 보수 등의 내용에 대한「결정에 관한 방침」을 정해야 한다(제361조 제7항). 이사의 보수 등의 결정 방침

에 관한 사항은 사업보고서를 통해 공시된다. 일본 회사에서는 이사회 결의로 각 이사의 보수액 결정을 대표이사에게 재일임하는 회사도 적지 않다. 그러나 이사는 이사회의 일원으로서 대표이사의 직무집행 감독의무가 있다(제362조 제2항 제2호). 그 때문에 이사의 구체적인 보수 결정을 대표이사에게 일임하는 것은 이사회의 모니터링 기능을 훼손하는 것이라고 하여 비판이 강했다. 2019년 개정 시에는 대표이사에 대한 재일임을 규제 대상으로 하는 것이 논의되었으나, 입법화에 이르지 못하였다. 위와 같이 결정 방침의 결정과 그 내용 공시로 대처하는 것으로 되었다.

[619] 이사회 결의에서 각 이사의 보수를 결정하는 경우, 보수를 받는 이사는 특별이해관계인(→ 580)에 해당하지 않는다. 이사 전원의 보수 한도가 주주총회에서 결정되며, 회사와 이사 사이에 이해상충은 존재하지 않기 때문이다(전원이 특별이해관계자가 되어 결의를 할 수 없게 된다는 사정도 있다).

[620] 정관이나 주주총회 결의로 보수 금액이 정해지지 않으면 구체적인 보수청구권은 발생하지 않는다. 정관이나 주주총회 결의 없이 보수가 지급된 경우에도, 사후적으로 주주총회 결의가 이루어지면 그 보수 지급은 유효하게 된다(最判平17 · 2 · 15判時1890 · 143). 정관이나 주주총회 결의에 따라 이사의 보수가 구체적으로 정해진 경우, 그 보수액의 지급은 회사와 이사 간의 계약이 된다. 따라서 그 후 주주총회가 해당 이사의 보수를 무보수로 하는 결의를 하더라도, 당사자인 이사의 동의가 없으면 보수청구권은 상실되지 않는다(最判平4 · 12 · 18民集46 · 9 · 3006〔百選62事件〕). 직무 변경이 있는 경우에도 동일하게 취급해야 하는가에 대해서는 견해가 대립하고 있다(감액을 인정하지 않는 설은 직무 변경을 명목으로 부당한 감액이 이루어질 수 있음을 지적한다).

[621] 회사의 업적에 연동하는 보수 등, 보수 중에서 금액이 확정하지 않는 것에 대해서는 주주총회에서 구체적인 산정 방법을 결의할 필요가 있다(제361조 제1항 제2호). 보수 중 금전이 아닌 것에 대해서도 그 구

체적인 내용을 주주총회에서 결의하는 것을 요한다(동항 제3호). 사택 등의 물적 시설을 저렴한 가격으로 제공하는 것이 이에 해당한다.

[622] 이사에 대한 보수로서 스톡옵션을 부여하는 경우가 있다. 이 경우 이사의 노력으로 회사의 업적이 향상되고 그로 인해 주가가 상승하면, 그 이사는 사전에 정한 가격으로 주식을 취득해 높은 가격으로 그것을 매각함으로써 이익을 얻을 수 있다. 이른바 업적연동형 보수의 전형적 예이며, 회사의 업적 향상을 위해 노력하도록 하는 동기로서 이용된다. 스톡옵션 부여는 신주예약권(→ 385) 부여로 이루어진다. 신주예약권의 가치는 발행 시에 산정할 수 있다(→ 393). 이 점에서 스톡옵션은 회사법 제361조 제1항 제1호에서 말하는 「보수 등 중 금액이 확정하고 있는 것」이자 동항 제3호에서 말하는 「금전이 아닌 것」에 해당한다. 이러한 형태의 보수 신설 또는 개정에 관한 의안을 제출한 이사는 주주총회에서 그 이유를 설명해야 한다(제361조 제4항).

〈스톡옵션 부여대상자〉

(복수회답) (회사 수)

	주식상장	주식비상장	계	구성비
업무집행이사	368	3	371	90.3%
비업무집행이사(사외이사 이외)	85	0	85	20.7%
사외이사	48	0	48	11.7%
감사	35	0	35	8.5%
집행임원	20	0	20	4.9%
집행임원(원)	213	3	216	52.6%
사용인	149	3	152	37.0%
관계회사 이사 · 집행임원 · 집행임원(원) · 사용인	110	1	111	27.0%
공동연구자 · 거래처 관계자 등	6	0	6	1.5%
기타	19	0	19	4.6%
합계	–	–	411	–

(全国株懇連合会「2019年度全株懇調査報告書」(2019年10月) 60頁)

[623] 이사가 사용인을 겸무하는 경우(사용인겸무이사), 사용인분의 보수를 증감시킴으로써 이사의 보수규제를 실질적으로 형해화시키는 것이 가능하다. 이 점에 대해 판례(最判昭60 · 3 · 26判時1159 · 150)는 사용인으로서 받아야 할 급여 체제가 명확히 확립되어 있으며 그에 따라 급여 지급이 이루어지고 있다면, 사용인분을 제외하고 주주총회에서 결의를 하면 된다고 이해하고 있다.

[624] 주주총회의 소집통지에 첨부되는 주주총회참고서류(→ 500)에는 보수 산정의 기준, 기준 변경의 때는 그 이유, 나아가 2명 이상의 이사에게 보수를 지급하는 경우에는 이사의 인원수를 기재하는 것이 요구된다(회사법 시행규칙 제82조 제1항). 공개회사에서는 사외이사에 대해 사내이사와 구별해 기재할 필요가 있다(동조 제3항). 또한 2010년 3월 결산기부터 보수가 1억 엔 이상인 임원의 성명과 보수액의 개별공시가 의무화되었다(→ 55).

[625] 이사가 퇴임한 때에 지급되는 퇴직위로금은 일반적으로 이사의 직무행위 대가, 즉 보수의 후지급이며 회사법상의 보수 규제가 적용된다고 이해되고 있다. 퇴직위로금을 보수로 이해하면, 주주총회 결의로 적어도 지급총액을 결정해야 한다. 그러나 많은 회사에서는 퇴직위로금의 액수 결정을 이사회에 일임하는 뜻의 주주총회 결의를 하고 있다. 퇴직자가 소수인 경우에 개인의 지급액이 널리 알려지는 것을 꺼리는 풍조가 실무계에 있다. 또한 퇴직자는 이미 이사회의 구성원이 아니므로, 이사회에 결정을 맡겨도 재량이 남용될 위험성이 없다는 것도 이유의 하나이다.

[626] 다만 무조건으로 이사회 또는 대표이사에게 일임하는 것은 허용되지 않는다. 판례는 퇴직위로금에 대해 주주총회에서 명시적 또는 묵시적으로 일정 지급기준을 제시하고 구체적인 금액, 지급기일, 지급방법은 그 기준에 따라 결정할 것을 이사회에 일임하는 결의를 유효하다고 하고 있다(最判昭39 · 12 · 11民集18 · 10 · 2143〔百選61事件〕).

[627] 주주총회의 의안이 일정 기준에 따라 퇴직위로금의 액수를 결정하는 것을 이사 · 감사 그 밖의 제3자에게 일임하는 것일 때는 참고서류에 그 일정 기준의 내용을 기재해야 한다(회사법 시행규칙 제82조 제2항 본문). 다만 각 주주가 그 기준을 알 수 있도록 하기 위한 적절한 조치를 마련한 경우에는 관련 기재를 하지 않아도 된다(동항 단서). 이에 따라 회사는 ① 총액을 주주총회 · 정관으로 정하는 것, ② 지급기준을 참고서류에 기재하는 것, ③ 지급기준을 회사 본점에 비치해 주주의 열람에 제공하는 것을 선택할 수 있다.

[628] 회사의 종업원을 겸하는 이사가 이사와 종업원을 동시에 퇴직할 수 있다. 이에 대해 판례는 이사로서의 퇴직위로금은 정관 규정 또는 주주총회 결의가 없으므로 지급을 요구할 수 없지만, 사용인으로서의 퇴직위로금은 지급을 요구할 수 있다고 하였다(最判昭56 · 5 · 11判時1009 · 124).

[629] 근년 임원의 퇴직위로금 제도를 재검토하는 회사가 많다. 앞서 설명했듯이 퇴직위로금은 보수의 후지급 성질을 가진다(→ 625). 그 지급에는 주주총회 결의가 필요하며, 경영이 악화한 회사나 불상사를 일으킨 회사에서는 관련 결의의 성립이 쉽지 않은 상황이다. 또한 그 결정방법을 이사회 등에 일임하는 관행이 절차적으로 불투명하다는 이유로 특히, 기관투자자를 중심으로 결의에 반대하는 움직임이 있다. 이러한 배경으로 퇴직위로금 제도를 폐지하는 경향이 가속하고 있다. 임원의 퇴직위로금 제도를 폐지한 회사에서는 정례보수액을 재검토하거나 스톡옵션 등 업적연동형 보수 체계를 채용하기도 한다(→ 60).

● 상여

[630] 이사가 회사에 이익을 가져온 공로에 보답하기 위해 상여가 지급된다. 상여도 보수의 일종이다. 그런데 회사법 제정 전 상법에서는 통상의 보수는 경비 지출이라는 형태로 처리한 데 반해, 상

여는 주주총회 결의에 따른 이익 처분이라는 형태로 처리하였다(개정 전 상법 제281조 제1항 제4호, 제283조 제1항). 그 때문에 상여의 지급에 관해서는 개정 전 상법 제269조의 결의를 밟을 필요가 없었다.

[631] 다만 이사에 대한 직무 집행의 대가 지급은 회사가 어떠한 명칭으로 이를 지급하느냐를 떠나, 주주 측에서 보면 수임자인 임원에 대한 재산 등의 지급이라는 점에서 다르지 않다. 그래서 회사법에서는 이러한 재산상의 이익을 모두 「보수 등」이라고 정의하고, 회사법 제361조의 주주총회 결의를 요하는 것으로 하였다. 동조는 「보수, 상여 그 밖에 직무의 대가로서 주식회사로부터 받는 재산상의 이익」을 「보수 등」이라고 정의하고, 정관으로 해당 사항을 정하지 않은 때는 주주총회의 결의가 필요하다고 규정하고 있다.

[632] 감사등위원회설치회사의 이사 보수에 대해서는 정관 또는 주주총회 결의에서 감사등위원인 이사와 그 이외의 이사를 구별해 정해야 한다(제361조 제2항). 정관이나 주주총회 결의에서는 감사등위원인 이사 전원의 보수 총액의 상한을 결정할 수 있다. 그 경우 개별 이사에 대한 분배는 그 상한의 범위 내에서 감사등위원의 협의에 따라 결정한다(동조 제3항).

(2) 경업거래

[633] 이사회설치회사에서는 이사가 자기 또는 제3자를 위해 회사의 사업 부류에 속하는 거래를 할 때, 이사회의 승인을 받아야 한다(제356조 제1항 제1호, 제365조 제1항). 이사회비설치회사에서는 주주총회의 승인을 요한다(제356조 제1항 제1호). 이는 이사의 부당한 경업거래로 회사의 이익이 훼손되는 것을 방지하기 위함이다(이사의 책임 → 642). 여기서 「자기 또는 제3자를 위해」는 「자기 또는 제3자의 계산에서」(즉, 경제적 이익이 귀속하는 것)를 의미한다고 이해되고 있다(사실상의 주최자로서 경업을 한 사례로 東京地判昭56 · 3 · 26判時1015 · 27〔百選55事件〕).

[634] 일본에서는 회사가 그 이사를 계열회사 등에 대표이사로 파견하는 예도 적지 않으므로, 계열회사의 대표이사에 의한 업무집행이 파견한 회사와 경업하는 경우가 있다. 이러한 경우에는 개별 거래에 대해 이사회 등의 승인을 얻는 것이 아니라, 대표이사로 취임할 때 포괄적으로 승인을 받는 것이 통례이다. 다만 경업회사가 회사의 완전자회사 등인 경우에는 회사 간에 이해의 대립이 없으므로 이사회 등의 승인을 요하지 않는다.

[635] 이사가 경업거래의 승인을 요구하는 때에는 그 거래에 관해 중요한 사실을 공시해야 한다(제356조 제1항). 나아가 이사가 경업거래를 한 후에는 즉시 그 거래에 관한 중요 사실을 이사회에 보고해야 한다(제365조 제2항). 이는 실제로 이루어진 거래가 승인을 받은 거래 범위 내의 것인지를 분명히 하기 위함이다. 공개회사에서는 이사의 경업 명세가 사업보고서의 부속명세서에 기재되고(회사법 시행규칙 제128조 제2항), 주주 등에게 공시된다.

〈경업거래와 자기거래〉

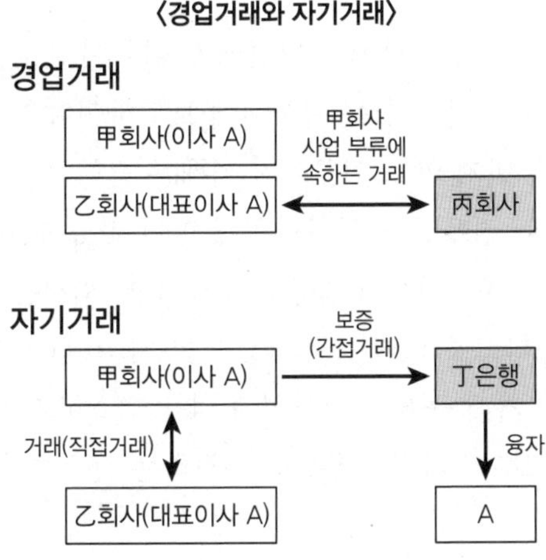

(3) 자기거래

[636] 이사회설치회사에서 이사가 자기 또는 제3자를 위해 회사

와 거래를 하는 때에는 이사회의 승인을 받아야 한다(제356조 제1항 제2호, 제365조 제1항). 주주 전원의 합의가 있으면 이사회 결의는 불요이다(最判昭49 · 9 · 26民集28 · 6 · 1306〔百選56事件〕). 이사회비설치회사에서는 주주총회의 결의를 요한다(제356조 제1항 제2호). 이는 이사가 그 회사와 거래를 하는 경우 회사의 이익보다 자기 또는 제3자의 이익을 우선시킬 위험성이 있다는 점에서 마련된 규제이다(이사의 책임 → 643, 644).

[637] 자기거래의 구체적인 예로서 이사가 회사의 제품 그 밖의 재산을 양수하는 경우, 회사에 대해 자기의 제품 그 밖의 재산을 양도하는 경우, 회사로부터 금전의 대부를 받는 경우가 있다. 약속어음의 발행 등 어음행위도 규제의 대상이 된다(最大判昭46 · 10 · 13民集25 · 7 · 900〔百選57事件〕). 또한 이러한 회사와 이사 간의 직접 거래 외에, 회사가 이사의 채무를 보증하는 것처럼 회사와 이사 이외의 자 간의 거래로 회사와 이사의 이익이 충돌할 수 있는 간접 거래도 승인이 필요하다(제356조 제1항 제3호). 이사의 자기거래 상세는 계산서류 주기표에 기재되며(회사계산규칙 제112조 제1항 · 제4항 제7호), 주주에게 공시된다(제437조, 제438조, 제442조).

[638] 회사와 이사 간에 자기거래가 이루어진 때에는 지체 없이 그 거래에 관해 중요한 사실을 이사회에 보고하여야 한다(제365조 제2항). 이사회의 승인을 받지 않고 이루어진 거래는 원칙적으로 무효이다. 다만 판례는 이러한 경우라도 이사회의 승인이 없었음을 거래 상대방이 알고 있었던 것(악의)을 회사가 입증하지 않으면, 회사는 그 거래의 무효를 주장할 수 없다고 하였다(상대적 무효설. 最大判昭43 · 12 · 25民集22 · 13 · 3511〔百選58事件〕). 자기거래 규제는 회사의 이익을 보호하기 위한 것이다. 따라서 이사 측으로부터 거래의 무효를 주장하는 것은 허용되지 않는다.

(4) 회사와 이사 간의 소송

[639] 회사가 이사를 상대로 소를 제기하는 경우 또는 이사가 회사를 상대로 소를 제기하는 경우에 회사와 이사 간에 이익 충돌이 발생

한다. 이러한 경우 감사설치회사에서는 감사가 회사를 대표한다(제386조 제1항)(주주대표소송 → 654).

7. 이사의 책임

(1) 회사에 대한 책임

[640] 이사는 회사에 대해 선관주의의무와 충실의무를 진다(→ 609). 이사가 이러한 의무를 게을리한 때에는 채무불이행책임(민법 제415조)으로서 회사에 대해 손해배상책임이 발생한다.

[641] 이사의 임무는 위임계약의 내용만으로 정해지는 것은 아니다. 당사자의 의사와 관계없이 법률상 당연히 발생하는 것도 있다. 이 점에서 회사법은 이사가 그 임무를 게을리한 때 회사에 대해 그로 인해 발생한 손해를 배상할 책임을 정하고 있다(제423조 제1항). 이사의 책임은 과실의 유무에 따라 판단된다(과실책임).

[641-2] 이사가 법령에 위반되는 행위를 한 경우, 임무해태 책임이 발생한다. 이사가 준수해야 할 법령은 이사를 대상으로 하는 것 외에, 회사를 대상으로 회사가 그 업무를 수행할 때 준수해야 하는 모든 것이 포함된다(最判平12・7・7民集54・6・1767〔百選49事件〕. 이 사건에서는 독점금지법의 규정이 법령에 포함되는가가 문제 되었다).

● 경업거래와 자기거래에 대한 책임

[642] 이사회의 승인(이사회비설치회사에서는 주주총회의 승인)을 받지 않고 경업거래를 한 경우, 회사는 그 거래로 입은 손해에 관해 이사에게 배상을 청구할 수 있다(제423조 제1항). 이 경우 손해액은 위법행위가 없었으면 본래 취득할 수 있었던 이익이다. 그러나 경업으로 인해 상실된 이익을 입증하는 것은 곤란하다. 그래서 경업거래로 이사 또는 제3자가 얻은 이익을 회사가 입은 손해로 추정하

는 것으로 하였다(동조 제2항). 경업거래의 승인을 받은 경우라도 거래를 함에 있어 그 임무를 게을리해 회사에 손해를 입히면, 이사는 회사에 대해 손해배상책임을 진다(동조 제1항).

[643] 이사회 승인(이사회비설치회사에서는 주주총회의 승인)을 받지 않고 자기거래를 해 회사에 손해를 입힌 경우, 그 이사는 임무해태를 이유로 회사에 대해 손해배상책임을 진다(제423조 제1항). 나아가 이사회(주주총회) 승인을 받고 이루어진 거래일지라도 대가의 부당 또는 채무불이행 등(임무해태가 인정되는 경우)으로 회사에 손해가 발생한 경우에는 회사에 대해 손해배상책임을 진다. 회사법에서는 자기거래로 회사에 손해가 발생한 경우, 책임을 추궁당하는 이사 측에 임무해태가 존재하지 않았음을 입증할 책임을 부담시키고 있다. 자기거래는 회사의 통상 거래행위에 견주어 회사의 이익을 해할 가능성이 큰 유형의 행위이다. 이 때문에 거래 당사자인 이사뿐만 아니라, 그 거래를 결정한 이사(대표이사), 이사회 결의의 승인 결의에 찬성한 이사도 그 임무를 게을리한 것으로 추정된다(동조 제3항). 한편 감사등위원회설치회사에서는 감사등위원이 아닌 이사가 자기거래를 하는 경우, 그 거래에 대해 감사등위원회의 승인을 받은 때는 임무해태가 추정되지 않는다(동조 제4항).

[644] 회사법에서는 임무해태 책임을 과실책임으로 하였다. 다만 자기를 위해 직접 거래에 의한 자기거래를 한 이사는 임무해태에 관한 과실이 없는 경우에도 손해배상책임을 진다(제428조). 자기를 위해 한 직접 거래와 관련해, 그 거래에 의한 이익을 이사가 가지는 것은 적당하지 않다. 이 점에서 이사에게 엄격한 책임이 가해지고 있다.

[645] 주주의 권리행사에 관해 이익공여를 한 때, 이익공여에 관여한 이사는 회사에 대해 연대하여 공여한 이익의 대가에 상당하는 금액을 지급할 의무가 있다(제120조 제4항 본문)(→ 468). 그 직무를 함에 있어 주의를 게을리하지 않은 것을 증명한 경우에는 책임이 없다. 다만 이익공

여를 한 이사 자신에 대해서는 이러한 책임 면제가 인정되지 않는다(동항 단서). 위법배당을 한 이사에 대해서도 같은 책임이 규정되어 있다(제462조)(→ 826).

[645-2] 회사법에 따르면 이사의 선관주의의무는 회사에 부담하는 것으로 규정되어 있다(→ 609). 이와 관련해 이사가 주주에 대해 같은 의무를 부담하는가가 문제 된다. 일반론으로서 회사의 이익을 위한 행위는 그 실질적 소유자인 주주 공동의 이익이 된다. 그러나 예를 들어, MBO(→ 65-2)의 경우 이사가 대상회사의 주식 매수인이 되고, 매도인인 주주와의 관계에서 이익이 상충하는 사태가 발생한다. 이러한 상황에서 이사는 선관주의의무의 일환으로 주주를 위해 공정한 기업가치의 이전을 도모해야 한다(공정가치 이전 의무가 있다)고 한 판례가 있다(東京高判平25 · 4 · 17判時2190 · 96〔百選54事件〕). 또한 MBO를 공정하게 수행하는 의무(선관주의의무)에 위반한 것을 이유로 이사의 회사에 대한 손해배상책임을 인정한 사례도 있다(大阪高判平27 · 10 · 29判時2285 · 117〔百選A25事件〕).

(2) 책임의 면제와 경감

[646] 이사의 회사에 대한 책임은 원칙적으로 총주주의 동의가 없으면 면제할 수 없다(제424조, 제120조 제5항. 또한 제462조 제3항 참고. 다중대표소송의 대상이 되는 특정 책임을 총주주의 동의로 면제하는 경우에 대해서는 제847조의3 제10항 참고).

[647] 그런데 의원입법을 통해 이사의 회사에 대한 책임을 경감하는 입법이 2001년 12월에 국회에서 가결 · 성립하였다. 회사법에서도 기본적으로 같은 정함을 두고 있다. 그에 따르면 사외이사를 제외한 이사에 대해서는 이사의 책임 한도를 보수 등의 4년분으로 제한할 수 있다(제425조 제1항 제1호 나목). 대표이사에 대해서는 보수 등의 6년분이 한도가 된다(동호 가목). 한편 사외이사에 대해서는 보수 등의 2년분으로 그 금액이 경감되어 있다(동호 다목).

[648] 이러한 책임경감은 이사가 그 직무를 수행하는 데 악의 또는 중대한 과실이 있는 때는 인정되지 않으며, 나아가 주주총회의 특별결의가 필요하다(제425조 제1항, 제309조 제2항 제8호. 주주총회 결의에 따른 책임경감). 그 결의를 하는 주주총회에서는 ① 책임의 원인이 된 사실 및 배상해야 할 금액, ② 책임의 한도액 및 그 산정근거, ③ 책임을 면제해야 하는 이유 및 면제액을 공시해야 한다(제425조 제2항). 또한 감사설치회사에서는 이사가 주주총회에 의안을 제출하려면 감사의 동의를 얻어야 한다(동조 제3항 제1호). 감사가 2명 이상 있는 때에는 감사 전원의 동의가 필요하다(감사등위원회설치회사에서는 감사등위원, 지명위원회등설치회사에서는 감사위원의 동의가 필요).

[649] 나아가 이사의 임무해태 책임에 대해 정관에 규정을 두면, 이사가 선의이고 중과실이 없는 경우에 한해 이사회가 특히 필요하다고 인정하는 때는 그에 따라 책임경감을 할 수 있다(제426조 제1항. 정관 · 이사회 결의에 따른 면책). 이 경우 책임의 원인이 된 사실의 내용, 그 이사의 직무집행 상황 그 밖의 사정을 고려해 그 필요성을 판단해야 한다. 이로써 선관주의의무 위반에 대한 면책을 이사회의 경영판단에 따라 하는 것이 가능해진다. 나아가 이사가 1명인 회사에서는 주주총회 결의에 의하지 않고는 이사의 책임을 일부 면제할 수 없다. 이사에 의한 자의적인 판단에 따라 책임 면제가 이루어지는 것은 적절하지 않기 때문이다.

[650] 정관을 변경해 책임 일부를 면제하는 규정을 두는 의안을 주주총회에 제출하는 경우, 나아가 책임의 일부 면제에 관한 의안을 이사회에 제출하는 경우 감사 전원의 동의가 필요하다(제426조 제2항. 감사등위원회설치회사에서는 감사등위원, 지명위원회등설치회사에서는 감사위원의 동의가 필요). 이사회가 책임을 면제하는 결의를 한 때에는 즉시 그러한 결의에 이의가 있으면 일정 기간 내(1월 이상)에 진술해야 한다는 뜻을 공고하거나 주주에게 통지해야 한다(동조 제3항). 이사의 책임 면제에 관한 이사회 결의에 대해 의결권 3% 이상을 보유하는 주주가 이의를 제기한 때는 이사의 책임 면제가 인정되지 않는다(동조 제7항).

[651] 업무집행이사 이외의 이사 책임에 대해서는 정관의 정함에 따라, 회사와 그 이사의 계약에 따라 책임한도액을 사전에 정할 수 있다(제427조 제1항. 정관과 책임한정계약에 따른 면책)〈→ 정관 제25조 제2항〉. 처음에는 사외이사 인재확보를 목적으로 사외이사에 대해 이러한 책임한정계약을 인정하였다. 2014년 개정으로 책임한정계약의 대상이 위와 같이 확대되었다. 같은 해 개정에서 사외이사 등의 「사외성」 요건이 엄격해졌다(→ 555). 그 결과 사외성을 상실하는 이사는 책임한정계약의 대상에서 제외되게 되었다. 그래서 위와 같이 책임한정계약을 체결할 수 있는 대상을 확대하였다. 이로써 사외이사 이외의 이사에 대해서도 책임한정계약을 체결할 수 있는 길이 열렸다. 이러한 계약을 체결한 이사가 그 회사 또는 자회사의 업무집행이사 혹은 집행임원 또는 지배인 그 밖의 사용인(업무집행이사 등)에 취임한 때는 그 계약은 장래를 향해 그 효력을 잃는다(동조 제2항). 정관을 변경해 이러한 책임한정계약을 인정하는 규정을 두는 의안을 주주총회에 제출하는 경우에는 감사 전원의 동의가 필요하다(동조 제3항. 감사등위원회설치회사에서는 감사등위원, 지명위원회등설치회사에서는 감사위원 전원의 동의가 필요).

〈정관에 따른 책임경감 대상〉

(복수 회답)

	주식상장	주식비상장	합계	구성비
이사	573	20	593	50.6%
사외이사	1,050	27	1,077	92.0%
감사	716	21	737	62.9%
사외감사	1,020	29	1,049	89.6%
회계감사인	115	5	120	10.2%
회계참여	3	0	3	0.3%
합계	–	–	1,171	–

(全国株懇連合会 「2019年度全株懇調査報告書」(2019年10月) 51頁)

〈책임한정계약 체결 대상〉

(복수 회답)

	주식상장	주식비상장	합계	구성비
사외이사	1,056	21	1,077	92.0%
비업무집행이사 (사외이사 이외)	134	6	140	12.0%
사외감사	1,046	24	1,070	91.4%
감사 (사외감사 이외)	370	9	379	32.4%
회계감사인	65	4	69	5.9%
없음	44	6	50	4.3%
합계	–	–	1,171	–

(全国株懇連合会 「2019年度全株懇調査報告書」(2019年10月) 51頁)

[652] 일반적으로 일본 회사에서는 정관에 이사 등에 대한 책임경감규정을 두고 있다. 그중에서 사외이사(사외감사)에 대해 책임한정계약을 체결하고 있는 경우도 많다. 이사가 자기를 위해 이해상충거래를 한 때의 책임(→ 644)에 대해서는 책임의 일부 면제가 인정되지 않는다(제428조 제2항).

[653] 이사가 그 직무 집행과 관련해 법령의 규정을 위반한 것이 의심되거나 책임 추궁에 관한 청구를 당한 것에 대처하기 위해 지급하는 비용(방어비용)에 대해서는 이사가 회사와 그 전부 또는 일부를 회사가 보상하는 것을 약속하는 계약(보상계약)을 체결할 수 있다(이를 회사 보상이라고 한다). 보상계약을 체결하기 위해 주주총회(이사회설치회사에서는 이사회) 결의가 필요하다(제430조의2 제1항 제1호). 이사가 그 직무 집행과 관련해 제3자에게 발생한 손해를 배상할 책임을 지는 경우(→ 669–675), 이사가 지급하는 배상금에 대해서도 같은 계약을 체결할 수 있다(동항 제2호). 다만 이사가 회사에 대한 책임을 부담하는 때에는 보상계약 체결이 인정되지 않는다. 회사 보상은 뛰어난 인재를 확보함과 함께, 이사가 그 직무 집행에 수반하는 손해배상책임 부담 가능성을 과도하게 우려해 직무 집행이 위축되지 않도록 하는 체제로서 의의가 있다. 회사 보상이 허용되는

가는 해석에 위임되어 있지만, 이사에 대한 인센티브 부여의 하나로서 2019년 개정에서 규정이 정비되었다.

● **회사임원배상책임보험(D&O 보험)**

[653-2] 이사가 그 직무 집행에 관해 회사에 손해배상책임을 지는 경우, 그 손해를 보험자(보험회사)가 보전하는 보험을 회사임원배상책임보험(통칭 D&O 보험)이라고 한다. 이 보험은 회사와 보험회사 간에 피보험자를 이사로 하여 체결된다. D&O 보험도 회사보상과 마찬가지로 이사에게 적절한 인센티브를 부여한다고 하는 의의가 인정된다. 다른 한편, D&O 보험은 회사와 이사 사이의 이해상충 관계가 현저히 나타나는 것이다. 실무상 D&O 보험은 일본에서 상장회사를 중심으로 널리 보급되고 있다. 다만 종래 회사법에 D&O 보험에 관한 규정이 없었기 때문에, D&O 보험에 관한 계약 체결 절차 등을 명확히 하기 위해 2019년 개정에서 규정이 마련되었다. D&O 보험의 내용을 결정하기 위해서는 주주총회(이사회설치회사에서는 이사회) 결의에 의해야 한다(제430조의3 제1항). 이 경우 회사법이 회사와 이사 간의 이해상충 거래에 관해 정한 규정(→ 633 · 635)은 적용되지 않는다(동조 제2항).

8. 주주대표소송

(1) 제도의 취지와 개요

[654] 이사의 회사에 대한 책임은 본래 회사 자신이 추궁해야 할 것이다. 그러나 회사 내부에서는 이사 간에 긴밀한 관계가 존재하는 경우가 많으므로, 회사가 그러한 책임 추궁을 하지 않는 것도 생각된다. 그 때문에 개별주주가 대표소송을 통해 회사를 대신해 회사를 위해 이사의 책임을 추궁하는 것이 인정된다. 대표소송의 대상에는 이사 외에, 회계참여, 감사, 집행임원, 회계감사인도 포함된다(이하는 이사에 대한 책임 추궁에 관한 것으로 한다).

[655] 6월 전부터 계속해서 주식을 보유하고 있는 주주는 회사에 대해(이사와 회사의 이익이 대립하므로 감사가 회사를 대표한다 → 639), 서면 그 밖의 법무성령으로 정하는 방법에 따라 이사의 책임을 추궁하는 소송의 제기를 청구한다(제847조 제1항). 정관으로 6월을 밑도는 기간으로 하는 것, 단원미만주주(→ 222)에 대해 권리행사를 인정하지 않는 것이 가능하다. 공개회사 이외의 회사에서는 6월이라는 계속보유 요건은 없다(동조 제2항). 그 후 회사가 청구일로부터 60일 이내에 소를 제기하지 않으면 청구를 한 주주가 직접 회사를 위해 소를 제기할 수 있다(동조 제3항). 다만 이 기간의 경과로 회사에 회복할 수 없는 손해가 발생할 우려가 있는 경우, 주주는 즉시 소를 제기할 수 있다(동조 제5항). 회사는 책임추궁의 소를 제기하지 않는 경우, 그 청구를 한 주주에게 즉시 책임추궁의 소를 제기하지 않는 이유를 서면 그 밖에 법무성령으로 정하는 방법에 따라 통지해야 한다(동조 제4항. 불제소 이유서 제도).

[656] 대표소송을 통해 추궁할 수 있는 이사의 책임 범위에 대해 판례(最判平21 · 3 · 10民集63 · 3 · 361〔百選67事件〕) · 통설은 이사가 회사에 부담하는 모든 채무에 이른다고 이해하고 있다.

[657] 대표소송제도는 1950년 개정에서 미국의 제도를 참고해 도입된 것이다. 그러나 일본에서 그 이용 예는 많지 않았다. 그 이유로는 예컨대, 판결에서 이사의 책임이 인정되어도 그 손해배상액은 소를 제기한 주주가 아니라 회사에 지급된다는 것, 소송을 위해 고액의 소송비용을 지급해야 한다는 것에서 대표소송을 제기할 인센티브가 주주에게 작동하기 어렵다는 점이 지적되었다.

[658] 다만 현재는 상황이 변화하였다. 그 이유 중 하나는 대표소송을 위해 주주가 원고로서 지급해야 할 소송비용이 소송 청구액과 관계없이 일률 1만 3,000엔으로 되었기 때문이다(대표소송은 「재산권상의 청구가 아닌 청구에 관한 소」로 간주하며〔제847조의4 제1항〕, 소송목적의 값은 160만 엔으로 계산된다〔민사소송비용 등에 관한 법률 제4조 제2항. 이에 따라 소송비용은 위와 같은 금액이 된다〕).

〈대표소송 건수(지방법원에 대한 제소 건수)〉

연도	신규 건수(확정 건수)
2019년	52(48)
2018년	38(33)
2017년	37(46)
2016년	36(54)
2015년	59(75)
2014년	58(75)
2013년	98(82)
2012년	106(102)
2011년	83(52)
2010년	80(74)
2009년	69(43)
2008년	64(47)

(最高裁調べ〔旬刊商事法務 2235号 (2020) 68頁〕)

● 원고적격의 계속

[659] 대표소송을 제기한 주주(또는 공동소송에 참여한 주주)는 그 소송 계속 중에 주주의 지위를 상실하더라도 ① 주식교환 · 주식이전으로 그 회사의 완전모회사 주식을 취득한 때, ② 회사가 소멸회사가 되는 합병에 따라 설립회사 · 존속회사의 주식을 취득한 때는 계속해서 소송을 추행할 수 있다(제851조 제1항 제1호 · 제2호). ①에 대해 그자가 완전모회사의 주식교환 · 주식이전에 따라 그 회사의 완전모회사 주식을 취득한 경우, ②에 대해 그자가 설립회사 · 존속회사가 소멸회사가 되는 합병에 따라 그 합병에 의한 설립회사 · 존속회사의 주식을 취득한 경우에도 소송추행이 인정된다(동조 제2항 · 제3항). 2005년 개정 전 상법에서는 회사(甲 회사)의 이사(Y)에 대해 대표소송을 제기한 주주(X)는 주식이전 등으로 그 완전모회사(乙 회사)의 주주가 된 경우, 계속해서 책임추궁을 하는 것이 곤란해지는 문제가 있었다(X는 乙 회사의 주주가 되므로 甲 회사의 임원인 Y의 책임추궁을 할 수 없게 된다는 것이 판례의 태도였다). 회사법에서는 위와 같이 입법으로 이 문

제를 해결하였다.

[660] 나아가 2014년 개정에서는 주주가 대표소송을 제기하기 전에 주식교환 등이 이루어진 경우에도, 이러한 주주(구주주)의 원고적격을 인정하였다(제847조의2). 위의 예로 보면, 甲 회사의 주주 X가 대표소송을 제기하지 않은 상황에서 주식이전 등으로 乙 회사의 주주가 된 경우에도 X는 甲 회사 이사의 책임을 추궁하는 대표소송을 제기할 수 있다.

(2) 남소와 공모 소송馴合い訴訟 방지

[661] 일본의 대표소송제도는 단독주주권으로서 인정되고 있다. 그 때문에 부정한 목적의 소송 등 남소의 우려가 있다. 책임추궁의 소가 제소한 주주 또는 제3자의 부정한 이익을 도모하거나 회사에 손해를 끼치는 것을 목적으로 하는 경우, 대표소송은 인정되지 않는다(제847조 제1항 단서). 또한 법원은 피고 이사가 악의에 의한 제소임을 소명하면 원고 주주에게 담보 제공을 명할 수 있다(제847조의4 제2항 · 제3항). 여기서 말하는 「악의」란 원고의 청구에 이유가 없고 원고가 그것을 알면서 소를 제기한 경우 또는 원고가 주주대표소송제도의 취지를 일탈하고 부당한 목적을 가지고 피고를 해하는 것을 알면서 소를 제기한 경우를 말한다(東京高決平7 · 2 · 20判タ895 · 252〔百選68事件〕. 자노메미싱蛇の目ミシン 담보 제공사건에서 제시된 것이며, 「자노메 기준」이라고 불린다). 책임추궁의 소를 제기한 주주가 승소한 경우 주주는 소송에 필요한 비용(소송비용을 제외한다), 변호사 보수를 회사에 청구할 수 있다(제852조 제1항). 한편 패소 주주가 악의이면, 회사는 그 주주에 대해 손해배상을 청구할 수 있다(동조 제2항. 위의 담보 제공제도는 이러한 손해배상청구권을 담보할 의도로 마련되었다).

[662] 대표소송이 제기된 경우, 회사는 소가를 낮게 하는 등 형식상의 소송을 제기해 실질상 이사의 책임을 경감하는 것도 생각된다. 이러한 공모 소송을 방지하기 위해 소송참가와 재심의 소 제도가 있다. 원

고 이외의 주주 또는 회사는 공동소송인으로서 계속 중의 소송에 참가할 수 있다(제849조 제1항). 원고 주주는 회사에 대해 대표소송을 제기한 것을 고지해야 한다(동조 제4항). 나아가 회사가 소를 제기한 때 또는 위의 소송 고지를 받은 때는 바로 그 뜻을 공고하거나 주주에게 통지할 필요가 있다(동조 제5항). 공개회사 이외의 회사에서는 주주에게 통지해야 한다(동조 제9항).

[663] 대표소송에 대해 화해를 한 경우로 회사가 그 화해의 당사자가 아닌 때, 법원은 회사에 대해 그 내용을 통지하고 화해에 이의가 있는 경우 2주간 이내에 이를 진술하도록 최고해야 한다(제850조 제2항). 회사가 이 기간 내에 서면으로 이의를 진술하지 않는 때는 주주가 화해하는 것을 승인한 것으로 간주한다(동조 제3항). 마지막으로 원고 주주가 고의로 패소한 경우나 고의로 소액의 청구를 하여 승소한 경우 등 원고 주주와 피고 이사가 공모하여 부당한 판결이 나온 때에는 그 판결 확정 후라도 회사 또는 주주가 재심의 소로 확정판결을 다툴 수 있다(제853조 제1항). 또한 회사가 화해를 하는 경우 감사설치회사에서는 감사(감사가 2명 이상인 때에는 각 감사)의 동의가 필요하다(감사등위원회설치회사에서는 각 감사등위원, 지명위원회등설치회사에서는 각 감사위원의 동의가 필요하다)(제849조의2).

[664] 대표소송에서 회사가 피고 이사 측에 보조참가하는 것이 가능한지에 대해 학설의 대립이 있었다. 대법원은 보조참가를 인정하는 태도를 보였다(最決平13 · 1 · 30民集55 · 1 · 30〔百選69事件〕). 회사법하에서는 회사의 보조참가가 정면으로 인정되고 있다(제849조 제1항). 회사가 이사 등을 보조하기 위해 대표소송에 참가하려면 감사 전원의 동의(감사등위원회설치회사에서는 감사등위원, 지명위원회등설치회사에서는 감사위원의 동의)가 필요하다(동조 제3항).

(3) 특정책임추궁소송(다중대표소송)

[665] 일본에서는 모자회사에 의한 기업 그룹 경영이 이루어지고 있다(기업집단 → 37). 기업집단에서는 자회사가 업무의 중심적 역할을 담당하는 예도 적지 않다. 모회사는 자회사의 의결권 과반수를 보유하는 등 자회사의 경영을 지배하고 있다. 그 때문에 자회사의 이사 등이 그 임무를 게을리해 모회사에 손해가 발생한 때는 모회사가 그 책임추궁을 할 수 있다. 그러나 모자회사 간의 이사 등의 긴밀한 관계로부터 모회사에 의한 자회사 이사의 책임추궁이 이루어지지 않을 위험성도 있다. 이러한 이유로 2014년 개정에서는 일정 경우에 모회사 주주 등이 자회사 이사의 책임을 직접 추궁할 수 있는 제도를 창설하였다(특정책임추궁소송제도)(제847조의3).

[666] 주주대표소송을 제기할 수 있는 권리는 단독주주권으로 되어 있다(→ 661). 그런데 특정책임추궁소송에서는 최종완전모회사 등의 의결권 또는 발행주식의 100분의 1 이상의 수의 주식을 보유하는 주주로 원고적격이 한정된다(소수주주권, 제847조의3 제1항). 특정책임추궁소송제도에서는 모회사 등의 주주와 책임추궁을 당하는 자회사 이사 간의 관계가 자회사를 통한 간접적인 것이 된다. 이 점에서 모회사 등의 주주 요건은 책임추궁을 함에 있어 이해관계가 강한 자로 하는 것이 타당하다고 판단되었다.

[667] 특정책임추궁소송을 제기할 수 있는 주주는 최종모회사 등의 주주이다. 최종모회사 등은 대상자회사의 완전모회사 등으로, 완전모회사 등이 없는 것을 말한다. 즉, 모자회사 관계의 정점에 위치하는 모회사를 의미한다. 따라서 회사(A 회사)가 자회사(B 회사), 그리고 그 자회사가 자회사(C 회사)를 가지는 경우(A 회사가 손자회사로서 C 회사를 보유하는 경우) A 회사의 주주가 C 회사 이사의 책임을 추궁할 수 있게 된다. 모자관계가 다중으로 이루어진 경우도 책임추궁이 가능하다는 점에서 특정책임추궁소송은 다중대표소송으로도 불린다. 완전모회사 등은 다른 자회사

의 주주가 존재하지 않는 것을 말한다. 다른 주주가 존재하면 그 주주가 이사의 책임을 추궁하는 것을 기대할 수 있다. 그 때문에 모회사 등의 주주에게는 책임추궁이 인정되지 않는다. 최종완전모회사 등이 공개회사인 경우, 주주는 제소청구 6월 전부터 계속해서 주식을 보유하는 것이 필요하다(제847조의3 제1항).

〈대표소송과 특정책임추궁소송〉

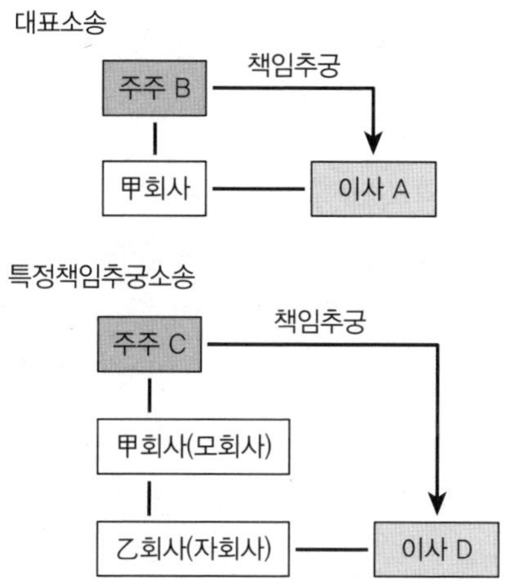

[668] 나아가 특정책임추궁을 하기 위해서는 대상자회사 주식의 장부가액이 최종완전모회사 등의 총자산액 5분의 1을 넘을 필요가 있다(제847조의3 제4항). 5분의 1이라는 요건은 사업양도 등에서 주주총회 결의가 불요로 되는 요건(→ 863)을 참고한 것이다. 즉, 특정책임추궁은 소수주주권으로 규정된 데다가, 그 대상이 일정 규모의 중요한 자회사의 이사 책임으로 한정된다. 이 점에서 실제로 이 제도에 따라 책임이 추궁되는 경우는 한정적일 것으로 생각된다.

9. 이사의 제3자에 대한 책임

[669] 이사는 그 직무와 관련해 악의 또는 중대한 과실이 있는 때, 제3자에 대해 연대하여 손해배상책임을 부담해야 한다(제429조 제1항). 회사는 법인이다(→ 163). 따라서 계약에 따라 거래처에 대한 책임을 부담하는 것은 회사이지 이사가 아니다. 다만 회사법은 주식회사의 업무가 이사의 직무 집행에 따라 이루어지는 것을 고려해, 제3자 보호의 관점에서 이사의 책임을 규정하고 있다. 지금까지 이는 중소기업이 도산한 경우에 최후의 보루로서 채권자가 이사의 책임을 추궁하는 수단으로 많이 이용되었다.

[670] 이 책임의 성질에 대해서는 ① 불법행위책임의 일종이라고 보는 설(특별불법행위설)과 ② 회사법이 특별히 정한 것이라고 보는 설(특별법정책임설)이 있다. ①의 설에 따르면 이사의 제3자에 대한 책임은 특수불법행위책임이며, 민법 제709조의 불법행위책임 규정(제3자에 대한 가해에 고의 또는 과실이 있는 경우에 책임이 발생한다)은 적용되지 않는다. 따라서 제3자에 대한 가해에 이사의 악의 또는 중과실이 있는 경우에만 책임이 발생하게 된다. 이 설에서는 단순한 경과실만으로는 이사에게 책임이 발생하지 않고, 그런 의미에서 민법의 일반원칙 완화라 할 수 있다. 이러한 책임 완화는 이사가 번잡한 직무를 신속하게 처리해야 한다는 것을 근거로 한다.

[671] 이에 반해 ②의 설은 이 책임을 민법의 불법행위책임과는 별개로 회사법이 특별히 정한 책임으로 이해한다. 따라서 이사는 일반불법행위책임과 함께 회사법에 따라서도 책임을 부담하게 된다. 이 설에 따르면 이사는 그 직무 집행에 악의 또는 중과실이 있으면, 일반 불법행위책임이 요구하는 제3자에의 가해에 대한 고의 또는 과실이 없어도 책임을 부담하게 된다. 그러므로 이 설은 이사의 책임을 가중하는 것이라고 할 수 있다. 판례는 ②의 설을 취하고 있다(最大判昭44 · 11 · 26民集23 · 11 · 2150〔百選70事件〕). 이러한 책임의 가중은 자력이 없는 소규모회사의

거래처를 보호한다는 정책상의 이유를 근거로 한다.

● 직접손해와 간접손해

[672] 이사가 부담하는 책임의 범위와 관련해 직접손해만 포함되는지 간접손해도 포함되는지에 대해 다툼이 있다. 직접손해는 회사의 손해 여부와 관계없이 이사의 행위로 제3자가 직접 입은 손해를 말한다. 이에 반해 간접손해는 회사에 손해가 발생하고, 그 결과 이차적으로 제3자가 손해를 입은 것을 말한다. 판례(위의 昭和44年判決) · 다수설은 회사의 제3자에 대한 책임은 직접손해 및 간접손해 모두를 포함한다고 이해하고 있다(양손해포함설).

[673] 또한 제3자에는 회사의 주주도 포함된다. 다만 이사의 행위로 회사가 손해를 입고 보유주식의 가치가 하락한 경우(간접손해의 경우), 주주는 그 손해회복을 위해 주주대표소송제도를 이용할 수 있다는 점에서 이사의 제3자 책임을 추궁할 수는 없다(東京高判平17 · 1 · 18金判1209 · 10).

[674] 이 밖에 ① 주식, 신주예약권, 사채 혹은 신주예약권부사채를 인수하는 자의 모집을 할 때 통지해야 하는 중요한 사항에 대한 허위 통지 또는 그 모집을 위한 회사 사업 그 밖의 사항에 관한 설명에 이용한 자료에 허위기재 · 기록을 한 때, ② 계산서류 및 사업보고서와 임시계산서류에 기재하거나 기록해야 할 중요한 사항에 대한 허위기재 · 기록을 한 때(회사가 작성한 계산서류가 아니라, 회사 사계보**四季報**를 열람한 것일 때는 보호대상에서 제외된 사례가 있다. 名古屋高判昭58 · 7 · 1判時1096 · 134), ③ 허위 등기를 한 때, ④ 허위 공고를 한 때에도, 이사는 주의를 게을리하지 않았음을 증명하지 않는 한 제3자에 대해 손해배상 책임을 진다(제429조 제2항).

● 이사의 제3자에 대한 책임에 관한 판례

[675] 명목상 대표이사 또는 이사에 취임하고 실제 업무집행을 다른 이사에게 맡기는 경우가 있다(명목이사). 이러한 명목이사

에 대해서도 감시의무위반을 이유로 제3자에 대한 손해배상책임을 인정한 판례가 있다(最判昭55・3・18判時971・101). 또한 판례는 이사로 선임되지 않았음에도 불구하고 취임 등기가 이루어진 자(부실 등기부상의 이사)에 대해 부실등기의 효력을 인정하는 규정(제908조 제2항. 고의 또는 과실로 부실등기를 한 자는 그 사항이 부실인 것을 가지고 선의의 제3자에게 대항할 수 없다)을 유추 적용함으로써, 이사가 아닌 것을 선의의 제3자에게 대항할 수 없는 때는 제3자에 대한 책임을 진다고 하였다(最判昭47・6・15民集26・5・984). 이사를 사임하였지만 사임등기가 이루어지지 않은 때 제3자에 대한 책임 부담이 문제 되지 않으나, 부실등기를 잔존시키는 것에 명시적 승낙을 한 경우에는 책임을 부담한다(最判昭62・4・16判時1248・127〔百選72事件〕). 나아가 이사가 아니나 회사의 업무집행을 실질적으로 결정할 수 있는 자(「사실상의 이사」이라고 한다)에 대해서도 회사법 제429조 제1항이 유추 적용된다(東京地判平2・9・3判時1376・110).

10. 위법행위 유지청구와 검사인

(1) 주주의 위법행위 유지청구권

[676] 이사가 회사의 목적 범위 외의 행위, 그 밖에 법령 또는 정관에 위반하는 행위를 하고 그 결과 회사에 현저한 손해가 발생할 우려가 있는 경우에는 6월 전부터 계속해서 주식을 보유하는 주주가 회사를 위해 그 행위를 중지할 것을 이사에게 청구할 수 있다(제360조 제1항). 이를 주주의 위법행위 유지청구권이라고 한다. 정관으로 6월의 기간을 단축할 수 있다. 공개회사 이외의 회사에서는 6월이라는 계속보유 요건은 없다(동조 제2항). 지명위원회등설치회사에서는 집행임원의 행위 유지가 인정된다(제422조).

[677] 대표소송이 이사의 위법행위에 대한 사후적인 구제수단이라면, 주주의 위법행위 유지청구권은 그 사전 방지수단이 되고 있다(우

선주의 인수를 하는 결정이 이루어지고, 주주로부터 그 유지청구가 이루어진 사례로 東京地決平16・6・23金判1213・61〔百選60事件〕이 있다〔청구기각〕).

[678] 이사의 위법행위 유지는 회사에 「현저한 손해」가 생길 우려가 있는 경우에 인정된다. 다만 감사설치회사, 감사등위원회설치회사 또는 지명위원회등설치회사에서는 「회복할 수 없는 손해」가 발행할 우려가 있는 경우로 한정된다(제360조 제3항). 이러한 회사에서는 「현저한 손해」가 생길 우려가 있는 경우 감사, 감사등위원, 감사위원이 유지청구권을 행사할 수 있다(제385조, 제399조의6, 제407조).

(2) 검사인

[679] 총주주의 의결권 100분의 3 이상의 의결권을 보유하는 주주 (또는 발행주식의 100분의 3 이상의 수의 주식을 보유하는 주주)는 회사의 업무집행에 관해 부정행위 또는 법령・정관에 위반하는 중대한 사실이 있음을 의심하기에 충분한 사유가 있는 때, 회사의 업무 및 재산 상황을 조사시키기 위해 법원에 대해 검사인의 선임을 신청할 수 있다(제358조 제1항・제2항. 검사인의 선임이 인정된 사례로 大阪高決昭55・6・9判タ427・178〔百選A27事件〕). 위의 요건(지주요건)을 결하게 된 경우에는 선임 신청이 각하된다(最決平18・9・28民集60・7・2634〔百選59事件〕).

[680] 선임된 검사인은 조사결과를 기재한 서면 (또는 기록한 전자적 기록)을 법원에 제출하고 보고한다(제358조 제5항). 또한 회사와 검사인의 선임 신청을 한 주주에 대해 그 서면을 교부한다(또는 전자적 기록을 제공한다. 동조 제7항). 법원은 필요하다고 인정하는 때는 이사에 대해 일정 기간 내에 주주총회의 소집을 명할 수 있다(제359조 제1항). 이 경우 이사는 보고 내용을 주주총회에 공시한다(동조 제2항). 또한 이사(감사설치회사에서는 이사와 감사)는 그 보고 내용을 조사하고 그 결과를 주주총회에 보고해야 한다(동조 제3항).

제 4 절 감사 · 감사회

1. 일본 주식회사의 감사 실태

[681] 주식회사에서는 회사의 재산 상황 및 사업성적을 분명히 하기 위해 결산 절차가 이루어진다(→ 777). 그때 계산서류 등의 타당성을 확보하기 위해 회계감사가 이루어진다(→ 783). 회계감사제도에 더해, 회사법은 이사의 업무집행을 감사하는 업무감사제도를 정하고 있다. 감사설치회사의 경우 회계감사와 업무감사는 감사에 의해 이루어진다. 다만 공개회사 이외의 회사에서는 정관으로 감사의 감사 권한 범위를 회계감사로 한정하는 것이 인정된다(제389조 제1항). 감사등위원회설치회사나 지명위원회등설치회사에서는 감사를 두지 않는다. 각각 감사등위원회, 감사위원회가 그 역할을 담당한다.

[682] 대회사에서는 회계감사인에 의한 회계감사가 강제된다(제328조). 그 이외의 회사에서도 정관의 정함에 따라 회계감사인을 설치할 수 있다(제326조 제2항). 회계감사인설치회사에서는 회계감사인이 일차적으로 회계감사를 한다(→ 785).

[683] 감사의 업무감사 범위에 대해 통설은 그 범위가 업무집행의 적법성으로 한정되며, 그 타당성에까지 미치지 않는다고 이해하고 있다. 그러나 이사의 행위가 현저히 부당한 경우 그 이사는 회사에 대한 선관주의의무(→ 609)를 위반하는 것이 된다. 그것은 위법행위가 된다. 따라서 이 경우는 감사가 업무집행의 타당성을 감사하게 된다.

[684] 이처럼 회사법은 주식회사의 업무집행과 회계가 적정하게 이루어지는 것을 확보하기 위해 감사제도를 정하고 있다. 그러나 고금동서, 회사를 둘러싼 부정행위가 끊이질 않고 있다. 일본의 감사제도가 제대로 기능하지 않는 이유의 하나로 감사가 사내에서 선임되는 관행이 열거되고 있다. 감사는 이사와 마찬가지로 주주총회에서 선임된다. 그러나 주주총회의 의안을 제출하는 것은 대표이사이고, 그 의안이 부결되는 경우는 거의 없다. 또한 선임되는 감사는 그 수가 적고, 필요한 조사를 충분히 할 수 없다고 하는 기술적인 이유도 존재한다. 이러한 상황에서 감사제도를 충실화하는 방법으로 감사의 임기 연장이 이루어졌고(현행법에서는 4년 → 695), 사외감사제도 및 감사회 제도(→ 689) 도입이 이루어졌다.

〈감사의 평균 인수〉

(평균 인수)

	전체	상장회사	비상장회사	대회사	대회사 이외
상근감사	1.23 (41.3%)	1.41 (39.1%)	1.10 (43.7%)	1.33 (41.0%)	1.00 (42.9%)
사내감사	0.91 (30.5%)	1.05 (29.1%)	0.81 (32.1%)	1.02 (31.5%)	0.65 (27.9%)
사외감사	0.32 (10.7%)	0.36 (10.0%)	0.29 (11.5%)	0.31 (9.6%)	0.35 (15.0%)
비상근감사	1.74 (58.4%)	2.20 (60.9%)	1.41 (56.0%)	1.91 (59.0%)	1.33 (57.1%)
사내감사	0.27 (9.1%)	0.11 (3.0%)	0.39 (15.5%)	0.27 (8.3%)	0.25 (10.7%)
사외감사	1.47 (49.3%)	2.09 (57.9%)	1.03 (40.9%)	1.64 (50.6%)	1.07 (45.9%)
사외감사합계	1.80 (60.4%)	2.45 (67.9%)	1.32 (52.4%)	1.95 (60.2%)	1.43 (61.4%)
사내감사합계	1.18 (39.6%)	1.17 (32.4%)	1.19 (47.2%)	1.29 (39.8%)	0.90 (38.6%)
감사합계	2.98 (100.0%)	3.61 (100.0%)	2.52 (100.0%)	3.24 (100.0%)	2.33 (100.0%)

(日本監査役協会「役員等の構成の変化などに関するアンケート第20回インターネット・アンケート集計結果－監査役(会)設置会社版」(2020年5月18日) 10頁)

〈감사 스태프(보조사용인) 회사 수〉

(회사 수)

	전체	상장회사	비상장회사	대회사	대회사 이외
스태프 설치	1,284 (40.6%)	666 (50.0%)	618 (33.7%)	1,074 (49.1%)	188 (19.9%)
전속 스태프만	351 (27.3%)	224 (33.6%)	127 (20.6%)	325 (30.3%)	13 (6.9%)
전속 스태프와 겸임 스태프	66 (5.1%)	46 (6.9%)	20 (3.2%)	65 (6.1%)	1 (0.5%)
겸임 스태프만	867 (67.5%)	396 (59.5%)	471 (76.2%)	684 (63.7%)	174 (92.6%)
스태프 설치 X	1,881 (59.4%)	666 (50.0%)	1,215 (66.3%)	1,112 (50.9%)	758 (80.1%)
회답사수	3,165 (100.0%)	1,332 (100.0%)	1,833 (100.0%)	2,186 (100.0%)	946 (100.0%)

(日本監査役協会「役員等の構成の変化などに関するアンケート第20回インターネット・アンケート集計結果 – 監査役(会)設置会社版」(2020年5月18日) 26頁)

〈감사회설치회사의 개요(이사회설치회사)〉

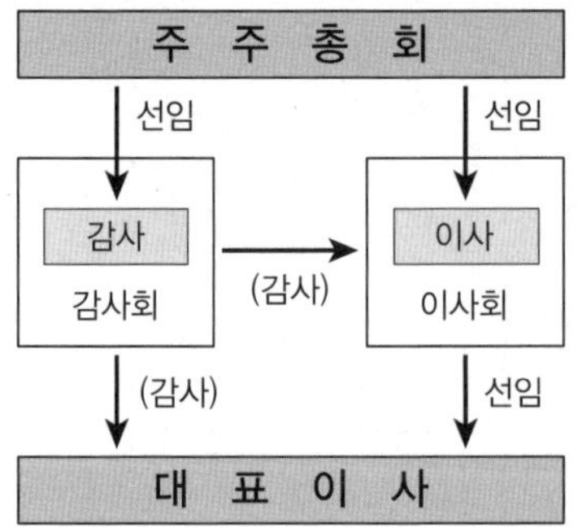

[685] 일본의 감사제도는 해외에는 유례를 볼 수 없는 것이다. 그 때문에 해외 투자자로부터 일본의 기업 지배구조 제도는 이해하기 어렵다는 비판도 있다. 또한 거듭되는 감사제도의 개정으로도 기업 불상사가 해결되지 않는 상황에서 새로운 지배구조 제도가 요구되었다. 이러한 배경으로 2002년 개정에서 미국의 제도를 참고해 위원회등설치회사가 규정되었다(그 후 명칭이 위원회설치회사로 변경되었고, 2014년 개정에서 지명위원회등

설치회사로 변경되었다). 나아가 2014년 개정에서 새로이 감사등위원회설치회사가 도입되었다(그 사정에 대해 → 743).

[685-2] 지명위원회등설치회사에서는 지명위원회, 감사위원회, 보수위원회 설치가 의무이다(→ 726). 나아가 감사설치회사(감사회설치회사)에서도 임의로 지명위원회 또는 보수위원회를 설치하는 회사가 늘고 있다. 기업 지배구조 코드는 「독립사외이사가 이사회의 과반수에 이르지 않는 때에는 경영진 간부 · 이사의 지명 · 보수 등에 관계된 이사회 기능의 독립성 · 객관성과 설명책임을 강화하기 위해, 이사회 산하에 독립사외이사를 주요 구성원으로 하는 임의의 지명위원회 · 보수위원회 등 독립한 자문위원회를 설치할 것」을 요구하고 있다(CG 코드 보충원칙 4-10 ①). 이것도 위원회 설치 움직임을 가속하는 요인이다. 임의의 지명 · 보수위원회 대부분은 이사의 자문기관으로서 설치되지만, 그 결정을 이사회가 뒤집는 것은 사실상 어렵다.

〈지명위원회 · 보수위원회 등에 상당하는 (자문)기관 설치 유무〉

(회사 수)

	전체	상장회사	비상장회사	대회사	대회사 이외
지명 · 보수위원회에 상당하는 것이 각각 설치되어 있다	257 (8.1%)	235 (17.6%)	22 (1.2%)	241 (11.0%)	10 (1.1%)
지명 · 보수위원회에 상당하는 기능을 모두 가진 것이 설치되어 있다	338 (10.7%)	305 (22.9%)	33 (1.8%)	313 (14.3%)	18 (1.9%)
지명위원회에 상당하는 것만 설치되어 있다	22 (0.7%)	13 (1.0%)	9 (0.5%)	18 (0.8%)	2 (0.2%)
보수위원회에 상당하는 것만 설치되어 있다	96 (3.0%)	66 (5.0%)	30 (1.6%)	78 (3.6%)	18 (1.9%)
설치되어 있지 않다	2,452 (77.5%)	713 (53.5%)	1,739 (94.9%)	1,536 (70.3%)	898 (94.9%)
회답사 수	3,165 (100.0%)	1,332 (100.0%)	1,833 (100.0%)	2,186 (100.0%)	946 (100.0%)

(日本監査役協会「役員等の構成の変化などに関するアンケート第20回インターネット · アンケート集計結果 – 監査役(会)設置会社版」[2020年5月18日] 37頁)

● 「감사」의 로마자 표기

[686] 「감사」의 로마자 표기로 audit가 있다. 다만 유럽과 미국에서는 통상 audit가 「회계감사」를 의미한다. 그러므로 auditor는 「회계사」(회사법상으로는 「회계감사인」)를 가리키는 용어가 된다. 일본의 감사는 유럽과 미국에는 존재하지 않는 제도이므로 그 로마자 표기가 문제 된다. 지금까지 감사에 대해서는 corporate auditor 또는 company auditor라는 용어가 사용되었다(법무성 웹 사이트에 공개된 회사법 번역**法令外国訳データベース**에서는 감사를 company auditor, 회계감사인을 financial auditor로 번역하고 있다). 이러한 용어는 회사와 독립된 회계사와 구별한다는 의미에서는 유용하지만, 내부감사를 담당하는 자와의 구별이 명확하지 않다. 이 점은 일본의 감사제도가 해외로부터 이해하기 어렵다고 일컬어지는 하나의 이유가 된다. 일본감사협회는 감사를 Audit & Supervisory Board Member로 추천 · 장려하는 것을 분명히 하였다. 협회 조사에 따르면, 이러한 명칭을 채용한 회사는 상장회사 중 70.5%였다(회답회사 1,445개사(2015년 11월 5일)).

[687] 일본에서도 분식결산 사례가 적지 않다. 이 점에서 회계감사인에 의한 회계감사의 유효성도 문제 된다. 회사법 분야에서는 회계감사의 적정성을 확보하는 체제로서, 감사를 받는 측으로부터의 독립성 확보에 관한 개정이 이루어지고 있다. 그 중심적 역할을 담당하는 것이 감사이다(→ 460, 756, 764).

2. 감사의 선임과 종임

(1) 감사의 선임

[688] 감사는 이사와 마찬가지로 주주총회의 보통결의로 선임된다(제329조 제1항). 감사 선임결의의 경우에는 정관의 정함으로도 정족수를 총주주의 의결권 3분의 1 미만으로 완화할 수 없다(제341조)〈→ 정관 제28조〉. 또

한 이사 선임의 경우와 달리 집중투표 제도(→549)는 인정되지 않는다.

[689] 감사는 원칙적으로 비상근 1명이면 충분하다. 그러나 대회사이자 공개회사인 회사에서는 감사가 3명 이상이어야 하며, 감사 중 반수는 사외감사이어야 한다(제335조 제2항). 사외감사의 「사외성」에 대해서는 사외이사와 유사한 사항이 규정되어 있다(제2조 제16호)(사외이사의 정의 →553–555). 이러한 회사에서는 감사 전원으로 감사회를 조직한다(제390조 제1항). 감사회는 감사 중에서 상근감사를 선정해야 한다(동조 제3항).

[690] 감사 선임에 관한 의안을 주주총회에 제출하려면 감사의 동의를 얻어야 한다(제343조 제1항 · 제3항). 감사가 2명 이상이면 그 과반수, 감사회설치회사에서는 감사회의 동의가 필요하다. 이는 감사의 독립성을 확보하기 위함이다. 이것은 감사가 이사 측이 작성하는 감사후보자에 관해 거부권을 가짐을 의미한다. 또한 감사는 이사에 대해 감사 선임에 관한 의안을 주주총회에 제출할 것을 청구할 수도 있다(동조 제2항 · 제3항).

(2) 감사의 자격

[691] 감사의 결격사유로서 이사와 같은 사항이 정해져 있다(제335조 제1항, 제331조 제1항)(→557). 회사는 감사가 주주이어야 한다는 뜻을 정관으로 정할 수 없다(제335조 제1항, 제331조 제2항 본문). 다만 공개회사 이외의 주식회사에서는 그러한 제한이 없다(제335조 제1항, 제331조 제2항 단서). 감사는 그 회사 혹은 그 회사의 자회사 이사, 지배인 그 밖의 사용인 또는 그 자회사의 회계참여 혹은 집행임원을 겸할 수 없다(제335조 제2항). 감사하는 측이 감사받는 측과 같으면 적정한 감사를 기대할 수 없기 때문이다.

● 요코스베리横滑り 감사

[692] 종업원이나 이사를 퇴임한 후 바로 감사에 취임한 자(이른바 요코스베리 감사)가 종업원이나 이사 재임 중에 발생한 사항에 대해 감사를 할 수 있느냐는 문제가 있다. 이에 대해 판례는 그 감

사는 위법하지 않다고 하였다(最判昭62・4・21資料板商事法務38・98).

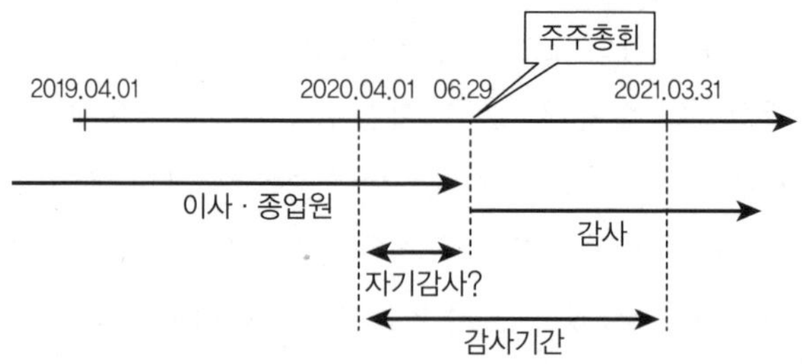

[693] 고문변호사의 감사 취임이 겸임 규제의 대상이 되느냐도 문제가 된다. 판례는 변호사 자격을 가지는 감사가 특정 소송사건에서 회사로부터 위임을 받아 소송대리인이 되는 것까지 금지되지 않는다고 하였다(最判昭61・2・18民集40・1・32〔百選74事件〕). 학설에서는 변호사의 직무 실체가 이사에 대해 계속적 종속성을 가지느냐에 따라 실질적으로 판단해야 한다고 하는 견해가 유력하다.

● 사내감사의 전직前職

[694] 사내감사의 전직과 관련해 ① 집행 측의 요직이었던 자의 비율이 약 반수를 차지하는 것(아래 표의 「회장・부회장」에서 「집행임원」까지), 나아가 ② 전직이 「감사 관계 이외의 부장 등」, 감사업무의 경험이 없는 자의 비율도 높은 것이 주목된다.

〈사내감사의 전직 분류별 인원수〉

(인원수)

	전체	상장회사	비상장회사	대회사	대회사 이외의 회사
회장・부회장	8 (0.2%)	3 (0.2%)	5 (0.2%)	4 (0.1%)	4 (0.5%)
사장	117 (3.1%)	22 (1.4%)	95 (4.3%)	74 (2.6%)	43 (5.0%)
부사장	58 (1.6%)	27 (1.7%)	31 (1.4%)	45 (1.6%)	11 (1.3%)
전무・상무	451 (12.1%)	227 (14.6%)	224 (10.2%)	356 (12.6%)	91 (10.6%)

	전체	상장회사	비상장회사	대회사	대회사 이외의 회사
상기 이외의 이사	499 (13.3%)	219 (14.1%)	280 (12.8%)	364 (12.9%)	127 (14.9%)
집행임원	543 (14.5%)	327 (21.1%)	216 (9.9%)	468 (16.6%)	65 (7.6%)
상담역 · 고문 · 촉탁	84 (2.2%)	44 (2.8%)	40 (1.8%)	62 (2.2%)	21 (2.5%)
감사 관계 부장 등	406 (10.9%)	180 (11.6%)	226 (10.3%)	306 (10.9%)	98 (11.5%)
감사 관계 이외의 부장 등	892 (23.9%)	354 (22.8%)	538 (24.6%)	707 (25.1%)	180 (21.1%)
기타	682 (18.2%)	149 (9.6%)	533 (24.4%)	434 (15.4%)	215 (25.1%)
합계 인원수	3,740 (100.0%)	1,552 (100.0%)	2,188 (100.0%)	2,820 (100.0%)	855 (100.0%)

(日本監査役協会「役員等の構成の変化などに関するアンケート
第20回インターネット・アンケート集計結果 – 監査役(会)設置会社版」(2020年5月18日) 15頁)

(3) 감사의 임기

[695] 감사의 임기는 선임 후 4년 이내에 종료하는 사업연도 중 최종 결산기에 관한 정기주주총회의 종결 시까지이다(제336조 제1항). 이러한 감사의 임기는 이사의 임기와 달리(→ 559) 정관의 정함으로도 단축할 수 없다〈→ 정관 제29조〉. 독립성을 보장하기 위함이다. 공개회사 이외의 회사에서는 정관으로 감사의 임기를 10년까지 연장할 수 있다(동조 제2항).

(4) 감사의 종임

[696] 감사의 종임사유에는 임기의 만료, 결격사유의 발생, 사임 등이 있다. 나아가 감사는 주주총회의 특별결의에 따라 언제든지 해임된다(제339조 제1항, 제309조 제2항 제7호). 감사의 원수를 결하게 된 때에 임시감사를 선임할 수 있는 것은 이사의 경우와 같다(제346조 제2항)(→ 568). 결

원이 생긴 때를 대비해 보결 감사를 주주총회에서 선임해 두는 것도 가능하다(제329조 제3항).

〈퇴임 감사 등의 유무와 사임 이유〉

퇴임 유무 (회사 수)

	전체	상장회사	비상장회사	대회사	대회사 이외의 회사
없음	2,082 (65.8%)	869 (65.2%)	1,213 (66.2%)	1,352 (61.8%)	706 (74.6%)
임기 만료로 퇴임	550 (17.4%)	324 (24.3%)	226 (12.3%)	461 (21.1%)	81 (8.6%)
해임	7 (0.2%)	2 (0.2%)	5 (0.3%)	4 (0.2%)	3 (0.3%)
서거	16 (0.5%)	7 (0.5%)	9 (0.5%)	12 (0.5%)	3 (0.3%)
임기 도중 사임	549 (17.3%)	156 (11.7%)	393 (21.4%)	395 (18.1%)	154 (16.3%)
회답사 수	3,165	1,332	1,833	2,186	946

(日本監査役協会「役員等の構成の変化などに関するアンケート
第20回インターネット・アンケート集計結果 – 監査役(会)設置会社版」(2020年5月18日) 40頁)

사임 사유 (회사 수)

	전체	상장회사	비상장회사	대회사	대회사 이외의 회사
정년 등 사내 규정에 따른 것	97 (17.7%)	24 (15.4%)	73 (18.6%)	77 (19.5%)	20 (13.0%)
집행부문(자회사 집행부문도 포함)으로 돌아가는 등 담당 직무 변경에 따른 것	165 (30.1%)	24 (15.4%)	141 (35.9%)	116 (29.4%)	49 (31.8%)
합병 등 회사의 기관 설계 변경에 따른 것	35 (6.4%)	4 (2.6%)	31 (7.9%)	24 (6.1%)	11 (7.1%)

	전체	상장회사	비상장회사	대회사	대회사 이외의 회사
사임 감사 자신의 건강상 이유에 의한 것	32 (5.8%)	14 (9.0%)	18 (4.6%)	22 (5.6%)	10 (6.5%)
그 밖에 일신상 사정에 의한 것	235 (42.8%)	97 (62.2%)	138 (35.1%)	168 (42.5%)	67 (43.5%)
회답사 수	549	156	393	395	154

(日本監査役協会「役員等の構成の変化などに関するアンケート第20回インターネット・アンケート集計結果 – 監査役(会)設置会社版」(2020年5月18日)41頁)

[697] 감사는 주주총회에서 감사의 선임 및 해임에 대해 의견을 진술할 수 있다(제345조 제4항). 나아가 감사를 사임한 자도 그 후 최초로 소집되는 주주총회에 출석해 그 뜻과 이유를 진술할 수 있다(동조 제4항 · 제2항).

[698] 감사 중 적잖은 비율의 자가 임기 도중에 사임하고 있다는 데이터가 있다. 일신상의 사정으로 인한 것 외, 정년 등의 사내규정에 따른 경우도 약 4분의 1을 차지한 것이 주목된다. 감사의 독립성이라는 관점에서 임기가 정해져 있는 것을 생각하면, 사내규칙 등으로 임기를 다할 수 없는 자를 감사에 선임하는 것 자체가 적절한 것이라 할 수 없다.

3. 감사의 보수와 감사비용

(1) 감사의 보수

[699] 감사의 보수는 정관에 그 금액의 정함이 없는 경우에는 주주총회의 결의로 정한다. 이사의 보수도 주주총회에서 결정되는데(제361조 제1항)(→ 617), 감사의 보수는 그 지위의 독립성이라는 관점에서 이사의 보수와 별개로 정하는 것을 요한다(제387조 제1항).

[700] 감사가 수인이면 각 감사의 보수는 주주총회에서 정한 보수

총액의 범위 내에서 감사의 협의로 결정된다(제387조 제2항). 또한 보수에 대한 의안이 제출된 때에 감사는 주주총회에서 의견을 진술할 수 있다(동조 제3항).

〈감사 연액 보수액(상장회사)〉

(인원수)

	사내상근	사외상근	사내비상근	사외비상근	합계
200만 엔 미만	2 (0.2%)	12 (2.6%)	48 (29.4%)	308 (12.8%)	370 (8.7%)
200만 엔 이상 500만 엔 미만	34 (2.7%)	54 (11.6%)	66 (40.5%)	1,168 (48.6%)	1,322 (30.9%)
500만 엔 이상 1,000만 엔 미만	247 (19.9%)	160 (34.3%)	42 (25.8%)	719 (29.9%)	1,168 (27.3%)
1,000만 엔 이상 1,500만 엔 미만	318 (25.6%)	106 (22.7%)	6 (3.7%)	175 (7.3%)	605 (14.2%)
1,500만 엔 이상 2,000만 엔 미만	304 (24.5%)	64 (13.7%)	0 (0.0%)	25 (1.0%)	393 (9.2%)
2,000만 엔 이상 3,000만 엔 미만	244 (19.6%)	62 (13.3%)	0 (0.0%)	7 (0.3%)	313 (7.3%)
3,000만 엔 이상	94 (7.6%)	9 (1.9%)	1 (0.6%)	0 (0.0%)	104 (2.4%)
합계인 수	1,243	467	163	2,402	4,275

(日本監査役協会「役員等の構成の変化などに関するアンケート第20回インターネット・アンケート集計結果－監査役(会)設置会社版」(2020年5月18日) 85頁)

(2) 감사비용

[701] 감사와 회사의 관계는 위임 관계에 따른다(제330조). 그 때문에 감사는 회사에 대해 감사비용의 선지급을 청구할 수 있을 뿐만 아니라, 감사가 비용을 지출한 때에는 회사에 대해 그 비용 및 이자의 상환을 청구할 수 있다(민법 제649조, 제650조 제1항 · 제2항). 다만 이 경우 감사는 이러한 비용이 감사에 필요한 것임을 입증할 필요가 있다. 회사법에서는 감사의 비용 청구를 손쉽게 하려고 회사가 감사의 직무 집행에 필요하지 않음을 증명하지 않는 한 ① 비용의 선지급을 청구한 때, ② 비용의 지출을 한 경우로 그

비용 및 지출일 이후 이자의 상환을 청구한 때, ③ 채무를 부담한 경우로 그 채무를 자기 대신 변제할 것을 청구한 때 감사의 청구를 거부할 수 없도록 하였다(제388조).

4. 감사의 권한과 의무

(1) 이사회에 관한 권한

[702] 감사는 이사회에 출석해 필요한 때는 의견을 진술해야 한다(제383조 제1항 본문). 그 때문에 이사회 소집통지(→ 575)는 감사에 대해서도 이루어져야 한다(제368조 제1항)〈→ 정관 제21조〉. 감사의 이사회에 대한 출석권은 이사회에서 위법 또는 현저히 부당한 결의가 이루어지는 것을 방지하기 위한 것이다. 회사가 특별이사에 의한 이사회 결의를 하는 뜻을 정한 경우(→ 593) 감사의 호선으로 감사 중에서 그 이사회에 출석할 감사를 정할 수 있다(제383조 제1항 단서).

〈이사회에서 감사의 발언 상황〉

(회사 수)

	전체	상장회사	비상장회사	대회사	대회사 이외 회사
의장의 요구에 따라 발언	412 (13.0%)	209 (15.7%)	203 (11.1%)	290 (13.3%)	120 (12.7%)
의장의 요구가 없어도 필요가 있으면 발언	2,696 (85.2%)	1,237 (92.9%)	1,459 (79.6%)	1,888 (86.4%)	782 (82.7%)
대표이사 · 이사와 평소 충분히 대화하고 있으므로 이사회에서는 특별히 발언할 필요가 없음	713 (22.5%)	159 (11.9%)	554 (30.2%)	463 (21.2%)	240 (25.4%)
대표이사 · 이사와 평소 충분히 대화하는 것도 아니고, 이사회에서도 거의 발언하지 않음	34 (1.1%)	9 (0.7%)	25 (1.4%)	21 (1.0%)	13 (1.4%)

	전체	상장회사	비상장회사	대회사	대회사 이외 회사
기타	48 (1.5%)	19 (1.4%)	29 (1.6%)	38 (1.7%)	10 (1.1%)
회답사 수	3,165	1,332	1,833	2,186	946

(日本監査役協会「役員等の構成の変化などに関するアンケート第20回インターネット・アンケート集計結果 – 監査役(会)設置会社版」(2020年5月18日) 58頁)

[703] 감사는 이사회 소집권자에 대해 이사회 소집을 청구할 수 있다(제383조 제2항). 나아가 그 청구가 있은 날로부터 5일 이내에 그 청구일로부터 2주간 이내를 회일로 하는 이사회 소집통지가 이루어지지 않은 때는 청구를 한 감사가 이사회를 소집할 수 있다(동조 제3항).

[704] 감사는 이사가 부정행위를 하거나 그러한 행위를 할 우려가 있다고 인정하는 때 또는 법령이나 정관에 위반하는 사실 혹은 현저히 부당한 사실이 있다고 인정하는 때는 즉시 그 뜻을 이사(이사회설치회사에서는 이사회)에 보고해야 한다(제382조). 이는 이사의 업무집행을 감독하는 이사회의 권한(→ 591) 행사를 촉구하기 위한 것이다. 또한 감사가 이사회의 위법행위를 알면서 그것을 이사회에 보고하지 않은 때는 임무해태에 따른 책임(→ 710)을 부담한다(제423조 제1항).

(2) 각종 조사권

[705] 감사는 언제든지 이사, 회계참여, 지배인 그 밖의 사용인에 대해 사업 보고를 요구하거나 회사의 업무 및 재산 상황을 조사할 수 있다(제381조 제2항). 또한 이사는 회사에 현저한 손해를 입힐 우려가 있는 사실을 발견한 때는 즉시 감사(감사회설치회사에서는 감사회)에게 그 사실을 보고해야 한다(제357조 제1항 · 제2항).

[706] 감사는 감사에 필요한 때는 그 자회사(모회사 · 자회사의 정의 → 181)에 대해 사업 보고를 요구할 수 있고, 나아가 자회사의 업무 및 재산

상황을 조사할 수 있다(제381조 제3항). 자회사 조사권이 남용되고, 자회사의 이익이 훼손되는 것이 있어서는 안 된다. 그러므로 정당한 이유가 있는 때에는 자회사가 모회사 감사에 의한 보고청구 및 업무 · 재산 상황의 조사를 거부할 수 있다(동조 제4항).

[707] 감사는 이사가 주주총회에 제출하려고 하는 의안 및 서류를 조사하고, 그것에 법령이나 정관에 위반하는 사항 또는 현저히 부당한 사항이 있다고 인정하는 때는 주주총회에 그 조사 결과를 보고해야 한다(제384조). 이는 위법 또는 정관에 위반하는 의안이나 현저히 부당한 의안이 주주총회에서 결의 및 승인되는 것을 방지하기 위해 정해진 것이다.

(3) 위법행위 등의 시정권

[708] 이사가 회사의 목적 범위 외의 행위 그 밖에 법령이나 정관에 위반하는 행위를 하고, 그에 따라 회사에 현저한 손해가 발생할 우려가 있는 경우에는 감사가 이사에 대해 그 행위를 유지할 것을 청구할 수 있다(제385조 제1항). 가처분으로 이사에게 그 행위의 유지를 명하는 경우, 법원은 담보 제공을 요구해서는 안 된다(동조 제2항). 또한 감사는 감사 전원의 동의를 얻어 회계감사인을 해임할 수 있다(제340조 제1항 · 제2항). 이 경우 감사(감사가 2명 이상인 때는 감사의 호선으로 정한 감사)는 그 뜻과 해임 이유를 해임 후 최초로 소집되는 주주총회에 보고해야 한다(동조 제3항). 감사회설치회사에서는 감사회가 선정한 감사가 설명한다(동조 제4항).

[709] 감사는 주주총회결의 취소의 소(제831조 제1항), 신주발행무효의 소, 합병무효의 소 등을 제기할 수 있다(제828조 제2항). 특별청산 개시 후에 법원에 대해 업무 · 재산의 조사 명령을 신청하는 것도 가능하다(제522조 제1항). 또한 회사가 이사에 대해 소를 제기하는 경우 또는 이사가 회사에 대해 소를 제기하는 경우에는 그 소에 대해 감사가 회사를 대표한다(제386조 제1항).

5. 감사의 책임

(1) 회사에 대한 책임

[710] 감사와 회사의 관계에는 위임에 관한 규정이 적용된다(제330조). 따라서 감사는 회사에 대해 선량한 관리자로서의 주의의무를 진다(민법 제644조). 나아가 감사가 그 임무를 게을리해 회사에 손해를 입힌 때에는 회사에 대해 연대해 손해배상책임을 부담한다(제423조 제1항). 이 경우 이사 등에게도 책임이 있는 때에는 감사는 이사 등과 연대해 책임을 부담한다(제430조).

[711] 또한 감사의 회사에 대한 책임에 대해서는 이사의 경우와 마찬가지로 주주대표소송(→ 654)이 인정된다(제847조 제1항). 감사의 책임 일부 면제나 한정도 이사와 같이 인정되고 있다(제425조~제427조)(→ 646−652)〈→ 정관 제32조〉. 회사와 책임한정계약을 체결한 사외감사는 91.4%였다. 이에 반해, 사외감사 이외의 감사 비율은 32.4%에 그치고 있다(→ 652).

(2) 제3자에 대한 책임

[712] 감사는 그 직무와 관련해 악의 또는 중대한 과실이 있는 때에는 제3자에 대해 연대해 손해배상책임을 부담한다(제429조 제1항). 이 경우도 이사에게 책임이 있는 때는 감사가 이사와 연대해 책임을 부담한다(제430조). 감사는 업무집행을 하지 않으므로, 이에 관한 임무해태책임을 부담하는 것은 일반적으로는 없다.

[713] 감사는 감사보고서에 기재 · 기록해야 할 중요한 사항에 대해 허위기재 · 기록을 한 경우에는 제3자에 대해 연대해 손해배상책임을 부담한다(제429조 제2항 제3호, 제430조). 다만 감사가 허위기재 · 기록을 한 것에 관해 주의를 게을리하지 않았음을 증명한 경우에는 그 책임을 면할 수 있다(제429조 단서). 이 밖에 유가증권보고서 등의 허위기재가 있는 경우에는 금융상품거래법상의 책임도 발생한다(금융상품거래법 제21조 등).

6. 감사회

(1) 감사회의 권한

[714] 감사등위원회설치회사, 지명위원회등설치회사 이외의 대회사이면서 공개회사인 회사는 감사회를 설치하여야 한다(제328조 제1항). 그 이외의 회사에서는 정관 규정에 따라 감사회를 임의로 둘 수 있다. 잉여금 배당 등을 이사회 결의로 하기 위해서는 감사회설치회사이어야 하므로(→ 818), 이러한 결의를 원하는 회사는 정관변경을 하고 감사회를 설치하는 것이 필요하다.

[715] 감사회는 모든 감사로 조직된다(제390조 제1항). 감사회는 ① 감사보고서 작성(→ 784), ② 상근감사(→ 689) 선정 · 해직, ③ 감사 방침, 감사회설치회사의 업무 및 재산 상황의 조사방법 그 밖에 감사의 직무 집행에 관한 사항의 결정을 한다(동조 제2항). 또한 ③에 대해 각 감사의 권한 행사를 방해할 수는 없다(동항 단서). 이것을 감사의「독임제」라고 하는 것이 있다. 감사는 감사회의 요구가 있는 때는 언제든지 그 직무 집행 상황을 감사회에 보고해야 한다(동조 제4항).

(2) 감사회의 운영

[716] 감사회는 필요에 따라 개최된다. 감사회는 각 감사가 소집한다(제391조). 감사회를 소집하려면 감사는 1주간 전까지 각 감사에게 통지를 발송해야 한다(제392조 제1항). 1주간이라는 기간은 정관으로 단축할 수 있다〈→ 정관 제30조〉. 감사 전원의 동의가 있는 때는 소집절차 없이 감사회를 개최하는 것이 가능하다(동조 제2항).

[717] 감사회의 결의는 감사 과반수로 한다(제393조 제1항). 감사회의 서면결의는 인정되지 않는다(이사회에 대해 → 582). 감사회의 의사에 대해서는 의사록을 작성하고, 출석한 감사는 서명 또는 기명날인을 한다(동조 제2항. 전자적 기록으로 작성되는 경우에는 동조 제3항 참고). 감사회의 결의에 참여한

감사 중에서 감사회 의사록에 이의를 남기지 않는 자는 그 결의에 찬성한 것으로 추정된다(동조 제4항). 이사 등이 감사 전원에게 감사회에 보고해야 할 사항을 통지한 때는 그 사항을 다시 감사회에 보고하지 않아도 된다(제395조).

제 5 절 지명위원회등설치회사와 감사등위원회설치회사

1. 지명위원회등설치회사

(1) 지명위원회등설치회사의 의의와 개요

[718] 2002년 개정에서 위원회등설치회사 제도가 창설되었다. 위원회등설치회사의 명칭은 2005년 개정에서 「위원회설치회사」, 2014년 개정에서 「지명위원회등설치회사」로 변경되었다(2014년 개정에서 감사등위원회설치회사라고 하는 위원회를 설치하는 회사가 새로이 인정되면서 이러한 개정이 이루어졌다).

[719] 지명위원회등설치회사의 특징은 이사회 내부의 위원회로서 지명위원회, 감사위원회, 보수위원회를 두며(제2조 제12호), 집행임원과 대표집행임원이 회사의 경영을 담당하는 것에 있다(제402조 제1항, 제420조 제1항, 제418조). 지명위원회등설치회사에는 감사를 둘 수 없다(제327조 제4항). 이사회는 업무집행 결정을 대폭 집행임원에게 위임할 수 있다(제416조 제4항). 이 때문에 이사회는 주로 집행임원을 감독하는 역할을 담당하게 된다. 이사회가 경영자에 의한 업무집행 감독을 담당하는 시스템을 「모니터링 모델」이라고 한다. 지명위원회등설치회사에서는 위의 3 위원회가 중요한 역할을 다하게 된다. 이러한 위원회 제도의 실효성을 높일 목적으로 사외이사(→ 553)가 위원회 구성원의 과반수를 차지하는 것이 요구된다(제400조 제3항).

〈지명위원회등설치회사의 개요〉

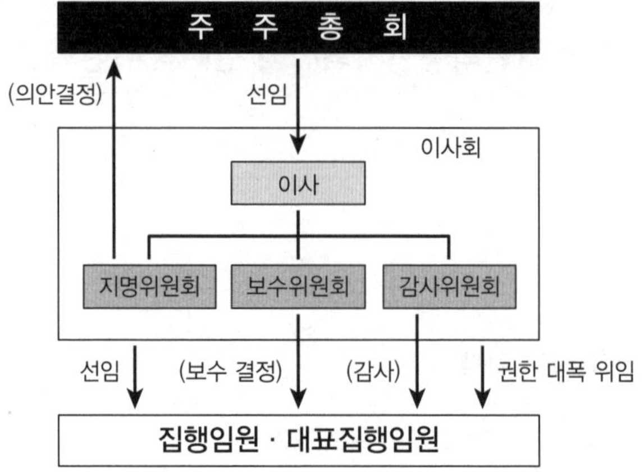

[720] 회사는 정관의 정함에 따라 지명위원회등설치회사가 될 수 있다(제326조 제2항). 2002년 개정 시에 기업통치(기업 지배구조) 제도로서 지명위원회등설치회사도 감사 · 감사회설치회사도 모두 합리성이 있고, 어느 제도를 채용하느냐는 회사의 자치에 위임하는 것으로 하였다. 다만 지금까지 지명위원회등설치회사를 선택한 회사는 많지 않다(그 이유는→743).

〈지명위원회등설치회사를 선택한 기업〉

(2020년 4월 3일 기준)

도쿄증권거래소 제1부	63
도쿄증권거래소 제2부	4
기타 상장	
마더스	5
JASDAQ	4
센트렉스	1

(일본이사협회 웹 사이트)

채용회사(채용연도) 이온(2003), 오릭스(2003), 코니카미놀타(2003), 소니(2003), 도시바(2003), 노무라HD(2003), 히타치제작소(2003), HOYA(2003), 미쓰비시 일렉트릭(2003), 리소나HD(2003), 에자이(2004), 다이와증권그룹 본사(2004), 일본이타가라스(2008), 쿡패드

(2009), 도쿄전력(2012), 일본거래소그룹(2013), 미즈노 파이낸셜 그룹(2014), 일본우정(2015), 미쓰비시 케미컬 HD(2015), 미쓰비시 UFJ 파이낸셜 그룹(2015), 유초은행(2015), 브리지스톤(2016), 미쓰비시 부동산(2016), 야마하(2017), 미쓰이 스미토모 파이낸셜 그룹(2017), 미쓰비시 자동차 공업(2019), 올림푸스(2019), 일본증권금융(2019) 등

(2) 이사 · 이사회

[721] 지명위원회등설치회사에서도 이사는 주주총회에서 선임된다(제329조 제1항). 다만 이사 선임 의안의 내용은 지명위원회(→ 730)가 결정한다(제404조 제1항). 이사는 3명 이상 선임할 필요가 있다. 각 위원회에서는 그 구성원의 과반수가 사외이사이어야 한다는 점(제400조 제3항)에서 적어도 2명 이상의 사외이사를 주주총회에서 선임해 둘 필요가 있다(위원의 겸임은 가능).

[722] 지명위원회등설치회사의 이사 임기는 취임 후 1년 이내의 최종 결산기에 관한 정기주주총회 종결 시까지이다(제332조 제1항 · 제6항)(비교 → 559). 이에 따라 지명위원회등설치회사의 이사는 매년 주주총회에서 주주로부터 신임을 받는 것이 된다. 지명위원회등설치회사에서는 잉여금 배당 결정에 관해 주주총회의 결의를 요하지 않는다(제459조 제1항)(비교 → 817). 따라서 이 점에서도 매년 주주총회를 개최해 주주의 이사에 대한 신임을 묻는 기회를 확보할 필요가 있다.

[723] 지명위원회등설치회사에서는 회사의 업무집행이 집행임원(→ 736)에게 위임된다. 업무의 감독과 집행이 분리되므로, 이사는 원칙적으로 이사의 자격으로 회사의 업무를 집행할 수 없다(제415조). 다만 이사와 집행임원의 겸임은 가능하다(제402조 제6항. 도쿄증권거래소 상장회사 중에는 23.7%의 집행임원이 이사를 겸무하고 있다). 그 때문에 집행임원의 입장에서 업무집행에 관여할 수 있다. 이는 양자의 겸임을 통해 이사회에 제공되는 정보 충실을 기대했기 때문이다. 이사에 의한 집행임원에 대한 감독 기능

의 약화가 우려되는데, 이 점은 사외이사가 과반수를 차지하는 각 위원회의 역할에 기대를 걸고 있다.

〈집행임원 겸임 상황〉

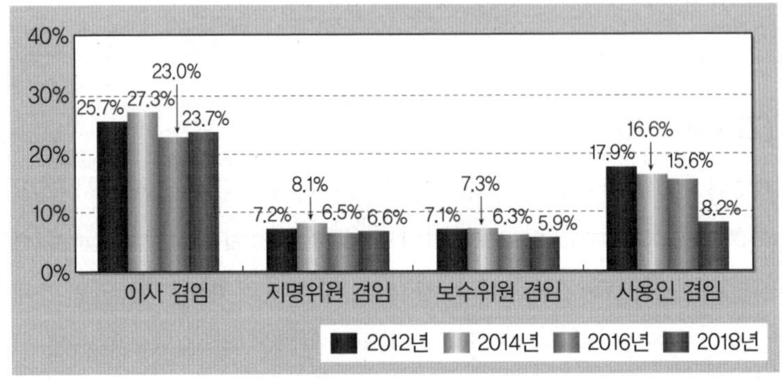

(東京証券取引所「東証上場会社コーポレート・ガバナンス白書2019」130頁)

[724] 지명위원회등설치회사의 이사는 회사 지배인 그 밖의 사용인을 겸하는 것이 금지된다(제331조 제4항). 따라서 지명위원회등설치회사에서는 사용인겸무이사는 허용되지 않는다. 이는 이사의 주된 직책이 집행임원의 감독에 있는바 집행임원의 지휘·명령을 받는 사용인을 겸무하는 것은 타당하지 않다는 생각에 따른 것이다.

[725] 지명위원회등설치회사에서는 이사회를 설치해야 한다(제327조 제1항 제4호). 이사회는 경영의 기본방침 등 업무집행 결정을 하고, 이사 및 집행임원의 직무 집행을 감독한다(제416조 제1항). ① 경영의 기본방침, ②「감사위원회 직무 집행을 위해 필요한 것」으로서 법무성령에서 정하는 사항, ③ 집행임원이 2명 이상이면 집행임원의 직무 분장 및 지휘명령 관계 그 밖에 집행임원 상호 관계에 관한 사항, ④ 집행임원으로부터 이사회 소집 청구를 받는 이사, ⑤「집행임원의 직무 집행이 법령·정관에 적합하도록 하기 위한 체제 그 밖에 회사 업무의 적정성을 확보하는 데 필요한 것」으로서 법무성령에서 정하는 체제(내부통제 시스템의 대강) 정비를 결정해야 한다(동조 제2항). 이러한 직무 집행을 이사에게 위임할 수

는 없다(동조 제3항).

(3) 3 위원회의 운영

[726] 지명위원회등설치회사에서는 지명위원회, 감사위원회, 보수위원회라는 3 위원회를 설치해야 한다(제2조 제12호). 이러한 위원회를 겸무하는 사외이사도 적지 않다. 특히 지명위원회와 보수위원회의 겸무 비율이 높다.

〈3 위원회 이사의 원수와 사외자의 비율〉

(평균 인원수)

	전체	상장회사	비상장회사
지명위원회			
총수 평균 인수	4.15	4.20	3.75
사외 인수	3.15	3.23	2.50
(사외구성비)	(75.9%)	(76.9%)	(66.7%)
보수위원회			
총수 평균 인수	4.05	4.09	3.75
사외 인수	3.05	3.14	2.25
(사외구성비)	(75.3%)	(76.8%)	(60.0%)
감사위원회			
총수 평균 인수	4.21	4.43	2.25
사외 인수	3.15	3.31	1.75
(사외구성비)	(74.8%)	(74.7%)	(77.8%)
상근 인수	1.13	1.17	0.75
(상근구성비)	(26.8%)	(26.4%)	(33.3%)
회답사 수	39	35	4

(日本監査役協会「役員等の構成の変化などに関するアンケート第20回インターネット・アンケート集計結果 – 監査役(会)設置会社版」(2020年5月18日) 9頁)

〈3 위원회의 겸무상황(사외위원)〉

	전체	상장회사	비상장회사
감사위원회+지명위원회+보수위원회(평균 인수)	0.74	0.83	0.00
겸무가 있는 회사 수	12	12	0
	(30.8%)	(34.3%)	(0.0%)
겸무가 있는 경우의 평균 인수	2.42	2.42	0
감사위원회+지명위원회(평균 인수)	1.23	1.34	0.25
겸무가 있는 회사 수	23	22	1
	(59.0%)	(62.9%)	(25.0%)
겸무가 있는 경우의 평균 인수	2.09	2.14	1.00
감사위원회+보수위원회(평균 인수)	1.28	1.40	0.25
겸무가 있는 회사 수	26	25	1
	(66.7%)	(71.4%)	(25.0%)
겸무가 있는 경우의 평균 인수	1.92	1.96	1.00
지명위원회+보수위원회(평균 인수)	2.00	2.11	1.00
겸무가 있는 회사 수	35	33	2
	(89.7%)	(94.3%)	(50.0%)
겸무가 있는 경우의 평균 인수	2.23	2.24	2.00
회답사수	39	35	4

(日本監査役協会「役員等の構成の変化などに関するアンケート第20回インターネット・アンケート集計結果 – 監査役(会)設置会社版」(2020年5月18日) 10頁)

[727] 3 위원회는 위원인 각 이사가 소집할 수 있다(제410조). 위원회를 소집하려면 위원회의 회일의 1주간 전까지(이를 밑도는 기간을 이사회에서 결정하는 것도 가능하다) 각 위원에 대해 그 통지를 발송해야 한다(제411조 제1항). 위원회의 위원 전원의 동의가 있으면 소집절차는 불요이다(동조 제2항). 이사 및 집행임원은 위원회의 요구가 있는 때는 요구를 한 위원회에 출석해 위원회가 요구한 사항에 관해 설명해야 한다(동조 제3항).

[728] 위원회 결의는 결의에 참여할 수 있는 위원 과반수가 출석하고, 그 과반수를 가지고 한다(제412조 제1항). 정족수 및 결의요건에 관해 이를 웃도는 비율을 이사회에서 정하는 것도 가능하다. 특별이해관계를 가지는 위원은 결의에 참여할 수 없다(동조 제2항). 위원회의 의사에 대해서는 의사록을 작성하고, 10년간 본점에 비치하는 것을 요한다(동조 제3

항, 제413조 제1항).

[729] 위원회를 조직하는 이사로 그 소속 위원회가 지명하는 자는 위원회의 직무 집행 상황을 이사회에 즉시 보고해야 한다(제417조 제3항). 위원회를 조직하는 이사가 그 직무 집행에 관해 회사에 ① 비용의 선지급, ② 지출한 비용의 상환 및 지출일 이후의 이자 상환, ③ 부담한 채무의 채권자에 대한 변제를 청구한 때 회사는 그 청구에 관계된 비용 또는 채무가 해당 이사의 직무 집행에 필요하지 않음을 증명한 경우가 아니면 이를 거부할 수 없다(제404조 제4항).

(4) 3 위원회의 권한

[730] 지명위원회는 주주총회에 제출하는 이사의 선임 · 해임에 관한 의안의 내용을 결정하는 위원회이다(제404조 제1항). 사외이사가 과반수를 차지하는 지명위원회를 설치함으로써 집행기관으로부터 독립한 관점에서의 이사 인선이 기대되고 있다.

[731] 감사위원회는 이사와 집행임원의 직무 집행 감사 및 감사보고서 작성을 수행하는 위원회이다(제404조 제2항). 지명위원회등설치회사에는 감사를 둘 수 없다(제327조 제4항). 감사위원회를 조직하는 이사(감사위원)는 그 회사 혹은 그 자회사의 집행임원이나 업무집행이사 또는 자회사의 회계참여나 지배인 그 밖의 사용인을 겸할 수 없다(제404조 제4항). 이른바 실사를 하는 것이 예정된 감사와 달리, 감사위원회는 내부통제부문이 적절하게 구성 · 운영되고 있는지를 감시하는 것이 주요 임무이다. 상근 감사위원을 둘 필요도 없다(감사설치회사에서는 상근감사를 둘 필요가 있다 → 689).

[732] 감사위원 중에서 감사위원회가 지명하는 자는 언제든지 다른 이사, 집행임원 및 사용인에 대해 그 직무 집행에 관한 사항의 보고를 요구하고, 회사의 업무 · 재산 상황을 조사할 수 있다(제405조 제1항). 감사위원회의 직무를 집행하는 데 필요한 때는 자회사에 대해 사업 보고

를 요구하고, 자회사의 업무 및 재산 상황을 조사할 수 있다(동조 제2항). 감사위원은 집행임원 혹은 이사가 부정행위를 하거나 그러한 행위를 할 우려가 있다고 인정하는 때 또는 법령 · 정관에 위반하는 사실이나 현저히 부당한 사실이 있다고 인정하는 때는 이사회에서 지체없이 그 뜻을 보고해야 한다(제406조). 나아가 집행임원 혹은 이사가 회사의 목적 범위 외의 행위 그 밖에 법령 · 정관에 위반하는 행위를 하거나 그러한 행위를 할 우려가 있는 경우로 그 행위로 인해 회사에 현저한 손해가 발생할 우려가 있는 때는 그 집행임원 또는 이사에 대해 그 행위를 유지할 것을 청구할 수 있다(제407조 제1항).

[733] 지명위원회등설치회사에서는 회계감사인을 설치해야 한다(제327조 제5항). 감사위원회는 주주총회에 제출하는 회계감사인의 선임 · 해임과 회계감사인을 재임하지 않는 것에 관한 의안 내용의 결정 권한을 가진다(제404조 제2항 제2호). 회계감사인의 보수는 회사가 결정하는데, 그것에는 감사위원회의 동의가 필요하다(제399조 제1항 · 제4항).

[734] 보수위원회는 이사 및 집행임원이 받는 개인별 보수 내용을 결정하는 위원회이다(제404조 제3항). 보수위원회는 이사 및 집행임원이 받는 개인별 보수의 내용 결정에 관한 방침을 정한다(제409조 제1항). 개인별 보수를 결정할 때에는 ① 확정금액의 경우 개인별 금액, ② 불확정금액의 경우 개인별 구체적 산출방법, ③ 해당 회사의 모집주식의 경우 그 모집주식의 수 등, ④ 해당 회사의 모집신주예약권의 경우 그 모집신주예약권의 수 등, ⑤ 해당 회사의 모집주식 · 모집신주예약권과 상환하여 하는 지급에 충당하기 위한 금전의 경우 인수하는 모집주식 · 모집신주예약권의 수 등, ⑥ 금전 이외의 것인 경우 개인별 구체적 내용을 결정해야 한다(동조 제3항).

[735] 집행임원이 지배인 그 밖의 사용인을 겸하는 경우는 사용인의 보수 내용에 대해서도 보수위원회가 결정한다(제404조 제3항 제2문).

(5) 집행임원 · 대표집행임원

[736] 집행임원의 선임은 이사회 결의로 한다(제402조 제2항). 임기는 취임 후 1년 이내의 최종 결산기에 관한 정기주주총회가 종결한 후 최초로 개최되는 이사회 종결 시까지로 정해져 있다(동조 제7항). 집행임원은 언제든지 이사회 결의에 따라 해임된다(제403조 제1항). 해임된 집행임원은 해임에 관해 정당한 이유가 있는 경우를 제외하고, 회사에 대해 이로 인해 생긴 손해배상을 청구할 수 있다(동조 제2항).

[737] 집행임원의 결격사유는 이사와 같다(제402조 제4항, 제331조 제1항)(→ 557). 공개회사 이외의 회사에서는 정관에 집행임원이 주주여야 한다는 뜻을 정할 수도 있다(제402조 제5항 단서).

[738] 지명위원회등설치회사에서는 집행임원이 이사회 결의로 위임된 업무집행의 결정 및 업무집행을 한다(제418조). 집행임원은 3월에 1회 이상 이사회에서 자기의 직무 집행 상황을 보고해야 한다(제417조 제4항). 집행임원은 이사회의 요구가 있는 때는 이사회에 출석해 이사회가 요구한 사항에 관해 설명해야 한다(동조 제5항). 집행임원에는 이사회 소집 권한이 있다(동조 제2항). 나아가 회사에 현저한 손해를 미칠 우려가 있는 사실을 발견한 때는 즉시 감사위원에게 그 사실을 보고해야 한다(제419조 제1항).

[739] 집행임원이 복수 선임된 경우, 이사회 결의로 대표집행임원을 정하는 것을 요한다(제420조 제1항 제1문). 집행임원이 1명인 때는 그자가 대표집행임원으로 선정된 것이 된다(동항 제2문). 대표집행임원은 이사회 결의로 언제든지 해직된다(동조 제2항). 대표집행임원의 성명과 주소는 등기사항이다(제911조 제3항 제23호 다목). 대표집행임원에는 대표이사와 마찬가지로 표현대표집행임원의 정함이 있다(제421조. 표현대표이사 → 603). 나아가 대표권의 범위 등에 대해서는 대표이사에 관한 규정(→ 598)이 준용된다(제420조 제3항).

(6) 이사 및 집행임원의 책임

[740] 회사와 이사 및 집행임원의 관계는 위임에 관한 규정에 따른다(제330조, 제402조 제3항). 따라서 이사와 집행임원은 회사에 대해 선관주의의무를 부담한다(민법 제644조). 이사와 집행임원은 그 임무를 게을리한 때는 회사에 대해 손해배상책임을 진다(제423조 제1항. 회사에 대한 책임). 이 책임은 총주주의 동의가 없으면 면제할 수 없다(제424조). 지명위원회등설치회사의 이사 또는 집행임원에 대해서도 선의이고 무중과실인 경우에 일정 책임경감제도가 마련되어 있다(제425조 ~ 제427조)(→ 646-653).

[741] 위법배당 책임 및 이해상충 거래에 관한 책임 등에 대해서도 같은 규정이 적용된다(제423조 제2항 · 제3항, 제462조 제1항)(→ 643, 826). 또한 주주는 이사뿐만 아니라 집행임원에 대해서도 대표소송(→ 654)을 제기할 수 있다(제847조 제1항). 회사가 집행임원의 책임을 추궁하는 소를 제기하는 경우에는 감사위원이 소송 당사자이면 이사회가 정하는 자, 감사위원이 소송 당사자가 아니면 감사위원회가 선정하는 감사위원이 회사를 대표한다(제408조 제1항).

[742] 지명위원회등설치회사의 이사 및 집행임원에 대해서도 제3자에 대한 책임이 규정되어 있다(제3자에 대한 책임 → 669). 즉, 이사 또는 집행임원이 그 직무를 함에 있어 악의 혹은 중과실이 있는 경우에는 제3자에 대해 손해배상 의무를 진다(제429조). 제3자에 대해 손해배상 의무를 지는 경우, 이사와 집행임원의 연대책임이 정해져 있다(제430조).

2. 감사등위원회설치회사

(1) 감사등위원회설치회사의 의의와 개요

[743] 2014년 개정에서 감사등위원회설치회사 제도가 창설되었다. 2002년 개정에서 도입된 지명위원회등설치회사(당시는 위원회등설치회

사)는 사외이사가 과반수를 차지하는 3 위원회를 중심으로 한 이사회가 집행임원을 감시하는 시스템이었다. 지명위원회등설치회사에서는 경영의 집행과 감독을 분리함으로써 이른바 모니터링 모델의 실현이 도모되었다(→ 719). 다만 지명위원회등설치회사를 채용하는 회사는 소수에 그쳤다. 그 이유의 하나로 지명위원회와 보수위원회 설치가 강제된다는 점에서 실무계가 이행에 난색을 보인 것이 열거된다. 그래서 사외이사가 과반수를 차지하는 위원회에 의한 감사 등의 역할을 남기면서(감사등위원회) 지명위원회와 보수위원회의 설치를 불요로 하는 제도설계가 이루어졌다.

[744] 감사등위원회설치회사에서는 지명위원회등설치회사와 달리 집행임원 · 대표집행임원은 두지 않는다. 감사등위원회설치회사에서는 감사 · 감사회설치회사와 마찬가지로 대표이사가 회사를 대표한다. 다만 이사회 과반수가 사외이사이면 또는 정관의 정함이 있으면 이사회의 권한을 대폭 대표이사 등에게 위양委讓할 수 있다(→ 749). 이 점에서 지명위원회등설치회사와 마찬가지로(→ 719) 신속한 의사결정이 가능하게 된다. 감사등위원회설치회사에서는 감사를 둘 수 없다. 감사등위원회는 지명위원회등설치회사의 감사위원과 같은 권한을 가진다. 이사의 선임 · 해임은 주주총회에서 이루어지나, 이와 관련해 감사등위원회는 의견진술권을 가진다(보수의 결정에 대해서도 같다(→ 753)). 즉, 권한이 감사에 그치지 않는다는 점에서 위원회의 명칭도 「감사등위원회」가 되었다. 감사등위원회에는 감사의 경우와 마찬가지로 독립성 확보에 관한 권한이 부여되어 있다. 이상의 점에서 감사등위원회설치회사는 감사 · 감사회설치회사와 지명위원회등설치회사의 중간에 위치하는 형태라고 할 수 있다.

〈감사등위원회설치회사의 개요〉

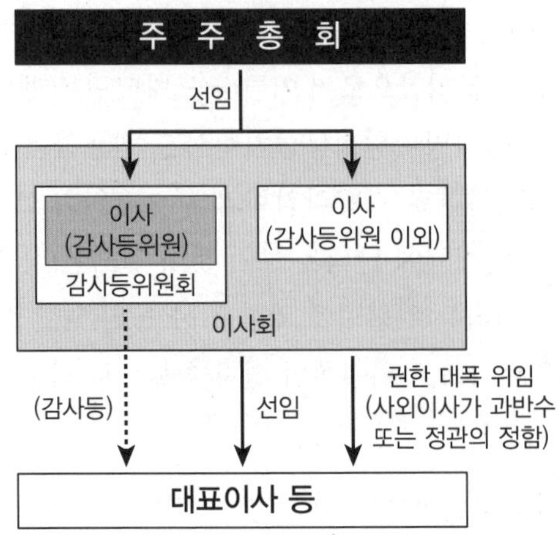

[745] 감사등위원회설치회사는 사외이사를 중심으로 한 감사등위원회가 경영 감시를 하는 것이다. 따라서 사외이사의 직무는 중대하다. 애초 감사설치회사가 감사등위원회설치회사로 이행하는 예는 많지 않을 것이란 예측도 있었다. 그러나 제도 발족 후, 감사등위원회설치회사로 이행하는 움직임이 눈에 띄었다. 그 이유의 하나로 회사법 개정(→ 550, 551)이나 도쿄증권거래소의 자주규칙(→ 52, 53, 552)에 따라 감사회설치회사의 사외이사 선임이 사실상 의무화된 것이 생각된다. 감사회설치회사에서는 2명 이상의 사외감사가 필요하다(→ 689). 여기에 2명 이상의 사외이사를 선임하면 합계 4명 이상의「사외임원」이 필요하게 된다. 이에 반해 감사등위원회설치회사에서는 감사등위원으로서 사외이사 2명을 선임하면 족하다. 사외임원의 선임 부담이 감사등위원회설치회사로의 이행 이유가 되고 있다. 나아가 감사등위원회설치회사에서는 정관의 규정으로 이사회 결의사항을 대폭 대표이사 등에 위임하는 것이 가능하다(→ 744, 749). 감사등위원회설치회사로 이행함으로써 신속한 의사결정이 가능해진다.

● 감사등위원회설치회사로의 이행

[746] 감사등위원회설치회사는 2014년 개정으로 도입되었다. 개정법의 시행은 2015년 5월 1일이다. 산토리 홀딩스サントリーホールディングス 및 유니참ユニ·チャーム(모두 12월 결산회사)은 같은 해 3월에 개최된 정기주주총회에서 필요한 승인 결의를 거쳐, 동월 동일부터 감사등위원회설치회사가 되었다. 그 후도 감사회설치회사에서 감사등위원회설치회사로 이행하는 회사가 증가하였고, 그 수는 1,000개사 이상에 이르렀다. 이에는 미쓰비시중공업, 코스모 석유, 쟈후코, 노무라부동산홀딩스, 오카상증권 그룹 등이 포함되었다. 감사회설치회사에서 감사등위원회설치회사로 이행한 회사 대부분은 종래의 사외감사를 사외이사로 이동시키고 있다. 사외자의 수를 증가시키지 않는 것이 이행의 인센티브가 된다는 점을 생각하면, 이러한 사태를 예견하는 것은 그리 어려운 일이 아니다. 다만 사외감사와 사외이사의 직책에는 차이도 있고, 안이한 지위 이동은 기업 지배구조에 지장이 될 위험성도 있다.

(2) 이사 · 이사회

[747] 감사등위원회설치회사의 이사는 주주총회에서 선임된다(제329조 제1항). 감사등위원인 이사는 그 밖의 이사와는 구별해 선임해야 한다(동조 제2항). 감사등위원 이외의 이사 임기는 1년이지만(정관이나 주주총회의 결의로 임기를 단축하는 것은 가능), 감사등위원인 이사의 임기는 2년이다(선임 후 2년 이내의 최종사업연도에 관한 정기주주총회 종결 시까지. 제332조 제1항 · 제3항). 전자의 임기는 정관이나 주주총회 결의로 단축할 수 있지만, 후자의 임기는 단축할 수 없다. 감사등위원 이외 이사의 해임은 주주총회 보통결의로 할 수 있지만, 감사등위원인 이사의 해임에는 주주총회 특별결의가 필요하다(제309조 제2항 제7호). 이사의 보수 등은 정관에 정함이 없으면 주주총회의 결의에 따라 결정된다(제361조 제1항). 다만 감사등위원인 이사의 보수 등은 그 밖의 이사와 구별해 정해야 한다(동조 제2항). 감사등위원인

이사는 그 보수 등에 대해 의견을 진술할 수 있다(동조 제5항). 이러한 규제는 감사등위원인 이사의 독립성을 확보하기 위한 것이다.

[748] 감사등위원이 되는 이사는 회사 또는 그 자회사의 업무집행이사, 지배인 그 밖의 사용인을 겸할 수 없다(제331조 제3항). 감사등위원이 되는 이사는 3명 이상이며, 그 과반수는 사외이사이어야 한다(동조 제6항).

[749] 감사등위원회설치회사에서는 이사회를 설치해야 한다(제327조 제1항 제3호). 집행임원은 둘 수 없다. 그 때문에 회사의 업무집행은 이사회와 대표이사(업무집행이사 등)에 의해 이루어진다. 이 점에서 감사 · 감사회설치회사와 같다. 다만 이사의 과반수가 사외이사인 경우 또는 정관의 정함이 있는 경우에는 이사회 결의로 이사회가 결정해야 할 사항을 대폭 이사에게 위임할 수 있다(제399조의13 제5항 · 제6항). 이사에게 위임할 수 있는 사항의 범위는 지명위원회등설치회사에서 집행임원에게 위임할 수 있는 범위와 실질적으로 같다. 이 점에서 이 제도를 채용하는 경우, 지명위원회등설치회사와 유사한 업무집행이 가능하게 된다.

(3) 감사등위원회의 운영

[750] 감사등위원회는 감사등위원이 되는 이사로서 주주총회에서 선임된 자 전원으로 조직한다(제399조의2 제1항 · 제2항). 각 감사등위원이 감사등위원회의 소집권을 가진다(제399조의8). 감사등위원회의 소집통지는 회일의 1주간 전까지 하여야 한다(제399조의9 제1항). 지명위원회등설치회사의 3 위원회는 이사회에서 정한 경우 소집통지 기간을 단축할 수 있지만(제411조 제1항 등 참고), 감사등위원회에서는 그 기간을 단축하는 데 정관의 규정이 필요하다.

[751] 감사등위원회의 결의는 그 결의에 참여할 수 있는 감사등위원의 과반수가 출석하고, 출석자의 과반수 찬성을 가지고 성립한다(제399조의10 제1항). 결의요건은 변경할 수 없다. 또한 특별이해관계를 가지는 감사등

위원은 결의에 참여할 수 없다(동조 제2항). 의사록의 작성이 의무화되어 있으며(동조 제3항 · 제4항), 결의에 참여한 감사등위원으로 의사록에 이의를 남기지 않은 자는 그 결의에 찬성한 것으로 추정된다(동조 제5항).

(4) 감사등위원회의 권한

[752] 감사등위원회는 이사의 직무 집행 감사 및 감사보고서의 작성을 한다(제399조의2 제3항 제1호). 감사등위원회설치회사에서는 회계감사인을 두어야 한다(제327조 제5항). 감사등위원회는 주주총회에 제출하는 회계감사인의 선임 · 해임과 회계감사인을 재임하지 않는 것에 관한 의안의 내용을 결정한다(제399조의2 제3항 제2호).

[753] 감사등위원회의 권한은 지명위원회등설치회사의 감사위원의 권한과 같다. 나아가 감사등위원회가 선정하는 감사등위원은 주주총회에서 감사등위원 이외의 이사 선임, 그들의 보수 등에 관해 감사등위원회의 의견을 진술할 수 있다(제342조의2 제4항, 제361조 제6항). 지명위원회등설치회사의 지명위원회나 보수위원회와 달리 선임 · 해임 의안이나 보수의 결정을 할 수는 없지만, 의견진술이라는 형태로 유사한 효과를 발휘시키는 것으로 하였다.

[754] 감사등위원회설치회사에서는 감사등위원 이외의 이사가 자기거래(→ 636)를 하는 경우, 그 거래에 대해 감사등위원회의 승인을 받으면 임무해태로 추정(→ 643)하지 않는다(제423조 제4항). 그러나 감사등위원인 이사에 대해서는 이러한 특별 규제는 적용되지 않는다.

[755] 감사등위원회에는 상근 감사등위원을 두는 것이 요구되지 않는다(감사회설치회사에서는 상근감사가 필요하다 → 689). 이는 지명위원회등설치회사의 감사위원과 마찬가지로 감사 방법이 내부통제시스템을 통한 것이기 때문이다. 그러므로 감사등위원회설치회사의 이사회는 대회사가 아니어도(→ 588), 내부통제시스템 정비에 관한 결정을 하는 것이 의무화

되어 있다(제399조의13 제1항 제1호 다목). 다만 실무에서는 많은 회사가 상근 감사등위원을 선정하고 있다(全国株懇連合会「2019年度全株懇調査報告書」(2019年10月)65頁에 따르면 89.3% 회사에서 감사등위원을 선정하였다).

제 6 절 회계감사인과 회계참여

1. 회계감사인

(1) 회계감사인의 선임

[756] 대회사, 감사등위원회설치회사 및 지명위원회등설치회사에서는 회계감사인의 설치가 강제된다(제327조 제5항, 제328조). 그 밖의 회사는 정관의 정함으로 회계감사인을 둘 수 있다(제326조 제2항). 회계감사인은 주주총회의 보통결의로 선임된다(제329조 제1항). 감사설치회사에서는 주주총회에 제출하는 회계감사인의 선임에 관한 의안 내용을 감사가 결정한다(제344조 제1항). 감사가 2명 이상이면 그 과반수로 결정한다(동조 제2항). 감사회설치회사에서는 그 결정을 감사회가 한다(동조 제3항). 2014년 개정 전까지 회계감사인의 선임 의안에 대해서는 감사(감사회)의 동의를 요하는 것으로 되어 있었다(거부권만이 부여되어 있었다). 같은 해 개정으로 회계감사인의 독립성을 더욱더 높이기 위해 감사(감사회)에게 결정권을 맡기기로 하였다(아래의 「재임하지 않는 것에 관한 의안 결정」[→ 759], 해임에 관한 의안 결정[→ 760]도 같다). 회계감사인의 선임 의안 등의 결정은 감사등위원회설치회사에서는 감사등위원회, 지명위원회등설치회사에서는 감사위원회가 한다(제399조의2 제3항 제2호, 제404조 제2항 제2호).

(2) 회계감사인의 자격

[757] 회계감사인은 공인회계사 또는 감사법인이어야 한다(제337조

제1항). 회계감사의 실효성을 기대하기 위해 회계감사인의 자격을 회계에 관한 전문능력을 가지는 자로 한정하였다.

[758] 회계감사인의 결격사유로는 다음의 사항이 있다(제337조 제3항).

① 공인회계사법의 규정에 따라 결격자로 되는 자

② 그 회사의 자회사 혹은 그 이사 등으로부터 공인회계사나 감사법인의 업무 이외의 업무로 계속해서 보수를 받는 자 또는 그 배우자

③ 감사법인으로 그 사원의 반수 이상이 ②에 열거한 자인 경우

(3) 회계감사인의 임기

[759] 회계감사인의 임기는 취임 후 1년 이내의 최종 결산기에 관한 정기주주총회 종결 시까지이다(제338조 제1항). 그 주주총회에서 특별한 결의를 하지 않으면 자동으로 임기가 연장된다(동조 제2항). 감사설치회사에서는 회계감사인을 재임하지 않는 것에 관한 의안의 내용을 감사(감사가 2명 이상이면 그 과반수)가 결정한다. 감사회설치회사에서는 감사회가 결정한다(제344조). 이는 회계감사인의 지위를 강고하게 함과 동시에, 회계감사인과 이사의 유착을 방지하기 위한 것이다. 일본 회사 중 많은 회사가 같은 회계감사인을 재임하고 있다.

〈회계감사인의 선임 · 재임〉

(회사 수)

	전체	상장회사	비상장회사	대회사	대회사 이외 회사
이번 기에 새로 선임하였다.	110 (4.3%)	48 (3.6%)	62 (5.0%)	69 (3.2%)	39 (9.9%)
전기에 이어 같은 회계감사인을 재임하였다.	2,452 (95.2%)	1,280 (96.3%)	1,172 (94.0%)	2,090 (96.6%)	344 (87.8%)
기타	14 (0.5%)	1 (0.1%)	13 (1.0%)	5 (0.2%)	9 (2.3%)
회답사 수	2,576 (100.0%)	1,329 (100.0%)	1,247 (100.0%)	2,164 (100.0%)	392 (100.0%)

(日本監査役協会「役員等の構成の変化などに関するアンケート第20回インターネット・アンケート集計結果－監査役(会)設置会社版」(2020年5月18日) 77頁)

(4) 회계감사인의 종임

[760] 회계감사인은 임기 중에도 주주총회의 보통결의로 해임된다(제339조 제1항). 회계감사인을 해임하는 의안은 감사설치회사에서는 감사(감사가 2명 이상이면 그 과반수의 동의가 필요), 감사회설치회사에서는 감사회가 결정한다(제344조). 그 경우 회계감사인은 주주총회에 출석해 의견을 진술할 수 있다(제345조 제1항 · 제5항). 또한 해임된 회계감사인은 그 해임에 정당한 이유가 있는 경우를 제외하고, 회사에 손해배상을 청구할 수 있다(제339조 제2항).

[761] 회계감사인에게 해임 사유가 있는 경우에는 감사(감사가 2명 이상이면 그 전원의 동의)가 해임할 수 있다(제340조 제1항 · 제2항). 감사회설치회사에서는 감사회가 감사 전원의 동의로 해임할 수 있다(동조 제4항). 감사등위원회설치회사에서는 감사등위원회의 감사등위원, 지명위원회등설치회사에서는 감사위원회 감사위원의 동의로 해임할 수 있다(동조 제5항 · 제6항). 해임 사유로는 다음의 것이 있다.

① 직무상 의무에 위반하거나 직무를 게을리한 것

② 회계감사인으로서 어울리지 않는 비행非行을 한 것

③ 심신상의 문제로 직무 집행에 지장이 있거나 직무를 감당할 수 없는 것

[762] 회계감사인을 해임한 경우, 감사 등은 그 해임 후 최초 주주총회에서 해임에 관해 그 사실과 이유를 보고해야 한다(제340조 제3항). 해임된 회계감사인은 그 주주총회에서 의견을 진술할 수 있다(제345조 제1항 · 제5항).

[763] 회계감사인의 취임, 사망, 해임, 결격사유 발생 등으로 회계감사인이 부재가 된 경우 또는 정관에 정하는 수를 결한 경우에는 주주총회를 개최해 회계감사인을 선임해야 한다. 다만 그것이 곤란한 경우에는 감사(감사회)가 임시로 회계감사인의 직무를 수행하는 임시회계감사인을 선임해야 한다(제346조 제4항 · 제6항).

(5) 회계감사인의 보수

[764] 회계감사인의 보수는 회사가 결정한다. 다만 보수의 결정에 대해서는 감사설치회사에서는 감사(감사가 2명 이상이면 그 과반수), 감사회설치회사에서는 감사회의 동의를 얻어야 한다(제399조 제1항 · 제2항). 감사등위원회설치회사에서는 감사등위원, 지명위원회등설치회사에서는 감사위원회의 동의를 얻어야 한다(동조 제3항 · 제4항).

[765] 감사의 동의 제도는 회계감사인의 독립성을 강화하기 위해 2005년 회사법 제정 시에 신설되었다. 2014년 개정 시에 회계감사인의 선임 · 해임권과 함께, 보수 결정권을 감사 등에게 부여하는 것이 검토되었으나 입법에 이르지는 못하였다.

(6) 회계감사인의 권한

[766] 회계감사인은 회계감사를 한다(→ 785). 회계감사인은 언제든지 회사의 회계장부 등을 열람 · 등사할 수 있고 이사(지명위원회등설치회사에서는 집행임원과 이사), 회계참여, 지배인 그 밖의 사용인에게 회계에 관해 보고를 요구하는 권한을 가진다(제396조 제2항). 또한 자회사 조사권도 가지고 있다(동조 제3항). 해당 자회사는 정당한 이유가 있는 때는 이러한 보고 · 조사를 거부할 수 있다(동조 제4항).

[767] 회계감사인은 그 직무를 수행하면서 이사의 직무 집행에 부정행위 또는 법령 · 정관에 위반하는 중대한 사실이 있음을 발견한 때는 즉시 이를 감사에게 보고해야 한다(제397조 제1항). 감사회설치회사에서는 감사회, 감사등위원회설치회사에서는 감사등위원회가 선정한 감사등위원, 지명위원회등설치회사에서는 감사위원회가 선정한 감사위원회의 위원에게 보고한다(동조 제4항 · 제5항).

[768] 감사대상인 계산서류 등이 법령 · 정관에 적합한가에 대해 회계감사인이 감사(감사회설치회사에서는 「감사회 또는 감사」, 감사등위원회설치회사에

서는「감사등위원회 또는 감사등위원」, 지명위원회등설치회사에서는「감사위원회 또는 그 위원」)와 의견을 달리할 때, 회계감사인(감사법인의 경우는 그 직무를 해야 하는 사원)은 정기주주총회에 출석해 의견을 진술할 수 있다(제398조 제1항 · 제3항~제5항). 정기주주총회에 회계감사인의 출석을 요구하는 결의가 있을 때는 회계감사인이 정기주주총회에 출석해 의견을 진술해야 한다(동조 제2항).

(7) 회계감사인의 책임

[769] 회계감사인은 그 임무를 게을리한 때는 회사에 대해 그로 인해 발생한 손해를 배상할 책임을 진다(제423조 제1항). 다른 임원에게도 손해배상책임이 있는 경우에는 이들과 연대해 책임을 진다(제430조). 이 책임은 주주대표소송의 대상이 된다(제847조 제1항)(→ 654). 이사 등과 마찬가지로 책임경감 제도가 적용된다(제425조 ~ 제427조)(→ 646-651). 회계감사인의 책임에 대해 감사 대상인 대표이사에게도 과실이 있은 경우, 회사의 과실이라고 평가한 가운데 과실상계(민법 제418조)를 인정한 사례가 있다(大阪地判平20 · 4 · 18判時2007 · 104〔百選75事件〕).

[770] 중요한 사항에 관해 회계감사보고서에 허위의 기재 · 기록을 한 결과 제3자에게 손해를 입힌 때, 회계감사인은 그 직무를 함에 있어 주의를 게을리하지 않았음을 증명하지 않는 한 그 제3자에 대해 연대하여 손해배상책임을 진다(제429조 제2항 제4호 · 제430조).

2. 회계참여

[771] 주식회사는 정관의 정함에 따라 회계참여를 둘 수 있다(제326조 제2항). 회계참여는 공인회계사(감사법인) 또는 세무사(세무법인)이어야 한다(제333조 제1항). 회계참여는 이사와 공동으로 계산서류를 작성하는 권한을 가지는 기관이다(제374조 제1항. 회사법에서는「임원役員」이 된다. 제329조 제1항).

회계참여라는 전문가가 계산서류 작성에 관여함으로써 특히 중소기업의 계산서류 적정화가 기대된다.

[772] 회계참여는 언제든지 회계장부 또는 이에 관한 자료의 열람 · 등사를 할 수 있다. 이사(지명위원회등설치회사에서는 이사 · 집행임원) 및 지배인 그 밖의 사용인에게 회계에 관해 보고를 요구할 수 있다(제374조 제2항 · 제6항). 자회사 조사권도 가지고 있다(동조 제3항 · 제4항).

[773] 회계참여는 그 직무를 수행하면서 이사의 직무 집행에 관한 부정행위 또는 법령 · 정관에 위반하는 중대한 사실이 있음을 발견한 때는 즉시 이를 주주(감사설치회사에서는 감사, 감사회설치회사에서는 감사회)에게 보고해야 한다(제375조 제1항 · 제2항). 감사등위원회설치회사나 지명위원회등설치회사의 경우 보고의 상대방은 감사등위원회, 감사위원회가 된다(동조 제3항 · 제4항). 이사회설치회사의 회계참여는 계산서류 등을 승인하는 이사회에 출석할 의무를 지며, 필요하다고 인정하는 때는 의견을 진술해야 한다(제376조 제1항). 따라서 회계참여설치회사에서는 이사회 소집통지를 회계참여에도 발송해야 한다(동조 제2항). 회계참여 전원의 동의가 있으면 소집절차를 생략할 수 있다(동조 제3항).

[774] 회계참여의 보수 등은 정관 또는 주주총회 결의로 결정한다(제379조 제1항). 회계참여가 2명 이상으로 각 회계참여의 보수 등에 대해 정관의 정함 또는 주주총회의 결의가 없는 때는 정관 또는 주주총회 결의로 정한 범위 내에서 회계참여의 협의로 보수 등을 결정한다(동조 제2항). 회계참여는 그 직무 집행에 대해 회사에 비용의 선지급 등을 청구할 수 있다. 이러한 청구가 있는 경우, 회사는 회계참여의 직무 집행에 필요가 없음을 증명하지 않는 한 지급을 거부할 수 없다(제380조).

[775] 회계참여와 회사의 관계는 위임에 관한 규정에 따른다. 그 때문에 회계참여는 회사에 대해 직무를 수행하는 데 선량한 관리자로서의 주의의무를 부담한다(제330조, 민법 제644조). 임무를 게을리한 경우에는

회사에 대해 민사책임을 진다(제423조 제1항). 이 책임은 주주대표소송의 대상이 된다(제847조 제1항)(→ 654).

[776] 2005년 개정에서 회계참여 제도가 창설되었다. 다만 회계참여의 설치는 임의이다(이사회설치회사로 감사를 두지 않는 회사는 회계참여를 설치해야 한다. 제327조 제2항). 은행 등이 융자 시에 회계참여가 관여한 계산서류의 제출을 요구하는 것은(대출금리를 우대하는 것이 생각된다) 회계참여를 선임하는 인센티브가 될 수 있다.

제 4 장

기업회계

제 1 절 결산

1. 계산서류

(1) 계산서류 등의 작성

[777] 주식회사는 사업을 함으로써 이익을 얻고, 이를 주주에게 분배하는 것을 목적으로 하고 있다(주식회사의 영리성 → 158). 또한 주식회사에서 주주는 주식의 인수가액을 한도로 책임을 부담한다(주주의 유한책임 → 20). 그 때문에 회사의 재산이 회사채권자를 위한 유일한 담보가 된다. 이상으로부터 주주와 회사채권자의 보호를 목적으로 회사의 재산 상황 및 사업성적을 분명히 하기 위한 절차가 이루어진다. 이를 일반적으로 「결산」이라고 한다.

[778] 회사는 사업연도를 정해야 한다. 사업연도는 1년 이내이어야 한다(회사계산규칙 제59조 제2항). 일본의 상장회사를 보면, 4월 1일부터 3월 31일까지를 사업연도로 하는 예가 많다(「3월 결산회사」라고 한다. 도쿄증권거래소 제1부 상장회사에서는 전체의 70.5%가 3월 결산이었다〔東京証券取引所「東証上場会社コーポレート・ガバナンス白書2019」3頁〕). 회사는 사업연도 말일(결산기)마다 그 사업연도에 관한 계산서류, 사업보고서 및 그 부속명세서를 작성해야 한다(제435조 제2항). 계산서류에는 대차대조표, 손익계산서, 주주자본등변동계산서 및 개별주기표가 포함된다(동조 제2항, 회사계산규칙 제59조 제1항). 이러한 서류는 전자적 기록으로 작성할 수 있다(제435조 제3항).

[779] 대차대조표는 일정 시점(예를 들어, 3월 결산회사라면 결산일인 3월 31일)

의 자산, 부채 및 자본을 기재한 일람표이다. 좌측(차변)에 Ⓐ「자산의 부」, 우측(대변)에 Ⓑ「부채의 부」와 Ⓒ「순자산의 부」가 표시된다(회사계산규칙 제73조 제1항). 대차대조표에서는 회사의 총자산 내용과 함께, 회사가 그 자산을 어떻게 조달했는가가 드러난다. 우측이 자산 조달의 원천이므로 좌우가 균형을 이룬다(Ⓐ = Ⓑ + Ⓒ. 그 때문에 대차대조표는 Balance Sheet[BS]라고 한다).

〈대차대조표와 손익계산서〉

대차대조표

Ⓐ 자산	Ⓑ 부채
	Ⓒ 순자산

Ⓐ = Ⓑ + Ⓒ

순자산 Ⓒ는 〈Ⓐ − Ⓑ〉로 계산된다

손익계산서

① 매출	XXX
② 매출원가	XXX
③ 판매비 · 일반관리비	XXX
영업이익 〈Ⓧ = ① − ② − ③〉	XXX
④ 영업외수익	XXX
⑤ 영업외비용	XXX
경상이익 〈Ⓨ = Ⓧ + (④ − ⑤)〉	XXX
⑥ 특별이익	XXX
⑦ 특별손실	XXX
세금공제 전 당기순이익 〈Ⓩ = Ⓨ + (⑥ − ⑦)〉	XXX
⑧ 법인세 등	XXX
당기순이익 〈Ⓩ − ⑧〉	XXX

[780] 손익계산서는 일정 사업기간(예를 들어, 3월 결산회사라면 사업연도인 4월 1일부터 3월 31일까지)의 이익 또는 손실 발생원인을 기재한 일람표이다. 손익계산서는 〈이익 = 수익 − 비용〉으로 나타낸다(손익계산서는 Profit and Loss Statement[PL]이라고 한다). 회사의 본래 사업 활동에 따라 발생한 수익이 ① 매출이다. 이 수익을 창출하기 위한 비용이 ② 매출원가이다. 나아가 ③ 판매비 · 일반관리비(광고선전비 등)도 필요하다. 따라서 사업에 따른 수익(영업이익)은 〈Ⓧ = ① − ② − ③〉으로 계산된다(회사계산규칙 제89조, 제90조 제1항). 나아가 본래 사업 활동 이외의 이익(영업외이익)을 계산할 필

요가 있다. 이것도 ④ 영업외수익(수취이자, 유가증권매매익 등)에서 ⑤ 영업외비용(지급이자, 유가증권매각손 등)을 제해 계산한다(④ – ⑤). 「영업이익」+「영업외이익」은 「경상이익」이 된다(회사계산규칙 제91조 제1항. Ⓨ = Ⓧ + 〈④ – ⑤〉). 나아가 임시로 발생한 사항(특별손익)을 가미할 필요가 있다. 이에는 ⑥ 특별이익(토지 등 고정자산의 매각익 등)과 ⑦ 특별손실(토지 등 고정자산의 매각손 등)이 있다. 이상으로부터 「경상이익」에 「특별손익」(⑥ – ⑦)을 더한 것이 「세금공제 전 당기순이익」이 된다(Ⓩ = Ⓨ + 〈⑥ – ⑦〉). 이에 ⑧ 납세액을 제한 것이 「당기순이익」이 된다(Ⓩ – ⑧. 위의 계산은 손실이 난 경우도 같다).

〈주주자본등변동계산서〉

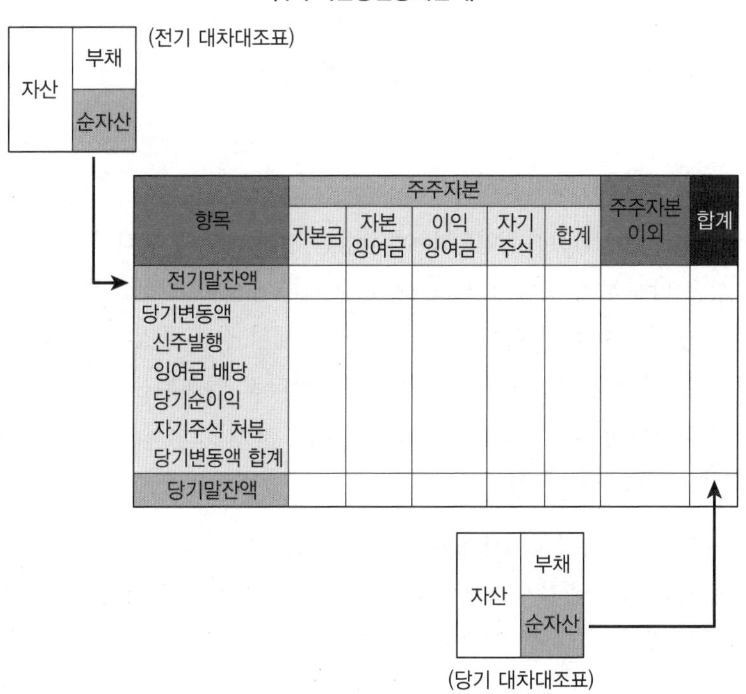

[781] 주주자본등변동계산서는 사업연도 순자산의 부 변동을 표시하는 계산서이다(회사계산규칙 제96조). 대차대조표에서는 결산기의 주주자본등의 금액이 기재될 뿐이다. 주주자본등변동계산서에서는 그것이

어떠한 원인으로 어느 정도 증감했는가를 확인할 수 있다. 이러한 정보는 2005년 회사법 제정 전까지 손익계산서의 말미에 기재되어 있었다. 다만 회사법에서는 잉여금의 배당을 결산기뿐만 아니라, 자유롭게 할 수 있게 되었다(→ 816). 그 때문에 사업연도 중 순자산의 부의 항목 변동을 표시하기 위해 주주자본등변동계산서가 도입되었다. 주주자본등변동계산서는 주주자본 항목과 그 이외의 항목이 있고 각각 전기말잔액, 당기변동액 및 당기말잔액이 기재된다.

[782] 주기표注記表는 대차대조표 그 밖의 주기 사항을 정리해 기재한 계산서류이다(회사계산규칙 제97조 이하). 또한 사업보고서는 회사의 업무상황에 관한 중요 사항을 기재한 것이다. 부속명세서는 계산서류의 내용을 보족하는 사항을 기재한 서류를 말한다.

(2) 계산서류 등의 감사

[783] 이사나 집행임원 등이 작성한 계산서류 등의 적법성이나 공정성을 담보하기 위해 감사(회계감사)가 이루어진다. 계산서류 등의 기재 내용은 회사법 및 회사계산규칙에서 상세히 정하고 있다. 이에 규정이 없는 사항은 일반적으로 공정 · 타당하다고 인정되는 기업회계 관행에 따른다(제431조. 「공정한 회계 관행」의 의의가 다투어진 것으로 最判平20 · 7 · 18刑集62 · 7 · 2101〔百選76事件〕이 있다).

[784] 감사설치회사에서는 계산서류, 사업보고서 및 그 부속명세서에 관해 감사의 감사를 받는다(제436조 제1항). 감사는 이러한 서류를 받은 때는 감사보고서를 작성해야 한다(회사계산규칙 제122조 제1항). 감사회설치회사의 경우 감사회는 감사가 작성한 감사보고서를 토대로 감사회의 감사보고서를 작성한다(회사계산규칙 제123조 제1항).

[785] 회계감사인설치회사에서는 계산서류와 그 부속명세서에 대해 감사와 회계감사인에 의한 감사가 이루어진다(제436조 제2항 제1호). 지

명위원회등설치회사 또는 감사등위원회설치회사에서는 각각 감사위원회, 감사등위원회의 감사를 받는다. 이러한 감사(회계감사)는 주로 회계 전문가인 회계감사인이 한다(감사 등은 감사 방법 · 감사 결과가 상당하지 않다고 인정한 경우에 독자의 감사를 한다. 회계감사보고서). 감사설치회사에서 감사는 사업보고서 및 그 부속명세서를 감사한다(동항 제2호). 감사회설치회사에서는 감사가 작성한 감사보고서를 토대로 감사회가 감사회 감사보고서를 작성한다(회사법시행규칙 제130조 제1항). 지명위원회등설치회사에서는 감사위원회, 감사등위원회설치회사에서는 감사등위원회가 감사보고서를 작성한다(회사법시행규칙 제131조 제1항 · 제130조의2 제1항).

〈감사회의 감사보고서〉

감 사 보 고 서

감사회는 ○년 4월 1일부터 ○년 3월 31일까지 제35기 사업연도 이사의 직무 집행에 관해 각 감사가 작성한 감사보고서를 바탕으로 심의한 후에 이 감사보고서를 작성하고, 아래와 같이 보고드립니다.

1. 감사와 감사회의 감사 방법 및 그 내용

감사회는 감사 방침, 직무 분담 등을 정하고 각 감사로부터 감사 실시상황 및 결과에 대해 보고를 받는 것 외에, 이사 및 회계감사인 등으로부터 그 직무 집행 상황에 대해 보고를 받고 필요에 따라 설명을 요구하였다.

(생략)

2. 감사 결과

(1) 사업보고서 등의 감사 결과

① 사업보고서 및 그 부속명세서는 법령과 정관에 따라 회사의 현황을 올바르게 표시하고 있다고 인정합니다.

② 이사의 직무 집행에 관한 부정행위 또는 법령이나 정관에 위

반하는 중대한 사실은 확인되지 않습니다.

③ 내부통제 시스템에 관한 이사회 결의 내용은 상당하다고 인정합니다. 또한 해당 내부통제 시스템에 관한 사업보고서의 기재 내용 및 이사의 직무 집행에 대해서도 지적할 사항은 없습니다.

④ 사업보고서에 기재된 회사의 재무 및 사업 방침 결정을 지배하는 자에 관한 기본방침에 대해서는 지적할 사항이 없습니다. 사업보고서에 기재된 회사법 시행규칙 제118조 제3호 나목의 각 대처는 해당 기본방침에 따른 것이고, 이 회사 주주 공동의 이익을 훼손하는 것은 아닙니다. 또한 이 회사 임원의 지위 유지를 목적으로 하는 것은 아니라고 인정합니다.

(2) 계산서류 및 그 부속명세서의 감사 결과

회계감사인 · 마루타마치 사무소의 감사 방법 및 결과는 상당하다고 인정합니다.

(3) 연결계산서류의 감사 결과

회계감사인 · 마루타마치 사무소의 감사 방법 및 결과는 상당하다고 인정합니다.

○년 5월 9일

동지사물산 주식회사 감사회
상근감사 御池三郎㊞
감사 高倉紫明㊞
사외감사 白川 通㊞
사외감사 北山玄以㊞

(3) 계산서류 등의 승인

[786] 이사회설치회사의 경우 계산서류 및 사업보고서와 그 부속명세서는 위의 감사를 받은 후, 이사회의 승인을 받아야 한다(제436조 제3항).

[787] 계산서류 및 사업보고서는 정기주주총회에 제출 · 제공된다(제438조 제1항). 사업보고서는 정기주주총회에서 보고된다(동조 제3항). 계산서류는 정기주주총회의 승인을 받아야 한다(동조 제2항). 다만 회계감사인설치회사에서는 이사회의 승인을 받은 계산서류에 대해, 법령 · 정관에 따라 회사의 재산 및 손익 상황을 올바르게 표시한 것으로서 법무성령에서 정하는 요건에 해당하는 경우는 주주총회의 승인을 요하지 않고 보고하는 것으로 족하다(제439조). 법무성령에서는 ① 회계감사보고서에 '무한정 적정' 의견이 기재되어 있을 것, ② ①의 회계감사보고서에 대한 감사(감사회) · 감사위원회 · 감사등위원회의 감사보고서에 회계감사인의 감사 방법 또는 결과가 상당하지 않다고 인정하는 의견이 없을 것, ③ 이사회를 설치하고 있을 것 모두에 해당하는 것 등을 요구하고 있다(회사계산규칙 제135조).

(4) 계산서류 등의 공시

[788] 이사회설치회사에서는 이사가 정기주주총회 소집통지 시에 주주에게 이사회에서 승인을 받은 계산서류 및 사업보고서를 제공해야 한다(제437조). 감사보고서 또는 회계감사보고서에 대해서도 동일한 제공 의무가 있다. 이사회비설치회사의 경우 이러한 의무는 정해져 있지 않다.

[789] 회사는 정기주주총회 회일의 1주간 전부터 계산서류와 사업보고서 및 그 부속명세서(감사보고서 및 회계감사보고서를 포함한다)를 5년간 본점에 비치해야 한다(제442조 제1항). 이사회설치회사에서는 정기주주총회의 2주간 전까지 공시를 요한다. 이러한 서류는 지점에서도 3년간 공시 의무가 있다(동조 제2항. 계산서류 등을 전자적 기록으로 작성해 공시할 수도 있다).

[790] 주주 및 채권자는 회사의 영업시간 중에 언제든지 위의 서류 열람을 요구하거나 등본 · 초본의 교부를 청구할 수 있다(전자적 방법에 따른 제공도 가능. 제442조 제3항). 모회사 사원은 권리행사를 위해 필요한 때는

법원의 허가를 받아 이러한 권리를 행사할 수 있다(동조 제4항).

[791] 회사는 주주총회 승인 후에 바로 대차대조표를 공고해야 한다(제440조 제1항). 대회사에서는 대차대조표 및 손익계산서를 공고해야 한다. 공고방법으로 관보 또는 시사에 관한 사항을 게재하는 일간신문지에서의 공고를 정한 회사에서는 대차대조표의 요지(대회사에서는 대차대조표 및 손익계산서의 요지)를 공고하면 된다(동조 제2항).

〈공고방법〉

	주식상장	주식비상장	계	구성비
전자공고	1,613	18	1,631	92.7%
일간신문지에 게재	61	26	87	4.9%
관보에 게재	16	25	41	2.3%
합계	1,690	69	1,759	100.0%

(全国株懇連合会「2019年度全株懇調査報告書」(2019年10月) 40頁)

[792] 정관으로 공고방법을 전자공고로 정한 회사(제939조 제1항 제3호)는 계산서류의 공고도 전자공고로 한다〈→ 정관 제5조〉. 이 경우 정기주주총회 종결일 후 5년을 경과하는 날까지 계속해서 할 필요가 있다(제940조 제1항 제2호). 또한 공고방법을 관보 또는 시사에 관한 사항을 게재하는 일간신문지에서 하는 것으로 정한 회사도 주주총회 종결 후 5년을 경과하는 날까지 공시서류의 내용인 정보를 전자적 방법에 따라 불특정 다수의 자에게 제공할 수 있다(제440조 제3항). 이상의 경우, 요지의 공고는 인정되지 않는다.

[793] 금융상품거래법에 정하는 유가증권보고서를 제출하는 회사에서는 위의 공고는 불요이다(제440조 제4항). 계산서류에 대한 정보가 이미 자세히 공시되고 있기 때문이다.

〈계산서류 등의 감사 등의 흐름(회계감사인 · 감사회설치회사)〉

작성 → 회계감사인 · 감사회(특정감사)에 대한 제출 → 회계감사인의 감사보고서 작성 · 제출 → 감사회의 감사보고서 작성 · 제출 → 이사회의 승인 → 주주 등에 대한 공시(계산서류 등 + 감사보고서) · 소집통지 · 본점 등에서의 열람 → 주주총회에서의 보고(승인) → 공고 · 전자적 공개 등

● 임시계산서류와 연결계산서류

[794] 회사는 사업연도 중에 일정일을 임시결산일로 정해 결산을 할 수 있다. 임시결산을 함으로써 임시결산일까지의 손익을 잉여금 배당의 분배가능액(→ 821)에 포함할 수 있다. 임시결산일의 회사 재산 상황을 파악하기 위해 임시계산서류가 작성된다(제441조 제1항). 임시계산서류에는 ① 임시결산일의 대차대조표, ② 임시결산일이 속하는 사업연도의 초일부터 임시결산일까지의 기간에 관계된 손익계산서가 있다. 임시계산서류에 대해서도 감사가 필요하다(동조 제2항). 이사회설치회사에서는 감사를 받은 임시계산서류에 대해 이사회의 승인을 받아야 한다(동조 제3항). 임시계산서류에 대해서도 원칙적으로 주주총회의 승인이 필요하다(동조 제4항 본문). 계산서류와 마찬가지로 그 내용이 법령 · 정관에 따라 회사의 재산 및 손익 상황을 올바르게 표시하고 있다고 평가되는 것에 대해서는 주주총회 보고사항으로 족하다(동항 단서(→ 787)).

[795] 연결재무제표는 기업집단(그룹)을 단일 기업으로 보고, 그 재산상태 및 경영성적을 보고하기 위해 작성된다. 일본에서는 개별 기업이 작성하는 개별재무제표가 주된 공시수단으로 여겨져 왔다. 그러나 일본 기업이 사업내용을 다각화하기 위해 또는 해외에서 사업을 펼치기 위해 지점, 사업부의 분사화(자회사화)를 추진한 결과, 개별 회사가 작성하는 개별재무제표만으로는 기업집단의 실태를 파악하는 것이 곤란해졌다. 그래서 기업집단 전체로서의 공시가 요구되게 되었다. 모회사가 매출을 부풀리고자 자회사

에 강제로 상품을 판매하는 등 이익조작을 위해 자회사를 이용하는 것을 방지한다는 점에서도 연결재무제표는 유익한 수단이다.

[796] 회계감사인설치회사는 법무성령에서 정하는 바에 따라 각 사업연도에 관한 연결계산서류를 작성할 수 있다(제444조 제1항). 전자적 기록으로 작성하는 것도 허용된다(동조 제2항). 사업연도 말일 기준 대회사로 금융상품거래법상의 유가증권보고서를 제출하는 회사에 대해서는 작성이 의무화된다(동조 제3항). 연결계산서류에 대해서도 감사가 필요하다(동조 제4항). 이사회설치회사의 경우 감사를 받은 연결계산서류는 이사회의 승인을 요한다(동조 제5항). 그 후 정기주주총회를 위해 주주에게 제공된다(동조 제6항). 이사는 정기주주총회에서 연결계산서류의 내용 및 그 감사 결과를 보고한다(동조 제7항).

제 2 절 자본금과 준비금

1. 자본의 의의

(1) 자본금 산정

[797] 주식회사에서는 주주가 인수가액을 한도로 하는 유한책임만을 부담하므로(제164조)(→ 20), 회사채권자로서는 회사 재산만이 자기의 채권 지급 담보가 된다. 그런데 회사의 재산은 사업에 따라 변동하는 것이다. 그 때문에 주식회사는 회사채권자를 보호하기 위해 일정 금액에 상당하는 재산을 회사에 유지하는 것이 요구되고 있다. 이 일정 금액을 자본이라고 한다. 회사는 자본금을 등기해야 한다(제911조 제3항 제5호).

[798] 회사법은 자본금에 상당하는 재산이 회사에 유지되게 하려고 현물출자 및 재산인수에 대한 엄격한 규제(→ 279, 947 이하), 출자에 대한 주주로부터의 상계 금지(제208조 제3항) 등을 정하고 있다. 또한 자본금 유지를 확실히 하기 위해 준비금 제도(→ 803)도 정하고 있다(준비금은 자본금의 쿠션cushion 역할을 하고 있다).

[799] 주식회사의 자본금은 원칙적으로 주식발행 등에 즈음하여 주주가 되는 자가 회사에 대해 지급 또는 급부한 재산액이다(제445조 제1항. 예를 들어, 1주 1,000엔으로 2만 주를 발행한 경우, 자본금으로서 증가하는 금액은 2,000만 엔이 된다). 다만 지급 · 급부액의 2분의 1을 넘지 않는 부분은 자본금으로 편입하지 않아도 된다(제445조 제2항. 자본금 ≧ 지급액의 총액 × 1/2. 위의 예에서는 1,000만 엔만을 자본금으로 할 수 있다).

● 최저자본금 제도의 폐지

[800] 1990년 개정으로 주식회사의 자본금은 1,000만 엔 이상일 것이 요구되었다(개정 전 상법 제168조의4). 자본 제도가 회사채권자를 보호하기 위한 것이란 취지에서 보면, 자본금은 사업 위험에 걸맞은 금액이어야 한다. 다만 적정한 금액을 법에 정하는 것은 어렵고, 주식회사에 관해 1,000만 엔이라는 일정 금액이 정해졌다. 최저자본금은 애초 대규모 회사에만 주식회사 제도를 인정하는 것을 염두에 두고 정해졌지만, 자본금 1,000만 엔이라는 금액은 그러한 목적을 달성하는 데 전혀 의미가 없는 것이었다.

[801] 그 후 일본에서 벤처기업이 기업起業을 할 때, 최저자본금 제도가 걸림돌이 된다고 지적되었다. 그래서 창업이나 신사업 등의 새로운 사업 활동에 「도전」하는 중소기업자 등을 적극적으로 지원하는 제도를 마련하였다. 즉, 신사업창출촉진법에 따라 새롭게 창업하는 자에 대해서는 1,000만 엔(유한회사의 경우 300만 엔)이라는 최저자본금 규제의 적용을 받지 않는 회사설립을 인정하였다(→127).

[802] 최저자본금 제도는 회사설립 시 출자액의 하한액을 정하는 것이다. 다만 설립 시에 출자해야 하는 금액보다도 그 후 회사에 적절한 재산이 유보되고 있는 것, 그러한 금액이 적절하게 공시되고 있는 것이 중요하다고 생각된다. 또한 해외 상황을 보면 미국의 델라웨어주나 뉴욕주 등의 회사법에서는 최저자본금 제도를 채용하지 않고 있으며, 유럽에서도 그것을 폐지하는 국가가 있다. 나아가 기업起業 촉진을 위한 장애를 없앨 필요성도 지적되었다. 이를 배경으로 회사법에서는 최저자본금 규제를 폐지하였다. 그 대신에 적시 · 정확한 회계장부 작성을 의무화하고(제432조 제1항), 회계참여 제도(→771)의 창설 등 계산서류의 적정성 확보를 위한 제도를 충실화하였다. 또한 순자산액이 300만 엔을 밑도는 경우 잉여금 배당을 금지하는(제458조 →825) 등 채권자 보호를 위해 회사 재산의 유출을 방지하는 조치를 마련하였다.

(2) 준비금 산정

[803] 자본금에 상당하는 것이 회사에 유보되는 것을 확실히 하기 위해 법정준비금 제도가 있다. 법정준비금은 법률 규정에 따라 적립이 요구되는 준비금으로 이익준비금과 자본준비금이 있다. 이익준비금은 회사의 이익을 재원으로 적립하는 준비금이다. 이익준비금은 이익이 발생한 경우에 그 이익 일부를 유보함으로써 장래의 손실에 대비하기 위해 적립이 요구된다. 한편, 자본준비금은 회사의 이익 이외의 것을 재원으로 적립하는 준비금이다. 주식발행 등으로 주주가 되는 자가 납입·급부한 금액에서 자본금으로 계상하지 않는 금액(납입잉여금 → 799)은 자본준비금으로 해야 한다(제445조 제3항).

[804] 회사는 잉여금 배당에 따라 감소하는 잉여금의 10%를 자본준비금 또는 이익준비금으로서 적립해야 한다(제445조 제4항). 주주총회 결의로 잉여금을 감소하고, 준비금을 증가할 수 있다(제451조).

[805] 법정준비금은 자본 결손을 전보하기 위해 또는 자본에의 편입을 위해 사용할 수 있다. 자본 결손은 회사의 순자산(자산 − 부채)이 자본금과 법정준비금의 합계액보다 적은 상태를 말한다. 이 경우 부족액에 상당하는 금액에 관해 법정준비금을 감소함으로써 결손이 전보된다. 결손 전보에는 자본준비금을 먼저 활용하든 이익준비금을 먼저 활용하든 어느 쪽이든 상관없다. 한편, 회사는 주주총회의 보통결의로 법정준비금의 일부 또는 전부를 자본으로 편입할 수 있다(제448조 제1항 제2호). 법정준비금은 주주총회 보통결의로 감소할 수도 있다(제448조 제1항 제1호). 준비금을 감소하려면 채권자 보호 절차가 필요하다(제449조)(→ 810).

〈「자본 결손」과 준비금에 의한 전보〉

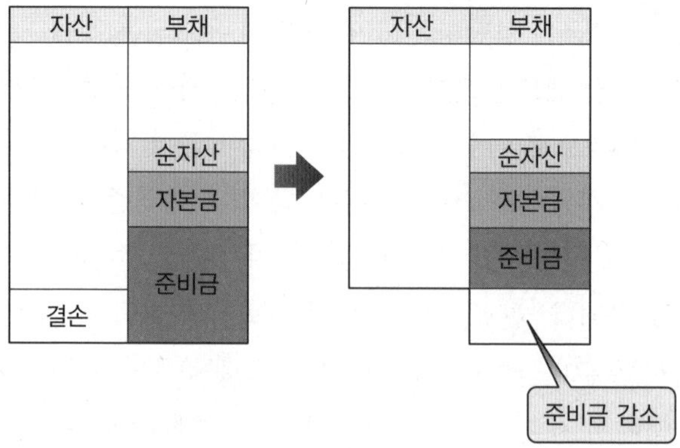

2. 자본의 감소

(1) 자본금 · 준비금 감소의 의의

[806] 자본의 감소란 회사의 자본금을 감소하는 것이다(감자). 자본금은 회사채권자를 위해 유보되어야 하는 것이다(→ 797). 또한 회사의 기초적 변경이라는 점에서 주주에게 미치는 영향이 크다. 그 때문에 자본금 감소는 엄격한 절차 아래에서만 인정되고 있다(제447조 이하). 법정준비금 감소에 대해서도 자본금과 같은 맥락의 규제가 존재한다(제448조).

[807] 자본으로 묶여 있던 회사 재산을 주주에게 반환하는 경우에는 회사 재산이 실제로 감소한다. 이를「실질상 감자」라고 한다. 한편, 회사에 결손이 있는 때에 이미 감소한 회사 재산에 자본액을 일치시키고, 이를 통해 이익배당을 가능하게 하는 조작이 이루어진다. 이 경우에는 자본금 감소를 해도 회사 재산의 감소를 수반하지 않는다. 이를「명목상 감자」라고 한다. 일본에서는 후자의 감자가 이루어지는 예가 많다.

[808] 자본금을 감소하는 방법에는 주식 수는 그대로 두고 자본액만을 감소하는 방법과 감소하는 자본액에 상당하는 금액을 주주에게 환급하는 방법이 있다. 또한 주식의 소각(→ 382) 또는 주식의 병합(→ 376)에

따라 주식 수를 감소시킬 수도 있다.

(2) 자본금 · 준비금 감소 절차

[809] 자본금 감소는 주주의 이해관계에 큰 영향을 미친다. 그 때문에 자본금 감소는 주주총회 특별결의에 따라 이루어진다(제447조 제1항, 제309조 제2항 제9호). 한편, 준비금의 감소는 보통결의로 족하다(제448조 제1항). 감소하는 자본금 · 준비금에 제한은 없다. 다만 감소하는 자본금 · 준비금은 자본금의 감소 효력발생일의 자본금 · 준비금을 초과할 수는 없다(제447조 제2항, 제448조 제2항. 마이너스 자본금 · 준비금 감소는 인정되지 않는다. 주주의 이익을 해하지 않을 때는 주주총회 결의는 불요이다. 제447조 제3항, 제448조 제3항).

[810] 자본금 감소에는 회사채권자 보호를 위한 절차가 요구된다. 이 경우 회사채권자는 자본금 · 준비금 감소에 대해 이의를 진술할 수 있다(제449조 제1항 본문. 또한 동항 제1호 · 제2호 참고). 회사는 채권자에 대해 자본금 · 준비금 감소에 이의가 있으면 일정 기간(1월 이상) 내에 이를 진술하도록 공고하고, 회사가 그 채권의 존재를 알고 있는 채권자(알고 있는 채권자)에게는 각별로 이를 최고해야 한다(동조 제2항). 「알고 있는 채권자」에는 회사와 계쟁 중인 채권자도 포함된다(大判昭7 · 4 · 30民集11 · 706〔百選79事件〕). 회사가 그 공고를 관보 외 정관에 정한 시사에 관한 사항을 게재하는 일간신문지 또는 전자공고로 하는 때는 각별의 최고는 불요이다(동조 제3항).

[811] 채권자가 이 기간 내에 이의를 진술하지 않으면 자본금 · 준비금 감소를 승인한 것으로 본다(제449조 제4항). 채권자가 이의를 진술한 때, 회사는 그 자에게 변제하든지 아니면 상당 담보를 제공하거나 채권자에게 변제를 받도록 할 목적으로 신탁회사에 상당 재산을 신탁하는 것을 요한다(동조 제5항 본문). 다만 자본금을 감소해도 그 채권자를 해할 우려가 없는 때(그 채권에 대해 담보가 설정되어 있는 경우 등)는 그럴 필요가 없다(동항 단서). 또한 자본금 감소 절차 또는 내용에 하자가 있는 때를 대비해 자본감소 무효의 소 제도가 있다(제828조 제1항 제5호 · 제2항 제5호).

● 샤프シャープ가 중소기업으로?

[812] 2015년 5월 대형 가전기업 샤프 주식회사(오사카시 본점)가 경영 재건의 목적으로 1,218억 엔의 자본금을 1억 엔으로 감소한다는 대폭적인 감자를 검토하고 있다고 보도되었다. 이러한 감자는 자본금을 잉여금으로 대체하고, 누적손실 해소나 새로 발생하는 적자에 대비하는 목적이 있다. 자본금을 1억 엔 이하로 함으로써 법률상「중소기업」으로 간주되고, 법인세 경감세율 적용 등 세제상 우대조치도 받을 수 있다. 자본금을 0으로 한 후(100% 감자), 새로운 주주에 의한 출자로 경영 재건을 도모하는 것은 지금까지도 이루어져 왔다(예를 들어, 일본항공日本航空이나 스카이마크 항공スカイマーク 사례). 이 경우 기존 주주가 보유하는 주식은 무가치가 된다. 이에 반해 이번 감자에서는 샤프의 주주 지위는 유지되고 주식 상장도 계속된다.

[813] 그러나 중소기업을 상정한 우대 세제를 대기업이 의도적으로 활용하는 것에 대해 정계 등으로부터 이론이 나왔다. 그 때문에 샤프는 자본금을 1억 엔으로 감소하는 계획을 단념하였다. 결국, 샤프는 2015년 6월에 개최된 주주총회에서 제3자 배정에 의한 증자(거래은행에 우선주식 발행)로 결손을 전보한 후, 자본금을 5억 엔으로 하는 것(감자한 금액은 잉여금으로 대체한다)을 결정하였다.

제 3 절 잉여금 배당

1. 잉여금 배당의 의의

[814] 회사가 획득한 이익은 배당으로서 주주에게 분배된다. 회사채권자가 믿을 것은 회사 재산뿐이다. 그래서 회사채권자와 주주의 이익 조정으로서 잉여금 분배한도액을 결정해 둘 필요가 있다.

[815] 주주에 대한 금전 등의 분배 방법에는 이익배당 · 중간배당뿐만 아니라, 자기주식의 취득(→ 348) 등이 있다. 이러한 행위에 대해서는 2005년 개정 전까지 각각 다른 규제가 이루어져 왔다. 다만 양자는 주주에 대해 회사채권자에 앞서 재산을 유출한다는 점에서 공통점이 있다. 그래서 같은 해 개정에서는 이러한 행위에 대해「잉여금 배당 등」으로서 통일적인 재원 규제를 정하였다(제461조).

[816] 회사는 사업연도 기간 중, 언제든지 잉여금 분배를 할 수 있다. 분배가능액은 분배 시까지의 잉여금 증감을 고려한다(제461조 제2항). 임시계산서류 작성에 따라 임시결산 제도도 정해져 있다(→ 794).

2. 잉여금 배당 규제

(1) 절차 규제

[817] 잉여금 배당을 하기 위해서는 주주총회 보통결의가 필요하

다(제454조 제1항)(지명위원회등설치회사의 경우 → 722). 주주총회에서는 ① 배당재산의 종류 및 장부가액의 총액, ② 주주에 대한 배당재산 배정에 관한 사항, ③ 잉여금 배당 효력발생일을 결의한다. ②의 배당재산 배정은 원칙적으로 주주가 가지는 주식 수에 따른 것임을 요한다(동조 제3항). 배당재산이 금전 이외의 재산일 때에는(현물배당일 때는) 주주총회 특별결의가 필요하다(동조 제4항, 제309조 제2항 제10호).

[818] ① 감사회설치회사일 것, ② 회계감사인설치회사일 것, ③ 이사의 임기가 1년일 것이란 요건을 만족하는 회사는 ④ 정관의 정함에 따라 ⑤ 최종사업연도에 관계된 계산서류가 법령 · 정관에 따라 회사의 재산 및 손익 상황을 올바르게 표시하고 있는 것으로서 법무성령에서 정하는 요건(회사계산규칙 제155조)에 해당하면, 잉여금 분배를 이사회 결의로 결정할 수 있다(제459조 제1항 · 제2항). ③의 요건은 배당 정책에 관해 주주의 의향에 따르지 않는 이사를 배제할 수 있도록 하기 위함이다. 이 점에서 잉여금 분배에 주주의 의사가 반영되고 있다고 할 수 있다.

[819] 위의 요건을 정하고 있지 않은 회사일지라도 이사회설치회사이면 정관의 정함으로 이사회 결의를 통해 1사업연도 도중에 1회에 한해 중간배당을 할 수 있다(제454조 제5항). 중간배당은 금전 배당에 한한다.

(2) 분배가능액

[820] 회사는 무제한으로 잉여금 분배를 할 수 없다. 주주에게 교부하는 금전 등의 장부가액 총액은 그 행위가 효력을 발생하는 날의 분배가능액을 초과해서는 안 된다(제461조 제1항 제8호). 잉여금 배당뿐만 아니라, 자기주식의 유상 취득, 자본금 · 준비금 감소에 따른 환급을 포함해 재원 규제가 정해져 있다.

[821] 분배가능액은 잉여금을 기초로(임시결산이 있으면 그 기간손익을 가감한다) 자기주식취득에 요한 재원 등을 공제해 산정된다(제461조 제2항).

● 잉여금과 분배가능액

[822] 분배가능액 산정은 사업연도 말일(결산일)의 잉여금을 기초로 한다. 분배 시점까지의 잉여금 증감을 반영해 분배 시점의 잉여금을 산정한다. 아래의 계산에서는 결산일 이후 분배 시점까지 변동(자기주식의 처분, 자본 · 준비금 감소, 자기주식의 소각, 잉여금 배당 등)이 없었던 경우를 전제로 한다.

[823] 잉여금은 〈① 자산 총액 + ② 자기주식의 장부가격〉 − 〈③ 부채 총액 + ④ 자본금 + 자본준비금 · 이익준비금 + ⑤ 법무성령에서 정하는 공제액〉이 된다. ⑤ 법무성령에서 정하는 공제액은 〈① 자산 총액 + ② 자기주식의 장부가격〉 − 〈③ 부채 총액 + ④ 자본금 + 자본준비금 · 이익준비금 + ⑤ 그 밖의 자본잉여금 + ⑥ 그 밖의 이익잉여금〉으로 계산된다(회사계산규칙 제149조). 그 결과로서 잉여금은 ⑤ 그 밖의 자본잉여금 + ⑥ 그 밖의 이익잉여금으로 계산된다.

[824] 잉여금의 분배가능액은 〈잉여금 − ② 자기주식의 장부가액〉이 된다. 자기주식은 대차대조표 순자산의 부에 「▲」로 표시되는데, 기말에서는 일단 「잉여금」에 포함한 후에 분배가능액 산정 시 그 금액을 감산한다. 이는 기말부터 분배 시까지 변동이 있으면 그 변동을 고려하기 위함이다.

자산의 부	부채의 부
고정 자산 유동 자산	고정부채 유동부채
	순자산의 부
	주주자본 자본금 자본잉여금 자본준비금 그 밖의 자본잉여금 … 이익잉여금 이익준비금 그 밖의 이익잉여금 … 평가 · 환산차액 등 신주예약권 소수주주 지분

→ 잉여금의 액
− 자기주식의 장부가액
= 분배가능액

[825] 위의 계산상 분배가능액이 존재하더라도 순자산액이 300만 엔을 밑돌 때는 잉여금 배당을 할 수 없다(제458조). 회사법에서는 최저자본금 제도가 폐지되었지만(→ 802), 이 점에서 주주와 채권자의 이익 조정이 유지되고 있다.

(3) 위법배당

[826] 잉여금 분배 규제에 위반한 배당이 이루어진 경우, ① 주주(금전 등의 교부를 받은 자), ② 해당 행위에 관한 직무를 담당한 업무집행자(업무집행이사〔지명위원회등설치회사에서는 집행임원〕, 해당 업무집행이사가 하는 업무집행에 직무상 관여한 자〔법무성령으로 규정〕), ③ 주주총회나 이사회에 위법배당 의안을 제출한 이사(주주총회 의안 제안 이사 · 이사회 의안 제안 이사) 등은 연대하여 회사에 대해 위법배당한 금전 등의 장부가액에 상당하는 금전을 지급해야 할 의무를 진다(제462조 제1항).

[827] 이 경우 지급액은 분배가능액을 초과하는 부분뿐만 아니라, 교부를 받은 모든 금액에 이른다. 회사법 입안 담당자는 분배가능액을 초과해 잉여금 배당을 한 경우에도 그 행위는 유효하다고 한 가운데, 위의 특별한 지급 의무를 정하였다고 설명하고 있다(相澤哲編著『立法担当者による新 · 会社法の解説』(別冊商事法務 295号) 135頁). 그러나 종래부터 배당가능이익을 초과해 배당한 경우는 무효라고 이해되고 있으며, 위의 견해에는 학계로부터의 비판이 강하다.

[828] 이러한 책임을 부담하는 자 중에서 ① 주주 이외의 자는(즉, ②③의 자) 그 직무를 함에 있어 주의를 게을리하지 않았음을 증명하면 책임을 회피할 수 있다(제462조 제2항). 그러나 이 규제는 채권자 보호 기능을 가진다. 이 점에서 분배가능액을 초과하는 부분에 대해서는 총주주의 동의가 있어도 위의 의무가 면제되지 않는다(동조 제3항. 바꾸어 말하면, 분배가능액을 초과하지 않는 부분에 대해서는 총주주의 동의가 있으면 면제된다).

[829] ②③의 이사 등이 위법배당액을 변제한 때는 ① 주주가 위법배당인 것에 대해 악의이면 구상할 수 있지만, 선의이면 구상할 수 없다(제463조 제1항).

[830] 회사 채권자는 ① 주주에 대해 직접 위법배당액에 상당하는 금액을 지급할 것을 청구할 수 있다(제463조 제2항). 채권자는 회사의 권리를 대위행사 하는 것이 아니라, 채권자 고유의 권리로서 이러한 청구를 하는 것이 인정된다. 이 경우 주주의 선의 · 악의를 묻지 않는다. 한편, 반환을 청구할 수 있는 금액은 그 채권자의 회사에 대한 채권액 범위 내로 한정된다.

[831] 위법배당이 이루어진 경우, 회계참여, 감사, 회계감사인도 임무해태책임으로서 회사에 대해 손해배상책임을 진다(제423조 제1항).

[832] 기말에 결손이 발생하면 업무집행자는 회사에 대해 연대하여 그 결손액을 지급할 의무를 진다(제465조 제1항 본문). 이 책임은 잉여금 분배가능액에 관한 규제를 준수한 때도 발생한다. 지급액은 분배액이 상한이 된다. 직무를 함에 있어 주의를 게을리하지 않았음을 증명한 경우는 의무를 면한다(동항 단서).

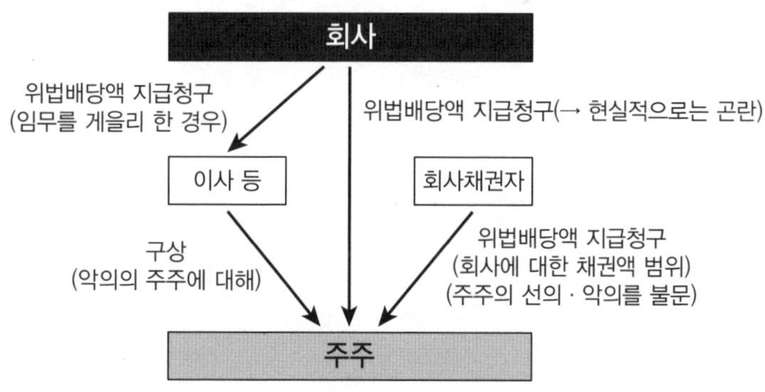

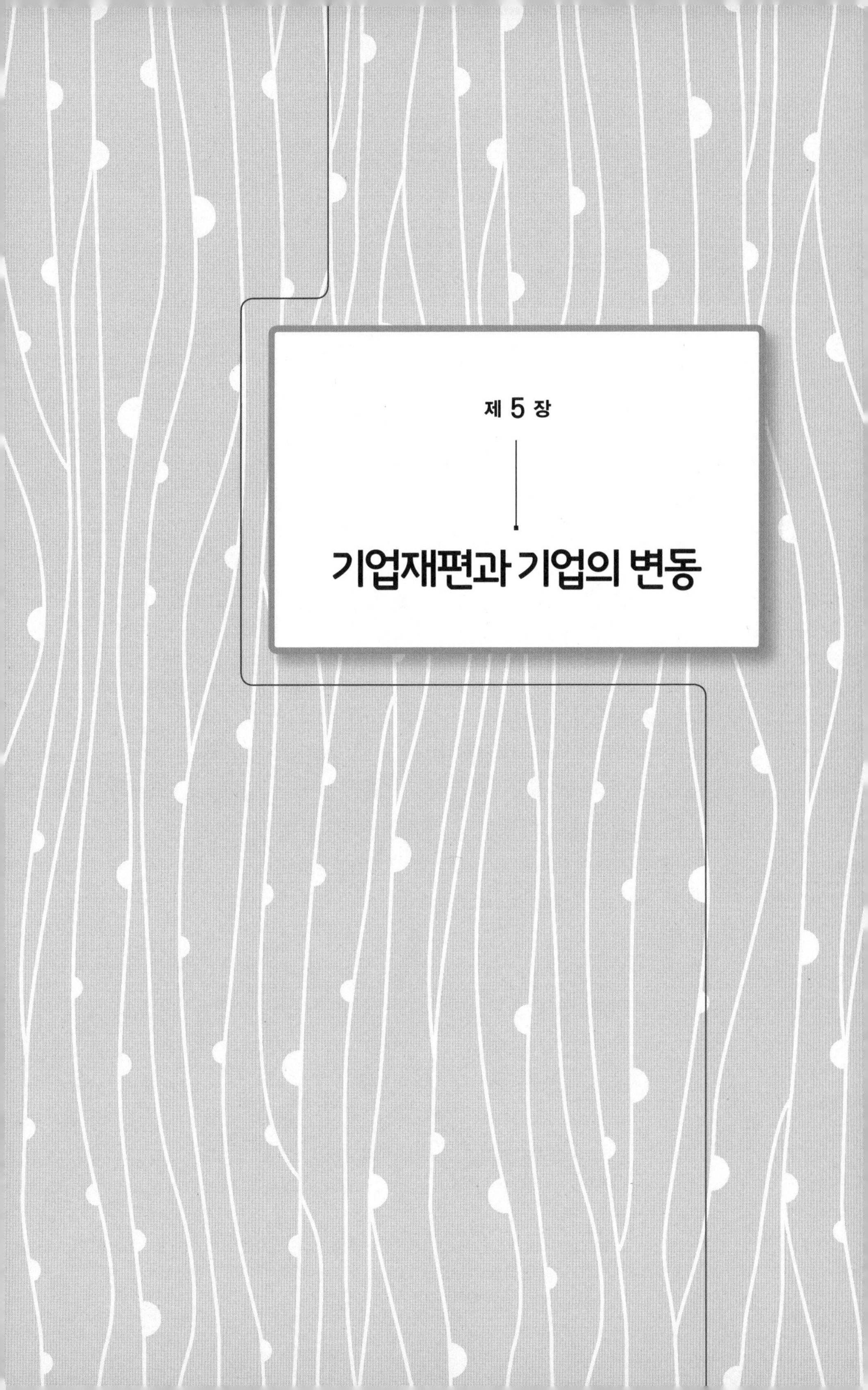

제 5 장

기업재편과 기업의 변동

제 1 절 합병

1. 합병의 의의

[833] 회사가 신규사업에 진출하거나 기존사업을 확장할 목적으로 기업 규모를 확대하는 경우에는 우선 설비투자 등 내부적인 사업확장이 도모된다. 나아가 더 효과적으로 기업 규모를 확대하는 수단으로 기존회사와 합병하는 것이 생각된다.

[834] 합병에는 흡수합병과 신설합병이 있다. 흡수합병은 당사회사 하나가 존속하고 다른 회사가 해산하는 것이며, 신설합병은 당사회사가 모두 해산하고 동시에 새로운 회사가 설립되는 것이다. 일본에서는 등록면허세를 절감할 수 있다는 점 등에서 통상 흡수합병이 이용된다. 흡수합병에서 소멸회사의 재산은 존속회사에 포괄적으로 승계되며, 소멸회사의 주주는 존속회사의 주주가 된다(다만 합병 대가의 유연화(→842)로 인해 금전 등으로 대가를 받는 예도 있다). 신설합병에서 소멸회사의 재산은 신설회사에 포괄적으로 승계되며, 소멸회사의 주주는 신설회사의 주주가 된다(위와 같다). 합병은 소멸회사에 있어 해산 사유의 하나이다. 그러나 위와 같이 소멸회사의 주주는 합병 절차를 진행하는 가운데 대가를 받으므로 청산절차는 필요 없다.

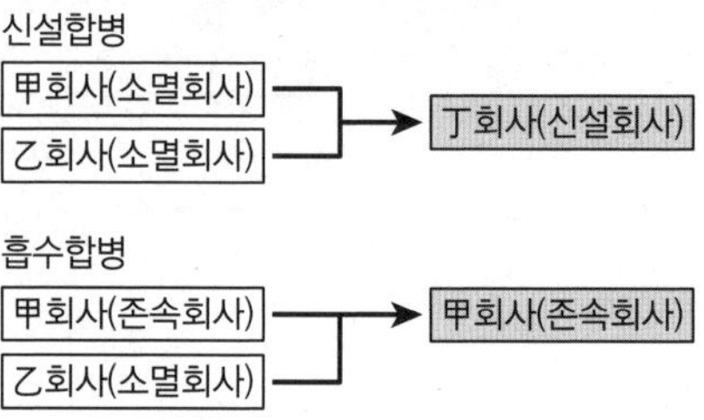

[835] 회사법에서는 모든 종류의 회사 간에 합병이 인정된다(제748조)(회사의 종류 → 15). 주식회사는 다른 주식회사뿐만 아니라, 지분회사(합명회사, 합자회사, 합동회사)와 합병할 수 있다. 신설합병에서는 주식회사와 지분회사 중 어느 하나를 신설회사로 할 수 있다. 흡수합병에서도 주식회사와 지분회사 중 어느 하나를 존속회사로 할 수 있다. 다만 본 절에서는 주식회사 간의 흡수합병에 관해 설명한다.

[836] 회사법은 주주 보호나 회사 채권자 보호의 관점에서 합병을 규제하고 있다. 나아가 독점금지법은 국내 회사가 합병을 통해 일정 거래 분야의 경쟁을 실질적으로 제한하는 경우 또는 합병이 불공정한 거래방법으로 이루어지는 경우, 그러한 합병을 금지하고 있다(독점금지법 제15조 제1항). 국내 회사가 합병을 추진하는 때는 사전에 공정거래위원회에 신고해야 한다(동조 제2항). 또한 은행 등 특수 사업을 영위하는 회사의 합병에 대해서는 주무대신의 인가가 있어야 하는 경우가 있다(은행법 제30조 제1항 등).

2. 합병 절차

(1) 합병계약 체결

[837] 합병을 하는 회사는 합병계약을 체결해야 한다(제748조). 합

병계약에서는 법률이 정하는 필요적 사항을 규정할 필요가 있다. 해당 사항 중에서 하나라도 결하는 때는 합병이 무효가 된다. 합병계약에는 합병의 본질이나 법령을 위반하지 않는 사항을 임의로 정할 수 있다.

- **흡수합병의 합병계약 내용**

[838] 흡수합병(주식회사가 존속한다)의 경우 합병계약 내용은 다음과 같다(제749조 제1항).

① 존속회사 및 소멸회사의 상호 및 주소

② 존속회사가 흡수합병 시에 주식회사인 소멸회사 주주에 대해 그 주식에 갈음하여 금전 등을 교부하는 때는 그 금전 등에 대한 사항(주식, 사채, 신주예약권, 신주예약권부사채, 주식 등 이외의 재산으로 나누어 자세히 규정되어 있다).

③ ②의 경우, 소멸회사 주주에 대한 ②의 금전 등 배정에 관한 사항

④ 소멸회사가 신주예약권을 발행한 때는 존속회사가 흡수합병 시에 그 신주예약권자에 대해 교부하는 그 신주예약권에 갈음하는 존속회사의 신주예약권 또는 금전에 대한 사항

⑤ ④의 경우, 소멸회사의 신주예약권자에 대한 ④의 존속회사 신주예약권 또는 금전 배정에 관한 사항

⑥ 흡수합병이 그 효력을 발생하는 날(효력발생일)

[839] 합병계약에 정해진 「효력발생일」(위의 ⑥)에 합병의 효력이 발생한다(제750조 제1항. 2005년 개정 전까지는 합병등기가 이루어져야 비로소 효력이 발생하였다). 다만 소멸회사와 존속회사의 채권자 보호 절차(→ 853)가 종료되지 않은 때는 합병의 효력은 채권자 보호 절차가 종료한 날의 다음 날 발생한다(제750조 제6항).

[840] 흡수합병의 존속회사는 주주총회의 합병계약 승인에 앞서, 2주간 전부터 합병효력발생일 후 6월을 경과하기까지 합병계약 등의 내용을 본점에 비치해야 한다(제794조 제1항 · 제2항 제1호). 소멸회사에서는 효

력발생일까지 공시의무가 있다(제782조 제1항). 이는 주주와 회사 채권자가 합병에 대해 적절한 판단을 하도록 하는 정보공시이다.

[841] 주주가 주주총회에서 의결권을 행사하는 경우 합병 상대방 외에, 합병대가의 타당성도 중요한 고려 요소가 된다. 합병대가로서 존속회사의 주식이 교부된다. 이 경우 소멸회사의 주식을 어떠한 비율로 존속회사의 주식과 교환하는가를 나타내는 조건을 합병비율이라고 한다. 합병비율은 합병계약으로 정해진다(위의 ②). 합병비율은 당사회사의 손익, 자산, 재무 상황, 주가, 장래 발전성 등을 종합적으로 판단해 결정된다.

[842] 흡수합병에서 소멸회사의 주주에게 존속회사의 주식을 교부하지 않고, 금전 그 밖의 재산을 교부할 수 있다. 조직재편행위를 효율적으로 할 수 있도록 해달라는 경제계의 요망이 있었고, 이를 받아 회사법에서는 합병대가의 유연화를 실현하였다.

[843] 합병대가의 유연화에 따라 다음과 같은 조직재편이 가능해졌다. 우선 소멸회사 주주에게 존속회사의 주식 대신에 금전을 교부함으로써, 소멸회사의 주주를 존속회사의 주주로 하는 것 없이 합병을 실현할 수 있다(이른바 「축출합병」). 또한 소멸회사의 주주에게 존속회사의 모회사 주식을 교부할 수도 있다(이른바 「삼각합병」). 이 경우 소멸회사의 주주는 존속회사의 모회사 주주가 된다. 이에 따라 예컨대, 외국회사가 일본에 자회사를 보유하는 상황으로 그 자회사가 일본 기업을 흡수합병할 때, 합병대가로서 외국(모)회사의 주식을 교부함으로써 현금 지급 없이 일본 기업을 자회사로 할 수 있다.

〈축출합병과 삼각합병의 개요〉

존속회사의 주식을 대가로 하는 합병

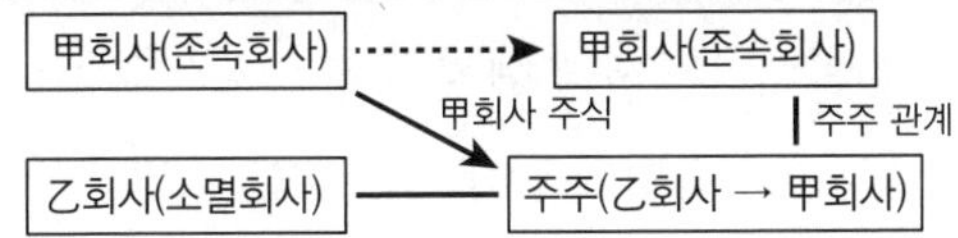

금전을 대가로 하는 합병(축출합병)

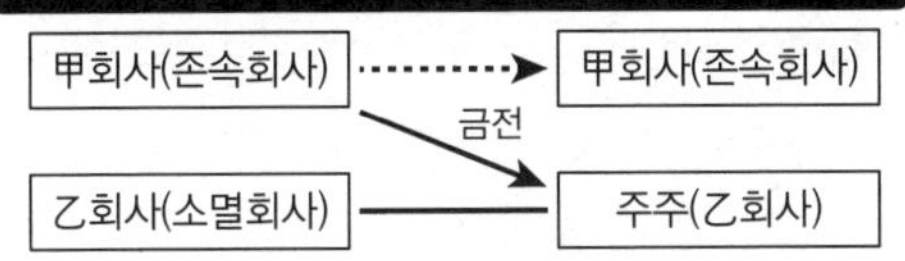

모회사 주식을 대가로 하는 합병(삼각합병)

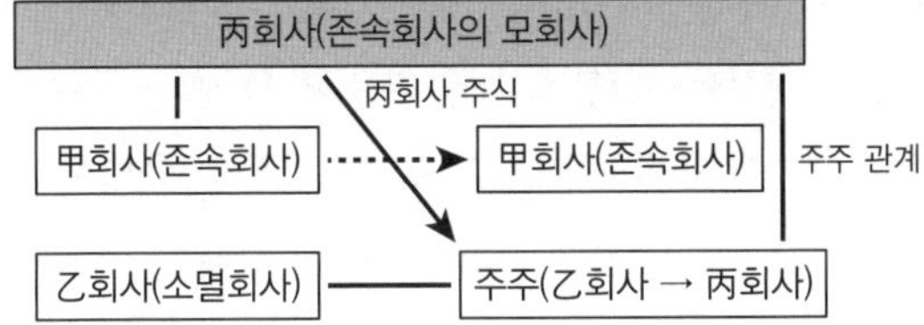

(2) 주주총회 결의

[844] 흡수합병의 소멸회사에서는 합병계약의 효력발생일 전날까지 주주총회 특별결의를 통해 흡수합병계약을 승인할 필요가 있다(제783조 제1항, 제309조 제2항 제12호). 소멸회사가 종류주식발행회사이면, 합병대가로 양도제한주식이 부여되는 때는 종류주주총회의 특수결의가 요구된다(제783조 제3항, 제324조 제3항 제2호).

[845] 흡수합병의 존속회사에서도 합병계약의 효력발생일 전날까지 주주총회 특별결의를 통해 흡수합병계약을 승인할 필요가 있다(제795조 제1항, 제309조 제2항 제12호). 이사는 주주총회에서 ① 존속회사가 승계하는 소멸회사의 채무액이 승계하는 자산액을 초과하는 경우, ② 소멸회사의 주주에게 교부하는 금전 등의 장부가액이 승계자산액에서 승계채

무액을 공제한 금액을 초과하는 경우에는 그 뜻을 설명해야 한다(제795조 제2항 제1호 · 제2호).

[846] 합병에 반대하는 주주에게는 주식매수청구권이 부여된다. 즉, 주주총회에 앞서 흡수합병에 반대하는 뜻을 소멸회사 · 존속회사에 통지하고 주주총회에서 합병에 반대한 주주는 회사에 대해 자기가 보유하는 주식을「공정한 가격」으로 매수할 것을 청구할 수 있다(제785조, 제797조). 이 경우 의결권제한주식(→ 235)의 주주 등 주주총회에서 의결권을 행사할 수 없는 주주에게도 매수청구권이 부여된다(제785조 제2항 제1호 나목, 제797조 제2항 제1호 나목). 또한 소멸회사의 신주예약권자에게도 신주예약권의 매수청구권이 인정된다(제787조).

[847] 회사는 주주로부터의 사전통지를 가지고 주식매수청구권이 행사될 가능성을 사전에 예측할 수 있다(때에 따라서는 합병을 중지하는 판단을 한다). 반대주주가 매수청구권을 행사한 경우, 회사의 승낙이 없으면 그것을 철회할 수 없다(제785조 제7항, 제797조 제7항). 이에 따라 우선 매수청구권을 행사해 두고, 주가가 상승한 때에 이를 철회하는 식의 행동이 억지된다.

● 매수청구가 있는 경우 매수가격

[848] 합병에 반대하는 주주는 자기가 보유하는 주식을「공정한 가격」으로 매수할 것을 청구할 수 있다. 회사와의 협의가 이루어지지 않는 경우는 법원이 가격을 결정한다(제786조, 제798조).

[849]「공정한 가격」은 합병의 효력발생일을 기준으로 ① 합병이 없었으면 주식이 가졌을 객관적 가치 또는 ② 합병에 따른 시너지를 적절히 반영한 주식의 객관적 가치를 기초로 산정된다(最決平23 · 4 · 19民集65 · 3 · 1311〔百選86事件〕). 합병은 조직의 합리화, 약점 보강 등을 목적으로 이루어지는 것이 있다. 이러한 경우에는 합병에 따라 당사회사의 기업가치가 증대하는 것이 기대된다. 이러한 효과를「시너지 효과」라고 한다. 합병으로 기업가치가 증대하는 때는 합병에 반대하는 주주에게도 그것을 반영한 가격으로 매수하는 것

이 인정된다(증가한 기업가치를 반영한 가격이 「공정한 가격」이 된다〔②〕). 한편, 업적 악화 기업을 구제하기 위한 합병 등에서는 기업가치의 감소가 예상되는 것도 있다. 합병으로 주가가 하락한 경우에 주주를 구제할 필요가 있다. 그래서 이러한 합병(기업가치가 증대하지 않는 합병)에서는 해당 합병이 없었다면 그 주식이 가졌을 가격으로 매수하는 것이 인정된다(「공정한 가격」은 「합병의 영향을 배제한 가격」이라고 일컬어지는 예도 있다〔①〕). 가격 결정 기준일은 주식매수청구권이 행사된 날이 된다(前揭 · 最決平成23年事件).

[849-2] 법원이 공정한 가격을 결정할 능력을 가지고 있는가 의문이 있다. 나아가 기업가치가 증가하는 경우에 그 시너지를 어떻게 분배하는가는 당사자의 결정에 맡겨야 하는 것이다. 그 때문에 특별한 자본관계가 없는 회사 간(독립당사자 간)의 조직재편의 경우 특별한 사정이 없는 한, 당사자 간에 결정된 조직재편 조건은 공정한 것이라고 간주된다. 또한 독립당사자 간의 조직재편이 아닌 경우에도 일반적으로 공정하다고 인정되는 절차에 따른 것이면(사외자로 구성된 특별위원회 등이 조건을 결정하는 것 등이 생각된다), 당사자 간에 결정한 조건을 존중된다(最決平28 · 7 · 1金判1497 · 8〔百選88事件〕). 그러나 공정한 절차에 따라 이루어졌다고 인정되지 않는 경우에는 법원이 독자적으로 공정한 가격을 결정할 수밖에 없다(最決平21 · 5 · 29金判1326 · 35, 最決平23 · 4 · 26判時2120 · 126).

(3) 간이합병과 소규모합병

[850] 존속회사가 소멸회사의 특별지배회사인 경우, 소멸회사의 주주총회는 불요이다(제784조 제1항 본문. 간이합병절차가 인정되지 않는 경우에 대해 동항 단서 참고). 특별지배회사란 그 회사의 총의결권 90% 이상을 소유하는 모회사 등을 말한다(제468조 제1항). 이러한 경우에는 소멸회사에서 합병계약이 당연히 승인되는 것이 예상되므로 소멸회사의 주주총회를 개최할 의의가 없다. 같은 이유로 소멸회사가 존속회사의 특별지배회사인 경우, 존속회사의 주주총회 결의는 불요이다(제796조 제1항 본문. 간이합병절차

가 인정되지 않는 경우에 대해 동항 단서 참고). 이러한 간이합병절차에 따라 주주총회 결의를 불요로 하는 것과 관련해, 반대 주주에게는 매수청구권이 부여된다(제785조, 제797조). 특별지배주주는 매수청구권을 가지지 않는다(제785조 제2항 제2호, 제797조 제2항 제2호). 특별지배주주가 합병에 반대한다는 것은 통상 생각할 수 없기 때문이다.

[851] 나아가 존속회사의 규모에 견주어 소멸회사의 규모가 작은 경우, 존속회사에 대한 영향이 경미하다고 생각된다. 이러한 경우까지 주주총회 개최 비용을 쓰는 것은 합리적이지 않다. 그래서 흡수합병의 존속회사에서는 합병대가가 존속회사 순자산액의 20% 이하이면 주주총회의 승인을 요하지 않는 것으로 정해져 있다(제796조 제2항 본문. 합병차손〔존속회사가 승계하는 소멸회사의 「승계채무액」이 존속회사가 승계하는 소멸회사의 「승계자산액」을 초과하는 경우〕이 생기는 경우 등에는 소규모합병이 인정되지 않는다. 동항 단서).

[852] 존속회사가 소규모합병을 하기 위해서는 합병 효력발생일 20일 전까지 주주에게 통지하는 것을 요한다(제797조 제3항). 존속회사가 공개회사면 공고로 족하다(동조 제4항). 존속회사의 주주가 일정수 이상에 이른 경우에는 소규모합병을 할 수 없다. 즉, 존속회사에서 합병승인결의에 대해 의결권을 행사할 수 있는 주식 총수의 6분의 1 초과를 가지는 주주 등이 소규모합병에 반대하는 의사를 회사에 통지한 때는 소규모합병을 할 수 없다(제796조 제3항, 회사법시행규칙 제197조). 소규모합병으로 주주총회 결의가 불요가 되는 경우, 이에 불만이 있는 주주에게는 주식 매수청구권이 부여된다(제785조, 제797조). 그러나 존속회사의 주주에게는 매수청구권이 부여되지 않는다(제797조 제1항 단서). 소규모합병은 존속회사의 주주에게 미치는 영향이 경미하다는 것이 그 이유이다. 소멸회사에서는 해당 합병이 주주 등에게 큰 영향을 미친다는 점에서 주주총회 특별결의 등 통상의 모든 절차가 필요하다.

(4) 채권자 보호 절차

[853] 합병은 회사와 거래하는 채권자에게 중대한 영향을 미친다. 그 때문에 회사법은 채권자 보호 규정을 정하고 있다. 각 당사회사는 합병 승인결의일로부터 2주간 이내에 회사 채권자에 대해 합병에 이의가 있으면 1월을 밑돌지 않는 일정 기간 내에 진술해야 한다는 뜻을 관보에 공고하고, 알고 있는 채권자에게는 각별로 이를 최고해야 한다(제789조 제1항 · 제2항, 제799조 제1항 · 제2항). 「알고 있는 채권자」는 주장하는 자 및 원인과 대략적인 내용을 회사가 아는 자를 말한다(大判昭7 · 4 · 30民集11 · 706〔百選79事件〕. 감자에 관한 사례이며, 계쟁 중의 채권자가 알려진 채권자에 포함된다고 하였다). 다만 채권자에 대한 공고를 관보 외에, 공고방법으로서 정관에 정한 시사에 관한 사항을 게재하는 일간신문지에 게재하는 때 또는 전자공고로 하는 때는 알고 있는 채권자에 대해 최고를 하지 않아도 된다(제789조 제3항, 제799조 제3항).

[854] 채권자가 기간 내에 이의 신청을 하지 않은 때는 합병을 승인한 것으로 본다(제789조 제4항, 제799조 제4항). 또한 이의를 진술한 채권자에 대해서는 회사가 변제를 하거나, 상당 담보를 제공 또는 상당 재산을 신탁회사에 신탁해야 한다(제789조 제5항, 제799조 제5항). 사채권자가 이의 신청을 할 때는 사채권자집회의 결의에 따라야 한다(제716조).

〈합병 공고(소규모합병)〉

합병공고

○년 2월 16일

주주 및 채권자 각위

京都市上京区今出川通烏丸東入
동지사물산 주식회사
대표이사 사장　新島襄次郎

이 회사(이하「甲 회사」라고 한다)는 ○년 1월 30일에 개최된 이사회에서 ○년 4월 1일을 효력발생일로 하여 甲을 흡수합병존속회사로 하고, 교타나베 물류 서비스 주식회사(이하「乙회사」라고 한다)를 흡수합병소멸회사로 하는 흡수합병을 하는 것을 결의하였으므로 여기에 공고합니다. 이에 따라 효력발생일에 甲은 乙의 권리 의무를 전부 승계하고, 乙은 해산하는 것이 됩니다. 또한 이 합병은 甲은 회사법 제796조 제2항, 乙은 회사법 제784조 제1항에 따라 주주총회의 승인 결의 없이 추진하는 것입니다.

記

1. 회사법 제796조 제3항의 규정에 따라 이 합병에 반대하는 주주는 이 공고 게재일로부터 2주간 이내에 서면으로 그 뜻을 알려 주십시오.
2. 회사법 제797조 제1항의 규정에 따라 이 합병에 반대하고 주식매수청구권을 행사하는 주주는 효력발생일의 20일 전부터 효력발생일 전날까지 서면으로 그 뜻 및 주식매수청구에 관계된 주식 수를 알려 주십시오.
3. 이 합병에 이의가 있는 채권자는 이 공고 게재 다음 날부터 1월 이내에 이의를 제기해 주십시오.
4. 甲 및 乙의 최종 대차대조표 공시 상황은 다음과 같습니다.

(甲) 금융상품거래법에 따른 유가증권보고서 제출 완료

(乙) 관보 게재(○년 2월 16일) 게재면 ○면

이상

(5) 사후공시와 등기

[855] 흡수합병에서 존속회사는 합병효력발생일 후에 즉시 흡수합병으로 승계한 소멸회사의 권리 의무 그 밖에 법무성령으로 정하는 사항(효력발생일, 소멸회사 · 존속회사의 매수청구 · 채권자 이의 절차 경과, 존속회사가 승계한 중요한 권리 의무 등. 회사법시행규칙 제200조)을 기재 · 기록한 서면 또는 전자적 기록을 작성하고, 6월간 본점에 비치해야 한다(제801조 제1항 · 제3항 제1호). 존속회사의 주주 · 채권자는 회사 영업시간 내에 언제든지 그 열람 · 등사를 청구할 수 있다(동조 제4항). 이러한 공시는 합병 무효의 소(→ 858) 제기 여부를 판단하는 재료가 된다.

[856] 회사가 흡수합병을 한 때는 그 효력이 발생한 날부터 2주간 이내에 그 본점 소재지에서 흡수합병의 소멸회사에 대해서는 해산 등기, 존속회사에 대해서는 변경 등기를 해야 한다(제921조).

3. 합병의 유지와 무효

(1) 합병 유지

[857] 흡수합병이 법령 또는 정관에 위반하는 경우로 존속회사와 소멸회사의 주주가 불이익을 받을 우려가 있는 때는 회사에 대해 합병을 유지할 것을 청구할 수 있다(제784조의2 제1호, 제796조의2 제1호). 또한 간이합병절차에 따른 합병(→ 850)이 이루어지는 때는 그 대가가 소멸회사 또는 존속회사의 재산 상황 그 밖에 사정에 비추어 현저히 부당한 경우에 존속회사 또는 소멸회사 주주가 합병 유지를 청구할 수 있다(제784조의2 제2항, 제796조의2 제2호). 간이합병절차에 따른 합병에서는 주주총회 결의에서 대가를 승인하지 않는다. 따라서 대가가 현저히 부당한 경우도 유지청구의 대상이 된다.

(2) 합병 무효

[858] 합병절차에 하자가 있는 때는 그 합병이 본래 무효일 것이다. 다만 거래의 안전을 도모하기 위해 합병의 무효는 소로써만 주장할 수 있다(제828조 제1항 제7호 · 제8호). 합병의 무효원인은 법정 되어 있지 않다. 착오 · 사기 · 강박 등에 따라 합병계약이 무효가 되는 때 또는 취소된 때(합병계약이 착오 무효여서 합병이 무효가 된 사례로서 名古屋地判平19 · 11 · 21金判1294 · 60〔百選92事件〕 참고), 주주총회에 의한 합병승인결의가 존재하지 않는 때(소규모합병이나 간이합병을 제외한다), 채권자 보호 절차를 밟지 않은 때 등이 무효원인이 된다고 이해된다. 판례는 합병비율이 부당 또는 불공정해도 무효원인이 되지는 않는다고 하였다(東京高判平2 · 1 · 31資料版商事法務77 · 193〔百選91事件〕).

[859] 나아가 합병 무효의 소를 제기할 수 있는 자가 한정되어 있다. 합병 무효는 당사회사의 주주, 이사, 집행임원, 감사, 청산인, 파산관재인, 합병을 승인하지 않은 채권자(제828조 제2항 제7호 · 제8호)가 등기일로부터 6월 이내에 존속회사에 대해 주장한다. 합병무효 판결이 확정한 때는 존속회사에 대해서는 변경 등기, 소멸회사(해산회사)에 대해서는 회복 등기가 이루어진다(제937조 제3항 제2호 · 제3호). 확정한 합병무효 판결은 제3자에 대해서도 효력(대세적 효력)을 가지는데(제838조), 소급적 효력은 가지지 않는다(제839). 이 때문에 합병무효 판결이 확정하면 소멸회사는 부활하고, 합병으로 존속회사가 취득한 재산은 부활한 소멸회사로 복귀한다. 한편, 합병 후에 존속회사가 취득한 재산, 즉 채무에 대해서는 양당사회사가 연대하여 변제할 책임을 지고, 적극재산에 대해서는 양당사회사가 공유하는 것으로 된다(제843조 제1항 · 제2항).

제 2 절 사업양도와 회사분할

1. 사업양도

[860] 사업양도는 당사회사에 중대한 영향을 준다. 그 때문에 회사법은 주주 보호를 위해 주식회사가 사업의 전부 또는 중요한 일부를 양도하는 경우에는 주주총회 특별결의를 요구하고 있다(제467조 제1항 제1호 · 제2호, 제309조 제2항 제11호). 자회사 주식 등의 양도도 실질적으로 사업의 일부 양도라고 할 수 있다. 그래서 회사가 자회사의 주식 또는 지분 전부 또는 일부를 양도하는 경우, 주주총회 특별결의가 필요하다(제467조 제2항 제2호의2, 제309조 제2항 제11호).

[861] 주식회사가 다른 회사의 사업 전부를 양수하는 때도 주주총회 특별결의가 필요하다(제467조 제1항 제3호, 제309조 제2항 제11호). 이 외에, 사업 전부의 임대, 사업 전부의 경영 위임, 타인과 사업상의 손익 전부를 공통으로 하는 계약 그 밖에 이에 준하는 계약체결, 변경 또는 해약에 대해서도 같은 규제가 있다(제467조 제1항 제4호, 제309조 제2항 제11호). 사업양도에 반대하는 주주는 합병의 경우와 마찬가지로(→ 848) 공정한 가격으로 자기의 주식을 매수할 것을 회사에 청구할 수 있다(제469조).

[862] 위의 규제 대상이 되는 사업양도는 일정 사업목적을 위해 조직화되고, 유기적 일체로서 기능하는 재산의 양도이다. 판례(最大判昭40 · 9 · 22民集19 · 6 · 1600〔百選85事件〕)는 이 사업양도(당시는 영업양도)는 회사법 제21조(당시는 상법 제24조) 이하(양도회사의 경업에 관한 규제)에서 말하는 사업(당

시는 영업)과 같은 것으로서, 양도회사가 경업금지 의무를 부담하는 결과를 수반하는 것으로 한다. 법 해석의 통일성이나 경업금지 의무의 부담 여부를 기준으로 함으로써 법률관계가 명확하게 된다는 취지에서 이러한 태도에 찬성하는 학설도 있다. 한편, 주주총회 결의를 요하느냐는 주주의 이익이라는 관점에서(예를 들어, 양도회사의 사업승계가 곤란한가) 판단해야 함을 지적하며, 경업금지 의무의 유무를 고려하는 것에 반대하는 견해도 유력하다.

[863] 사업양도를 받는 회사가 특별지배회사(→ 850)인 경우, 주주총회 결의는 불요가 된다(제468조 제1항). 나아가 사업 전부의 양수이더라도 그 대가가 순자산의 20%를 넘지 않는 때는 주주총회 결의를 밟을 필요가 없다(동조 제2항).

[864] 합병과 달리 사업양도에서는 권리의무관계가 일괄하여 승계되지는 않는다. 채무는 채권자가 채무 인수에 동의하지 않는 한 당연히 이전되는 것은 아니다. 이 점에서 채권자 보호의 필요성은 높지 않다고 판단된다. 그래서 사업양도에서는 채권자 보호 절차가 법정 되어 있지 않다(합병의 채권자 보호 절차 → 853 · 854).

[865] 독점금지법은 사업양도에 대해 합병과 같은 입장에서 규제하고 있다. 즉, 국내 회사가 다른 회사로부터 국내의 사업 전부 혹은 중요한 부분을 양수함으로써 일정 거래 분야의 경쟁을 실질적으로 제한하는 경우 또는 불공정한 거래방법에 따라 이를 실시하는 경우에는 사업양도가 금지된다(독점금지법 제16조 제1항 제1호). 또한 일정 규모 이상의 사업양도는 사전에 공정거래위원회에 신고하지 않으면 이를 할 수 없다(동조 제2항).

2. 회사분할

[866] 2000년 개정에서는 회사가 그 사업 일부를 포괄적으로 다른 회사에 옮기는 것을 쉽게 하려고 회사분할 제도를 도입하였다. 회사분할에는 분할하는 회사의 사업을 새로 설립하는 회사에 승계시키는 신설분할(제2조 제30호)과 기존의 다른 회사에 승계시키는 흡수분할(동조 제29호)이 있다. 회사분할은 분할대상이 되는 사업 전부 또는 일부가 포괄적으로 승계회사나 신설회사에 이전하는 점에서 합병과 유사하다. 다만 분할 후에도 분할회사는 존속한다는 점에서 합병과는 다르다.

[867] 회사분할에서는 분할회사의 분할대상이 되는 사업에 대한 권리 의무가 승계회사 · 신설회사에 이전됨과 함께, 그 대가로서 분할회사가 승계회사 · 신설회사로부터 주식 등을 취득한다.

[868] 회사분할에는 분할 시에 사업을 승계하는 회사에 의해 발행되는 주식이 분할하는 회사 자신에게 배정되는 물적분할과 그것이 분할하는 회사의 주주에게 배정되는 인적분할이 있다. C 부문과 D 부문을 가지는 A 사가 회사분할을 통해 B 사에 C 부문을 승계시키는 경우를 보자. 물적분할에서는 B 사가 발행하는 주식이 A 사에 배정된다. 또한 인적분할에서는 B 사의 주식이 A 사의 주주에게 배정된다. 따라서 예컨대, A 사가 E 사라는 지주회사에 의해 보유되고 있는 경우, E 사에 B 사의 주식이 배정됨으로써 A 사와 B 사 사이에 E 회사를 모회사로 하는 형제회사 관계를 창설하는 것이 간단해진다.

〈회사분할 개요(물적분할과 인적분할)〉

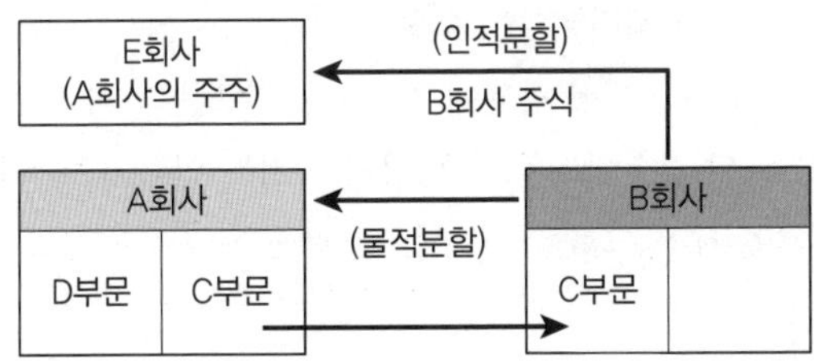

[869] 회사법상 인적분할은 대가가 일단 A 사에 교부되고, A 사로부터 그 주주에게 잉여금 배당(금전 이외의 경우는 현물배당)이 이루어지는 형태로 구성된다. 따라서 회사법에서 말하는 회사분할은 물적분할을 의미한다.

[870] 회사분할을 하기 위해서는 분할계획(신설분할의 경우) 또는 분할계약(흡수분할의 경우)을 작성 · 체결해야 한다(제757조, 제762조). 분할을 할 때는 이러한 계약 · 계획에 대해 주주총회 특별결의에 따른 승인을 얻어야 한다(제783조, 제795조, 제309조 제2항 제12호). 합병의 경우와 마찬가지로 약식절차 · 간이절차가 인정된다(제784조, 제796조, 제805조). 반대 주주에게는 매수청구권이 인정된다(제785조, 제797조, 제806조). 나아가 회사분할로 회사채권자가 불측의 손해를 입는 것을 방지할 필요가 있다. 그래서 회사는 채권자에게 공고 등 공시를 한 후에, 이러한 자에게 이의를 진술할 기회를 주어야 한다. 이의가 있는 채권자에게는 회사가 변제나 담보 제공을 해야 한다(제789조, 제799조, 제810조).

● **회사분할과 노동계약**

[871] 회사분할에서는 노동계약도 분할계약 · 분할계획에 기재되면, 포괄승계에 의해 대상이 되는 노동자의 개별 동의 없이 승계회사에 승계된다. 그러나 노동자 보호의 관점에서 특별한 규제가 존재한다. 즉, 승계 대상이 되는 사업에 주로 종사하는 노동자의 노동계약이 이전 대상에서 제외된 경우는 그 노동자가 이의를 신청하면 승계 대상에 포함된다(회사분할에 따른 노동계약 승계 등에 관한 법률 제4조). 승계 대상 사업에 주로 종사한 노동자 이외 노동자의 노동계약이 승계 대상에 추가된 경우는 그 노동자가 이의를 신청하면 승계 대상에서 제외된다(회사분할에 따른 노동계약 승계 등에 관한 법률 제5조). 이에 대해 승계 대상 사업에 주로 종사한 노동자의 노동계약이 승계 대상이 된 경우에는 이의 신청의 여지는 없다(당연승계 대상이 된 노동자가 노동계약의 승계 효력을 다툰 사례로 最判平22 · 7 · 12民集64 · 5 · 1333〔百選94事件〕이 있다).

[872] 흡수분할의 분할회사가 승계회사에 승계되지 않는 채무의 채권자(잔여채권자)를 해하는 것을 알면서 흡수분할을 한 경우에는 승계회사가 흡수분할의 효력이 발생한 때에 잔여채권자를 해하는 사실을 알지 못한 경우를 제외하고, 잔여채권자가 승계회사에 대해 승계한 재산의 가액을 한도로 그 채무 이행을 청구할 수 있다(제759조 제4항). 승계회사의 책임은 분할회사가 잔여채권자를 해하는 것을 알면서 흡수분할을 한 것을 안 때로부터 2년 이내에 청구 또는 청구 예고를 하지 않은 잔여채권자에 대해서는 그 기간 경과 시에 소멸한다(동조 제6항). 효력발생일로부터 10년을 경과한 때도 마찬가지이다(동항 후단).

- **사기적인 회사분할과 채권자 보호**

[873] 신설분할에서는 분할회사의 사업에 관한 권리 의무 일부를 신설분할로 설립한 회사(설립회사)에 승계시킬 수 있다. 이와 관련해 경영 부진에 빠진 분할회사가 채산성이 없는 사업 부문이나 채무를 분할회사에 남기고, 우량 사업 부문에 관한 자산이나 채무만을 설립회사에 승계시키는 것이 행해진다.

[874] 신설분할에서 설립회사에 승계된 채무에 관계된 채권자는 채권자 보호 절차가 적용된다. 그러나 분할회사에 남겨진 채권자(잔여채권자)는 채권자 이의 절차의 대상이 되지 않으며(인적분할의 경우를 제외한다. 제810조 제1항 제2호), 회사분할 무효의 소 원고적격도 없다. 이는 승계시킨 권리 의무의 대가로서 설립회사의 주식이 분할회사에 교부되는 점에서, 계산상 잔여채권자에게 불이익이 발생하지 않는다고 생각되기 때문이다. 다만 채무초과 분할회사는 파탄시키고, 신설분할에 따른 설립회사에서 사업을 계속한다는 남용적인 목적으로 위의 전략이 이용되게 되었다.

[875] 이러한 사태에 대해 사해행위취소권(민법 제429조)에 따라 잔여채권자의 구제를 도모한 사례가 있다(最判平24 · 10 · 12民集66 · 10 · 3311〔百選93事件〕). 이 외에, 법인격부인의 법리(→ 164), 회사법 제22조 제1항(상호속용자의 책임)에 따라 잔여채권자를 보호한 사례도

있다(東京高判平24 · 6 · 20判タ1388 · 366, 最判平20 · 6 · 10判時2014 · 150). 2014년 개정에서는 이러한 잔여채권자의 구제는 회사법 규정으로 도모해야 한다는 판단 아래, 본문과 같은 규정을 신설하였다.

[876] 합병과 마찬가지로 법령 또는 정관에 위반하는 경우, 주주는 회사분할을 유지할 것을 청구할 수 있다(제784조의2, 제796조의2, 제805조의2). 회사분할 무효 주장도 인정된다(제828조 제2항 제9호 · 제10호 등).

제 3 절 주식취득 · 보유 규제

1. 공개매수

(1) 공개매수의 의의

[877] 기업결합은 합병이나 사업 양수 외에, 회사 주식취득을 통해서도 이루어진다. 회사 총주주의 의결권 과반수를 취득하면 이사 등의 선임 · 해임을 할 수 있다(→ 547, 563). 특별결의에 필요한 의결권을 취득하면 합병이나 사업 양수도 주주총회에서 결의할 수 있다(→ 844, 861). 합병이나 사업 양수는 회사의 계약에 따라 이루어진다. 상대방 회사의 경영진이 반대하는 경우에는 이러한 수단으로 기업결합을 실현할 수 없다. 이와 관련해 주식취득의 경우에는 상대방 회사의 경영진이 반대하더라도 기업결합을 실현하는 것이 가능하다. 다만 시장에서 일정 비율에 이르기까지 주식을 매집하는 것은 사실상 어렵다. 주식취득이 이루어지는 과정에서 주가가 상승하고 취득 비용이 증가한다. 만약 필요한 비율의 주식취득을 할 수 없는 경우, 시장에서 매각할 필요가 있다. 이 경우 주가는 폭락하고, 취득에 든 자금을 충분히 회수하지 못할 가능성도 있다.

[878] 공개매수Tender Offer, Take Over Bid: TOB는 회사 지배권 획득을 목적으로 사전에 매수자가 매수 기간, 매수 수량, 매수가격 등을 공시한 후에 금융상품거래시장 밖에서 주권 등의 매수를 하는 것이다. 공개매수는 주식의 취득 비용을 정한 가운데 회사 주식을 취득할 수 있는 제도

로서 기업매수에서 이용되고 있다.

〈최근 공개매수 건수와 매수금액(자기주식을 제외한다)〉

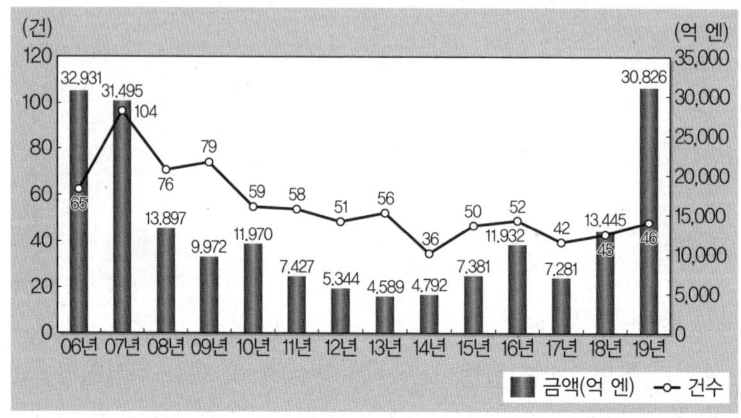

(MARR 2020年6月号 26頁)

[879] 일본에서는 1971년 증권거래법(지금의 금융상품거래법) 개정으로 공개매수 제도가 도입되었다. 유럽과 미국에서는 공개매수제도가 기업매수 수단으로서 활발히 이용되었으나, 일본에서는 회사를 빼앗는 것은 죄악이라는 감정이 사회와 종업원에게 존재해 거의 이용되지 않았다. 그러나 현재는 적대적 기업 매수(상대방 회사 경영진이 반대하는 매수)뿐만 아니라, MBO 등 우호적 기업매수(상대방 회사 경영진이 찬성하는 매수)에서도 공개매수가 활발히 이용되고 있다.

[880] 공개매수는 공고를 통해 주주 모두에게 보유주식의 매각 기회를 부여하는 것이다. 그 때문에 회사가 주주로부터 자기주식을 일정 재무제한 아래 평등하게 매수하는 수단으로도 공개매수가 이용된다(→355). 금융상품거래법에서는 자기주식의 취득 수단으로 이용되는 공개매수를 「발행자에 의한 상장주권 등의 공개매수」(제2장의2 제2절)로서 규제하고 있다.

(2) 공개매수 규제

[881] 공개매수는 불특정 다수의 자에게 공고로 주권 그 밖의 유가증권(이하 「주권 등」이라고 한다) 매수 신청 또는 매도 신청을 권유하고, 거래소금융상품시장 밖에서 주권 등의 매수를 하는 것으로 정의된다(금융상품거래법 제27조의2 제6항). 유가증권보고서를 제출해야 하는 회사가 발행하는 주권 등이 대상이 된다(동조 제1항). 시장 외 거래로 발행주식의 5%를 초과해 매수하는 경우에는 공개매수에 의해야 한다(동항 제1호. 이를 「강제적 공개매수」라고 한다). 다만 60일 동안 10명 이하의 자로부터 매수하는 행위는 규제 대상에서 제외된다(금융상품거래법 시행령 제6조의2 제3항). 그러나 그 경우에도 매수로 주권 등의 보유비율이 3분의 1을 넘게 되는 때는 공개매수가 필요하다. 의결권 3분의 1을 초과하는 비율은 주주총회에서 특별결의를 저지할 수 있는 것이다. 지배권 이전이 발생할 수 있는 매수에 대해 주주에게 퇴출권을 보장하기 위해 공개매수가 의무화된다.

[882] 공개매수를 할 때는 공개매수 공고를 해야 한다(금융상품거래법 제27조의3 제1항). 공개매수자는 매수조건, 매수목적 등을 기재한 서류 및 내각부령에서 정하는 첨부서류(이를 공개매수신고서라고 한다)를 내각총리대신에 제출해야 한다(동조 제2항). 공개매수자는 공개매수신고서를 제출한 후, 즉시 해당 신고서의 사본을 공개매수 대상 주권 등의 발행자(공개매수 대상자)에게 송부해야 한다. 또한 상장회사의 경우에는 그 사본을 금융상품거래소에도 송부해야 한다(동조 제4항).

〈공개매수 개시 공고〉

공개매수 개시 공고에 대한 안내

○년 11月 11日

각위

京都市上京区……

동지사물산 주식회사

대표이사 新島襄次郎

이 회사는 ○년 11월 10일 개최된 이사회에서 금융상품거래법에 따른 공개매수를 하는 것을 아래와 같이 결의하였습니다.

記

1 대상자의 명칭	安中商事 주식회사	
2 매수 등을 하는 주권 등의 종류	보통주식	
3 매수 등의 기간	○년 11월 11일(금요일)에서 ○년 12월 26일(금요일)까지	
4 매수 등의 가격	보통주식 1주에 관해 금 1,300엔	
5 매수 예정 주권 등의 수	매수 예정 수	100,000주
	매수 예정 수 하한	90,000주
	매수 예정 수 상한	100,000주
6 매수 등을 결제하는 금융상품거래업자의 명칭	○○증권회사	

또한 공고 내용이 기재되어 있는 전자공고 주소는 다음과 같습니다.

http://disclosure.deinet-fsa.go.jp/

이상

[883] 공개매수 기간은 원칙적으로 공고가 이루어진 날로부터 20일 이상 60일 이내가 된다(금융상품거래법 제27조의2 제2항, 금융상품거래법 시행령 제8조). 공개매수는 시장 외 거래이며, 시장의 가격 형성에 영향을 준다. 이 점에서 매수 기간이 한정된다. 주주로부터 주권 등을 매수하기 위해

서는 공개매수신고서와 같은 내용을 기재한 설명서(공개매수설명서)를 교부해야 한다(금융상품거래법 제27조의9). 이는 주주가 직접 공개매수에 응할지를 판단할 수 있도록 충분한 자료 제공을 의무화한 것이다.

● 공개매수에 관한 거래 규제

[884] 금융상품거래법은 공개매수에 관한 거래 규제로서 다음의 사항을 정하고 있다. 우선, 공개매수에 응하는 주주를 평등하게 취급하기 위해 공개매수 조건은 균일해야 한다(금융상품거래법 제27조의2 제3항). 나아가 매수 예정 수를 초과하는 응모가 있는 경우, 공개매수자는 비례배분으로 매수를 해야 한다(금융상품거래법 제27조의13 제5항. 예를 들어, 100만 주 매수에 120만 주의 응모가 있은 경우, 12만 주를 응모한 A로부터는 10만 주를 매수하는 것이 된다[12만 주 × 100/120]). 이 경우 주주는 매각할 수 없는 소수 주식(잔여주식)을 보유하게 된다(위의 예에서 A는 2만 주의 잔여주식을 보유한다). 공개매수자의 매수비율이 높은 경우 그 주식은 장래 상장폐지가 될 위험성이 있다. 이러한 상황은 주주 보호의 관점에서 문제가 있다(주주는 매각 기회를 상실하게 된다). 그 때문에 공개매수 후 보유비율이 전체의 3분의 2를 초과하면 매수자가 응모주식 전부를 매수할 필요가 있다(전부매수의무. 금융상품거래법 제27조의13 제4항, 금융상품거래법 시행령 제14조의2의2).

[885] 나아가 공개매수자는 공개매수 공고를 한 날로부터 공개매수 기간이 종료하는 날까지 대상 주권 등을 공개매수 이외의 방법으로 매수해서는 안 된다(별도매수 금지. 금융상품거래법 제27조의5). 보유비율이 3분의 1을 초과하는 주주가 추가로 5% 넘는 주식을 매수하는 경우, 공개매수가 필요하다(금융상품거래법 제27조의2 제1항 제5호, 금융상품거래법 시행령 제7조 제6항). 보유비율이 3분의 1을 넘게 되는 매수에는 공개매수가 의무화된다. 한편, 이미 3분의 1 넘는 주식을 보유한 자는 공개매수에 의하지 않고 주권 등의 취득이 가능했었다(예를 들어, 교섭을 통해 주식을 매수할 수 있었다). 매수자가 복수 존재하는 경우, 이러한 취급의 차이는 공평성을 결한다. 이 점에서 위와 같

이 보유비율이 3분의 1을 넘는 주주가 추가로 매집을 할 때도 공개 매수를 강제하는 것으로 하였다.

[886] 공개매수자는 매수 기간 종료 후 지체 없이 매수상황 등을 기재한 공개매수통지서를 공개매수에 응한 자에게 송부해야 한다(금융상품거래법 시행령 제8조 제5항).

2. 모자회사 법제

(1) 지주회사

[887] 대규모 사업을 펼치는 기업에서 지주회사를 정점으로 한 기업집단이 구축되는 예도 적지 않다. 지주회사에는 다른 회사의 지배를 전일專一의 사업목적으로 하는 순수지주회사와 다른 회사의 지배와 함께 자신도 고유사업을 영위하는 사업지주회사가 있다.

[888] 지주회사는 다른 회사의 주식(의결권)을 보유함으로써 그 회사를 자신의 지배 아래 두고, 그 피지배회사가 다시 그 아래 회사 주식을 보유한다. 이러한 주식 소유의 반복을 통해 피라미드형 지배 관계가 가능해진다. 이에 따라 지주회사의 소액 자본에 의한 거대자본과 생산에 대한 독점지배가 실현된다.

[889] 제2차 세계대전 전에는 재벌조직이 가지는 경제력과 정치력에 절대적인 면이 있었다. 전후 연합군은 재벌조직을 일본제국군의 경제적 지주로 여기고 그 해체를 단행하였다(재벌 해체). 재벌 해체의 중요한 수단 하나가 독점금지법에 따른 지주회사 금지였다. 지주회사의 금지는 이처럼 군사력과 결합한 독점기업의 경제력 파괴를 목적으로 하는 것이었다. 그러나 동시에 시장의 경쟁질서 확립을 도모함으로써 경제 민주화를 실현하는 것을 목적으로 하는 것이었다. 지주회사의 금지는

경제 민주화로부터 사적독점을 예방하기 위한 규제로서 위치해 왔다.

[890] 그러나 일본 기업의 국제경쟁력을 확보하고 경제 구조개혁을 추진함으로써 사업자의 활동을 활발히 한다는 관점에서 독점금지법의 목적에 반하지 않는 범위 내에서 지주회사를 해금하였다. 즉, 1997년 개정에서는 지주회사를 전면 금지하지 않고, 사업지배력이 과도하게 집중하는 지주회사의 설립, 지주회사로의 전환을 금지하는 것으로 하였다(독점금지법 제9조 제1항 · 제2항). 여기서 말하는 「지주회사」는 자회사 주식 취득가액 합계액의 해당 회사 총자산에 대한 비율이 50%를 넘는 회사를 말한다(간접보유도 포함한다. 동조 제4항).

[891] 사업지배력이 과도하게 집중하고 있는지를 감시하기 위해, 지주회사 및 그 자회사의 총자산액 합계가 6,000억 엔을 초과하는 경우에는 매 사업연도 종료 후 이들 회사의 사업에 관해 보고를 요구하고 있다. 또한 이러한 상황에 해당하는 지주회사 신설에 대해 신고를 요구하고 있다(독점금지법 제9조 제4항 · 제7항).

● 사업지배력의 과도한 집중

[892] 사업지배력의 과도한 집중이란 다음의 것을 말한다(독점금지법 제9조 제3항)(公正取引委員会「事業支配力が過度に集中することとなる会社の考え方」(平成14年11月12日, 最終改正平成22年1月1日)).

① 회사 그룹의 종합적 사업 규모가 상당수의 사업 분야에 걸쳐 현저히 큰 것(지주회사 그룹의 총자산이 15조 엔을 초과하고, 5개 이상의 주요한 사업 분야(매출 6,000억 엔 초과)에서 각각 총자산이 3,000억 엔을 초과하는 회사를 가지는 경우)

② 자금에 관계된 거래에 기인하는 다른 사업자에 대한 영향력이 현저히 큰 것(총자산이 15조 엔을 초과하는 금융회사와 금융 또는 금융과 밀접한 관련이 있는 업무〔채무보증업무, 벤처캐피털 업무, 리스 업무 등〕 이외의 업무 분야에 총자산이 3,000억 엔을 초과 회사를 가지는 경우)

③ 상호 관련성이 있는 상당수 사업 분야에서 각각 유력한 지위를

차지함으로써 국민경제에 큰 영향을 미치고, 공정 · 자유로운 경쟁 촉진을 저해하는 것(상호 관련이 있는 5개 이상(산업 규모가 매우 큰 경우는 회사의 영향력 등을 고려해 3개 이상)의 주요 사업 분야 중 매출 6,000억 엔 초과 업종에서 각각 유력한 회사(시장 점유율이 10% 이상인 회사)를 가지는 경우)

(2) 주식교환과 주식이전

[893] 금융업을 영위하는 회사뿐만 아니라, 일반 사업회사에서도 기업 그룹의 효율적인 운용을 위해 지주회사가 활용되고 있다. 지주회사의 이용을 촉진하기 위해서는 지주회사를 설립하기 위한 원활한 절차가 필요하다. 이것은 지주회사 설립에 한하지 않는다. 지주회사 이외 예컨대, 완전모자회사 관계 창설을 간이 · 원활화하는 데도 필요하다. 1999년 개정에서는 이를 위해 주식교환과 주식이전 제도를 신설하였다.

[894] 주식교환은 지주회사가 그 발행주식 전부를 다른 주식회사에 취득시키는 제도이다(제2조 제31호). 주식이전은 1 또는 2 이상의 주식회사가 그 발행주식 전부를 새로 설립하는 주식회사에 취득시키는 제도이다(동조 제32호).

[895] 주식교환에서는 A사의 주주가 가지는 A사 주식이 모두 B사에 이전되고, A사 주주는 B사 주식을 취득한다. 그 결과 A사 주주는 B사 주주가 되며, B사가 A사의 100% 모회사가 된다. 이 제도는 완전모회사가 되는 B사가 이미 존재하는 경우에 이용된다. 완전모회사가 되는 D사를 새로 신설하는 경우에는 주식이전이 활용된다. 거기서는 자회사가 되는 C사 주주가 가지는 C사 주식이 새로 설립되는 D사에 이전되고, D사 설립 시에 발행되는 주식이 C사 주주에게 배정된다. 이에 따라 주식교환과 마찬가지로 D사는 C사의 완전모회사가 되며, C사 주주는 D사 주주가 된다.

〈주식교환 · 주식이전 개요〉

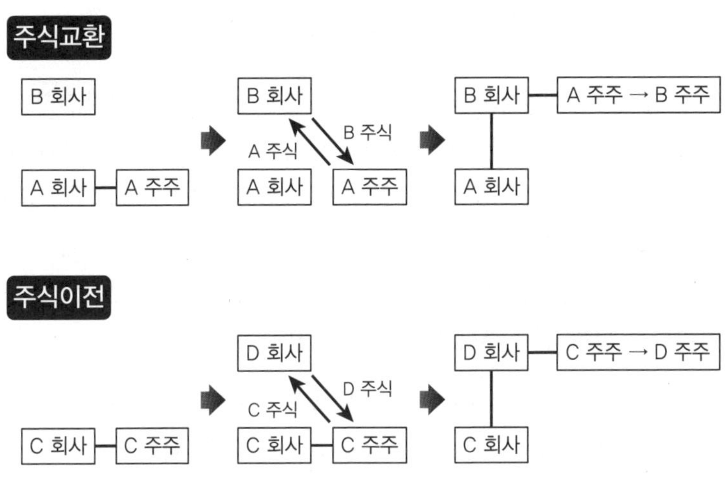

[896] 주식교환은 완전자회사가 되는 회사(A사)의 주주, 완전모회사가 되는 회사(B사)의 주주 지위에 중대한 영향을 주는 것이다. 주식교환을 하려면 B사가 주식교환 시에 발행하는 신주에 관한 사항 등 법정사항(제768조)을 정한 주식교환계약을 체결해야 한다(제767조). 주식교환계약은 사전에 본점에 비치되고 공시된다(제782조, 제794조). A사 및 B사에서 주주총회 특별결의에 따른 승인을 받아야 한다(제783조, 제795조, 제309조 제2항 제12호). 주식교환에 반대하는 주주 및 신주예약권자는 주식매수청구권을 행사할 수 있다(제785조, 제787조 제1항 제3호, 제797조). 주식이전에 따른 완전모회사(D사) 설립도 완전자회사(C사)가 되는 회사의 주주 지위에 중대한 영향을 준다. 그래서 이러한 주주의 권리 보호를 위해 주식교환과 같은 절차를 밟는 것이 요구되고 있다.

[897] 주식교환에서는 완전자회사가 되는 회사(A사)가 신주예약권(→385)을 발행한 경우, 그에 관한 의무를 완전모회사가 되는 회사(B사)가 승계하는 것이 인정된다(제769조 제4항). 주식교환 후에 A사의 신주예약권자가 A사에 대해 권리행사를 하면, 본래의 목적인 완전모자회사 관계를 구축할 수 없게 된다(B사 외에, 새로운 A사 주주가 탄생한다). 그래서 A사의 신주예약권에

관한 의무를 완전모회사가 되는 회사(B사)가 승계하는 것으로 되었다(A사 신주예약권 대신에 B사 신주예약권을 교부한다. 제768조 제1항 제4호 · 제5호).

[898] 완전모회사가 되는 회사(B사) 규모가 크고, 완전자회사가 되는 회사(A사) 규모가 작은 경우, 주식교환을 해도 전자의 주주에게 주는 영향은 경미하다. 그 때문에 주식교환절차의 합리화가 도모되고 있다. 즉, B사가 주식교환 시에 교부하는 주식에 1주당 순자산액을 곱해 얻은 금액 등이 B사 순자산액의 20%를 넘지 않는 때에는 B사에서 주주총회 특별결의를 밟지 않고 주식교환을 할 수 있다(제796조 제2항).

[899] 주식교환 · 주식이전으로 자회사가 되는 회사 주주(A사 주주, C사 주주)는 완전모회사 주주(B사 주주, D사 주주)가 된다. 이 경우 그때까지 A사 또는 C사의 주주총회에서 직접 의결권을 행사하고 경영에 참여할 수 있었던 주주는 모회사인 B사 또는 D사의 이사를 통해 A사나 C사의 경영에 관여하게 된다. 그래서 회사법은 모회사 주주에 대한 공시 제도를 통해, 모회사 주주에 의한 자회사 이사 감독을 가능케 하고 있다. 즉, 모회사 주주는 그 권리를 행사하는 데 필요한 때는 법원의 허가를 받아 자회사의 주주총회의사록, 이사회의사록, 정관, 주주명부, 회계장부 등의 열람을 구할 수 있다(제318조 제5항, 제371조 제5항, 제31조 제3항, 제125조 제4항, 제433조 제3항). 다만 회계장부 열람 등은 모회사의 발행주식 총수 3% 이상에 상당하는 주식을 보유하는 주주에 한한다.

[900] 주식교환 · 주식이전에서는 합병과 달리 회사(A사, C사) 채무가 다른 회사(B사, D사)에 이전하는 것은 아니다. 대가로서 교부되는 재산도 모회사가 되는 회사(B사, D사)의 주식이므로 모회사가 되는 회사로부터의 실질적인 재산 유출은 없다. 이 때문에 원칙적으로 채권자 보호의 필요는 없다고 생각된다. 다만 주식교환 · 주식이전에서는 예컨대, A사가 발행한 신주예약권부사채를 B사에 승계하는 것이 인정된다. 이 경우 신주예약권부사채에 대한 채무가 A사에서 B사로 이전한다. 나아가 주식교환에서는 A사의 주주에게 B사의 주식 이외 재산을 교부할 수도 있

다(대가의 유연화). 이러한 경우에 채권자 보호 절차가 필요하다(제789조 제1항 제3호, 제799조 제1항 제3호).

(3) 주식교부

[900-2] 2019년 개정에서 주식교부 제도가 창설되었다. 주식교환은 A 회사가 B 회사를 완전자회사화하기 위한 것이다(A 회사는 A 회사 주식을 대가로 B 회사 주식 전부를 취득한다). 이에 반해 주식교부는 E 회사가 F 회사를 자회사로 하기 위해, F 회사 주식을 F 회사 주주로부터 양수하고 F 회사 주주에 대해 E 회사 주식을 교부하는 것이다(제2조 제32호의2). 주식교부는 다른 회사를 자회사화하기 위한 제도이며, 부분적 주식교환이라고도 한다. 그 때문에 주식교환과 마찬가지로 주주와 채권자 보호 절차가 필요하다.

[900-3] 주식교부를 하려면 주식교부계획서를 작성해야 한다(제774조의2). E 회사(주식교부 모회사)는 효력발생일 전날까지 주주총회 결의로 주식교부계획서의 승인을 받아야 한다(제816조의3 제1항). 이 경우 E 회사가 교부하는 주식에 1주당 순자산액을 곱해 얻은 금액 등이 F 회사의 순자산액의 20%를 초과하지 않는 때는 주주총회 결의는 필요치 않다(제816조의4 제1항). 주식교부에 반대하는 E 회사 주주에게는 주식매수청구권이 부여된다(제816조의6 제1항). 주식교부가 법령 · 정관에 위반하는 경우로 E 회사 주주가 불이익을 받을 우려가 있는 때는 E 회사 주주가 주식교부 유지청구를 할 수 있다(제816조의5). 나아가 E 회사의 채권자 보호를 위해 채권자 보호 제도가 규정되어 있다(제816조의8).

[900-4] 주식교부에서는 주식교환과 달리 E 회사와 F 회사 간에 계약 관계가 있을 것을 요하지 않고, E 회사는 F 회사 주주와의 합의에 기초해 F 회사의 주식을 양수한다. 이 경우 E 회사는 F 회사 주주에 대해 주식교부계획서의 내용 등을 통지해야 한다(제774조의4 제1항). E 회사는 F 회사 주주로부터의 양도 신청을 받아(동조 제2항) 주식을 양수하는 자와

양수하는 주식 수를 정해야 한다(제774조의5 제1항). E 회사는 효력발생일에 급부를 받은 F 회사 주식을 양수한다(제774조의11 제1항). E 회사가 F 회사 주주의 주식을 취득하는 것과 관련해서는 금융상품거래법상 공개매수 규제(→ 881–886)가 적용된다.

〈주식교부의 개요〉

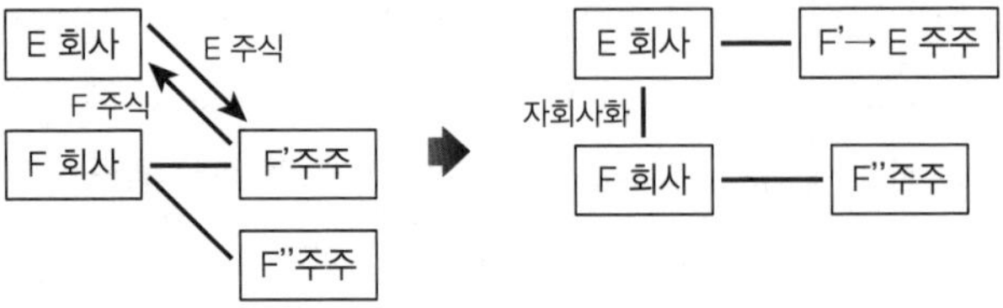

E 회사 | E 주식 | F 주식 | F 회사 | F'주주 | F"주주 → E 회사 — F'→ E 주주 | 자회사화 | F 회사 — F"주주

● **자사주 TOB**

[900-5] E 회사가 F 회사 주주에게 공개매수를 하는 경우, F 회사의 주식취득 대가로서 E 회사 주식을 교부할 수 있다(이를 자사주 TOB라고 한다). 다만 회사법상 F 회사 주주는 E 회사 주식을 취득하는 데 F 회사 주식을 현물출자한 것이 되고, 현물출자 규제로서 검사인의 조사 등이 필요하게 된다(→ 279). 나아가 공개매수 시에는 매수가격에 프리미엄이 붙는 것이 통상이다(예를 들어, 시장가격이 1,000엔인 주식이지만 1,300엔으로 매수가 이루어진다). 그래서 자사주 TOB에서 E 회사 주식에 프리미엄이 붙는 경우, F 회사 주주는 저렴한 가격으로 E 회사 주식을 취득하는 것이 된다. 이 경우 유리발행 규제로 인해 주주총회 특별결의가 필요하다(→ 261). 한편, F 회사 주주에게는 F 회사 주식을 양도한 것에 대한 과세가 이루어진다(금전을 대가로 하는 경우 해당 금전을 가지고 세금을 지급하는 것이 가능하지만, 자사주 TOB에서는 E 회사 주식이 교부되므로 납세를 위해 금전을 조달할 필요가 있다). 이상으로부터 실무상 자사주 TOB를 하는 것이 곤란하다는 지적이 있었다.

[900-6] 2013년 경제산업성이 주관하는 산업경쟁력강화법이 제정되고, 사업재편계획 승인을 조건으로 위의 회사법 특례가 마련되었다(현물출자 규제, 유리발행 규제를 적용하지 않는다. 세법에 관해서는 취

득한 주식을 매각할 때까지 납세를 이연하는 것이 인정되었다). 위와 같이 2019년 회사법 개정에서 주식교부 제도가 창설되고, 이 경우에 모집주식 발행에 관한 절차가 적용되지 않는 것으로 되었다. 다만 주식교부는 다른 회사를 자회사화하는 장면에서만 적용되므로 그 밖의 주식취득에 대해서는 여전히 산업경쟁력강화법의 의의가 인정된다.

3. 주식보유에 관한 규제

(1) 독점금지법상의 규제

[901] 주식보유에는 독점금지법상의 규제가 있다. 우선 다른 회사의 주식을 소유함으로써 사업지배력이 과도하게 집중하게 되는 회사는 설립할 수 없다(독점금지법 제9조 제1항). 회사는 다른 국내 회사 주식을 취득하거나 소유함으로써 국내에서 사업지배력이 과도하게 집중되는 회사가 되어서는 안 된다(동조 제2항). 사업지배력이 과도하게 집중하게 되는 회사에 해당하는가는 그 회사뿐만 아니라, 자회사 등을 포함한 회사 그룹(회사 및 자회사 그 밖에 해당 회사가 주식 소유를 통해 사업 활동을 지배하는 다른 국내 회사. 동조 제3항)으로 판단된다.

[902] 나아가 회사는 다른 주식을 취득 · 소유함에 따라 일정 거래분야의 경쟁을 실질적으로 제한하게 되는 때에는 해당 주식의 취득 또는 보유가 금지되며, 또한 불공정한 거래방법에 따른 국내 주식의 취득 또는 보유가 금지된다(독점금지법 제10조 제1항). 회사에 의한 주식보유 규제의 실효성을 확보하고자 일정 규모 이상의 회사에 대해서는 공정거래위원회에 대한 주식 소유에 관한 보고 제출이 의무화되어 있다(동조 제2항).

● 은행 · 보험회사의 주식보유제한

[903] 은행과 보험회사는 다른 회사 주식을 발행주식 총수의 5%(보험업을 영위하는 회사는 10%) 넘게 취득 또는 소유해서는 안 된다

(독점금지법 제11조 제1항). 이는 일본에서 금융기관이 그 자금력을 바탕으로 사업회사를 지배한 역사적 경위를 중요시하고, 이러한 기관에 의한 경제 집중을 예방하기 위해 특별히 마련된 것이다.

[904] 1977년 개정 전에는 지주비율 제한이 10%였다. 그러나 금융기관의 주식 소유가 증가하고, 지배력 확대 가능성이 생겼다. 그 때문에 보험회사를 제외하고, 그 기준을 5%로 인하였다. 보험회사의 경우에는 융자에서 은행 등과 다른 성격이 인정되어 다른 회사를 지배할 위험성이 낮다는 것, 기관투자자로 주식에 대한 투자가 자산 운용상 중요하다는 것 등에서 주식보유 제한이 완화되었다.

(2) 상호보유주식에 관한 의결권 제한

[905] 주식회사 간에 서로 주식을 보유하는 예도 있다(주식 상호보유). 적대적 기업매수로부터 기업을 지키기 위해 주식 상호보유가 이루어져 왔다. 주식 상호보유의 폐해로는 회사의 자본 충실을 해한다는 것이 지적된다. A사와 B사가 동시에 증자를 하고, 그 주식을 상호 인수하는 경우를 생각해보자. 이 경우 자본금은 증대하지만, 상호 납입금이 상계됨에 따라 결과적으로 양 회사 모두 그 자본금 증가에 상당하는 새로운 자금을 취득하지 않게 된다. 또한 주식 상호보유에서는 양 회사가 공모하여 주주총회에서 의결권을 행사하는 등 현경영자의 지위를 부당하게 유지시킬 위험성이 있다. 한편 상호보유주식은 매각되는 예가 적다. 이 점에서 상호보유주식이 증가하면 유통시장에서 거래되는 주식량이 감소하고, 공정한 주가 형성이 왜곡된다는 폐해도 있다.

[906] 회사법은 자회사가 모회사 주식을 취득하는 것을 금지하고 있다(제135조 제1항). 이 규제에 반하지 않으면 주식을 상호보유하는 것은 가능하다. 다만 상호보유주식에 대한 의결권행사가 제한된다. C사가 D사의 총주주 의결권 25%를 초과해 소유하고 있는 경우(50% 미만의 지주비율인 경우), D사는 C사의 자회사가 아니므로 C사 주식을 보유할 수 있다.

다만 그 주식에 대해 의결권을 가지지 않는다(제308조 제1항). 또한 E사가 F사 주식을 8%밖에 가지고 있지 않아도 E사의 자회사인 G사가 F사의 주식을 20% 소유하고 있는 경우에는 F사가 E사의 주식에 관계된 의결권을 행사할 수 없다.

〈모자회사 간의 주식보유 규제와 주식 상호보유에 관한 의결권 규제〉

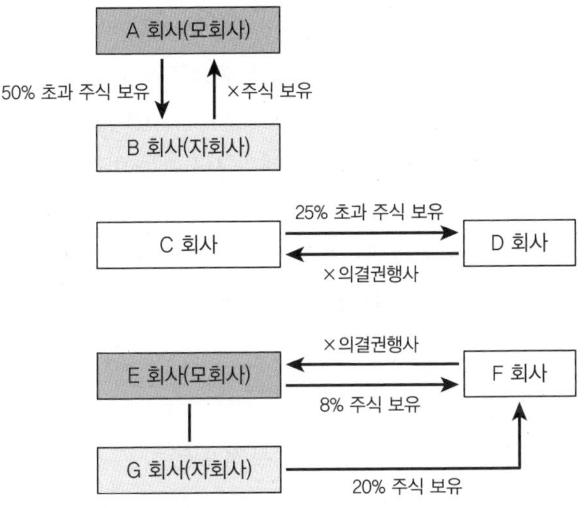

[907] 상호보유주식에 관한 규제는 주식보유 그 자체를 금지하는 것은 아니지만, 의결권 배제라는 방법을 통해 간접적 지배 형성을 방지하려고 하는 것이다. 다만 일본에서는 기업 그룹에 속하는 다수의 회사가 소수의 주식을 상호보유하는 관행이 있다. 그 때문에 규제 효과가 충분하다고는 할 수 없다.

- **정책보유주식**

[907-2] 기업 지배구조 코드는 투자 이외의 목적을 가지고 보유하는 주식(정책보유주식)에 대한 공시를 요구하고 있다(CG 코드 원칙 1-4). 코드에서는 「정책보유주식 감축에 관한 방침 · 사고방식」 공시가 요구되고, 회사가 정책보유주식을 감축하는 것이 전제로

되어 있다. 나아가「보유목적이 적절한지, 보유에 수반하는 편익이나 위험이 자본비용에 걸맞은 것인지 등」에 대한 구체적인 조사와 보유 적부 검증을 요구하고, 그 검증 내용에 대한 공시를 요구하고 있다. 이 외에, 유가증권보고서에서도 종목, 주식 수, 대차대조표상의 계상액 및 보유종목마다「보유목적」등 구체적인 기재가 요구되고 있다(「기업 지배구조 상황 등」).

[907-3] 도쿄증권거래소 시장 제1부 상장회사에서는 정책보유주식의 매각이 진행되고 있다. 도쿄증권거래소가 공표한「東証上場会社コーポレート・ガバナンス白書2019」(27頁)에 따르면 많은 회사에서 순자산 · 시가총액에서 차지하는 정책보유주식 비율은 5% 미만이 되었다. 정책보유주식 감축을 향한 움직임은 위의 공시 요청, 나아가 기관투자자 등에 의한 감축 요청의 압력 증가를 배경으로 앞으로도 가속할 것으로 생각된다.

(3) 대량보유보고제도

[908] 주식 매집은 경영 참여를 목적으로 하는 것 외에, 높은 가격의 매각 등의 목적으로도 이루어진다. 주식 매집은 매점을 하는 자나 그 목적이 분명하지 않은 경우, 주가 급등락을 초래하고 일반 투자자에게 불측의 손해를 끼칠 위험성이 있다. 그 때문에 시장의 공정성, 투명성을 높이기 위해 주식 등의 대량 취득, 보유, 매각에 관한 정보공시제도(대량보유보고제도)가 금융상품거래법에 정해져 있다. 이 제도는 1990년 개정으로 도입되었다.

[909] 상장회사 등의 주권 등 보유자로 그 보유비율이 5%를 넘는 자(대량보유자)는 주권 등의 보유상황을 기재한 보고서(대량보유보고서)를 대량보유자가 된 날로부터 5일 이내에 내각총리대신에 제출해야 한다(금융상품거래법 제27조의23 제1항).

[910] 대량보유보고서에는 보유자 정보, 보유목적, 취득자금 등 대량보유자의 주권 등 거래 성격이나 향후 행동을 판단할 수 있도록 하

는 정보 기재가 요구되고 있다(주권 등의 대량보유 상황 공시에 관한 내각부령 제2조). 공동으로 주권 등을 취득하는 것에 합의한 다른 보유자(공동보유자)가 존재하는 경우에는 그자의 보유분을 합산해 주권 등의 보유비율이 산출된다(금융상품거래법 제27조의23 제3항 · 제4항). 나아가 대량보유자는 대량보유보고서 제출 후 그 보유비율이 1% 이상 증가 또는 감소한 경우에는 변경이 생긴 날로부터 5일 이내에 변경보고서를 제출해야 한다(금융상품거래법 제27조의25 제1항).

[911] 주식을 한 번에 대량으로 양도한 때에는 특별한 규제가 적용된다. 즉, 60일 동안 지주비율이 50% 미만이 되고, 그것이 발행주식 총수의 5%를 초과하는 때에는 양도 상대방과 양도가격을 공시해야 한다(금융상품거래법 시행령 제14조의8. 예컨대, 발행주식 총수가 10만 주인 회사의 주식을 3만 주 취득한 자가 한 번에 2만 주를 양도한 경우, 지주비율이 3분의 1이 되고[50% 미만] 그 감소분이 발행주식의 20%[5% 초과]에 달하므로 양도 상대방과 양도가격을 공시할 필요가 있다). 이 규제에 따라 높은 가격의 인수 실태가 분명해지므로 이러한 거래를 감소시키는 효과가 있다.

[912] 대량보유자가 대량보유보고서 또는 변경보고서를 내각총리대신(각 재무국)에 제출한 경우에는 그 사본을 지체 없이 발행회사와 상장금융상품거래소 또는 금융상품거래업협회에 송부해야 한다(금융상품거래법 제27조의27). 이들 보고서는 각 재무국에서, 그 사본은 상장금융상품거래소 또는 금융상품거래업협회에서 5년간 공중열람에 제공된다(금융상품거래법 제27조의28). 현재는 전자적 방법(금융청의 EDINET)으로 공시되고 있다.

[913] 대량보유보고서 및 변경보고서를 제출하지 않거나 그것에 허위기재가 있는 경우에는 징역 5년 이하 또는 500만 엔 이하의 벌금이 부과된다(금융상품거래법 제197조의2 제6호. 법인의 경우 벌금이 5억 엔 이하. 금융상품거래법 제207조 제1항 제2호).

[914] 대량보유보고제도는 대량보유나 대량처분 상황을 공시시킴

으로써 시장의 투명성을 높이고 투자자 보호를 도모하기 위한 것이다. 한편, 이러한 공시에 따라 회사 측도 대량보유자의 상황을 신속히 알 수 있는 효과도 있다.

제 4 절 설립

1. 준칙주의

[915] 신설합병(→ 834), 신설분할(→ 866), 주식이전(→ 895) 등에서는 새로운 회사설립이 이루어진다. 이에 더해 회사법은 회사설립에 관한 일반적인 규정을 정하고 있다.

[916] 일본 회사법은 회사설립에 대해「준칙주의」를 채용하고 있다. 즉, 정관의 작성, 사원 확정 및 기관 설치라는 행위가 법정절차에 따라 이루어진 후, 설립등기로 법인격이 부여된다(제49조). 회사설립에는 회사마다 군주의 명령 또는 국가의 입법이 필요한「특허주의」, 설립절차에 대해서는 일반법 규정에 따르나 회사마다 행정관청의 면허를 필요로 하는「면허주의」등이 있다. 일본전신전화주식회사(일본전신전화주식회사 등에 관한 법률), 일본담배산업주식회사(일본담배산업주식회사법) 등 특수한 회사에 대해서는 회사마다 특별법에 따라 설립을 인정하는 특허주의가 채용되고 있다. 또한 준칙주의에 있어 등기관에 의한 심사가 이루어지는데, 이는 설립절차가 법정 요건에 따른 것인지 형식적 심사를 할 뿐이다.

[917] 공익에 중대한 관련이 있는 업무를 영위하는 회사에 대해서는 특별법에 따른 영업 면허가 필요하다(은행, 보험, 신탁, 철도, 전기, 가스 사업 등). 영업 면허의 실제적 효과는 설립면허에 더없이 가깝다.

〈주식회사의 설립절차 개요(현물출자 등이 없는 경우)〉

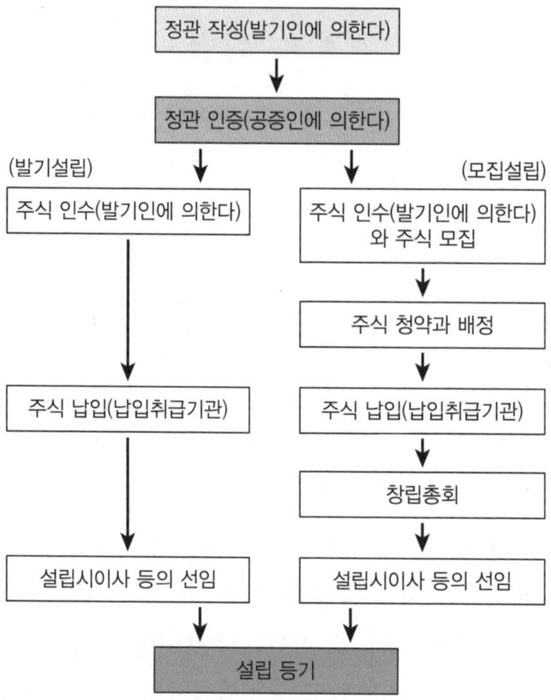

2. 발기인

(1) 발기인의 의의

[918] 주식회사의 설립은 발기인에 의해 이루어진다. 발기인이란 정관에 발기인으로서 서명 또는 기명날인한 자를 말한다(제26조 제1항, 大判昭7·6·29民集11·1257). 이처럼 발기인의 개념을 형식적인 기준에 따라 판단하는 이유는 설립에 관한 책임 부담자를 명확히 하기 위함이다(설립에 관한 발기인의 책임 → 953, 966). 또한 정관에 발기인으로 서명하지 않았더라도 발기인과 같은 외관을 가지는 자는 유사발기인으로서 발기인과 같은 책임을 진다(제103조 제4항).

[919] 통설은 발기인의 자격에는 특별한 제한이 없고, 자연인뿐만

아니라 법인도 발기인이 될 수 있다고 한다. 따라서 회사가 스스로 발기인이 되어 자회사를 설립하는 것도 가능하다. 또한 1990년 개정으로 주식회사의 발기인은 7명 이상 필요하다는 규정이 개정되었다. 현재는 발기인이 1명이어도 된다(1인 회사 → 161).

[920] 발기인은 설립 시에 적어도 1주의 주식을 인수해야 한다(제25조 제2항). 회사 설립절차는 주식의 인수방법에 따라 2종류로 구분된다. 즉, 주식회사 설립방법에는 회사가 설립 시에 발행하는 주식 총수를 발기인이 인수하는 「발기설립」(동시설립, 단순설립이라고 하는 예가 있다. 동조 제1항 제1호)과 발기인이 그 일부를 인수하고 남은 주식에 대해서는 주주를 모집하는 「모집설립」(점차설립, 복잡설립이라고 하는 예가 있다. 동항 제2호)이 있다. 발기설립과 모집설립은 발기인에 의한 주식 인수방법뿐만 아니라, 사원 확정 및 기관 설치 절차에 상위점이 있다.

[921] 이처럼 회사법상 회사설립에는 2종류의 방법이 있다. 다만 실제로는 발기설립을 이용하는 예가 많다. 회사설립 시에 발기인이나 그 연고자 이외의 자가 출자를 하는 예는 많지 않다. 메이지明治 시대 등에는 철도나 면방적 등 대규모 사업을 하는 회사를 설립할 때 주식인수인을 모집하는 예가 있었다. 그러나 현재는 발기인이 일단 주식을 인수하고, 사업이 성공한 후에 기업공개IPO가 이루어지고 있다.

● 설립중의 회사와 발기인조합

[922] 주식회사는 설립등기를 함으로써 법인격을 취득한다(제49조). 이 절차에 따라 회사는 성립한다. 그러나 등기 전이기 때문에 법인격을 가지지는 않지만, 주식회사의 실태는 설립절차를 밟는 과정에서 점차 형성되어 간다. 이를 「설립중의 회사」라고 한다. 설립중의 회사는 법인격을 가지지 않으므로 권리능력 없는 사단으로 이해되고 있다. 회사의 성립과 함께, 발기인(적어도 1주를 인수한다)과 다른 주식인수인은 주주가 된다.

[923] 설립중의 회사와 설립 후 회사는 법인격 유무를 제외하

면, 법률상 실질적으로 동일 주체라고 생각된다. 이러한 사고방식을 「동일성설」이라고 한다. 따라서 설립중의 회사에 귀속해 있던 권리 의무는 특별한 이전행위나 승계행위 없이, 당연히 설립 후 회사에 이전하는 것이 된다. 다수설은 정관이 작성되고(이에 따라 설립중의 회사의 근본규칙이 정해진다), 각 발기인이 1주 이상 인수한 때(이에 따라 사단의 원시 구성원이 정해진다) 설립중의 회사가 성립한다고 한다. 설립중의 회사는 회사가 성립한 때, 즉 등기가 이루어진 때까지 존속한다.

[924] 정관 작성이나 주식인수 등의 설립절차는 회사설립을 목적으로 하는 설립기획자 간의 계약에 따라 이루어진다. 이러한 관계를 「발기인조합」이라고 한다. 발기인조합의 성질은 민법상의 조합(민법 제667조 이하)이다. 설립중의 회사와 발기인조합은 주식회사 설립과정에 있어 병존한다.

(2) 정관 작성

[925] 주식회사를 설립하려면 발기인이 정관을 작성해야 한다(제26조 제1항). 정관 작성이란 주식회사의 근본규칙을 정하고(실질적 의의의 정관), 그것을 서면으로 작성하는 것을 말한다. 여기서 말하는 정관은 형식적 의의의 정관을 의미한다.

[926] 정관에는 발기인 전원의 서명 또는 기명날인을 요한다(제26조 제1항). 정관은 전자적 기록으로 작성할 수 있다(동조 제2항 전단). 전자적 기록으로 기록된 정보에 대해서는 법무성령으로 정하는 서명 또는 기명날인에 갈음하는 조치(전자서명)를 해야 한다(동항 후단).

[927] 정관은 공증인의 인증을 받지 않으면 그 효력이 생기지 않는다(제30조 제1항). 공증인의 인증은 정관의 내용을 명확히 하고, 후일의 분쟁과 부정행위를 방지하기 위해 요구되는 것이다. 회사설립 시에 작성되는 정관은 「원시정관」이라고 한다. 공증인의 인증은 원시정관에 대해서만 요구된다. 회사설립 후에 이루어지는 정관변경에는 인증을 요하지 않는다(주주총회 특별결의를 요한다. 제466조, 제309조 제2항 제11호).

[928] 정관의 기재사항에는 ① 절대적 기재사항, ② 상대적 기재사항, ③ 임의적 기재사항이 있다.

[929] ① 절대적 기재사항은 기재를 결하면 정관이 무효가 되고, 회사설립의 무효원인이 되는 것이다.

● 정관의 절대적 기재사항

[930] 정관의 절대적 기재사항은 다음과 같다(제27조).

① 회사의 목적: 이는 회사의 사업내용을 가리킨다(이에 따라 회사의 권리능력 범위가 제한되는가에 대해 → 169-171)〈→ 정관 제2조〉

② 회사의 상호: 주식회사의 상호에는「주식회사」라는 문자를 사용해야 한다(제6조 제2항)〈→ 정관 제1조〉. 은행업, 신탁업 등의 사업을 영위하는 회사는 상호 중에「은행」,「신탁」이라는 문자를 사용해야 한다(은행법 제6조 제1항, 신탁업법 제14조 제1항).

③ 본점 소재지: 이는 독립최소행정구획(시정촌市町村, 도쿄도의 경우는 구區)으로 표시되면 된다〈→ 정관 제3조〉. 본점 소재지는 주주총회·이사회의 의사록, 정관·주주명부 및 계산서류 등의 공시 장소(제318조 제2항, 제371조 제1항, 제31조 제1항, 제125조 제1항, 제442조 제1항)로서 중요한 의미를 지닌다.

④ 설립 시에 출자되는 재산의 가액(또는 그 최저액): 2005년 개정 전 상법에서는 (i) 회사가 발행하는 주식 총수(발행가능주식 총수)와 (ii) 설립 시에 발행하는 주식 총수(설립시 발행주식수)를 정관의 절대적 기재사항으로 정하고 있었다(개정 전 상법 제166조 제1항 제3호·제6호). 회사법에서는 설립 시에 출자되는 재산의 가액(또는 그 최저액)을 정하고, 이를 정관에 기재하도록 하였다. 발행가능주식 총수는 설립과정에서 주식의 인수상황을 봐가면서 설립절차 완료 시까지 정관에 정하면 된다(제37조, 제98조).

⑤ 발기인의 성명·명칭 및 주소: 발기인의 동일성을 분명히 하기 위해 요구된다. 또한 발기인의 성명·주소를 기재하지 않은 경우에도 발기인의 서명과 그에 부기 된 주소가 있으면 정관은 무

효가 되지 않는다고 이해되고 있다.

[931] ② 상대적 기재사항은 그 기재를 결해도 정관 자체는 유효하지만, 정관에 기재가 없으면 그 사항의 법률적 효과가 생기지 않는 것이다. 회사법 제28조에 규정하는 사항(변태설립사항 → 947)이 그 전형적인 예이다.

[932] ③ 임의적 기재사항은 정관에 기재가 없어도 정관이 무효가 되지 않고(이 점에서 절대적 기재사항과 다르다), 또한 정관에 정하지 않아도 그 사항의 효력이 부정되지 않는 것이다(이 점에서 상대적 기재사항과 다르다). 이러한 사항을 기재하는 것은 사항을 명확히 하기 위함이다. 일단 정관에 기재되면, 그 변경에 정관변경 절차(→ 927)를 요하게 된다. 정기주주총회의 소집 시기, 이사와 감사의 원수, 결산기 등이 임의적 기재사항으로 기재되는 예가 많다〈→ 정관 제12조, 제18조, 제27조, 제33조〉.

3. 사원의 확정과 기관 설치

[933] 정관 작성 후에 사원의 확정과 기관 설치 절차가 이루어진다. 이 단계에서 회사설립은 「발기설립」과 「모집설립」으로 나뉜다.

(1) 발기설립

[934] 발기설립에서는 회사 설립 시에 발행하는 주식 총수를 발기인이 인수한다. 발기인은 주식을 인수한 후에 지체 없이 인수가액 전액을 납입해야 한다. 발기인이 현물출자(→ 948)를 하는 때에는 그 현물출자를 납입기일까지 이행해야 한다(제34조 제1항). 주식 납입은 발기인이 정한 은행 등, 신탁회사 그 밖에 이에 준하는(회사법시행규칙 제7조) 납입취급기관에서 해야 한다(제34조 제2항).

[935] 2005년 회사법 제정 전까지, 발기설립의 주식 납입에 대해서는 납입취급기관(은행, 신탁회사)에 납입금보관증명을 시켰다. 납입취급기관은 발기인 또는 이사의 청구가 있으면, 납입금 보관에 관해 증명할 의무가 있었다. 또한 납입취급기관은 그 증명한 납입금액에 대해 납입이 없었던 것 또는 그 반환에 관한 제한(발기인이 차입금을 변제할 때까지 납입금을 인출하지 않는다는 약속 등)을 이유로 회사에 대항할 수 없었다. 그러나 발기설립에서는 출자자인 발기인 자신이 출자재산의 보관에 관계할 수 없으므로, 납입금보관증명제도로 출자재산의 보관상황을 분명히 할 필요성이 낮다. 그래서 회사법에서는 납입취급기관에 대해 보관증명의무를 과하지 않았다. 발기설립에서는 은행 계좌의 잔액증명 등의 방법으로 납입된 금액을 증명하면 된다. 발기인이 납입을 이행하지 않은 경우, 다른 발기인으로부터의 최고 후 주주가 되는 권리를 상실한다(제36조).

[936] 출자가 이행되면 발기인은 설립 시에 이사가 되는 자(설립 시 이사) 및 다른 임원(설립 시 임원 등)을 선임한다(제38조). 이 선임에 따라 기관설치가 완료된다. 발기인은 인수한 주식 1주에 관해 1개의 의결권을 가진다(제40조 제2항). 설립 시 이사 등의 선임은 발기인의 의결권 과반수 결의로서 이루어진다(동조 제1항).

[937] 발기인은 정관에 회사법 제28조의 사항이 정해져 있는 때는(→ 947) 그 조사를 위해 법원에 검사인 선임을 구해야 한다(제33조 제1항). 조사사항이 상당하다는 검사인의 보고를 법원이 인정한 경우에는 설립등기에 따라 회사가 성립한다. 한편 검사인의 보고 후 법원이 정관의 정함을 부당하다고 인정한 경우, 법원은 회사법 제28조에 규정된 사항을 변경하는 결정을 한다(제33조 제7항). 이러한 법원의 변경 결정에 발기인이 동의하는 경우에는 변경된 바에 따라 설립절차가 진행된다. 그러나 이러한 변경에 발기인이 불복하는 경우에는 자기의 주식인수를 취소할 수 있다(동조 제8항). 발기인은 그 전원의 동의로 법원의 결정에 따라 변경된 사항에 관한 정함을 폐지하는 정관변경을 할 수 있다(동조 제9항).

(2) 모집설립

[938] 모집설립에서는 발기인이 모든 주식을 인수하지 않고, 남은 주식에 대해 인수인 모집이 이루어진다(제57조). 일반 공중으로부터 널리 주식 모집을 하는 경우, 발기인은 금융상품거래법에 따라 모집 신고를 해야 한다(→ 285). 다만 일본의 주식회사 설립 시에는 금융상품거래법이 적용되는 사례가 거의 없다.

[939] 모집설립에서 주식의 납입은 납입취급기관으로 지정된 은행 또는 신탁회사 등에서 이루어진다(제63조 제1항). 납입취급기관은 납입된 금액을 증명해야 한다(납입금보관증명서를 교부하는 것을 요한다. 제64조 제1항). 증명서를 교부한 납입취급기관은 증명이 사실과 다르다는 것 또는 납입된 금액의 반환에 관한 제한이 있는 것을 이유로 성립 후 주식회사에 대항할 수 없다(동조 제2항). 모집설립에서는 주식회사가 법 주체로서 성립하기 전에, 설립절차를 실행하는 자 이외의 자가 출자를 한다. 그래서 출자자가 출자한 재산의 보관상황을 분명히 하기 위해 납입취급증명제도가 존재한다(발기설립과의 비교 → 935).

[940] 금전의 납입 기일 또는 그 기간의 말일 중 늦게 도래한 날 이후에 발기인은 지체 없이 창립총회를 개최한다(제65조 제1항). 창립총회는 주식을 인수하고 설립되는 회사의 주주가 되는 자(설립시 주주)로 구성된다. 설립시 주주는 인수한 주식 1주에 관해 1개의 의결권을 가진다(제72조 제1항). 창립총회 결의는 설립시 주주의 의결권 과반수, 출석한 해당 설립시 주주의 의결권 3분의 2 이상에 상당하는 다수로서 이루어진다(제73조 제1항). 창립총회에서는 발기인이 회사설립에 관한 사항을 보고하고(제87조 제1항), 설립 시 이사 등의 선임이 이루어진다(제88조). 설립시 이사와 설립시 감사 선임으로 회사의 기관이 설치된다.

[941] 모집설립의 경우에도 정관에 회사법 제28조의 사항이 정해져 있는 때는(→ 947) 발기인이 그 조사를 하기 위해 법원에 대해 검사인

선임을 구해야 한다(제33조 제1항). 모집설립에서 검사인의 보고는 창립총회에 제출된다(제87조 제2항 제1호). 이 보고에 기초해 창립총회가 이러한 사항을 부당하다고 인정한 경우에는 창립총회가 정관변경을 할 수 있다(제96조). 이 변경에 불복이 있는 자는 주식의 인수를 취소할 수 있다(제97조).

4. 설립등기

(1) 등기 절차

[942] 설립등기는 본점 소재지에서 해야 한다. 발기설립의 경우에는 설립시 이사의 조사가 종료한 날 또는 발기인이 정한 날 가운데 늦게 도래한 날로부터 2주간 이내에 해야 한다(제911조 제1항). 모집설립의 경우에는 창립총회 종결일 또는 그 밖의 소정의 날 가운데 늦게 도래한 날로부터 2주간 이내에 해야 한다(동조 제1항 · 제2항). 설립등기 후 2주간 이내에는 지점 소재지에서도 등기가 필요하다(제930조 제1항 제1호). 등기사항에는 회사의 목적, 상호 등 정관기재사항 일부 외에, 발행가능주식 총수, 자본금, 이사의 성명, 대표이사의 성명 · 주소 등이 포함된다(제911조 제3항).

[943] 설립등기를 하기 위해서는 정관, 주식의 신청 · 인수를 증명하는 서면, 설립시 이사 또는 검사인의 조사보고서, 주식납입금보관증명서 등의 서류를 첨부할 필요가 있다(상업등기법 제47조 제2항). 나아가 자본금의 0.7%에 상당하는 금액(최저 15만 엔)을 등록면허세로써 납부해야 한다(등록면허세법 별표 제1 제24호 (1)).

[944] 등기사항에 변경이 생긴 경우에는 본점 소재지에서 2주간(지점 소재지에서는 3주간. 제932조) 이내에 변경 등기를 해야 한다(제915조).

(2) 등기의 효과

[945] 설립등기로 주식회사가 성립한다(제49조). 회사 성립에 따라 설립시 주주는 주주가 되고, 설립시 이사 등이 회사의 기관이 된다. 주식 납입금 및 현물출자의 목적재산에 대한 권리는 회사에 귀속한다. 발기인이 설립중의 회사 기관으로서 수행한 개업준비행위 및 발기인이 부담한 설립비용에 대해서는 그러한 효과의 귀속에 관해 많은 논의가 이루어지고 있다.

[946] 설립등기가 이루어지면 주식인수인은 착오를 이유로 그 인수의 무효를 주장하는 것 또는 사기 혹은 강박을 이유로 그 인수를 취소하는 것이 불가능해진다(제51조). 이는 되도록 주식의 인수를 확보하고, 회사의 기반을 안정시키기 위함이다. 또한 회사 성립 전에 주주가 되는 권리(권리주) 양도는 당사자 간에는 유효하나 성립 후 회사에는 대항할 수 없다(제35조). 권리주의 양도를 자유롭게 하면 설립절차가 번잡해지고, 신속한 설립이 저해되기 때문이다. 회사가 성립하면 권리주의 양도제한은 당연히 소멸한다. 나아가 주권발행회사는 성립 후 지체 없이 주권을 발행해야 한다(제215조 제1항).

5. 변태설립사항

[947] 발기인이 회사설립에 있어 자기 또는 제3자의 이익을 도모할 우려가 큰 사항이 있다. 회사법은 이러한 사항은 원시정관에 기재함에 따라 비로소 효력을 가지는 것으로 하고 있다(상대적 기재사항. 제28조). 그리고 원칙으로서 법원이 선임하는 검사인의 조사를 요구하고 있다(부당한 경우 정관변경이 이루어진다 → 937. 제33조 제7항). 이러한 사항은 통상의 설립절차와 다르므로「변태설립사항」이라고 하는 예가 있다. 한편, 검사인의 조사가 불요인 경우가 규정되어 있다(동조 제10항. 모집주식 발행 경우에도 같은 규

정이 있다 → 280).

(1) 현물출자

[948] 현물출자는 금전 이외의 재산에 의한 출자를 말한다. 주식회사에서는 노무나 신용 출자를 할 수 없고, 재산출자만이 인정된다. 재산출자는 동산, 부동산, 채권 또는 특허권과 같은 무체재산 등의 출자도 가능하다. 그러나 금전에 의한 출자와 달리, 현물출자는 그 재산의 가치가 과대하게 평가되어 회사의 재산적 기초를 해할 위험성이 있다. 그 때문에 회사법은 현물출자를 변태설립사항으로 하여 그 남용을 방지하고 있다(→ 953–955). 신주를 발행하는 때도 같은 폐해가 있다(→ 302).

(2) 재산인수

[949] 재산인수는 발기인이 장래 성립하는 회사에 필요한 일정 재산을 제3자로부터 양수하는 것을 약속하는 계약을 말한다. 이것은 회사가 성립한 후에 즉시 사업을 개시할 수 있도록 필요한 재산을 회사설립절차 중에서 확보하기 위해 이루어지는 것이므로 개업준비행위의 하나이다. 재산인수는 과대평가 위험성이 존재한다는 점에서 위의 현물출자와 다르지 않다. 그 때문에 회사법은 재산인수에 대해서도 현물출자와 같은 규제를 정하는 것으로 하였다.

[950] 재산인수 규제는 현물출자에 대한 규제를 매매라는 형태로 회피하는 것을 방지하기 위해 둔 것이다. 그런데 특정 재산에 대해 사전에 양수 의논만을 하고, 발기인이 회사 성립 후 이사가 되고 나서 양도 계약을 체결하면 재산인수 규제 회피가 가능해진다. 그 때문에 회사법은 회사가 그 성립 후 2년 이내에 성립 전부터 존재한 재산 중 사업을 위해 계속해서 사용해야 하는 것을 자본의 20% 이상에 상당하는 대가로 취득하는 계약을 하는 때에는 주주총회 특별결의를 요하는 것으로

하고 있다(제467조 제1항 제5호). 이러한 절차를 요하는 것을「사후설립」이라고 한다.

[951] 발기인이 개업준비행위로서 재산인수를 할 수 있다는 것을 설명함에는 견해의 대립이 있다. 판례(最判昭33 · 10 · 24民集12 · 14 · 3228〔百選5事件〕) · 다수설은 개업준비행위는 본래 발기인의 권한 밖의 행위이지만, 실제 필요로부터 일정 조건을 부여해 재산인수만을 예외적으로 허용한 것이라고 이해한다. 이에 반해 개업준비행위도 본래 발기인의 권한 내의 것이지만, 남용의 폐해를 고려해 발기인이 할 수 있는 것을 재산인수만으로 제한한 것이라고 이해하는 견해도 있다.

[952] 재산인수를 회사가 추인할 수 있는지에 대해서도 다툼이 있다. 추인을 인정하는 것은 재산인수에 관해 엄격한 요건을 정하는 법의 취지에 합치하지 않는다는 이유로 부정하는 견해와 회사의 자본충실 관점에서 추인을 인정하는 견해가 대립하고 있다. 다수설은 재산인수의 추인을 인정하고 있다. 판례도 장기간이 경과한 후에 무효주장을 하는 것은 신의칙에 반하여 허용되지 않는다고 하였다(最判昭61 · 9 · 11判時1215 · 125〔百選6事件〕).

(3) 재산가액의 전보책임

[953] 현물출자 또는 재산인수가 있고 그 목적재산의 실가가 정관에 정한 가액에 현저히 부족한 경우, 발기인 및 설립시 이사는 연대하여 그 부족액을 지급할 의무가 있다(제52조 제1항). 다만 현물출자 혹은 재산인수에 관한 사항에 관해 법원이 선임하는 검사인의 조사를 받은 때 또는 그 직무를 다함에 주의를 게을리하지 않았음을 증명한 때에는 책임을 지지 않는다(동조 제2항).

[954] 발기설립의 경우 이 책임은 과실책임이다. 한편, 모집설립의 경우 무과실 책임을 과하고 있다(제103조 제1항, 제52조 제2항). 모집설립에

서는 발기인 외에 모집주식 인수인이 존재하고, 현물출자를 하는 발기인과 금전출자밖에 할 수 없는 인수인 사이에 실질적인 갹출액의 공평 확보가 필요하다. 이 점에서 인수인 보호를 위해 발기설립과의 차이가 마련되었다.

[955] 현물출자 혹은 재산인수 대상이 된 재산의 실가가 정관에 정한 가액에 현저히 부족한 경우, 전문가증명 혹은 감정평가를 한 변호사 등은 회사에 대해 그 부족액 지급에 대해 연대책임을 진다(제52조 제3항). 이 책임은 과실책임이다. 무과실 입증책임은 증명 또는 감정평가를 한 전문가가 진다(동항 단서).

(4) 발기인의 보수 · 특별이익

[956] 발기인의 보수는 통상 확정금액으로 회사의 경비로서 지급된다. 회사는 회사설립에 대한 발기인의 공로에 보답하기 위해 발기인에게 이익배당에 관한 우선권, 회사시설 이용 등의 권리를 인정하는 예가 있다. 이러한 이익 제공을 발기인만의 논의로 결정한다고 하면, 과대 또는 부당한 특별이익 결정이 이루어질 위험성이 있다. 발기인의 보수와 발기인에 대한 특별이익의 차이는 보수의 경우 회사 성립 후 일시에 지급된다는 점에 있다. 다만 양자의 구별 실익은 존재하지 않는다.

(5) 설립비용

[957] 설립비용은 발기인이 회사설립 중에, 회사설립을 위해 지출하는 비용을 말한다. 이에는 사무소 임대료, 사무원의 급료, 주식 신청증 인쇄비용 등이 포함된다. 이러한 비용은 회사 성립 후 발기인이 당연히 회사에 청구할 수 있는 것인데, 무제한 지급이 이루어질 위험성이 있으므로 규제 대상이 되고 있다.

[958] 회사가 부담해야 할 설립비용 중 정관에 관계된 인지세, 주식

의 납입 취급에 대해 은행 등에 지급해야 할 보수, 검사인의 보수, 설립등기 등록면허세는 정관에 기재하지 않아도 당연히 회사가 부담해야 하는 것으로 된다(제28조 제4호, 회사법 시행규칙 제5조). 이러한 예외는 금액에 객관성이 있고, 과도한 지급이 이루어질 위험성이 적은 것을 이유로 한다.

[959] 발기인이 지출한 회사 설립비용은 회사 성립 후에 정관에 기재된 범위 내에서 발기인이 회사에 구상하는 것으로 된다. 회사 성립까지 발기인에 의해 설립비용이 지급되지 않는 경우, 회사에 채무 지급 의무가 있느냐에 대해 견해가 대립하고 있다. 판례는 종래 정관에 기재된 금액 내에서 채무가 회사에 귀속한다고 이해하였다(大判昭2・7・4民集6・428〔百選7事件〕). 그러나 성립 후 회사에 귀속하는 채무 범위가 정관기재라는 회사 내부 사정에 따라 결정된다고 하면 거래처 보호에 문제가 생긴다. 이를 이유로 많은 학설은 판례의 태도에 반대하고 있다. 학설에는 미지급 채무는 회사에 귀속하고, 회사가 이를 지급한 후에 정관기재액을 넘는 부분에 대해 발기인에게 구상할 수 있다고 이해하는 설이 있다. 또한 미지급 채무는 여전히 발기인에게 귀속하고 발기인은 그 이행 후에 정관기재액의 범위 내에서 회사에 구상할 수 있다고 이해하는 설도 있다.

6. 가장납입

[960] 주식회사를 설립하는 경우에는 주식의 납입이 확실히 이루어져야 한다. 그러나 주식의 납입이 가장되고, 주식회사의 자본 충실이 저해되는 예가 있다. 특히 개인기업이 주식회사로 조직변경하는 경우에 이러한 가장납입이 이루어지는 예가 많다.

(1) 통모가장납입預合い

[961] 통모가장납입은 발기인이 발기인의 자격으로 납입취급기관

으로부터 자금을 차입하고, 이 차입금으로 같은 납입취급기관에 주식의 납입을 하는 것이다. 이 경우 발기인은 이사가 된 후에도 차입금을 납입취급기관에 변제하기까지는 회사가 납입금을 인출하지 않는다는 것을 약속한다. 이 방법에 따라 회사법이 요구하는 주식의 납입이라는 형식은 갖추게 된다. 회사설립 후 주식납입금은 즉시 이사(원발기인)에 의해 인출되고, 이사 개인의 차입금 지급에 이용된다. 이러한 행위로 인해 설립된 회사에는 자본이 존재하지 않게 된다.

[962] 모집설립의 납입 시에는 납입취급기관이 주식의 납입에 대해 납입금을 보관하고 있음을 증명해야 한다. 납입취급기관은 그 증명한 금액에 대해 납입이 없었던 것 또는 차입금 변제에 관한 특약이 있는 것을 주장하고, 회사에 대해 납입금 반환을 거부할 수 없다(→ 939). 또한 납입금보관증명서는 설립등기 첨부서류로 되어 있으므로(상업등기법 제47조 제2항 제5호), 그 증명서가 없으면 설립등기는 이루어지지 않는다. 이러한 규제가 존재하므로 납입취급기관은 실제 납입이 이루어진 경우에만 보관증명을 한다. 이로써 가장납입이 미연에 방지되고 있다. 발기설립에서는 은행 계좌의 잔액증명 등 임의의 방법으로 설립 시에 납입된 금액을 증명한다(→ 935).

[963] 이러한 가장납입은 납입으로서 무효이다(입안 담당자의 견해로서 유효한 납입이라고 이해하는 예가 있다(坂本三郎編著『立案担当者による平成26年改正会社法の解説』(別冊商事法務 393号) 152頁)). 주식의 납입이 가장되고, 납입취급기관과 발기인 간에 그 납입 가장에 관해 통모가 있었다고 인정된 경우에는 형사벌이 적용된다(제965조).

(2) 위장납입見せ金

[964] 위장납입은 발기인이 납입취급기관 이외의 자로부터 차입한 차입금을 주식의 납입에 충당하고, 회사 성립 후 납입취급기관으로부터 납입금을 인출해 차입처에 변제하는 것을 말한다. 이러한 가장납

입에 따른 회사설립은 위의 통모가장납입 규제를 잠탈할 목적으로 이루어지는 것이다. 다만 통모가장납입과 달리, 위장납입에서는 형식적이긴 해도 자금 이동에 의한 현실의 납입이 이루어지고 있다. 그 때문에 이러한 주식의 납입이 유효한가에 대해 종래부터 다툼이 있다.

[965] 판례(最判昭38 · 12 · 6民集17 · 12 · 1633) · 다수설은 위장납입에 의한 주식의 납입은 계획적으로 이루어진 가장납입이며, 실질적으로 보아 유효한 납입이라고는 할 수 없다는 태도를 보인다. 그러나 학설 중에는 현실의 납입이 이루어지고 있음을 이유로 그 납입을 유효한 것으로 이해한 가운데, 문제 해결을 형법상의 배임죄 · 업무상 횡령죄(형법 제247조, 제253조) 또는 회사법상의 특별배임죄(제960조)(→ 150)(발기인〔이사〕이 개인의 차입금 변제를 위해 회사 자금을 이용한 것)에 구하는 견해도 있다. 납입이 가장된 것을 숨기고 설립 등기신청을 하면 공정증서원본부실기재죄(형법 제157조)가 성립한다(最判昭41 · 10 · 11刑集20 · 8 · 817).

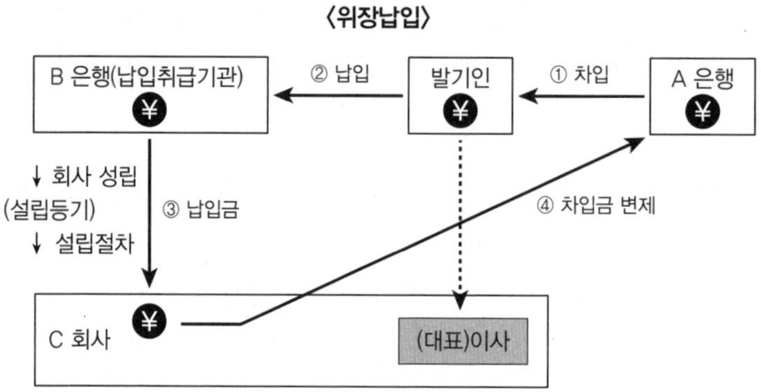

(3) 가장출자의 이행책임

[966] 발기인은 주식에 대한 금전의 납입 또는 현물출자재산의 급부를 가장한 경우, 회사에 대해 가장한 출자에 관계된 금전 전액의 지급 또는 재산 전부의 급부를 책임질 의무가 있다(제52조의2 제1항). 회사가 재

산 급부에 갈음하여 재산 가액에 상당하는 금전의 지급을 청구한 경우에는 그 금액의 전액을 지급할 의무가 있다. 이 책임은 무과실책임이다. 모집설립에서 주식인수인이 납입을 가장한 경우는 회사에 대해 가장한 출자에 관계된 금전 전액의 지급을 할 의무를 진다(제102조의2 제1항). 이 책임도 무과실책임이다. 출자 이행의 가장에 관여한 발기인(설립시 이사로서 법무성령에서 정하는 자)도 같은 책임을 지는데, 주의를 게을리하지 않았음을 증명한 때는 책임을 면한다(제52조의2 제2항, 제103조 제2항). 이러한 책임은 연대책임이다(제52조의2 제3항, 제103조 제2항 본문).

[967] 출자의 이행을 가장한 발기인이나 납입을 가장한 인수인은 위의 책임을 이행한 후가 아니면, 출자의 이행 · 납입을 가장한 주식에 대해 권리행사를 할 수 없다(제52조의2 제4항, 제102조 제3항). 다만 주식(권리주)이 양도된 경우에 그 양수인은 악의 또는 중과실이 있는 때를 제외하고, 주식에 관계된 권리행사를 할 수 있다(제52조의2 제5항, 제102조 제4항). 이러한 규제는 2014년 개정에서 도입되었다(모집주식의 발행에 관한 가장 납입에 대해 → 303, 304).

7. 회사설립 무효와 회사의 불성립 · 부존재

(1) 회사설립의 무효

[968] 설립등기에 따라 회사가 성립한 때도 설립절차가 위법이면 회사설립은 무효이다. 다만 회사설립이라는 외관이 탄생하기 때문에, 회사설립을 무효로 하면 법적 안정성을 해할 위험성이 있다. 그 때문에 회사법하에서는 설립 무효주장은 설립절차에 하자가 있는 경우에 소로써만 할 수 있다(제828조 제1항 제1호).

[969] 무효 원인은 정관의 절대적 기재사항(→ 930)을 결한 경우, 정관에 대해 인증(→ 927)이 없는 경우, 창립총회(→ 940)가 적법하게 개최되

지 않은 경우, 설립등기(→ 942)가 무효인 경우 등 설립절차에 중대한 하자가 있는 경우에 한한다. 설립무효의 소는 주주, 이사 또는 청산인 등만이 제기할 수 있다(제828조 제2항 제1호). 설립무효의 소의 제소기간은 회사 성립일로부터 2년 이내이다(동조 제1항 제1호). 회사법에서는 무효주장에 제한을 둠으로써, 회사가 정당하게 성립했다는 가정하에 발생하는 제3자의 채권 및 채무에 중대한 영향을 미치지 않도록 배려하고 있다.

[970] 설립무효 판결이 확정하면 소송 당사자뿐만 아니라, 모든 자와의 관계에서 설립이 무효였던 것으로 된다(제838조). 설립무효 판결에는 소급효가 부정되며, 판결은 장래에 향해서만 효력을 가진다(제839조). 이는 회사의 존재를 전제로 이루어져 온 법률관계의 혼란을 회피하기 위함이다. 한편, 무효판결이 확정하면 회사는 등기와 청산 절차를 진행할 필요가 있다(제937조 제1항 제1호 가목, 제475조 제2호).

(2) 회사의 불성립과 부존재

[971] 설립무효가 인정되는 것은 무효원인을 가지는 회사가 설립등기에 따라 일단은 존재하게 된 경우이다. 이에 반해 설립등기에 이르기 전에 설립절차가 도중에 종료되고, 법률상으로도 사실상으로도 회사가 성립에 이르지 못한 경우에는 회사는 불성립이 된다. 회사의 불성립은 누구든지 어떤 방법으로든지 주장할 수 있다.

[972] 회사의 불성립 경우 회사설립에 관해 이루어진 행위에 대해서는 발기인이 연대책임을 부담한다. 또한 이미 회사설립에 관해 지출한 비용은 전액 발기인이 부담한다(제56조).

[973] 설립등기는 이루어졌지만, 설립절차가 전혀 실천되지 않은 때에는 회사의 실태를 긍정할 수 없다. 이 경우 회사는 부존재한다고 할 수밖에 없다. 회사의 부존재는 누구든지 언제든지 주장할 수 있다.

제 5 절 해산 · 청산

1. 회사의 해산

(1) 해산의 의의

[974] 회사는 ① 정관에 정한 존속기간 만료, ② 정관에 정한 해산 사유 발생, ③ 주주총회 결의, ④ 합병(합병으로 해당 주식회사가 소멸하는 경우에 한한다), ⑤ 파산절차개시 결정, ⑥ 해산을 명하는 판결에 의해 해산한다(제471조). 나아가 ⑦ 휴면회사에 대해서는 간주해산제도가 있다(제472조). ① 내지 ④는 주주의 의사에 따른 해산 사유이고, ⑤ 내지 ⑦은 주주의 의사에 따르지 않는 해산 사유이다.

● **휴면회사의 정리**

[975] 장기에 걸쳐 사실상 사업활동을 하지 않는 회사가 법률상(등기부상) 존재하고 있으면, 등기와 실체가 일치하지 않고 상호 선택의 자유, 거래의 안전을 해할 위험성이 있다. 그 때문에 휴면회사의 정리가 해산 사유로 되어 있다. 이 제도에 따르면, 법무대신은 최후 등기 후 12년을 경과한 회사에 대해 관보로 「최후 등기 후 12년을 경과한 회사는 본점 소재지를 관할하는 등기소에 아직 사업을 폐지하지 않았다는 뜻을 신고해야 한다」라는 것을 공고한다. 그 공고일로부터 2월 이내에 명령에 따라 신고를 하지 않은 때는 그 회사는 기간 만료일에 해산한 것으로 본다(제472조 제1항).

[976] 2005년 개정 전까지 최후 등기 후 5년을 경과한 경우

에 휴면회사의 정리가 이루어졌다. 이는 이사의 임기가 2년이고, 최저 2년에 한 번은 변경등기를 할 필요가 있다는 점을 고려해 5년이라는 기간을 정한 것이었다. 회사법에서는 일부 회사가 이사의 임기를 정관의 정함으로 10년까지 연장할 수 있다(→ 561). 그러한 회사에서는 10년에 한 번 변경등기가 필요하게 된다. 그래서 휴면회사 정리도 최후 등기가 있었던 날로부터 12년을 경과한 경우에 하는 것으로 하였다.

[977] 주식회사가 해산한 때는 합병 및 파산에 의한 해산을 제외하고, 회사가 청산 절차에 들어간다(제475조 제1호). 이러한 절차 종료 후에 회사는 소멸한다. 해산한 경우에는 해산등기를 해야 한다(제926조).

(2) 해산명령과 해산판결

[978] 주주의 의사에 따르지 않는 해산 사유의 하나로서 해산을 명하는 판결이 있다. 이러한 해산 이유에는 해산명령과 해산판결이 있다.

[979] 회사의 해산명령이란 ① 회사설립이 불법한 목적에 기초해 이루어진 경우, ② 회사가 정당한 이유 없이 그 성립일로부터 1년 이내에 그 사업을 개시하지 않거나 인계 1년 이상 그 사업을 휴지休止한 경우, ③ 업무집행이사, 집행임원 혹은 업무를 집행하는 사원이 법령·정관에서 정하는 회사의 권한을 일탈하거나 남용하는 행위 또는 형벌법령에 저촉되는 행위를 한 경우로 법무대신으로부터 서면 경고를 받았음에도 불구하고 계속·반복해서 해당 행위를 한 경우, 회사의 존재가 공익을 해하고 그 존속을 허락할 수 없는 때에 법무대신, 주주, 채권자 그 밖에 이해관계인의 청구에 따라 법원이 그 회사의 해산을 명하는 것이다(제824조). 그러나 이 제도는 거의 이용되지 않고 있다. 그 때문에 휴면회사를 정리하는 제도(→ 975)가 도입되었다.

[980] 해산판결이란 ① 회사가 업무집행에 있어서 현저히 곤란

한 상황에 이르러 회사에 회복할 수 없는 손해를 발생하거나 발생할 우려가 있는 경우, ② 회사 재산의 관리 또는 처분이 현저히 부당하고 회사의 존립을 위태롭게 하는 경우로 「부득이한 사유」가 있는 때에 해산을 명하는 판결이다(제833조). 총주주 의결권 10%(정관으로 경감할 수 있다) 이상의 의결권을 가지는 주주 또는 발행주식총수의 10% 이상에 해당하는 주식(정관으로 경감할 수 있다)을 가지는 주주가 청구할 수 있다.

[981] ①로서 50%씩의 의결권을 가지는 파벌 간 대립으로 임원을 선 · 해임하는 것이 곤란한 경우에 해산판결이 이루어진 예가 있다(東京地判平元 · 7 · 18判時1349 · 148〔百選95事件〕). ②로서 다수파와 소수파의 대립 속에서 다수파에 의해 업무집행이 불공정 · 이기적으로 이루어지고, 소수파가 이유 없이 항상 불이익을 당하는 경우로 해산판결이 이루어진 예가 있다(지분회사의 사례. 最判昭61 · 3 · 13民集40 · 2 · 229〔百選82事件〕).

[982] 해산명령은 공익 침해를 이유로 하는 것인데 반해, 해산판결은 주주의 이익 보호를 이유로 하는 것이다. 후자는 특히 해산에 필요한 주주총회 특별결의를 성립시킬 수 없는 상황을 염두에 두고, 주주의 정당한 이익을 보호하는 수단으로 해산 외 다른 수단이 없는 때에 소수주주권으로서 해산의 소 제기를 인정하는 것이다.

2. 회사의 청산

(1) 청산의 의의

[983] 청산 절차란 해산한 회사의 법률관계를 정리하고, 잔여재산을 주주에게 공평하게 분배하는 절차를 말한다. 회사는 청산 종결 시까지 청산의 목적 범위 내에서 존속한다(제476조). 통상의 청산(통상청산) 외에, 통상청산 수행에 현저한 지장을 초래하는 경우 등에는 특별청산제도가 규정되어 있다(제510조).

(2) 청산인

[984] 회사가 청산 절차에 들어가면 이사는 그 지위를 상실한다. 그러나 해산 시 이사가 청산사무를 담당하는 청산인이 되는 것이 원칙이다(제478조 제1항 제1호). 다만 정관이나 주주총회에서 다른 자를 청산인으로 선임할 수도 있다(동항 제2호 · 제3호). 이러한 청산인이 없는 때나 설립무효 · 주식이전 무효판결에 따라 해산한 때는 이해관계인의 청구로 법원이 청산인을 선임한다(동조 제2항 · 제4항). 해산명령 · 해산판결로 해산한 때는 법원이 이해관계인 혹은 법무대신의 신청에 따라 또는 직권으로 청산인을 선임한다(동조 제3항).

[985] 법원이 선임한 경우 이외는 주주총회 보통결의로 청산인이 선임된다(제479조 제1항). 소수주주에 의한 법원에의 해임청구 제도도 정해져 있다(동조 제2항).

[986] 청산인은 ① 현존사무의 종결, ② 채권의 추심과 채무의 변제, ③ 잔여재산의 분배라는 직무를 수행한다(제481조). 청산회사에서는 1명 또는 2명 이상의 청산인을 두어야 한다(제477조 제1항). 청산인이 회사를 대표한다(제483조 제1항. 정관, 정관의 정함에 기초한 청산인의 호선 또는 총회의 결의로 대표청산인을 정할 수도 있다. 동조 제3항). 청산인이 2명 이상인 경우, 정관에 특별한 정함이 있는 경우를 제외하고 그 과반수로 청산업무를 결정한다(제482조 제2항). 정관의 정함으로 청산인회를 둘 수도 있다(제477조 제2항). 이 경우 청산인회가 청산인 중에서 대표청산인을 선정 · 해직한다(제489조 제3항 · 제4항).

(3) 통상청산

[987] 청산인은 해산 당시 완료하지 않은 사무를 완료시키는 청산사무를 한다(예컨대, 매매계약 이행을 위한 물품 구매, 채권 추심, 채무 변제 등이 이에 해당한다). 채무 변제의 경우 청산인은 일정 기간(2월 이상) 내에 채권의 신고를

하도록 최고하고, 이 기간이 경과한 후 신고한 채권자 전원에게 변제를 한다(제499조~제501조). 청산인은 이러한 채무 변제 후에 회사의 잔여재산을 주주에게 분배할 수 있다(제504조~제506조). 잔여재산의 분배는 원칙적으로 각 주주가 가진 주식 수에 따라 이루어진다(제504조 제3항).

[988] 금전 이외의 재산에 의한 잔여재산 분배도 가능하다. 주주가 금전 분배를 청구한 경우(제505조 제1항), 잔여재산의 가액에 상당하는 금전을 지급한다. 여기서 말하는 상당하는 가액이란 시장가격이 있는 재산의 경우에는 시장가격으로서 법무성령에서 정하는 방법으로 산정한 금액을, 그 이외의 경우에는 회사의 신청에 따라 법원이 정한 금액을 말한다(동조 제3항).

[989] 청산사무가 종료한 때는 지체 없이 결산보고서를 작성해야 한다(제507조 제1항). 청산인회설치회사에서는 청산보고서에 대해 청산인회의 승인을 받아야 한다(동조 제2항). 청산인은 결산보고서를 주주총회에 제출 · 제공하고, 그 승인을 받을 필요가 있다(동조 제3항). 청산인은 총회에 의한 결산보고서 승인 후, 본점 소재지에서 2주간 이내에 청산종결등기를 해야 한다(제929조 제1호). 청산종결등기로 회사는 소멸한다.

(4) 특별청산

[990] 특별청산이란 ① 청산 수행에 현저한 지장을 초래할 사정이 있다고 인정되는 경우, ② 회사에 채무초과 우려가 있다고 인정되는 경우에 법원의 명령에 따라 개시되는 청산 절차이다(제510조).

[991] 특별청산 신청은 채권자, 청산인, 감사 또는 주주가 할 수 있다(제511조 제1항). 회사에 채무초과 우려가 있는 경우 청산인은 특별청산을 신청해야 한다(동조 제2항).

[992] 특별청산도 청산인이 청산사무를 수행한다. 청산인은 회사, 주주, 채권자에 대해 공평 · 성실하게 청산사무를 처리할 의무를 부

담한다(제523조).

[993] 특별청산개시 명령이 있은 때는 청산은 법원의 감독에 따른다(제519조 제1항). 법원은 언제든지 회사에 대해 청산사무 및 재산 상황의 보고를 명하고, 그 밖에 감독상 필요한 조사를 할 수 있다(제520조). 또한 필요가 있다고 인정하는 때는 청산인, 감사, 채권 신고를 한 채권자, 알고 있는 채권자의 채권총액 10% 이상을 가진 채권자, 총주주 의결권 3% 이상의 주식을 6월 이상 보유하는 주주의 신청에 따라 또는 직권으로 특별청산에 이른 사정, 회사의 업무 및 재산 상황, 보전처분의 필요 여부 등에 대해 조사위원에 의한 조사를 명할 수 있다(제522조).

[994] 특별청산의 실행과 관련해 필요가 있는 경우에는 언제든지 채권자집회가 소집된다(제546조 제1항). 회사가 소집하는 것이 원칙이지만(동조 제2항), 법원의 허가를 받아 채권자가 소집할 수도 있다(제547조). 채권자집회는 법원이 지휘한다(제552조 제1항). 그 결의는 출석한 의결권자 과반수의 동의가 있고, 출석한 의결권자의 의결권 총액의 50%를 초과하는 의결권을 가지는 자의 동의로 한다(제554조 제1항).

[995] 회사는 채권자집회에 대해 협정 신청을 할 수 있다(제563조). 협정에서는 채권자의 권리 전부 또는 일부 변경에 관한 조항(채무 감면, 기한 유예 등)이 정해진다(제564조). 협정에 따른 권리 변경 내용은 채권자 간에 평등해야 한다(제565조 본문). 채권자집회에서 회사로부터 신청된 협정의 가결 · 변경 등을 할 수 있다. 이 경우 출석한 의결권자의 과반수, 의결권자의 의결권 총액 3분의 2 이상의 의결권을 가지는 자의 동의가 필요하다(제567조 제1항).

[996] 감독위원은 회사의 업무 및 재산 관리를 감독하는 권한을 가지는 자이며, 필요한 때는 법원에 의해 1명 또는 2명 이상이 선임된다(제527조, 제528조). 특별청산에서 재산의 처분, 차재借財, 소의 제기, 화해 · 중재 합의, 권리의 포기, 그 밖에 법원이 지정하는 행위는 법원의 허가

가 필요하다(제535조 제1항 본문). 다만 법원은 감독위원에게 법원의 허가에 갈음하는 동의를 하는 권한을 부여할 수 있다(제527조 제1항).

[997] 법원은 조사 명령을 하는 경우, 1명 또는 2명 이상의 조사위원을 선임할 수 있다(제533조).

[998] 법원은 특별청산이 종결되거나 그 필요가 없어진 때는 그 종결을 결정한다(제573조). 특별청산이 종결한 경우에는 이에 따라 회사가 소멸한다. 또한 특별청산의 필요가 없어진 경우에는 통상청산으로 이행하거나 회사가 존속한다. 나아가 특별청산개시 명령이 있었음에도 ① 협정의 가망이 없는 때, ② 협정 실행의 가망이 없는 때, ③ 특별청산에 따르는 것이 채권자의 일반 이익에 반하는 때는 법원이 파산법에 따라 파산절차개시 결정을 해야 한다(제574조 제1항). 특별청산 개시 후에 협정이 부결된 때, 협정 불인가 결정이 확정된 때, 회사에 파산절차개시 원인이 되는 사실이 인정된 때는 법원이 직권으로 파산법에 따라 파산절차개시 결정을 할 수 있다(동조 제2항).

● 동지사물산주식회사 정관

제 1 장 총칙

(상호)

제 1 조 이 회사는 동지사물산주식회사라고 칭한다. 영문으로는 DOSHISHA TRADING CORPORATION이라고 한다.

(목적)

제 2 조 이 회사는 다음의 사업을 영위하는 것을 목적으로 한다.

(1) 식량, 주류 그 밖의 음료, 농산제품 · 수산제품 매매 및 무역업

(생략)

(10) 전 각호에 부대 관련하는 모든 사업

(본점)

제 3 조 이 회사는 본점을 교토부 교토시에 둔다.

(기관)

제 4 조 이 회사는 주주총회 및 이사 외에, 다음의 기관을 둔다

(1) 이사회

(2) 감사

(3) 감사회

(4) 회계감사인

(공고방법)

제 5 조 이 회사의 공고방법은 전자공고로 한다. 다만 사고 그 밖의 부득이한 사유로 인해 전자공고를 할 수 없는 경우는 일본경제신문에 게재하여서 한다.

제 2 장 주식

(발행가능주식총수)

제 6 조 이 회사의 발행가능주식총수는 10억 주로 한다.

(자기주식의 취득)

제 7 조 이 회사는 이사회 결의에 따라 자기주식을 시장거래 등으로 취득할 수 있다.

(단원주식수 및 단원미만주식의 추가 매수)

제 8 조 ① 이 회사의 단원주식수는 100주로 한다.
② 이 회사의 주주는 회사에 대해 그 보유하는 단원미만주식수와 합해서 단원주식수가 되는 수의 주식 매도를 청구할 수 있다.

(단원주주의 권리)

제 9 조 이 회사의 주주는 그 보유하는 단원미만주식에 대해 다음에 열거하는 권리 이외의 권리를 행사할 수 없다.
(1) 회사법 제189조 제2항 각호에 열거하는 권리
(2) 회사법 제166조 제1항 규정에 따른 청구를 할 권리
(3) 모집주식 또는 모집신주예약권의 배정을 받을 권리
(4) 전 조 제2항에 규정하는 청구를 할 권리

(주주명부관리인)

제 10 조 ① 이 회사는 주주명부관리인을 둔다.
② 주주명부관리인 및 그 사무취급장소는 이사회 결의로 정하고, 이를 공고한다.
③ 이 회사의 주주명부 및 신주예약권원부 작성과 그 비치 그 밖에 주주명부 및 신주예약권원부에 관한 사무는 주주명부관리인에게 위탁하고, 이 회사에서는 이를 취급하지 않는다.

(주식취급규정)

제 11 조 이 회사 주주의 권리행사 등에 관한 취급 그 밖에 주식 및 신주예약권에 관한 취급과 이에 관한 수수료에 대해서는 이사회가 정하는 주식취급규정에 따른다.

제 3 장 주주총회

(소집)

제 12 조 이 회사의 정기주주총회는 매년 6월에 소집하고, 임시주주총회는 필요한 때에 수시로 이를 소집한다.

(정기주주총회 기준일)

제 13 조 이 회사의 정기주주총회 의결권 기준일은 매년 3월 31일로 한다.

(소집권자 및 의장)

제 14 조 ① 주주총회는 이사 사장이 이를 소집하고, 의장이 된다.
② 이사 사장에 사고가 있는 때는 이사회에서 사전에 정한 순서에 따라 다른 이사가 주주총회를 소집하고, 의장이 된다.

(주주총회참고서류 등의 인터넷 공시)

제 15 조 이 회사는 주주총회 소집 시에 주주총회참고서류, 사업보고서, 계산서류에 기재 또는 표시해야 하는 사항에 관계된 정보를 법령이 정하는 바에 따라 인터넷을 이용하는 방법으로 공시함으로써 주주에 대해 제공한 것으로 간주할 수 있다.

(결의 방법)

제 16 조 ① 주주총회 결의는 법령 또는 본 정관에 정함이 있는 경우를 제외하고, 출석한 의결권을 행사할 수 있는 주주의 의결권 과반수로 결정한다.
② 회사법 제309조 제2항에 정하는 결의(특별결의)는 의결권을 행사할 수 있는 주주의 의결권 3분의 1 이상을 가지는 주주가 출석하고, 그 의결권의 3분의 2 이상으로 결정한다.

(의결권 대리행사)

제 17 조 ① 주주는 이 회사의 의결권을 가지는 다른 주주 1명을 대리인으로 하여 의결권을 행사할 수 있다.
② 주주 또는 대리인은 주주총회마다 대리권을 증명하는 서면을 이 회사에 제출해야 한다.

제 4 장 이사 및 이사회

(원수)

제 18 조 이 회사의 이사는 10명 이내로 한다.

(선임)

제 19 조 ① 이사는 주주총회에서 선임한다.
② 이사의 선임결의는 의결권을 행사할 수 있는 주주의 의결권 3분의 1 이상을

가지는 주주의 출석을 요한다.

③ 이사의 선임결의는 집중투표에 의하지 않는 것으로 한다.

(임기)

제 20 조 이사의 임기는 선임 후 1년 이내에 종료하는 사업연도 중 최종 결산기에 관한 정기주주총회 종결 시까지로 한다.

(이사회의 소집통지)

제 21 조 이사회를 소집할 때는 각 이사와 감사에 대해 회일로부터 3일 전에 통지를 발하는 것으로 한다. 다만 긴급을 요하는 때는 이 기간을 단축할 수 있다.

(대표이사)

제 22 조 이사회는 그 결의로 대표이사를 선정한다.

(이사회의 서면결의)

제 23 조 이 회사는 회사법 제370조에 따라 이사 전원 또는 전자적 기록에 의한 동의의 의사표시 그 밖에 법령에서 정하는 요건을 만족한 때는 이사회 결의가 있은 것으로 간주한다.

(이사회 규정)

제 24 조 이사회에 관한 사항에 대해서는 법령 및 본 정관에 정함이 있는 때를 제외하고는 이사회가 정하는 이사회 규정에 따른다.

(이사의 책임면제)

제 25 조 ① 이 회사는 이사회 결의로 법령이 정하는 한도 내에서 이사의 책임을 면제할 수 있다.

② 이 회사는 회사법 제427조 제1항의 규정에 따라 이사(업무집행이사 등인 자를 제외한다)와 임무를 게을리함에 따른 손해배상책임을 한정하는 계약을 체결할 수 있다. 다만 해당 계약에 기초한 한도액은 1,000만 엔 이상으로 사전에 정하는 금액 또는 법령에 정하는 금액 중 높은 금액으로 한다.

(집행임원)

제 26 조 이 회사는 이사회 결의로 집행임원을 정하고, 회사의 업무를 분담하여 집행시킬 수 있다.

제 5 장 감사 및 감사회

(원수)

제 27 조 이 회사의 감사는 5명 이내로 한다.

(선임)

제 28 조 감사는 주주총회에서 선임하는 것으로 하고, 그 결의는 의결권을 행사할 수 있는 주주의 의결권 3분의 1 이상을 가지는 주주의 출석을 요한다.

(임기)

제 29 조 감사의 임기는 선임 후 4년 이내에 종료하는 사업연도 중 최종 결산기에 관한 정기주주총회 종결 시까지로 한다.

(감사회 소집통지)

제 30 조 감사회를 소집할 때는 각 감사에 대해 회일로부터 3일 전에 통지를 발하는 것으로 한다. 다만 긴급을 요하는 때는 이 기간을 단축할 수 있다.

(감사회 규정)

제 31 조 감사회에 관한 사항에 대해서는 법령 및 본 정관에 정함이 있는 때를 제외하고는 감사회가 정하는 감사회 규정에 따른다.

(감사의 책임면제)

제 32 조 ① 이 회사는 이사회 결의로 법령이 정하는 한도 내에서 감사의 책임을 면제할 수 있다.

② 이 회사는 회사법 제427조 제1항의 규정에 따라 감사와 임무를 게을리함에 따른 손해배상책임을 한정하는 계약을 체결할 수 있다. 다만 해당 계약에 기초한 한도액은 1,000만 엔 이상으로 사전에 정하는 금액 또는 법령에 정하는 금액 중 높은 금액으로 한다.

제 6 장 계산

(사업연도)

제 33 조 이 회사의 사업연도는 매년 4월 1일부터 다음 해 3월 31일까지 1년으로 한다.

(잉여금 배당 기준일)

제 34 조 이 회사의 기말배당 기준일은 매년 3월 31일로 한다.

(중간배당 기준일)

제 35 조 이 회사는 이사회 결의로 매년 9월 30일을 기준일로 하여 중간배당을 할 수 있다.

(배당의 제소기간)

제 36 조 배당재산이 금전인 경우에는 그 지급개시일로부터 만 3년을 경과해도 수리되지 않는 때는 이 회사는 그 지급을 면한다.

● 기업지배구조 코드

(2018년 6월 1일 개정)(기본원칙 · 원칙)

【기본원칙 1】

상장회사는 주주의 권리가 실질적으로 확보되도록 적절한 대응을 함과 함께, 주주가 그 권리를 적절히 행사할 수 있는 환경 정비를 해야 한다.

또한 상장회사는 주주의 실질적인 평등성을 확보해야 한다.

소수주주나 외국인 주주에 대해서는 주주 권리의 실질적인 확보, 권리행사에 관계된 환경이나 실질적인 평등성 확보에 과제나 우려가 생기기 쉬운 측면이 있다는 점에서 충분히 배려해야 한다.

【원칙 1-1. 주주 권리 확보】

상장회사는 주주총회에서 의결권을 비롯한 주주의 권리가 실질적으로 확보되도록 적절한 대응을 해야 한다.

【원칙 1-2. 주주총회에서의 권리행사】

상장회사는 주주총회가 주주와의 건설적인 대화의 장이라는 것을 인식하고, 주주의 시점에 서서 주주총회에서의 권리행사에 관계된 적절한 환경 정비를 해야 한다.

【원칙 1-3. 자본정책의 기본적인 방침】

상장회사는 자본정책의 동향이 주주의 이익에 큰 영향을 미칠 수 있다는 것을 토대로 자본정책의 기본적인 방침에 관해 설명해야 한다.

【원칙 1-4. 정책보유주식】

상장회사가 정책보유주식으로서 상장주식을 보유하는 경우에는 정책보유주식의 감축에 관한 방침 · 사고방식 등 정책보유에 관한 방침을 공시해야 한다. 또한 매년 이사회에서 개별 정책보유주식에 대해 보유목적이 적절한지, 보유에 따른 편익이나 위험이 자본 비용에 걸맞은 것인지 등을 구체적으로 정사하고, 보유의 적부를 검증함과 함께 그러한 검증 내용에 대해 공시해야 한다.

상장회사는 정책보유주식에 관계된 의결권행사에 대해 적절한 대응을 확보하기 위한 구체적인 기준을 책정 · 공시하고, 그 기준에 따른 대응을 해야 한다.

【원칙 1-5. 이른바 매수방어책】

매수방어 효과를 가져오는 것을 기도(企図)하고 취해진 방책은 경영진 · 이사회의 보신을 목적으로 하는 것이어서는 안 된다. 그 도입 · 운용에 대해서는 이사회 ·

감사는 주주에 대한 수탁자 책임을 다하는 관점에서 그 필요성 · 합리성을 확실히 검토하고, 적정한 절차를 확보함과 함께 주주에게 충분한 설명을 해야 한다.

【원칙 1-6. 주주의 이익을 해할 가능성이 있는 자본정책】

지배권의 변동이나 대규모 희석화를 가져오는 자본정책(증자, MBO 등을 포함한다)에 대해서는 기존주주를 부당하게 해하는 것이 없도록 이사회 · 감사가 주주에 대한 수탁자 책임을 다하는 관점에서 그 필요성 · 합리성을 확실히 검토하고, 적정한 절차를 확보함과 함께 주주에게 충분한 설명을 해야 한다.

【원칙 1-7. 관련 당사자 간의 거래】

상장회사가 그 임원이나 주요주주 등과 거래(관련 당사자 간의 거래)하는 경우에는 그러한 거래가 회사나 주주 공동의 이익을 해하는 것이 없도록, 또한 그러한 우려를 초래하는 것이 없도록 이사회가 사전에 거래의 중요성이나 그 성질에 따른 적절한 절차를 정해 그 체제를 공시함과 함께, 그 절차를 토대로 감시(거래 승인을 포함한다)를 해야 한다.

【기본원칙 2】

상장회사는 회사의 지속적인 성장과 중장기적인 기업가치 창출은 종업원, 고객, 거래처, 채권자, 지역사회를 비롯한 다양한 이해관계자에 의한 자원(resource) 제공이나 공헌의 결과임을 충분히 인식하고, 이러한 이해관계자와의 적절한 협동에 힘써야 한다.

이사회 · 경영진은 이러한 이해관계자의 권리 · 입장이나 건전한 사업 활동 윤리를 존중하는 기업문화 · 풍토 양성을 위해 지도력을 발휘해야 한다.

【원칙 2-1. 중장기적인 기업가치 향상의 기초가 되는 경영이념 책정】

상장회사는 자신이 지는 사회적 책임에 대한 사고방식을 토대로 다양한 이해관계자에의 가치창조에 배려한 경영을 하면서 중장기적인 기업가치 향상을 도모해야 하며, 이러한 활동의 기초가 되는 경영이념을 책정해야 한다.

【원칙 2-2. 회사의 행동준칙 책정 · 실천】

상장회사는 이해관계자와의 적절한 협동이나 그 이익의 존중, 건전한 사업 활동 윤리 등에 대해 회사의 가치관을 제시하고 그 구성원이 따라야 할 행동준칙을 정해 실천해야 한다. 이사회는 행동준칙의 책정 · 개정 책무를 담당하고, 이것이 국내외 사업 활동의 제일선에까지 널리 침투하고 준수되도록 해야 한다.

【원칙 2-3. 사회 · 환경 문제를 비롯한 지속가능성을 둘러싼 과제】

상장회사는 사회 · 환경 문제를 비롯한 지속가능성sustainability을 둘러싼 과제에 대해 적절한 대응을 해야 한다.

【원칙 2-4. 여성 활약 촉진을 포함한 사내의 다양성 확보】

상장회사는 사내에 다른 경험 · 기능 · 속성을 반영한 다양한 시점이나 가치관이 존재하는 것은 회사의 지속적인 성장을 확보하는 데 강점이 될 수 있다는 인식 아래, 사내의 여성 활약 촉진을 포함한 다양성 확보를 추진해야 한다.

【원칙 2-5. 내부통보】

상장회사는 그 종업원 등이 불이익을 당할 위험을 우려하지 않고 위법 또는 부적절한 행위 · 정보공시에 관한 정보나 진지한 의문을 전달할 수 있도록, 또한 전달된 정보나 의문이 객관적으로 검증되고 적절히 활용되도록 내부통보에 관계된 적절한 체제를 정비해야 한다. 이사회는 이러한 체제 정비를 실현하는 책무를 부담함과 함께, 그 운용 상황을 감독해야 한다.

【원칙 2-6. 기업연금의 자산소유자asset owner로서의 기능 발휘】

상장회사는 기업연금의 적립금 운용이 종업원의 안정적인 자산형성에 더해 자신의 재정 상황에도 영향을 미치는 것을 인식하고, 기업연금이 운용(운용기관에 대한 모니터링 등 스튜어드십 활동을 포함한다) 전문성을 높여 자산소유자로서 기대되는 기능을 발휘할 수 있도록 운용에 있어서 적절한 자질을 가진 인재의 계획적인 등용 · 배치 등 인사 면이나 운용 면의 대처를 함과 함께, 그러한 대처 내용을 공시해야 한다. 그때 상장회사는 기업연금 수익자와 회사 간에 발생할 수 있는 이해상충이 적절히 관리되도록 해야 한다.

【기본원칙 3】

상장회사는 회사의 재정상태 · 경영성적 등 재무정보나 경영전략 · 경영과제, 위험이나 지배구조에 관계된 정보 등 비재무정보에 대해 법령에 따른 공시를 적절히 함과 함께, 법령에 따른 공시 이외의 정보 제공에도 주체적으로 대처해야 한다.

그때 이사회는 공시 · 제공되는 정보가 주주와 건설적인 대화를 하는 데 기반이 된다는 것도 고려해, 그러한 정보(특히 비재무정보)가 정확하고 이용자로서 알기 쉬운 정보로서 유용성 높은 것이 되도록 해야 한다.

【원칙 3-1. 정보공시 충실】

상장회사는 법령에 따른 공시를 적절히 하는 것에 더해, 회사 의사결정의 투명성·공정성을 확보하고 실효적인 기업지배구조를 실현한다는 관점에서 (본 코드의 각 원칙에서 공시를 요구하고 있는 사항 외) 이하의 사항에 대해 공시하고 주체적인 정보 발신을 해야 한다.

(i) 회사가 목표하는 바(경영이념 등)나 경영전략, 경영계획

(ii) 본 코드의 각 원칙을 토대로 한 기업지배구조에 관한 기본적인 사고방식과 기본방침

(iii) 이사회가 경영진 간부·이사의 보수를 결정할 때의 방침과 절차

(iv) 이사회가 경영진 간부의 선해임과 이사·감사 후보 지명을 할 때의 방침과 절차

(v) 이사회가 위 (iv)를 바탕으로 경영진 간부의 선해임과 이사·감사 후보 지명을 할 때 개별 선해임·지명에 대한 설명

【원칙 3-2. 외부회계감사인】

외부회계감사인 및 상장회사는 외부회계감사인이 주주·투자자에 대해 책무를 부담하고 있는 것을 인식하고, 적정한 감사 확보를 위해 적절한 대응을 해야 한다.

【기본원칙 4】

상장회사의 이사회는 주주에 대한 수탁자 책임·설명책임을 바탕으로 회사의 지속적 성장과 중장기적인 기업가치 향상을 촉진하고 수익력·자본효율 등의 개선을 도모할 수 있도록

(1) 기업전략 등의 큰 방향성을 표시하는 것

(2) 경영진 간부에 의한 적절한 위험 감수(risk take)를 뒷받침하는 환경 정비를 하는 것

(3) 독립한 객관적인 입장에서 경영진(집행임원 및 이른바 집행임원을 포함한다)·이사에 대한 실효성 높은 감독을 하는 것을 비롯한 역할·책무를 적절히 다해야 한다.

이러한 역할·책무는 감사회설치회사(그 역할·책무의 일부는 감사와 감사회가 담당하는 것이 된다), 지명위원회등설치회사, 감사등위원회설치회사 등 어느 기관설계를 채용하는 경우에도 적절하게 완수되어야 한다.

【원칙 4-1. 이사회의 역할 · 책무 (1)】

이사회는 회사가 목표하는 바(경영이념 등)를 확립하고 전략적인 방향 설정을 하는 것을 주요 역할 · 책무의 하나로 인식하고 구체적인 경영전략이나 경영계획 등에 대해 건설적인 논의를 해야 하며, 중요한 업무집행 결정을 할 때는 위의 전략적인 방향 설정을 바탕으로 해야 한다.

【원칙 4-2. 이사회의 역할 · 책무 (2)】

이사회는 경영진 간부에 의한 적절한 위험 감수를 뒷받침하는 환경 정비를 주요 역할 · 책무의 하나로 인식하고 경영진으로부터의 건전한 기업가 정신에 따른 제안을 환영하면서 설명책임 확보를 위해 그러한 제안에 대해 독립한 객관적인 입장에서 다각적이고 충분한 검토를 함과 함께, 승인한 제안이 실행될 때에는 경영진 간부의 신속 · 과단(果斷)한 의사결정을 지원해야 한다.

또한 경영진의 보수에 대해서는 중장기적인 회사의 업적이나 잠재적 위험을 반영시키고, 건전한 기업가 정신 발휘에 이바지하도록 인센티브 부여를 해야 한다.

【원칙 4-3. 이사회의 역할 · 책무 (3)】

이사회는 독립한 객관적인 입장에서 경영진 · 이사에 대한 실효성 높은 감독을 하는 것을 주요 역할 · 책무의 하나로 인식하고 적절하게 회사의 업적 등을 평가하고 그 평가를 경영진 간부의 인사에 적절히 반영해야 한다.

또한 이사회는 적시에 정확한 정보공시가 이루어지도록 감독을 함과 함께, 내부통제나 위험관리체제를 적절히 정비해야 한다.

나아가 이사회는 경영진 · 지배주주 등 관련 당사자와 회사 간에 발생할 수 있는 이해상충을 적절히 관리해야 한다.

【원칙 4-4. 감사 및 감사회의 역할 · 책무】

감사 및 감사회는 이사의 직무집행 감사, 외부회계감사인의 선해임이나 감사보수에 관계한 권한 행사 등의 역할 · 책무를 다함에 있어서 주주에 대한 수탁자 책임을 토대로 독립한 객관적인 입장에서 적절한 판단을 해야 한다.

또한 감사 및 감사회에 기대되는 중요한 역할 · 책무에는 업무감사 · 회계감사를 비롯한 이른바 「방어적 기능」이 있는데, 이러한 기능을 포함해 그 역할 · 책무를 충분히 다하기 위해서는 자신의 방어 범위를 과도하게 좁게 파악하는 것은 적절하지 않고, 능동적 · 적극적으로 권한을 행사하고 이사회에서 또는 경영진에 대해 적절히 의견을 진술해야 한다.

【원칙 4-5. 이사 · 감사 등의 수탁자 책임】

상장회사의 이사 · 감사 및 경영진은 개별 주주에 대한 수탁자 책임을 인식하고, 이해관계자와의 적절한 협동을 확보하면서 회사나 주주 공동의 이익을 위해 행동해야 한다.

【원칙 4-6. 경영의 감독과 집행】

상장회사는 이사회에 의한 독립적이고 객관적인 경영 감독의 실효성을 확보하기 위해, 업무집행에는 종사하지 않고 업무집행과 일정 거리를 둔 이사 활용에 대해 검토해야 한다.

【원칙 4-7. 독립사외이사의 역할 · 책무】

상장회사는 독립사외이사에게는 특히 다음의 역할 · 책무를 다하는 것이 기대되는 것에 유의하면서 그 유효한 활용을 도모해야 한다.

(i) 경영 방침이나 경영개선에 대해 자신의 지견에 기초해 회사의 지속적인 성장을 촉진하고 중장기적인 기업가치 향상을 도모한다는 관점에서 조언을 하는 것

(ii) 경영진 간부의 선해임 그 밖에 이사회의 중요한 의사결정을 통해 경영 감독을 하는 것

(iii) 회사와 경영진 · 지배주주 등 간의 이해상충을 감독하는 것

(iv) 경영진 · 지배주주로부터 독립한 입장에서 소수주주를 비롯한 이해관계자의 의견을 이사회에 적절히 반영시키는 것

【원칙 4-8. 독립사외이사의 유효 활용】

독립사외이사는 회사의 지속적인 성장과 중장기적인 기업가치 향상에 이바지하도록 역할 · 책무를 다해야 하며, 상장회사는 그러한 자질을 충분히 갖춘 독립사외이사를 적어도 2명 이상 선임해야 한다.

또한 업종 · 규모 · 사업특성 · 기관설계 · 회사를 둘러싼 환경 등을 종합적으로 고려해 적어도 3분의 1 이상의 독립사외이사를 선임하는 것이 필요하다고 생각하는 상장회사는 위의 내용에도 불구하고, 충분한 인수의 독립사외이사를 선임해야 한다.

【원칙 4-9. 독립사외이사의 독립성 판단기준 및 자질】

이사회는 금융상품거래소가 정하는 독립성 기준을 바탕으로 독립사외이사가 되는 자의 독립성을 그 실질 면에서 담보하는 것에 주안을 둔 독립성 판단기준을 책정 · 공시해야 한다. 또한 이사회는 이사회에서 솔직 · 활발하며 건설적인 검토에의 공헌을 기대할 수 있는 인물을 독립사외이사 후보자로 선정하도록 노력해야 한다.

【원칙 4-10. 임의 기관 활용】

상장회사는 회사법이 정하는 회사 기관설계 중 회사의 특성에 따라 가장 적절한 형태를 채용할 때, 필요에 따라 임의의 기관을 활용함으로써 통치기능의 충실을 도모해야 한다.

【원칙 4-11. 이사회 · 감사회의 실효성 확보를 위한 전제조건】

이사회는 그 역할 · 책무를 실효적으로 다하기 위한 지식 · 경험 · 능력을 균형 있게 갖추고, 성별이나 국제성 면을 포함한 다양성과 적정 규모를 양립시키는 형태로 구성되어야 한다. 또한 감사에는 적절한 경험 · 능력 및 필요한 재무 · 회계 · 법무에 관한 지식을 가진 자가 선임되어야 하며, 특히 재무 · 회계에 관한 충분한 지견을 가진 자가 1명 이상 선임되어야 한다.

이사회는 이사회 전체의 실효성에 관한 분석 · 평가를 하는 것 등에 따라 그 기능 향상을 도모해야 한다.

【원칙 4-12. 이사회의 심의 활성화】

이사회는 사외이사에 의한 문제 제기를 포함해 자유롭고 활발한 건설적인 논의 · 의견교환을 존중하는 기풍 조성에 힘써야 한다.

【원칙 4-13. 정보 입수와 지원 체제】

이사 · 감사는 그 역할 · 책무를 실효적으로 다하기 위해 기동적으로 정보를 입수해야 하며, 필요에 따라 회사에 추가 정보 제공을 요구해야 한다.

또한 상장회사는 인원 면을 포함한 이사 · 감사 지원 체제를 정비해야 한다.

이사회 · 감사회는 각 이사 · 감사가 요구하는 정보의 원활한 제공이 확보되고 있는가를 확인해야 한다.

【원칙 4-14. 이사 · 감사 트레이닝】

신임자를 비롯한 이사 · 감사는 상장회사의 중요한 통치기관의 일익을 담당하는 자로서 기대되는 역할 · 책무를 적절하게 다하기 위해 그 역할 · 책무에 관한 이해를 높임과 함께, 필요한 지식의 습득이나 적절한 갱신 등의 연구에 힘써야 한다. 이를 위해 상장회사는 개별 이사 · 감사에 적합한 트레이닝 기회 제공 · 알선이나 그 비용 지원을 해야 하며, 이사회는 이러한 대응이 적절하게 이루어지고 있는가를 확인해야 한다.

【기본원칙 5】

상장회사는 그 지속적인 성장과 중장기적인 기업가치 향상에 이바지하기 위해 주주총회장 이외에서도 주주와 건설적인 대화를 해야 한다.

경영진 간부 · 이사(사외이사를 포함한다)는 이러한 대화를 통해 주주의 목소리를 경청하고 그 관심 · 우려에 정당한 관심을 기울임과 함께, 자신의 경영 방침을 주주에게 알기 쉬운 형태로 명확하게 설명해 그 이해를 얻는 데 노력하고 주주를 포함한 이해관계자의 입장에 관한 균형 잡힌 이해와 그러한 이해를 바탕으로 한 적절한 대응에 힘써야 한다.

【원칙 5-1. 주주와의 건설적인 대화에 관한 방침】

상장회사는 주주로부터의 대화(면담) 신청에 대해 회사의 지속적인 성장과 중장기적인 기업가치 향상에 이바지하도록 합리적인 범위 내에서 긍정적으로 대응해야 한다. 이사회는 주주와의 건설적인 대화를 촉진하기 위한 체제 정비 · 대처에 관한 방침을 검토 · 승인하고, 공시해야 한다.

【원칙 5-2. 경영전략이나 경영계획의 책정 · 공표】

경영전략이나 경영계획의 책정 · 공표 시에는 자사의 자본 비용을 정확히 파악한 가운데 수익계획이나 자본정책의 기본적인 방침을 표시함과 함께, 수익력 · 자본효율 등에 관한 목표를 제시하고 그 실현을 위해 사업 포트폴리오 재검토나 설비투자 · 연구개발투자 · 인재투자 등을 포함한 경영자원 분배 등에 관해 구체적으로 무엇을 실행할 것인가에 대해 주주에게 알기 쉬운 언어 · 논리로 정확하게 설명을 해야 한다.

사항색인

〈 ㅈ 〉

〈 ㅊ 〉

〈 ㅌ 〉

역자소개

권용수

건국대학교 조교수
건국대학교 법학박사
동지사대학 법학박사
동지사대학 법학연구과 객원연구원
한국중견기업학회 총무이사

제2판

신 · 일본 회사법

제2판발행 2021년 3월 31일

지은이 河本一郎 · 川口恭弘
옮긴이 권용수
펴낸이 안종만 · 안상준

편　집 정은희
기획/마케팅 김한유
표지디자인 BEN STORY
제　작 고철민 · 조영환

펴낸곳 (주) 박영사
서울특별시 금천구 가산디지털2로 53, 210호(가산동, 한라시그마밸리)
등록 1959.3.11. 제300-1959-1호(倫)
전　화 02) 733-6771
fax 02) 736-4818
e-mail pys@pybook.co.kr
homepage www.pybook.co.kr
ISBN 979-11-303-3823-1 93360

정　가 25,000원